陽明後學文獻叢書

錢明 主編

胡直集

下

[明]胡直 撰

張昭煒 編校

上海古籍出版社

衡廬精舍藏稿卷二十五

墓誌銘

觀復王君墓誌銘

今世之談學問稱質有其行者良難，以余之寡昧，近取諸鄉，遠訪聞於江漢嶺表海嶠，其在黌校之間，蓋有人焉，若東海之永嘉王君，其一也。君叔父諱叔果，今爲兵曹，世多稱賢。又雅言君賢，已而得讀君仲弟照所爲狀，益悼君不可置。君諱勛，字某，少寡嗜弄，目無游睇。既十七八，遂志聖人之學，獨有得於孟氏之先立乎其大者。且言本朝陽明王氏之推尊陸氏，誠有獨契，其揭云致良知者與其本心之旨合，蓋皆出於孟氏。俾聆者反躬即得，不至泛濫支離之弊，遂手輯象山語畧，明其非禪，而與晦翁晚年不相二者在此。補邑庠弟子員，爲舉業，貴意邑，屢試高等。君故業《禮經》，以今業者傳訓故不達其旨，乃獨研求作者精意，至儀章度數眇忽毃骸，究其旨歸乃已。既後，讀《易》至《復》卦，則又渙然嘆曰：「惟復，然後識良知之真體。所謂儀章度數，三千三百，其莫不繇此與？」遂自號觀復子。君沉毅莊重，然與人居無城府，數犯不較。事父母，戀若嬰兒。教群從弟子鄉人，反復嘔其肺肝，下臨臧獲，終身無詬罵聲。讀書至深夜，雖盛暑不褻服，倉卒不作草書。郡守洪公檄行鄉約，首族人習禮，衆感其勤懇，皆樂爲盡，鄉閭觀而化者翕如也。讀書半山十年，雖手不釋卷，而日不輟遊，有終焉意。嘗曰：「使吾老是山，令所學有明，於吾平生足矣。」而丙午夏，忽遘疾，遽謂家人曰：「吾將逝矣。嚮八載前，吾夢與顔子同壽，今期至，疾作，其能久乎？」越數日，又曰：「予雖蚤世，遺孕當子，是天不絕予者。」又十七日，曰：「予將以丙寅終。」已而，乙丑日夜半，介在丙寅，竟卒。卒之時，矚弟照曰：「善事老親，吾行矣。」奄然而逝。訃聞，貴士寒畯，莫不痛憤涕洟者。先是半山巨石夜崩，比君卒，人咸以爲賢者之應。邑士遂摭遺行請于督學雷公，欲列祀鄉賢，繼請阮公，二公遂爲榜其閭旌之。或者乃謂君無名位且夭，又莫得名賢者爲傳諸後。於乎！是不足以語君也。古之人曰：「死生亦大矣！」而君獨輕若委蜕，不少概於慮已，幾乎知幾而神者，名何足云，名何足云！使君不蚤殞，則其質行不詭，雋哲獨詣，必能使斯道有明，何啻被之鄉族人而已！此吾所以悼君而不已也。君祖某，父某，母某氏，娶某氏，遺孕，果生子某。以某月日葬某山。兵曹君使來請銘，遂志其事，而銘之曰：悲王君乎！有朒者形，不朒者神。靈珠淵墮，復以返於真。璇樹芝草，世不可以常珍。維顔有卓，陟降帝庭。既媲其筭，亦幾其仁。君無脩短，世曷戚欣？歸丘千祀，有道之墳。

鄭節婦張氏墓誌銘

鄭節婦張氏者，慈谿勾章里人也。生靜慧，父某授《論語》、《孝經》，通大義。許聘爲里中鄭秀才焕者妻。秀才方弱冠，應解試不第，嬰疾歸，久弗愈。親族議曰：「秀才年少才雋，視無前。今乃鬱鬱後人，此病所以劇也。」於是求以廣秀才意者，因請期迎婦廟見，婦父母難之，兄嫂以告。婦愀然見顔面，已而泣曰：「女業已許鄭家矣。今病劇，脩短不可知，吾柰何弗與面乎！」父母感其言，歸之。既歸，而秀才病已革，侍湯藥，衣不解帶，目不交睫，越信宿，秀才絶矣。秀才之未絶也，持婦泣曰：「吾死，天也。爾以我故至此，如盛年何？」婦泫然曰：「君與妾皆天也。君今且短世，妾恨不得相從地下，乃顧恡守死終身耶！妾志決久矣，君無虞也。」言已，秀才竟卒。婦撫棺哭不欲生，已而絶復蘇者數矣。遠近吊客聞，皆悽惻涕橫下，不獨慟鄭生，而更慟婦也。比禫，歸寧，母哀其少，將别議。婦知，即號哭，祈返夫家，泣訴姑曰：「萬一吾母終弗諒吾，必從吾夫地下，死不憾矣。」姑亟爲慰止。繇是兩家知婦志卒不可奪也，遂成其節行云。婦之得己志也，歲時不御綺麗，孝敬勤朴，終舅姑世，皆爲人所難能，而舅之從弟長沙守某憐之，乃爲擇猶子中賢者，令子之，而以時周焉。既長沙君捐館，家益落，婦率子媳茹苦習耕織，意澹如也。已而嗣子某亦逝，獨撫其孫儒，令脩舉子業，時婦已遘風疾，積羸且卒。蓋嘉靖某年月日，距其生天順某年月日，年八十一，葬某山。有司請於朝，表其宅里，而余同年鄭君卿者，婦之從孫也。又以其從父某所爲狀，請余銘其墓。余曰：「噫！古稱貞女明白之節有矣，然自童迨老，若鄭節婦者，蓋古今千百人一二而已。」爲之銘曰：「伊其貞哉！將上薄於青旻，翊彼坤寧。滄海枯爲桑，松柏摧爲薪。有皭者靈，行乎涬溟。濯濯輷輷，歷千億禩而恒晶熒。余焉用哆而銘？」

封宜人羅母蕭氏墓誌銘

吾邑西岡羅文莊公家範有柳氏之嚴，閫内憚之。獨其仲子太守君珝配蕭宜人，事事祗慎，當公所矚。宜人諱妙華，性慧通書。自韶齒入門，即能簡服御，涓簠簋，宜室家，其妯娌臧獲之間，邕邕然悦也。酒醴、胾羹、醯醬、米鹽、果飴、篚匜，靡密事井井然辨也。字畜、紡績、澼紉，劬劬然躬而時也。公曰：「是能不墮吾家範者。」繼姑李夫人年相埒，宜人事之，終身恭順。太守君仕光禄贊督府，性貞介肖公，宜人爲扃内户，無令有點。既守馬湖，曰：「吾倚宜人能事公也。」繇是得篤脩官箴，稱良二千石者，宜人力也。始用光禄推恩，封孺人，繼受今封，制詞兩稱賢婦，縉紳家咸荣羡之。子男三，份、企、似。女一，適歐陽司空仲子鋭。孫男二，材，楫。孫女三。以是知宜人母儀爲咸備。蕭氏先世自司空公以下，科第蟬聯，稱聯科里。高祖貫之，爲溧水令。曾祖元憲、祖珹，以輸粟例授冠帶。父廣，爲淮府典膳，母大岡郭氏。宜人自童孝敬，最後事典膳公夫婦高年尤備物，而予內子即典膳公猶子傑之女。宜人聞予內子將北歸，日盻盻望之。既歸，乃知宜人以八月六日無疾而逝。距其生弘治甲子二月二十一日，得年五十有七。而份兄弟又過予，要爲誌銘。曰：「以是年十二月庚申葬本里龍塘之原丁山癸向。」予內子聞之，嗷嗷然泣也，退而曰：「宜人之令模不可睹。」翔翔然思也。其戚誼感動若此，其他可知已。遂爲之銘，銘曰：「人曰爲婦難，爲羅氏婦尤難。歐陽司空曰：『若蕭宜人不可謂稱也邪？』嗟，難哉！千春之遐，欲稽文莊公父子家範峻潔，視宜人。此銘。」

王母梁太夫人墓誌銘

歲之癸亥，予歸自楚，則聞王仲子有梁太夫人喪，走而唁。王仲子泣曰：「育仁以己未叨第出宰肥水，過家，爲二大人上觴，歡甚，而吾母獨惻然出別語，心竊疑之，然顧視吾母健，不忍虞也。逮入官近三年，私計得蒙貤典，爲二大人光寵，詎謂吾母以壬戌六月之十一日暴病竟卒。訃聞，追恨別語，又藥歛未躬，慟不欲生。然以家君高年，遂忍死還茲，卜以某年某月某日，奉葬於某山某向之原。非得知言士爲吾母昭揭其隱閟，以宣吾悰，吾寧恨死矣。」言訖，復泣且拜，出太夫人行狀，屬之銘。又曰：「太夫人生某年月日，距其終得年六十有九。子二，伯曰某，邑庠生，娶某氏。仲即育仁是也，娶某氏。女一，適鳳岡廩生蕭某。孫女幾。」予同年都諫陽岡君爲王仲子從叔，雅曰：「克穀乃子者，梁太夫人有焉。」予蓋聆之習矣。於是次第狀語而著之篇：「於太夫人，系出長沙，燁南唐兮。濬源柳溪，疏波廬陵，宅婁岡兮。祖燦侃侃，飛英胄監，判遐荒兮。一峰、白沙，賡唱鉅篇，譜牒煌兮。厥嚴曰奎，世其誼範，母則蕭兮。笄歸東皐，逮事翁姥，敬恭昭兮。桓桓厥翁，爲百夫特，死寇桃兮。室廬燔灼，若彼喪鳥，風飄飖兮。於太夫人，拮据百千，支鎛窳兮。字畜績紡，中饋有秩，供祭旅兮。姥延於疴，内罄簪珥，瘛醫愈兮。夫廬於墓，憂虞毁瘠，諭歸處兮。彼東皐公，性嚴以格，訓子力兮。程課弗逮，色怒於室，辭孔亟兮。夫人于于，贊督其子，勤以飭兮。延禮外傅，手調滫瀡，膚龜粟兮。於太夫人，爲母儷柳，婦儷孟兮。慈德濵瀁，含慶孕靈，毓麟鳳兮。鸞綍貤恩，焜燿泉扉，不日羾兮。封塋奕奕，千齡之遐，睹者頌兮。」

外父蕭處士碧池翁墓誌銘

翁蕭姓，傑諱，世英字，生而頎偉，隆準、脩髯。故第之右，池水洞碧，娱之，築其上，曰舒嘯臺。而性又喜酒，時時挈客陟臺臨池，婆娑然，落落然，引觴嚼客，指示之曰：「碧哉，池也！予樂之，而號在是。」于時搢紳以下呼碧池先生，既晚稱翁云。上世自瀘源入國朝，登制科者四世，故稱聯科里。高祖貫之，溧水令。祖瑊，父序，雖席先業，傳翁漸約。翁才足封殖，然歲取供伏臘辦瀡髓，不覬贏餘，與人絶甘分少，趨急甚私，唯義所在，雖倒囊恐後。或犯以非禮，輒怫然見詞色，不肯挫，視世之澳涊干謁人，雖貴膴，蔑如也。賓留，輒引滿竟日，不問家有無，其賓於人亦然。父性有度而遲，翁獨敏捷。父夙爲懻忮者凌，自翁有知始免。伯兄某爲邑廩生，翁懼其佚業也，百相左右，竟貢爲麻陽學諭。嗟乎！若翁者可謂豐於倫誼，而眇於財利者矣。母文溪康氏，以弘治庚戌某月日生翁，距其終爲嘉靖壬戌某月日，享年七十有三。初娶童，夭。繼室鍾，生女一，絶愛之，曰不畀凡子。已乃委禽，屬直曰：「吾期子後邑之先哲名卿，貴顯次耳。」直至今碌碌，學未聞道，仕不裨時，無以報塞。方再解官，適翁子朝選卜葬某山某向之原，責爲銘。嗟嗟！直固忍銘翁耶？翁初未產子，育姻家子，曰朝祥。後雖生選，然室而業之，不相甲乙，厚可知已。孫男某某，選出；某某，祥出，某某娶某氏。爲之銘曰：「世規穴金，若抱榛棘。翁獨引滿，陶然以適。世擁鳴珂，澳涊孺兒。翁獨伉直，不阿以隨。任似朱家，不以俠揚；達似伯倫，不以酣狂。產名家兮叶昌辰，篤人綱兮毖天真。歸封表兮千禩，宜子孫兮振振。」

亡友歐陽生墓誌銘

予觀世多言經濟才難，然世非誠乏才，世固有度踰包山，才均剸犀，力荷千鈞，而氣吞九河者。一旦試有司，尺度累黍不合，則沉跡蓬藋，殁齒殞牖。下視漢唐士以褐衣叩闕，及遇徵辟，至列顯樹勳炤後世者，其事大相萬。然則世之異才不多覯，既覯，又以尺度棄且死，何其悲也！嗟嗟！以予友歐陽生之才度與氣力居今時，既不得合有司尺度。假令在漢唐，亦自不屑叩闕之事，歐陽生固庶幾哉三代遺英矣，乃亦終棄且死，豈不尤悲與？歐陽生者，昌名，蜀南其號。家世賢科甲邑中，曾祖某，某郡守。祖某，監察御史。父鑑齋先生某，刑部郎中，母爲文和尹公孫，以正德丙子生歐陽生。生自童穎敏，五歲授書，十歲攻詩賦。時侍御公以文著海内，因生文日起，遂字之曰文朝。十三補弟子員。縣令呂公，濮陽人，讀生文曰：「是當爲名士。」督學使者舜澤蘇公亦濮陽人，試其文高等，補廩生。先後偕故通政使楊虛卿氏、今廷尉王尚涵氏暨予六七人者，咸均硯席，兼治古詩賦，最久且密。則予及尚涵氏咸兄事生，相期許以古人，有無通共。邑中談交道必推轂予三人者，以生之誼激深也。方壯，偕予與曾思健氏事其族祖文莊公，問學十年，汰其宿嗜。既强，又偕予與有訓氏事羅文恭公三年，浸入於微，雅曰：「學無踰高遠，躬行孝弟先耳。」事二親，先志爲悦。從父被難，傾貲援救，輯睦一門，雖内外貴賤秩秩如也，相惇愉愉如也。鑑齋先生守廣德，生携一僮步省官舍，人莫知太守子。先生意故倦游，生輒贊成，遂築堂，曰愛日。其知者謂生與先生父子間以道交相成，不諒乎哉，不諒乎哉？予既從仕越十年矣，思老母逮生不置，遂告歸。予歸以丁卯春，生特顧予，持予泣曰：「吾欲俯仰無愧，子爲吾書以相究。」予遂書之。七月，生當貢期，忽病痢，遂困至殞，年五十二。訃聞，無論識不識，莫不浩痛，雖市儈咸盡然傷曰：「城西殞者真君子也！」嗟嗟！生曷以致哉？生天性廓達，不設城府。又益以問學，湔滌世態，其遇人情而有禮，飲其和者，蓋忻忻爲傾矣。讀書茶山凡三十年，山隣人相習狎，賑貧拯溺，一呼倒橐，蓋待生而舉炊者凡數十家，隱若保母，然平居憂時愛國見之詞色，開口論天下大計，輒能破膠見，中窾綮，雖久涉世途者不能絶也。嘗見生值紛拏艱結，或以事請解者，立剸決，厭人情，辟若游刃而批大郤有餘地。先後邑侯至，爲請益質疑，一不以義，則生不假色詞。以故邑縉紳莫不悲生經濟未試。雖然，予所爲悲生者詎止是？予又聞生方病革，王有訓省疾，生目逆而笑曰：「死無憾，獨憾不終二親養。」或時呼予名。悲哉！予負生，負生，予曷忍言？今萬曆改元某月之某日，鑑齋先生厝生六十一都銅家庄癸山丁向，祔母尹夫人之塋。又手述行誼，屬其姻王信卿撰狀，委予誌銘。予以爲使生用當時，其才度氣力，其爲救世之業，特若窺左足出閫限外耳，然世終莫得知。及予歸，將與生相究繕其身以俟後世，生又棄去。悲哉！予負生耶，生負予耶？予曷忍言？生初娶王氏，繼陳氏。子四：伯斯；敬，增廣生，婚王尚涵氏女；側室陳氏、某氏生敏，聘王信卿女，紋，聘張淵女。女一，聘張海子。孫男二，一爨，聘康汝良女，一舉，聘蕭某女。生終，予既哭以文，且作悲憤詞，今又爲之銘，以復於先生。銘曰：「世言銅爵，必徵歷塊；世言琥珀，必徵拾芥。惟生之爲才，不假徵而諒其概。辟彼楚梓，雖靡匠石，度必爲樑；辟彼崑玉，雖靡追琢，度必爲章。於悲嗟哉！罔試而折，世乃誣乏才，猗其學，身抑抑兮志嶽嶽，世標表而道郛郭，闃已矣乎。長之天不憖遺，摧幹而毀璞。追疇昔兮莫從，倘九原兮可作。」

勅封賀母劉太孺人墓誌銘

曩嘉靖間，予客留京，同年賀伯子爲兵科都給事，適島夷内噬，兵帥無統，幾撼留京。賀伯子爲言于朝，始建制帥，控馭三省，終獲底定，人以是偉伯子。伯子曰：「是涇母督訓殷也。」退語予曰：「涇母訓云：『若言官也，慎無以老身逭報主大誼。』涇敢不勉？」于時伯子方以最上闕下，貤封劉母爲太孺人，而薦紳間浸知太孺人母道爲今時希覯。予固心識之。踰二十年，太孺人年八十有五，考終命。伯子走予山中，雪涕屬銘。予曰：「是當紀史氏，予曷庸辭？」太孺人諱某，系出金竹冠纓名族，自童婉嫕。父某，母某氏，相攸得龍岡公。既歸，事姑高孺人，獨以恭慎當意。姑怒，輒悸伏，伺稍間，徐進甘言，即解。姑每歡然，語所親曰：「賢婦！賢婦！」時龍岡公遊庠，弗問家，孺人時脱簪躬紝以佐弗給。始公負才名，登鄉舉，累上春官弗第。太孺人輒贊就銓選爲養，于是乃勉就銓，得耒陽令，再補麗水，以方介忤時，改應天府教授。太孺人至鬻衣支旅費，意恬如也。公雅志姱脩，繼獲聞陽明先生致知之學，鋭志以古賢自期，太孺人靡不奉意以行，故公得歷稱循吏，蔚爲儒宗，實本内贊之力多也。歲丁未，伯子成進士，累官至藩參憲伯，太孺人時時舉龍岡公治行具言之，且曰：「若寧負君父哉？」繼從子沂典郡牧，從孫一桂官御史，季子沚繼舉于鄉，太孺人咸訓若伯子，而賀氏一門官箴遂踔踔擅郡望。初，太孺人已舉子，輒又贊取側室張，而睦若娣姒。時已貴盛，猶身衣皂綈，嚴飭帷薄。性最喜施，絶甘分少，至倒囊焚券弗恡。又逮下無猜，人自弗欺。談者謂太孺人婦德母道，豈獨令所希覯，雖古弗數數睹也。其他細行蓋靡得而悉舉云。既終，雖疏遠者莫不悼痛。生某年月日，歿某年月日。今以某年月日葬里中樟背山金鈎形首癸趾丁。於乎！天之報施太孺人，可不謂純嘏令終哉？爲之銘曰：「璆琳菌芝，嶜岑耀世。孕必靈巖，蒼虬絳螭。雨澍下土，産必囦潭。顯允德門，繽郁名哲。人曰烈矣，疇知聖善之爲則？猗與賀氏，繩哉繩哉，百世靡竭。」

平樂府節推劉公墓誌銘

吉水龍山劉公以萬曆改元癸酉終于南洲里第，其孤子韶、子武涓甲戌臘之十四日奉柩葬西槎灘山之陽首乾趾巽，蓋公所自卜，稱吉壤云。先期二孤持曾君于健狀走予，涕洟交下，言曰：「昔先師羅文恭公語先府君：『吾兩人莫逆，誰後死，當爲銘。』詎知師先往，府君雖未逮銘，然緦服茹蔬者月餘，而今則孰銘先府君耶？今不得師銘，得與聞其學者銘其墓以昭永世，甚幸。故敢以累子。」蓋予嘗就公訂學，而又偕二孤學於師門者也，銘曷辭？按狀稱，公諱方興，字東望，號龍山。始祖廷尉平由新淦來邑之南嶺，再徙粉溪，仕宋代，有聞人。國朝永樂丁酉，鄉舉教鄲邯者，是爲公高王父。曾祖樞安，祖大烈，有隱德。父文鳴，號竹齋，甫貢卒。公竹齋公第五子也，公生而脩癯，音吐洪鬯，兩眸若炬。竹齋公自憤不第，不督公業舉，至年二十一，室楊孺人，始從臾治經學文。踰年，又從其伯赴館九江，鄉先生廖憲副奇之，迎教子姪，而文遂蔚然，尋補邑庠生，試輒高等，然非其好也。是時母楊夫人在堂，公能率昆仲娛養以孝稱。楊夫人逝，公獨哀毀血症。已乃聞陽明先生致良知之學，心竊慕之。訪其門有雩陽何善山、黄洛村二君得先生緒論，公遂走正洛村，得讀《傳習録》，憬然從事，而黄遂以今興安令子褒從學爲久要。既歸，則又走師鄒文莊、聶貞襄二公，而志彌篤矣。已又偕先師文恭與周七泉諸君爲玉虚之會，同會倚以興立。歲嘉靖丁酉，始以《詩》舉于鄉，尤喜讀《易》，故三試春官，俱以《易》。甲辰落第，就選授廣西平樂府推官。平樂當孔道，又邊府江寇竄，號難治。公至，適掌郡事，而當道遽以兵相屬。公爲清賦、讞獄、撫傜、治兵，靡不斤斤然舉，暇則課諸生語以學。郡産蓮酒，公既絶餽，且不應索，自是酒不病民。因有以四命抵一人死者，久寃不服，公竟辯，釋其三。梧州有白晝攫人殺行商於市，疾散而莫知犯者，遂坐居民，濫逮數人。公心疑之，乃微行，廉得兇首，而數人始盡釋，其亭疑雪寃類此，故一時有劉青天之稱。公天性嗜廉喜淡，居衙蔬食，家人習之，每承檄行郡查理帑藏，叱例金各餘百兩，繇是浸爲同官忌。一夕，楊孺人夢人畀公弓矢，且曰：「好積陰德，即休官何傷？」以告公，公方念諸兄淪逝，夙有去意，聞夢欣然。亡何，兩廣督府張公議征螺石、黄峒等傜，半屬賀縣，特檄公署賀以調處軍務。公蒞賀，不先理兵，惟急疲民，省供縮費，釐正賦額，禁絶包侵，仍條刻家給以示永利，民大歡悦，而軍政亦以振舉。且密計峒賊出没鄉道，分哨戰守，糧粻舟楫咸豫且贍，蓋不遑寢食者三閱月。明年大兵數萬至賀，民咸若衽席，過師又能指山畫谷，不遺尺寸。張公大韙之，藩臬籍籍推奇畧云。既事竣，唯遁一賊首，誤傳匿良民姜城村。總兵監軍各帥咸擬移兵屠絶一村，公抗論曰：「因一賊而欲殲良民數百以立功，某寧死不願聞也。」議遂寢。諸監帥積不能平，又嘗忤謝督學，因共排之。公笑曰：「弓矢之夢驗矣。」遂力求去，僚屬士民攀留不得。道經名勝，輒登覽賦咏以寄興意。先是二孤爲公卜隱南洲，公歸大愜，遂移家焉。自是正祀訂譜，丘隴社倉，咸次第就理。又日持子姪從先師文恭，合舫聯車，大會同志，猶夷于雪浪、石蓮、青原、白鷺之間，罔間歲月。又常遊匡廬，如安城，無不偕之，及退則謝客捐書，對聖像晝夜嘿坐，動踰半年。又好樓居，既靜久，忽若天牖洞徹本真，不參人力，證諸經書，靡不合旨。辛酉，避閩廣寇，寓居城東，適佐先師清賦籍，議賑濟，咸井井可爲後程。隆慶丁卯，公七十有四，時文恭已去世四年矣。公語諸孤曰：「吾後來日月有幾，恐虚此生。」復杜門南洲孝友堂，靜中有得，或援筆書之。其言曰：「妄念者，邪欲障也；意見者，理道障也。不學則都歸妄念，既學則多增意見，二者爲心病則一焉。孔子曰：『吾有知乎哉？』顔子屢空，《詩》稱文王『不識不知』，正謂無意見之知云耳。」公論學精確，若是者多矣。特姑記一二云。居林端二十五年，未嘗一干有司，裳衣幔褥，蕭然故物。意所蓄，一話不能茹，必吐乃已。竟後猶然而性又善忘，故文恭謂其學得兩忘，以陽里華子方之，公自贊亦云。蓋所自得者有在也。生平無他疾，先年除夕飲驩甚，告子姓曰：「明歲恐難得老夫語笑矣。」明歲二月，腹左積塊漸長，太常曾公以醫來，笑曰：「吾須醫耶？」蓋已口占有易簀之咏，至屬纊，慨然言曰：「吾心地光明，去好！去好！」頃之，目且瞑矣，寔六月初八辰刻也。嗟乎！世之縉紳先生從結髮操舉子業，逮長宦成，輒曰身事酬矣，疇不謂學贅。若龍山公，進，好行其志；退，克茂所脩，其庶哉《易》所稱「進非爲邪，退非離群」者矣！觀其易簀屬纊之語，則亦豈罔生者能測識哉？第慚予銘公，不逮文恭足重且遠也。雖然，詎可已哉？銘曰：「嗚呼！世珍鏤冰棄白璧兮，維公乎弗揚；世寶康瓠棄周鼎兮，維公乎早藏。踔哉！達人進不爲邪，退非離群，亶與道而翺翔。昔蘧瑗左右吾夫子兮，公千載其頡頏。唯屬纊飄飖遊元化兮，洵幾幾乎死而不亡，銘兮其曷彰？」

敕封張母廖安人墓誌銘

方廖安人之童而膚也，父晴谷翁台愛最篤，恒曰：「是子必嫁官人，曷忍與凡子？」年及笄，卜壻罵富人，不與婚。亡何，翁弟永州同知言同水部張公峯上春官，適水部失元配劉，遂許安人繼室，報翁，翁欣然。嘉靖辛丑，水部公筮官令南海。南海巖邑，附會城，最號難治，安人則能佐水部成廉政，獄獄有聲稱。已而，贈君石坡大夫終宦邸，至不能辦櫬，安人方冲年，遽解釵珥應辦，事聞上官，給助，乃免釵珥。水部免喪，補令江浦。安人相從，甘節如從南海。入子夜，猶督治女紅不休。水部判應天府，陟治中，晉水部尚書郎，列官駸駸起矣。先是以最貤恩贈石坡翁如己官，廖氏封安人。水部致政，廖安人歸，首翠鳳之冠，肩雲鷺之帔，棣棣煌煌，拜堂廡間。父母歡曰：「向使婚富人子，寧有今耶？」安人始歸張也，嚴奉丘嫂，儼若厥姑。水部故從王、歐二先生學聖賢學，喜延四方同志士，安人辦治惟所命，兢兢不敢後，可不謂難乎？安人曾祖膠州同知鑾，祖仕。父爲晴谷翁，取劉綱太守孫女，以嘉靖甲申子月望日生安人，距終隆慶己巳酉月朔日，得年才四十有六。生子憲卿，補國子生，恒飭令自樹，故憲卿能世其家學，雅亦從余遊。女一，適羅文莊公孫庠生雲書。劉安人所出子二，孝卿、忠卿。孝卿早世，忠卿補邑庠生。側室徐生子愨卿，安人字若己出。前側室孫生女一，適盧陵王魁南。孫女二，適顏學龍，庠生陳杏。

忠卿、憲卿卜今年九月十三日，奉水部命，葬安人于同鄉第六都樟塘里艮山丁向。以余爲水部宿知，迺介其姻家十洲尹大夫撰狀，乞爲誌銘。爲之銘曰：「猗滄海乎明珠，偉名閥乎良因。翊夫子乎廉循，飭嗣子乎席珍。樟塘之水乎沄泓，萬有千歲乎含靈。融乎溢乎，衍螽斯乎繩繩。」

衡廬精舍藏稿卷二十六

梧州知府劉見川先生墓誌銘

始劉見川先生齠齡，文才甲等。適予邑王太史改齋公以忠諫死闕下，郡大夫徐公欽太史風節，欲爲其幼女擇對，則曰無若廬陵劉某賢。當先生綰髮時，父刑部公挈之，介所爲詩謁御史漁石唐公，唐公奇先生才，屬徐公禀之，因締媾太史，談者希艷傾一郡。是年乙酉，先生得與計偕上春官，明年落第歸，始受室。乙丑再上春官，再蹶，而學行蒸然推儒宗矣。先生方欲謁選吏部，或語遲之曰：「焉有如此才而終蹶者？」先生曰：「不然，吾窶甚，親年高矣。」乃卒謁選，得泰興學諭。庚寅，丁羅安人憂，起復補江陰。六年，擢廣平令。辛丑，内補刑部某司主事，到官甫三月，丁刑部公憂。乙巳，起復刑部某司主事，以太廟覃恩階承德郎，得贈如制，尋歷某司員外郎、某司郎中。八年，始出爲梧州守。守凡四年赴覲，在道奔繼妣張孺人喪。既服闋，先生睹時事，嘆曰：「嗟乎！吾車縣晚矣。」乃遂闢芝園山房，被隱居服，時年纔踰六而二，至甲戌年八月十三，先生偶病，遂不起，距其生正德丙寅之十一月念四，時年纔踰六而九。于時先生冢子孟雷方登第，待次都下，得報痛絶，乃匍匐走數千里歸，卜壤，遴某年某月某日，奉先生柩葬里馬鞍山。山負癸抱丁，固以壙石。屬不敏某，且曰：「孟雷幾欲從地下矣，然隱忍視息者，首痛先生之學未有繼明，其次欲得知言士傳先生神，子無讓。」某自念從雉髮亦知希艷者，矧數遊從聆音旨交先生父子間，銘曷辭？先生系出漢長沙定王發，後自高安徙安成山莊，轉徙廬陵之藤橋。高王父某，曾王父某，王父某，世有隱德。父某，號某，學經攻詩，不爲齪齪行，一鄉推儒長者，以先生貴，贈刑部主事。母羅安人，出周橋。先生名某，字某，號某。七歲即善爲聲。偶題壁，淋漓驚座。天性孝友，事生死如禮，訓二弟有成，門内雍雍如也。生平私淑太史公而切劘於郡内諸公，雅務躬行，尤嚴義利，不爲讕言。居江陰，迪士功令，禔身先之，而督課亦殷，業學舍者夜必稽勤惰，佐以茗飲，竟後日力，論者比蘇湖云。廣平畿輔民鷙悍難馴，先生首節浮蠹，計丁均役，不爲詗察而事至先覺。邑有瓜訟誣爲殺奪，先生諭曰：「詎至是哉？此必某嗾汝爲之。」翌日鞫審，果然。民以是歸心恐後。歲大旱，獨廣平禱雨輒應，粟入倍昔，隣邑流徙載道，而廣平晏如也。明年大蝗，先生請于當道，以便宜發廩，令民各捕蝗易穀。亡何廩傾，而蝗丘積矣。又爲文禱神，躬率民遍鼓鈴鐸逐蝗。已而蝗盡入他境，而邑内無恙。廣平民戴先生仁父神君，不肅化行，囹圄爲空。蓋先生始至，題堂柱曰：「視民如子，知我者天。」已而言靡不酬。刑部時，分宜柄國，先生方有時譽，又以從叔同年通家，屢招致出門下。先生百計引避，日散衙歸，即關户賦詩自娱。會巨閹子弟殺人事下，而郎中某故巧宦，輒因戚家求外補自脱，先生署司，人爲危之，先生曰：「國有憲，持憲得罪，分也。」論竟如法，閹竟不敢出氣。大司寇石塘聞公繇是加重，名益大起。奉命江北恤刑，尤以洗寃自盟，各郡平反活者無算。梧州爲日南孔道，綰轂南海，四方賈舶夷盗出入奥區，故設督府以填撫之，地重且劇，文武百需、軍帑出納，謗怨所繇叢。先生之官獨攜二力，盡裁一切民間供費。方到三日，郡士民聞新太守治行，輒舉手加額曰：「青天！青天！」尋又請于督府，并議商供，而令甲之，過者覘先生澹素堅忍，輒不相撓。自是商人無横征，而督府事亦莫不贍舉。當時上官惟魏公一恭、譚公大初相契許，蓋臭味同也。既歸，或問：「槖何寥也？」先生曰：「今人指以贓吏咸色而怒，不知常俸薪馬外毛髮贓也，吾槖安得不寥？」晚在山房，日惟讀書賦詩，所爲《詠史》，篇末重悼末學墨守，其於孔門默識未嘗不三致意。親友過從，惟竟日談學，然所談即所履，不騖爲玄遠，聆者信而興焉。不敏某每一炙侍，引瞻眉宇，已若出炎埃，翛然灑濯於泠風也，其感深矣。末年，興化秉鈞，廉吉郡有二劉，其一安成劉公陽，其一先生，皆屬起用，而皆不赴，人並高之。而先生尤以天官薦剡重語絶特，人稱異數，然獨棄之若遺，豈孔門所稱逸民非歟？嗟乎！今先生溘然已矣。邦家失典刑人，斯文殞先覺士，詎曰一人一方悼愴已耳？不敏某悼尤晝然，幸繼明先生之學有赫奕賢嗣者在焉。所著詩文有《暨陽》、《廣平》、《西省》、《蒼梧》、《芝亭》、《咏史》，凡六稿。又有《孟子筆義》、《恤刑問録》各若干卷，藏于家。子男三：長即孟雷，娶張布政使某女，出王安人；次孟雨，聘蕭知縣某女；次孟霖，未聘，出側室戴氏。女三，適張淵、黄景性、胡錫命，與孟雷俱王出也。於戲！福亦繩矣。銘曰：「山曷以珍？玄巘翠巒。雖有介丘，莫踰青原。水曷以珍？湛波濬源。雖有大壑，章貢足觀。偉兹山水，孕賢孔篤。完節姱脩，相肖何酷。奚必穹廣，夸世肉目。維介爲石，維真爲玉。世有知者，伯仲太丘。予曰叔度，儻可與仇。六九之逝，形往神留。有赫顯嗣，與道偕悠。」

樂處士十松翁墓誌銘

十松翁者，宅邊有喬松十，其意好素篤也，故號。翁樂姓，葵名，以暘字。先世自長沙來泰和，後梁徙邑之禾溪。至十三世諱昶，貴州副使。曾祖文鑑，祖諫，咸膺冠緌。父泉麓公，諱脩，早世。妣歐陽憲副之孫，年十九抱節，以弘治戊申閏正月三日遺腹生翁。翁生而穎特，未弱冠補郡庠生。督學虚齋蔡公、空同李公皆天下之鉅夫文人也，莫不韙翁文，第置高等，歐陽恭簡、文莊二公嘗造廬，讀所作《泰伯至德論》，咸謦賞不置口。銀臺楊公過從談史，上下數千載，燦然指掌，楊公服其博。顧九試不得第，以太孺人孀居高年，不忍違，遂謝去舉子業。事太孺人，備物腆過有禄者，既沒，哀毁欲絶。鄉人以母子節孝稱雙美云。平居眴眴寡競，食澹御疏，然周急、拯溺、育孤、葬貧，趍義恐後，其增益祭田，寶襲先世誥墨，至老猶盡心焉。先後邑侯舉鄉飲，固辭不赴。至邑侯楊公行丈田，禮翁爲都里人總領，因陳便民之法十，楊公欣納，著爲令甲。其會計劈畫，剗虚剔詭，公明並施，老胥縮頸莫爲奸，都里人至今賴之。撫臺胡公廉得其實，獎以重語，且檄有司建牌。或者以翁之才行可施諸當時，而曷止以一事一方見耶？此有識所爲致慨于里選也。隆慶戊辰八月，寢疾竟終，年八十一。娶廬陵北溪劉氏，生二女，長適縣學生楊載芳，次適萬安賴某；側室蔣氏，男女四人，宗望、宗錫、宗箕克世其家，女適某。孫男八某，孫女二。以某年月日葬某山之原，介予門人楊能卿撰著行實，謁爲誌銘，且曰翁其無點于予銘者。爲之銘曰：「德苟腥兮，雖簪紱其終穢；義苟腴兮，雖蓬藋其彌貴。欝欝樂翁，《六經》爲粱，百家襍饌，苾馥乃膓。飫爲孝友，饜爲温恭。任恤足以敦忍人，公廉可以激墨風。嗟哉！濊濶曷爲沼沚不爲江河？雖曰靡位，頌者孔多。祚躬既壽，昌後既賢，乃鐫玄宅，千載稽焉。」

胡母劉孺人墓誌銘

予族之廬陵芳徑有賢母，其夫子西園翁始遊邑庠，連弗第，已而棄去，叩正學於安成鄒、劉二先生，二先生獨偉而器之。每歲謁安成及心所嚮往，則供粻贄縑羅列出夙備，賓友以講業至者饋饗無乏，詢之，則其内子劉孺人手治也。以是人莫不頌賢婦。某年月日，西園翁卒，又資遺子燭遊劉三五先生之門。三五劉先生者名陽，以高行傾一時，非其人弗與。燭至，則特録門墻而殷教之。既歸，搆室曰求仁精舍，延師友居之，燭得以磨德勵業焉。人以羡燭，燭曰：「某則安能？爲禀母命、成父志也。」人又莫不頌賢母。萬曆甲戌中秋之日，燭不幸，母亦卒。又三年，爲丙子三月，燭乃得卜吉葬萬段蟠龍形某山某向，於是其里中姻友文岡蕭君懼母之賢節將闇闇弗聞也，則代燭狀母行，而謂予宜銘。予按狀：母諱某，出城南故閥，父某，母某氏，生正德戊寅十月十九日，至年十幾歸西園翁。鍾英翁家故鉅，母治内協外，咸有倫脊，奉尊章禮尤曲至，處妯娌間，逮遇臧獲，恩義哀然。歲饑，有司檄禮翁出粟，翁爲之傾廪。人雖以頌翁，然知母之贊助多矣。母之終，以其始哭壯子，繼哭翁，曾幾何時，哭其三世，遂疽發背不起，距其生年五十有七。子二：伯某先卒，仲即燭也。娶某氏，繼沂塘黄氏，側室某氏。女一，適赤陂王可揚。孫男一某，女一某，俱幼。文岡君曰：「西園生得與儒宗薰其道味，自别於流俗。又推所蓄爲公私利，其功蓋有自云。」此母德之大致，其他勤儉敬慈細行不尠，不盡述。予亦云然。予辱族屬，方欲與燭偕之斯道，曷忍不彰所自以相勗哉？銘曰：「蔚房櫳之淑媛兮，翊夫子于道也；偉聖善之母儀兮，穀其子于造也。斤斤瞿瞿靡弗禔兮，擢其孅不可殫號也。憯憯恤恤哀此女儒兮，胡殲之算弗使至皓也。」

螺溪處士胡君偕配劉孺人墓誌銘

昔文水羅文恭公語某曰：「子之里胡仰齋先生爲給舍時，雅善予。後給舍以言事謫歸，敕其子汝賢從予學。子歸，可相朝夕勗之。」又某五從兄爲汝賢君經師，遂因通家往還，稱莫逆云。隆慶改元，予歸自蜀，君率鄉士敦予問學，挈二子遊予門。時方盜劇，自辛酉至丙寅凡六年，每冬，盜輒昏暮擁强攢戈入門，無得脱者。蓋無夕不惴惴度若年。既曉，第聞殺人事，迄數十里間相吊，蹙蹙不可聊生。君過予曰：「聞子寓蜀有鄉約團結禦寇，可倣行乎？」予曰：「然。」乃爲删潤出覽。君慨然館穀數百人，偕二三友倡議决行，予因題曰《求仁鄉約》。君又爲捐貲梓散之，曰：「非家挾一册不可也。」以是盜勢浸息。異時有官司爲盜地者，約事幾殆。君獨翼予維持，每晤對，輒相悲歎久之。萬曆初，予又歸自東粤，鄉士以會所迫隘，欲創興求仁書院于覺山。君適病鬲，聞即捐金首衆。頃十年，予里中士知嚮學，家獲安寢，君與力不尠也。丙子季春，君偕康宗望過予見義樓，投壺飲酒，君指「見義」字曰：「是先師文恭墨蹟最勝者。」相與賞慕極歡。詎謂君遽以季秋長逝，將不爲永訣哉。予憶君方恫，君冢嗣則禹、仲景禹卜是歲十二月廿一日，合葬君與元配劉孺人得灘江坤山艮向吉壤，手予門人胡以兆狀來徵銘，曰：「非師莫悉知吾父者。」予奚忍辭？按狀：君諱舜舉，字汝賢，號螺溪，晚號東皐居士。其先世建州五峯先生，後名成，提舉江西，家泰和蟠龍山。幾世生國寶，徙舍溪。又十三世，爲君曾王父曰清。王父曰元讓，以子貴，贈兵部郎中。父即仰齋先生，諱堯時，官至貴州按察使。母蕭宜人，出南溪，以嘉靖壬午九月廿九日生君。君生資穎貌偉。五歲，先生携如官邸之泰，聞心齋王公論學，躍然有發。弱冠，歸補邑庠生，業文出人意表，屢試場屋不利，竟棄去。先生聞亦允之，且曰：「吾家督得人矣。」故宣力四方，靡内顧虞。先是郎中公病，君侍病旦夕，躬扶抱親，藥液惟謹，比捐館，一一如禮。先生歸，既痛且慰。繼先生官滇，聞季弟之變，輒欲懸車。君奉書曰：「大人年未艾，天下事寧即委乎？」又論征土官事曰：「此國家外樊，似未可以一眚輒急擊痛斷也。」覽者韙其言。先生末年以君才猷可被物，命從例貢。君曰：「且也以累百金博一冗散官，僕僕靡所濟，不若舉以濟人。」先生尤韙之。戊午，先生背棄。又十七年，蕭宜人亦逝，君盡哀毁。先後卜葬瀘原，靡不勤腆，檢遺書，或至泣下，謹護以穀其子，曰古者教人先小學，曰友道貴破藩籬，皆名言也。歲侵時，嘗倒廩賑里族緩急，無難色。更倣古常平社倉遺意，平糴以抑踴貴。邑侯祝公多君，表其閭曰：「敦睦之門。」鄉里槎灘陂每旱，輒醵金倡脩，衆利賴之。蓋君樂恬喜濟，自對庭訓而已盟矣。始病稍艱食，已而更數醫，竟弗起，時九月廿三日也，得年才五十有五，豈不悲哉？劉孺人出廬陵石溪進士吳縣令劉公輔宜女，性靜慤，歸君，得順道。雖居華膴，而持儉澹，非大慶吊，無踰閫閾。事尊章禮尤至，臧獲有過，亦微讓之而已。始自度艱子，即贊君置側室。已又贊之增置，睦若娣姒。無何，連舉子，又撫若己出。稍長，贊君延禮名師，教育恐後，諸子林林詵詵如也，孺人賢可知已。君卒，孺人哀絶，食不下咽，屆節辰愴傷，乃後君一年丁丑七月十三日，病且殁。其生先君一年，爲辛巳七月十一日，其算加君一年，均未登乎上壽。以故里族悼君，更悼孺人。蓋嘗觀於今，貴介子有不期進取，輒嚴蓋藏錙銖踰肌肉，其下惟鶩楚楚仙仙，衣裳佩紉，臺榭尊俎，駘宕乎靡貳窈眇之間，以夸毗羣豎自爲多矣。疇知從師友，語問學哉？且捐利倡義，利濟不已，若君豈多覯耶？聞君病亟，猶鼓琴一曲，若有遐思，又何其爽然絶出也。子五：長邑庠生即則禹，娶歐陽卿女，恭簡公孫；次庠生景禹，娶庠生張洛女，亞卿公孫；次命禹，聘早禾渡樂迪德女，僉憲公孫；次承禹，聘南溪蕭其溝女；次纘禹，尚幼。女五：長適歐陽文莊公孫太學生宗發，次適太學生歐陽宁，次適漆溪周夢桀，次適羅通政孫仲，次亦幼。孫男三：于湯，聘南岡庠生李九來女；次有湯，聘甘溪庠生龍學羲女；次翊湯，未聘。孫女三，俱幼。君與孺人雖未上壽，乃其祚胤振振若是，天之報施其遠矣乎？爲之銘曰：

翳其才可以奮迅鋒穎，剸蛟截兕，馳騁時髦。已而退然澤於問學，終匿景乎東皋。翳其力可以歌鍾滿前，吳歈越趨，日酣而酕。已乃夔然率先倡義，唯利濟之勉蹈。瞿瞿抑抑士也，匪叨棣棣婉婉婦也。媲操灑坧培壘千載同牢，胡以徵媺麟定鳳毛。

蕭小峯處士墓誌銘

予邑南以儒林墨卿世其家者，右凰岡蕭氏。蕭之先出建康，始祖銓避金亂，始徙泰和之凰岡。自銓幾世，而有今小峯公。公高祖孟節，仕至交州經歷，事行載郡志。生四子，登甲第者二，而伯子溢。溢子貴禄。禄二子，天貞咸治書，未逮仕。天貞號晴峯翁，以行誼表諸鄉，娶康氏，生公。公諱朝賞，字汝勳，天性孝友，骨鯁諤諤。始嘗戮力舉子業，既脱穎，足進取，尋以家累棄之。初晴峯翁拓落有大志，不欲事生産，以故家益窶，公因出受徒爲養。晴翁捐世，公哭踊幾毁，痛翁之弗禄也。殮葬勉從腆，居喪如禮。時二弟方幼，母老孀居，公既朝夕承菽水歡，退課二弟經史校文無弛。嘉靖庚子，始設教虔郡，館金無入私槖。己巳，康太孺人逝，公治殮葬持喪如前。又明年，配胡孺人繼卒，公益煢煢劬劬，罹危疾，幾不起。既愈，乃挈二弟偕如虔。虔人感公誠信，競攀延，不令之它塾，曰：「是我家先生也。」不得師公者，輒競師二弟，謂有公之風焉。幾年，公自虔之會昌，會昌人爭迎如虔，亟留挽，不令之它邑，曰：「是我邑先生也。」公遂留會昌。至廿年，公爲教其子弟，邑中無老少貴賤莫不知名。會昌人有急反貸之公，公無不倒囊，至積券數十，迄勿問也。前後所有恣弟出入，婚娶爨食觴豆，共三十餘年，友于之愛彌篤，里中誦孝弟者必推轂小峯公，雖愚下咸云公。雖不爲詭隨，然素厚重，未嘗臧否人。環堵蕭然，而賑乏恤匱之忱，隱若飢渴。鄉隣有競，得公一言必解，咸曰小峯公無他腸，而言不比周，故醉心焉。先是邑令祝大夫暨今唐大夫廉公篤行爲鄉人推服，相繼署鄉約長，公曰：「此古三老職也，敢不盡心？」而鄉人前已信從，自是爭訟爲衰。晚歲與人無長語，惟孳孳勸善。時語伯子廷對氏昆弟曰：「作善降祥，貴先存心。」已而廷對舉癸酉鄉試，鄉人頌曰：「諒哉，作善之食報也。」明年，廷對會試下第歸，日夕承顔，公逌爾而歡，訓曰：「禄位固有時，吾獨盼若等禔身樹業，不慚先君子足矣。」先君子者，謂交州思、恩兩君子也。嗟乎！若小峯公行誼，庶幾不靦兩公矣，詎論隱顯哉？公不幸卒萬曆丁丑正月初五，距其生正德庚午九月十一，享年六十有八。卒時，廷對赴試歸自京邸，抵累川，始聞訃，號絶，復蘇，卜以是年某日奉柩葬某山之原，屬其友蕭州守君某撰狀行事，謁予銘。予習知廷對善源之有自也，銘曷辭？公初娶堵陂胡氏，繼下模郭氏。子男三：長即廷對，娶水南徐氏；次廷捷，聘胡氏；又次廷擯，聘尹氏。女一，適前溪康一陽氏。銘曰：「風積綦厚，而鵬九萬；山積綦崇，杞梓維翰。業矣凰岡，名才是瀚。倬矣小峯，儒林斯冠。爲行不一，貞一者善。既積既竑，如取如券。盱彼嗣人，彌久彌焰。」

處士蕭挹淇翁墓誌銘

翁蕭氏，諱其坤，字順齡，一名晚所居濱淇塘，别號挹淇，人稱挹淇翁。云上世仕楚，自長沙避地來家邑北之早禾渡，幾世爲大承事，徙南溪里。幾世爲惠可，徙今墊溪，而又幾世傳務遠。遠生慎菴某，娶某氏，生翁。翁齠而樸，天性孝友，居約躬操耒畚爲養。已而去爲賈，賈不牟利，輒復耕然。事慎菴公，悦志承顔，雖半菽糌糲，未嘗不令公大噱，日冐如也。事異母兄，嘗外禦侮，友愛彌篤。既卒，樹其孤，不後己子。時從昆弟競搆重獄幾不解，翁勃然作曰：「予其忍坐觀哉？」遂自奔告上官直其事，獄竟平。生平急公甚私，輸税董役，竣事常先鄉人。壯年，伯子元周生，雋朗，輒敦明師教之，敕就外傅，雖力不充，靡不傾誠。伯子學問密友爲族父鶴皐翔曜，翁一見曰：「國器也。」雖匱必款。後果爲名御史。嘉靖丁酉，伯子偕舉于鄉。捷音臨，翁方輓犂耕壠端。已聞報，猶逶迤竟畝，無驚愕態。嗣是雖輟耕，然與田叟談耕牧事如飴，歲時土發，督先穀種芋魁，輒出諸農上，秋成視獲，至汗淋淋下，不肯休。昒爽躬灑掃，出課浚園豢沼，夜輒問芻牛轂畜如有程。或曰：「貴人當如是耶？」翁曰：「吾老農耳，焉知貴人？」其質任類如此。歲辛巳，伯子下第，遘病竟殞。翁哭痛絶，至困憒，若熟寐，見伯子來曰：「父無哭，壁間不有烏龍在耶？父收桑榆，豈晚哉？」視之龍光隱約，既覺愈慟。時季子元岡暨伯子遺孤象僑甫十齡，咸通章句。時人擬曰：「此非烏龍兆耶？」于時翁室如懸罄，薪桂米玉，然教一子一孫遺外傅，如教伯子無暫倦。歲丁巳，二子咸得補邑庠弟子員，翁稍慰懌。既晚，益喜淇塘之勝，曰：「吾無力爲亭榭，惟築一園環植松竹而優游其間，吾生足矣。」又喜飼巽羽，時從籬落飲啄之，曰：「是其中，豈庸以口舌喻哉？」隆慶丁卯改元，翁年適八十，而季子繼領鄉書。翁遇捷使，不異丁酉時。賀者填户，翁揖拜酧獻，一若昔時。仲冬，送季子赴南宫，侃侃命之，不爲兒女憐。明年正月八日，翁忽以無疾竟卒，距其生某年月日得年八十有一。嗟夫，若翁可不謂善生善死哉！翁長身鵠立，目若電光，音吐鍾谹，雖獰暴者遇之，莫不屏息。然謙冲恬約，愈久而篤。宗祠湫圮，亟督群從葺修，咸畫自胸臆，衆並功之。翁曰：「吾事且畢，吾可以獻先人地下矣，何功爲？」嘗自置一杉棺佇用，里有劉姓者殲於寇，其子徧求棺，艱所宜，謀諸翁，輒慨然曰：「吾與若父軀並修，今以吾棺棺之，明當還一棺如長耳。」或曰：「劉事且急，儻難之，可倒其橐金。」翁大不可，曰：「吾曷忍至是哉？」常時竈突不烟，而意氣軒豁。雖子嗣冠時髦，未嘗華其冠服。爲人解爭，是非斬斬，不爲模稜。處家族睦而有禮，吊喪問疾，嘗先衆人。賓至，雖蔬一盂，酒數行，無不傾竭，相與藹如也。或謂翁介不賈譽，朴不遺俗，勤不出位，厚不市恩，兹四言者足以概生平大畧矣。方翁考終，季子在途，時夢翁，已又夢翁癯然有不起狀。翌日而訃音至，哭擗天涯，絶不欲生者幾矣。既歸，卜某年月日，葬翁龍目山丙向之原，乃飲血爲狀，語甚酸楚，而乞銘于予。予與蕭世戚，而季子遊吾門，其政聲足炳炳矣。予以是知翁之沈脩至茂厚，而所享亦不尠，天之報施善人何其弗爽也。翁娶嚴氏，伉德安貧，生子三：長即元周，娶某氏；次元冏，娶某氏；季即元岡，今爲龍川縣令，娶某氏。孫四：象僑，庠生，次象侃、象鯉、象岱。女二，適某某。孫男二，某某。爲之銘曰：「於昔盛民，耕鑿作息。内靡淫志，外娱化日。雖咸可封，而安自食。漢舉力田，亦先孝悌。矧翁蹇蹇，衆孅攸備。慨玄纁不賁其躬，而公車乃登其嗣。瞻龍目之臯如，鑱貞石其焉肆。」

水部尚書郎張玉屏先生壽藏銘

予以癸丑仰録句曲，而予邑玉屏張公已判應天。予見京兆扈公，扈公曰：「子乃張公閭左右人，知公才乎？」已而歷謁各部臺大吏，無弗才張公者。諏之府人，人曰公自判府，席未温，即出署溧陽。公奇政著溧陽最。予諏之溧陽人，則曰：吾邑人工逋賦嚚訟，公至，廉知積逋者，乃出令專督之，而緩其餘。已而積逋者内悸，輸輒先，其餘咸感激，争輸不肯後。凡四易月解竣。唯成堡、歲堡二里以圩圮潦甚，未輸，而公方剔蠹節靡，謝供却饋，民感切，争欲得生祠之，已鳩金若干矣。公聞，諭曰：「若欲樹祠，莫如以若金入官自營。」各民歡然獻金。公輒呼二里民曰：「此予祠金也，以代補爾輸。」僉愕然爲之歡呼。公又詗知鄉謡「九龍十虎」名，咸緝而置之法。又痛治誣告者罪，繇是良民始復樂業。馬太史曰：「自非司命大人禔己無點，則此梟虎者蹄齒及門庭相尋也。今何幸空境矣。」于是公得稽欺隱詭寄，又因審編，知户口所繇銷亡，繇前令不爲民裒益，故以下户群富室，則貧者愈貧，齊民班勢家，則傷者愈傷。公乃區分易置，增耗袪詭，凡富室勢家與下户齊民各爲列。繇是征輸寡于稽亢，徭編艱于巧免，追呼鮮至，凌奪它邑寄莊者莫爲遁射矣。公既潔且明，雖强有力者弗敢譁，細民欣若更生。又出鍰金築成、歲二堡圩，遂成膏壤，民咸家奉公而尸祝焉。已而句容人曰：公美政詎止是？公昔在予邑，議革冒聖宗免徭事，辭議偉且確。又有豪家誣執八平民爲盜，得院允者三，公獨閲贓止一麵杖，又廉知豪家絶無被盗事，乃竟白諸上吏，而八人者生矣。操江盧公嘆曰：「張判，古人也！」已而，應天人曰：公美政詎止是？蓋公職司馬，八縣舊有例金數百，公悉革絶之。已而，予以耳剽目擊，得知尤悉。公鞫獄，迄無茹吐，若高淳李諫者，故和奸而以强論死；宣城唐德亨等十四人，咸欠户，而以侵擬遣。公皆爲辯釋之。又宣城隸人湯紀因追攝劉登不得，懼刑，自縊死。縣擬登抵命，公按驗之，耳後故有八字痕，登竟得減死。寧國曹隆與賈姓者相毆，趙和赴勸，曹怒熾，推趙跌死。訟稱挺傷潤分餘，議曹抵死。公覆審，駁曰：「傷潤分餘，則挺亦眇矣，奚能死人？」曹隆亦竟末減。懷寧謝教與從兄弟爭産，辭弗直，而親叔謝元實証成之。始謝元入郡門時，謝教等買丸肉酒酒之，元啜丸二、酒半盂，以其餘啗從者，畢乃赴官歸舍，夜半腹痛死。理官坐教等厝毒謀死親叔，合重典，獄成三歲。公乃駁曰：「使教等果厝毒酒中，則從人啗餘者曷不死，而獨死叔？況取庫貯探鍡，迄無黑狀，此非毒謀審矣。且八十而奄忽死者，比比有也，豈皆中毒哉？」於是教二命得竟釋焉。公又廉知高淳庫役盗庫銀，營子母錢，公戒吏搜得券，置之罪。量罰各貸家，葺學宫。適又懲逆，併創尊經閣，而宿圮者咸煥然，内翰邢公紀諸石。公風裁最爲人誦者，則曰婺源有王郎中者，既罷歸，仍結柄家，仗勢凌駕府縣丞劉大武，旋誣劉至罷免。劉奏辯下，新臺史情知其冤，而猶顧慮。公激以大義，乃行公會勘。既兩造備，王獨挺立言曰：「事有成按，公必欲問，則當牽聯入錦衣獄。」公曰：「錦衣獄非賢傑不能入，我倘入，幸矣。若不聞欽依問犯例先受杖？」隸人即按王于地，而同問官皇遽祈免，免之，乃鞫各里庫，咸稱劉清操，所指贜絶影響。于是復劉職，而抵王誣，自新臺史以下莫不欣悦，而公之名愈籍甚一時矣。公尤敦風教，非獨沾沾事簿書間。故尚書齊泰，溧水人，革除死難臣也。家故被籍，嫡孫光裕等傭耕自活。公爲買腴田業之，又以光裕有先人風，白督學廪諸庠。蓋公之嚮往忠義殷矣。于時公得隮本府治中，南吏部題授奉議大夫。公先後居應天者六年，其蒙知撫院臺史，咸題薦有殊稱，所建白可施行者，靡不允。民食利者無筭，而大司馬克齋李公操江時，嘗陳江洋事宜十二策，咸納行之，即以邊才薦。歲甲寅，陞南京工部都水司員外郎。時倭寇薄南都城下，而徐御史者建議增高金川等門城垣鼎，挑濠十五里，奉旨會勘，事歸工部。因檄公丈量，合用銀十四萬有奇。公白尚書曰：「所議增城，頃當興工，第挑濠事關繫不尠。今京軍以錙銖營利自活，若役之挑，其妻孥不免凍餒，或至驕逸難制，則蕭墻之憂其孰當之？議銀兩取辦各府，然近蘇、松等壯郡皆爲寇患，若復加征，則畿内之憂其孰當之？」尚書曰：「科道督甚，當柰何？」公曰：「金川門屬皇陵右臂，昔高皇獨不濠是門，豈無意耶？」尚書悟，乃密具奏，有旨，行南欽天監勘議，果碍事，遂寢。軍民獲免徵役之苦，公一言之力也。次年，公得奉敕清蘆洲，首追勳臣逋銀二千有奇，又追豪勢占洲地，以給細民。是歲冬，予別公，遽告以原職致仕，知者莫不愕眙，曰：「何世之輕捐才賢也。」公家居十有八年，而予自粵歸，乃挈鄒生汝瞻訪公洞巖山之館，則公已營百歲後藏室於山巔。予顧鄒生曰：「不登洞巖山，不知公之達生與垂裕之遠也。」蓋洞巖山稱唐吉州守閻公昇仙地，公且築其巔爲壽藏，非達疇能之？故曰達生。予鄉人鮮不治青烏家，然逞智力千萬方，莫能獲勝者。頃聞公獲茲真勝，今視果，以是卜公澤蔭不眇，故曰垂裕。公喜，即偕其三子忠卿、憲卿、慗卿以壽藏銘請。無何，三子以歐學諭所著公政行示予督銘。予曰：「知公京兆事，唯予覈；若其生平，則歐君覈。」按：公名峯，字子奇，號玉屏，世爲泰和後湅里人。其先有洪州參軍刺吉曰景重者，家吉之城西，後徙永豐，及富田井頭。又三傳曰洪，則後湅初祖也。六傳濟，字待旦；清，字穀旦，中宋紹興、開禧解試。又七傳諱元方，爲公高祖；諱孟遠，爲曾祖，皆以耆壽膺冠服。祖諱鑑，號愛山，以輸粟授散官。父諱泗，號石坡，贈應天府通判，世稱京兆公云；嫡母、生母俱羅，同贈安人。初京兆公嘗禱嗣，夢鯉魚山竪皂纛，揭「江山清氣」四巨字，翼日公生，實弘治辛酉九月念一日也。公童而英喆，嫡母絶愛之。五歲，訓禮度。七歲，爲程書。弱冠，京兆公困訟，學廢。嘉靖改元，公理舊業，遽超等，其族叔貳守魯試而奇之。乙酉，補庠生，是歲京兆公遘危症，它藥罔效，公乃籲天刲股，服之果瘥。戊子，舉鄉試，上春官不第。公自惟曰：「舉業詎可畢人道乎？」時歐陽文莊公官翰林，乃謁而師之，聞正學。己亥，母服闋，復之留都，卒業文莊公門。已又遊泰州，稟學王心齋。心齋之學與文莊公同出而指發者稍異，公兩契焉。辛丑，四試不偶，于是謁選，補南海令。南海居會城，稱巖邑，公至，歲當造册，邑富家多分户飛灑，自等貧民，貧民苦之。各邑寄莊户止徵税而弛役，其後則并税弛之，而本邑富户爭效尤。公曰：「厲民孰踰此哉？」乃區分丁糧，上者承里，下者充甲，各邑寄莊則比回該邑徵編，而本邑寄者例如之。雖勢家者嘍啈咸弗顧，貧民稱快，上吏亦多能公，譽繇是起。里長必拘正役，不輕加刑，獨械繫一二稍逋，民相勸輸納，不敲而竣。邑中百需，止辦諸六庫役，破家者十而九。公白郡守，酌議使客公費郡邑分任，各用鍰金註籍磨筭，既不煩里甲，而庫役亦蘇矣。初海涯中新起沙洲，成腴田，簡氏以其近而有之，許氏者爭不勝，遂投諸顯宦，相犄具奏，道斷歸許，實陰以貺宦，簡益不服，然斃者已數人，力且憊。公憫之，乃諭簡，使并以售諸宦，意者宦與之值，則兩利矣。簡從之，果得值。諸司嘆曰：「張令其善濟哉！」有潘宸者，妬親姪殷富，則乘其寡孀孕，而以用强誣之。姪大稱寃，行公勘。公曰：「姦非和，弗孕也。叔孀與親姪和姦，律各絞。」孀始供馮姓者姦，乃坐宸誣，而姪得釋，上下快之。明年壬寅，公偶得劇疾，太守西村胡公知公窶，乃日遣醫代辦槥，比痊，喜曰：「張令生，則南海民生矣。」時有楊兵憲者，聽總甲捕盜凡七人，寄縣獄中，惟真盜一，而六人者皆平民。公鞫真盜，語又得總甲歐六人攖金情，乃爲文申楊，六人獲生焉。公又出黎南友死罪，致忤陳二守。其急生人，不避怨類此。是歲夏，京兆公病終，囊無辦，廖安人解釵珥貿棺西村，聞白兩臺，咸致賻，及行，里老四民遮留哭奠。更五日，乃獲出境。甲辰，服闋。乙巳，補任江浦。江浦故凋瘵，又當孔道，旦夜使車繹騷，舊例公費月給十六金，里役不足，則起派通邑丁，歲約八十餘度，民浸不堪。公曰：「嗟乎，艱哉江浦！」乃定畫每年僅起派二十度，即省民四之三。凡例供節饋及展綵設宴，附餘扛解，一切禁之。南京四門倉派糧不及百石，而中璫科索費埒它邑，公乃白上吏移置之。是年，旱無收，會兑運期迫，公白撫院，請常平稻及原估賑銀暫那完兑，院艴然曰：「若書生不肯嚴比，徒沽譽耳。」公對曰：「民饑極矣，嚴比是驅之逃也。」院怒叱不已，公即拜辭文，請罷職。浦民聞，輒數十群行哭都市，攀挽呈訴，科道籍籍有言，院始允假銀稻下縣，不允罷職。公乃移銀起運，而躬詣各鄉行賑，尚餘銀三百，因爲築圩費。蓋邑後有永豐、順濟二圩，自成化間盡圮，田潦稅懸，公增措金脩築。次歲大獲，糧乃有歸。先是江浦原奉免珊江折納，而勘報者不覈所免，又黄册收除與實徵大相徑庭。公乃稽通邑糧數，履畝對勘，雖焦勞晝夜，飡櫛風霜，不以自皇，遂勘出珊江平米千石有奇，改造實徵，貧民始免虚累。每年預刻格眼方楮，而户給之，以杜伸縮。其實逃無徵者，則援望江例，徑請停征。繇是江浦之糧靡不有歸焉，崦山周公極稱異之。時侍御蘇山吳公道浦，睹公政，慰悦留駐，因邀諸同門編校《心齋先生遺録》，公遂割俸，鋟梓於浦。公又嘗與胡柏泉公松、戚南玄公賢同遊瑯琊定山珠泉之勝，相與訂學，不以疲邑故窘，意豁如也。是歲秋，陞應天府通判，江浦民争爲樹石，柏泉公製文，題曰「勒思」。丙辰，公既解水部歸，剖己業，均諸從子，卷卷睦宗緝譜，改建宗祠，改厝先京兆及其長兄，上逮曾祖顯祖凡四壠。其爲貧族舉火者幾，爲姪孫從姪孫舉聘者幾，爲橋梁者幾，爲利濟最博者，則贊佐張月泉郡公丈量邑田畆，而月泉呈臺司十策，即公所畫陳者。丈田竣，民咸知歸德邑令，而莫知其出月泉，或知出月泉，而尤莫知建自公也。公又約束里中，輸納不後期，而倡行鄉約，近耋尤力。蓋公力艱拯危，維風變俗，才志業業，若水之必潤，火之必燎，若越人之治病，隨地必効。孔子曰：「是亦爲政。」於公豈尠哉？公又嘗爲義陽書院，聯鄉之子弟講學讀書其中。又嘗追鄒、羅二先生青原舊盟，爭先倡導，雖耄不倦。家居，改刻《心齋遺録》，屬予序之。公功德于斯世斯學，則並遠矣。丁卯，穆皇登極，進階朝列大夫，士人特以爲稱。先是甲子卜居廬陵之蓮壠，至癸酉乃獲兹藏。藏脉亥面丙，形龍嘯天，識者咸謂德徵。公先配劉安人，嘗亦刲股救姑，生二子，曰孝卿，先卒；曰忠卿，邑庠生。繼配廖安人，生子一，曰憲卿，鴻臚序班。側室徐，生子一，慤卿；女二，適王魁南太宰、羅文莊子太守詡之子雲書。孫同祖、同升、同倫；孫女二，適顔學龍、生員陳杏。或者謂公祚胤如松柏之柯條，造天非遥，其原本生人者多也。予與公遊從久，至句曲，辱下交。既歸，以同志獨契。

忠卿、憲卿遊予門，咸世其脩，慤卿樸且雋，然則知公而叙以銘者，非予不可。銘曰：「伊昔聖門，爰有達才。迺澤庶草，勿爲稿荄。峩峩張公，孝友天培。慧鑑韶朗，豁度夙恢。猗與循廉，兼濟長材。巖哉海邑，吏竄民阨。公理亂緒，龍淵是裁。如滌穢薈，而撥霧霾。孰艱江浦，孰獲公來？肉乃孱骨，生氣湍回。寫鹵而稻，孰俾不萊。皇皇京兆，趙張寔儕。闇闇水部，言核功魁。直氣英英，姱節暟暟。拂衣林莽，憂時孔懷。顯隱殊轍，澤物則偕。天佑祺吉，卜兹崴崔。華精斯啓，寸雲九垓。藏哉臧哉，百世昌哉。循績既述，復頌以該。告後史管，曁公玄來。」

梅池郭君墓誌銘

予邑邊五雲之東，綰轂數十里間，多郭氏一姓，其風習相襲，婚媾相締，則最梅湖，而園背即支出，邑庠生天穀其族雋也。天穀蠲萬曆某年正月初八日，窆其父梅池君五雲十三都西岡山下橫頭之原，丑山未向，手其狀，乞予銘，至再四不懈。予感其孝誠，韙之，乃按其狀，誌曰：君諱逢義，字汝宜，號梅池。上世出南唐御史中丞瞿，由金陵徙泰和之隱義岡。至宋進義校尉麐[一]，轉徙薦溪。幾世諱仲温，徙今之五雲、梅湖、園背，其後曰東昭，曰祥祐，則君之曾大父、大父也。

〔一〕上篇「與公遊從久」至本篇「至宋進義校」，底本無，據四庫本補。

父弘聰，號秋巖，隱居有長者風，娶曾氏，生君。君自童警敏，有心計，從塾師不繁繩督而業常就。稍長，爲門祚未遑治舉子，遂棄去。專脩封君之業，下至米鹽穀爐，外及更徭賓祭之需，莫不劈畫盱然，家以饒裕。天性孝友，母病，躬湯藥，必嘗乃進，衣不解帶者數月。既卒，哭踊欲絶，喪祭以禮，日偕形家者流蒲伏山谷間，風雨疾病不休。雖至勞費咸身荷，不及其季。又篤友愛，終身如一日。事繼母若事母然。生平謹祀事，急利濟，有貸者弗克償，無論子錢，雖母錢勿問也。遇人開口出肺肝，延禮名士，訓子弟以問學。爲他人父兄，亦必以訓子弟問學言。故族里間莫不信憚梅池君者，君其庶幾有得於六行大都者耶！君生嘉靖壬午三月上巳日，乃遽以乙卯八月十一日告逝，得年才三十有四。悲哉！天之奪君算何早也？雖然，天以淑質厚君生前，故能禔其行，不隳其世；以賢嗣厚君身後，故能穀其子，可以鳴世。算脩短胡論哉？君娶龍丘曾氏，有節操，語具其族子太守青螺君傳中。生子一，即天穀，配鳳岡康氏，副李氏。女一，適同邑嚴旋吉。孫男二，今、磐，今、磬俱幼。孫女一，聘予邑歐陽錫齡男文成，侍郎橫溪先生孫也。狀君行者即其族弟郡博與京，而父菊潭憲伯所善族中處士，唯君不辱，故京之言益詳覈可信云。銘曰：「辟彼良璞，不珪以璋，而遽早撲；辟彼良木，不柱以梁，而遽先撥。詔有令行，遺有令嗣。有鬱者原，有永者世。」

衡廬精舍藏稿卷二十七

雜著

首約贈同年出宰

古今之言吏治者多矣，然而首廉，曰吏廉，則民之大命舒，而國之元氣植矣。故廉吏者下爲民母，而上爲國保也，是以君子首尚之也。胡子曰：不然。不如首約，首約則無不廉矣。何以言之？昔者紂爲象箸，而箕子變色。非爲象箸變也，以爲象箸寧加於土簋乎？必將尊罍而杯玉。箸象、杯玉寧飯糲而羹藿乎？必將熊蹯、豹胎、椒漿芬芳以爲饗。熊蹯、豹胎寧衣短褐而食於蔀屋之下乎？必錦衣九重以御之。已而果爲瑶臺、瓊榭、酒池、糟丘，則玉府不能供，而四海殫矣，是不約之爲過也。夫天子不約，則不能以廉，而况其下者乎？今夫粤人辮髮而居〔一〕，

〔一〕「粤」，原作「越」，四庫本同，據下文改。

跙跣而行，雖進之玄冕、赤舄，將委而弗顧，而况屨與縞乎？粤人非能爲廉，彼其所以奉首足者約也。夫鳥見樹而翔，魚睹水而悦者，性也。然棲無羡于鄧林，而泳無覬於彭蠡者，豈魚鳥有擇哉？其措身者有餘也。是故君子之能約其躬，若粤人之奉首足，魚鳥之措其身，則雖有金嶽，彼無所用之矣。是故廉者意廉者也，止于守官；約者不以意廉者也，可以守道。夫唯守道，則廉非爲爲吏而已。夫士方伏草野，日啖不能重味，歲衣不能十襲，居不出甕牖，而安寢不越匡床，而佚可謂至約矣。然而一旦宅民之尊，握勢之便，則耳必窮乎要眇，而聽始馴；目必極乎佳冶，而視始悦；口必殫乎甘脆，而饕始厭；身必恣乎逸豫，而體始樂。若此，則孰取而供之乎？是故吳歈越吟，連歌於堂，非不靡也，而民必有愀嘆憂號，含聲以詈者矣；峨眉皓腕，結袂于闠，非不都也，而民必有牽妻揭子，狼棄以鬻者矣；飛閣層榭，醇醲精饌，連甍充筵，非不奥且芬也，而民必有竄伏以給，糟糠不救者矣。彼士者，一人之身而前後情勢若此懸者，何也？則以侈心之爲患，而末習有以煽之也。今夫人之侈心，其炎猶火，煽之而熖，則至於焦都邑、燎原野，不可得而鄉邇也，而况可撲滅乎？何以言之？彼通都之廣，鉅室之衆，俾人人文繡纂組而衣，乃令一人御鶉裳以班之，則不誘而效矣；俾人人複道井幹而居，乃令一人擁蓽户而隣之，則不約而甚矣。何則？彼其焦都邑、燎原野之勢，有不意其爲而已爲之者也。然則君子立于群煽之中，而欲以免灼躬之毒，則何道以勝之也。曰：君子約其身非難，而約其心爲難；約其心非難，而能有勁特不回之志難。是故必有勁特不回之志以約其心者庸焉，然後懸揭伯夷之風以招之，明厲皋陶之法以繩之，而天下始更化矣。夫君子之約其心者，誠知其本也，非必窘形抑性矯而爲之者也。然溺者之於食色，若緘縢然，不能以脱於其心，則曰是人性不可絶，是説也，則又愈於燎原之熖者也。余復有以解之，何以言之？夫南威、白台，古今之所麗也。嘗試使之蒙糞穢而衣解札，則鰥夫爲之却足而擁鼻焉，此猶以爲糞穢之不可近也；假令骨肉之間有姝絶姣，則雖狂男子莫有萌不肖之心矣。是色卒不可使不説乎？炎珠之肉，濩鯀之膾，天下之至味也，然必越山海而後至，則饕者未嘗一垂涎焉，此猶以爲道遠之莫致也；彼大江之涘莫甘于河豚，雖有過者，必不以不嘗爲弗嗛也。是食終不可使不甘乎？非獨食色，左手據圖而斷其右手，雖騃者弗欲；諾之荆璞而寄懸于羿矣，雖悍者弗取。此又古今之所共明者也，此猶以爲有斷手之灾、射矢之危也。乃若王侯之尊，童子知其貴也，然而懷王侯之願者，則千無一焉；千金之富，騶儈之所貪也，然貸之千金而不償者，則千無十焉。是貴富終不可使不欲乎？若此者，彼非有慕於伯夷而有嚴于皋陶，人心固有所不欲也。是故君子之約其心者，視色之凡皆爲家姝，則色不爲蠱矣；視味之凡皆若河豚，則味不爲饕矣；視貴富之凡莫不如王侯之尊、千金之貸而不欲焉，則貴富之不足以滑其中矣。夫使食色貴富皆不以槩於心，則非獨其神德王而區理彰也，其服御省而供饋寡，民力舒矣。民力既舒，雖由此以清内寢外可也，而况於吏治乎？然則君子之約其心者，誠有其本矣。

養徵 有序

錢塘與鹿周子以瓌文首兩浙士有年，今歲春，始得與予同第，補令寧國之南陵。識者謂與鹿子名材，頗惜其去。予于是作《養徵》一篇解之，并以別與鹿子。

人之言曰：「君子之屈信小大，猶日月之虛盈，其循環之理不營而固然，是故君子之不戚於屈小也以斯。」胡子曰：「非也。夫屈非能伸也，誠善爲屈，則伸也忽焉；小非能大也，誠善爲小，則大者勃焉。今夫神龍之隱於沮澤也，當其朋鰍鱔、肖蜥蜴族之武者，狎之而不與較。神龍初不自計其能變化也，故能以一日興風雲，握雷電，矯厲太清而霖雨乎天下，繇善其爲屈之道也。河之發也，微于星宿海，蜿蜒于崑崙之足，千萬折而不肯回，河亦不自見其狹小也，故能以一日經積石，貫龍門，盤帶晉梁而東滙溟渤者，繇善其爲小之道也。假令神龍先自計異日之變化，則必與衆族較短長，其德亦淺矣，其曷能終霖雨乎天下哉？河之行，先自意其狹小，不能不回阻，則河之力薄矣，其曷能終滙於溟渤哉？故天下頌神龍爲博德，而贊河爲完力，誠其所蓄者厚也，豈苟能而已乎？是故君子未嘗無屈，屈而爲龍之博德，則善爲屈矣，何虞其不竟伸乎？未嘗不小，小能爲河之完力，斯善爲小矣，何虞其不竟大乎？然則君子之屈且小也，予將睹其霖雨天下而滙放乎溟渤者，必不違矣。夫是之曰養徵。」

醫喻八首

楚王有瞀瘛之疾，三年，神室圮泐，言蹈喪宰，娗娗誰誰，妹妹嫚嫚，大夫國人謁巫祠鬼，朝哀暮祟，歲無休。改玉帛，殫藏帑，而牲牢嵬陵壘病弗祓。將謀人禱北郭，耆生慼之，踵王國門，叩中庶子，告曰：「王疾與禱不相爲也。禱何能誅疾？臣聞炎帝辨百草，軒皇明九候，伊姬述之，遂樹醫政。泰始俞跗〔一〕、容成、岐伯之徒，肆其術，遂能經緯陰陽，操握元化，血肉尻骼，噓吸髑髏，制人生死，坐運掌股。雖有司命，莫之敢取。蓋醫之爲功昄昄乎矣。今王病有年，不肯購醫，乃猥從巫，竊爲國不取也。」中庶子以北郭生言進，王召問曰：「醫果濟乎？請言其證。」北郭生曰：「夫醫，雖天地弗違，而況人乎？昔者成湯之時，雨澤亢施，蜚廉火噴，星辰燀灼，金石銷爍，河、漢起塺，山嶽爲童，五穀百卉之物爲之滅炧，如是者七年。人曰此天瘧也。湯得伊尹醫而調之，于是，月往從畢，雷乃鞭雲，陰陽訢合，靈雨既零，而天之病始瘳。《書》曰『格于皇天』，此之謂也。唐堯之時，巨浸淼彌，盪日浮乾，濛汜瀇滉，崑閬幾騫，人巢樹杪，蛟螟蚳而食

〔一〕「跗」，原作「祔」，四庫本同，據《史記》卷一〇五《扁鵲倉公列傳》改。

之，如是九年。人曰此地泄也。堯得禹稷醫而治之，于是九川滌源，九澤既陂，四隩咸宅，六府孔脩，而地之病始瘳。《書》曰『地平天成』，此之謂也。《周官》有言：『茲惟三公，論道經邦，燮理陰陽。貳公弘化，寅亮天地。』醫證多矣，臣未皇悉，惟大王財擇。」王曰：「生言皆古人，骨塵久矣。今曷從購醫？」北郭生曰：「有屬者渤海秦氏越人，遇長桑君，飲上池水三十日，洞矚垣表，數人五臟三膜，虛實畢知，以是能生死人，名震諸侯。今雖亡去，有弟子子陽，傳其秘業，齊名越人。大王亶能謝巫而尊醫也，臣請以王命敦致之來，則王疾瘳矣。」王乃賜生赤水之騎，風胡之劍，介白璧一雙，黃金百鎰，錦綺一純，遵海陽，蹟子陽之庭扣焉。子陽問故，畜然念曰：「生不遠數千里過臨鄙人，鄙人敢以身從。」乃偕至楚郢謁王。王曰：「先生固傳越人之業與？」子陽逡巡避席對曰：「然。昔者臣師越人昆弟三人。越人長兄於病視神，未有朕而除之，故名不出於家。中兄視病治氣已有朕矣，因而調之不一二七，故名不出于閭。臣師越人視形，形雖斃，治無不左驗，故名聞於諸侯。夫長兄視神，則堯、舜之治是已，禹稷可得與也。仲兄視氣，夏政是已，益契可得與也。越人視形，湯武之治是已，伊尹、周公旦可得與也。臣習于三師之門，匪一寒燠矣，亦嘗總統其大都，用則隨所適。」王曰：「嘻噫。先生言唐哉，皇哉。汗渺如溟海，寥逖如秋旻。寡人冥頑，罔明所從。」北郭生晉曰：「古語有之，上醫醫國，其次醫人，則先生詔之矣。」王曰：「唯唯否否。」王曰：「敝邑固陋，罔知道術。上古之事竊有疑焉。且夫藥應周天，毒居其半，炎農氏曷繇嘗而知之？」子陽對曰：「彼炎農氏豈誠嘗哉？臣聞學醫辨藥，猶治國之辨材，非一手口一耳目之力也。臣請言辨藥。今夫翠羽、屑金、雉穖、枯銀、蟹漿、水漆、神砂、泥鐵，此皆銷物也，而以之相爲則左。蟾肪、合玉、犬膽、榮樹、鸞血、續劍、虎白、拾芥，此皆聯物也，而以之互易則膠。方諸取潤，不若游波之漲涸江；陽燧取炎，不若猬髓之燎洪河。何則？彼性于天者殊也。巨貘食鐵，則其糞可以切玉；香獐嗜柏，則其臍可以辟鬼；蜃脂爇蠟，則樓閣爲之湧出而非蠟不得；龍肉濯酒，則五色爲之縈旋而非酒弗能，何則？彼制於物者異也。夫血畏，則紅藍之花、丹紫之參；氣達，則蘇芥之子、沉腦之香；神忻，則千歲之苓、九節之蒲，雖下工習之矣。然而用違其性，顛所繇制，則君臣易位，主使詧宜，雖有聖神而莫之撰功，是故或比而戕，或忌而使，或首尾而相反，或熟生而相攻，或左燥燥應，或左寒寒應，國老艱獨任，將軍虞徑行，管領戒力分，卒伍尚得引。故曰：時爲帝者也，不可無辨也。故善用之，則伏翼之糞貴玉屑；不善用，則太陽之草等鈎吻。若乃索狼毒羊蹄于獸族，求鶴虱蠮腸于虫譜，矇益厚矣。殲人焉用戟，雖然，彼炎農氏豈誠嘗哉，維聖維靈，抱虛以仁，抑己下詢，重譯來陳。山澤之癯，土著之萌，莫不貢聞。假令炎農運一耳目，憑一手口，欲以辨物，則斃毒久矣，惡能徧嘗？」北郭生喜曰：「知材善任，虛躬廣益，則先生詔之矣。」王曰：「唯唯否否。」王曰：「先生語藥，既聞命矣，倘亦有定方乎？」子陽對曰：「方胡可定也。臣聞天有四時，地有八方，人有五藏，五藥四八多寡爽衡，疾乃蠭生。方其倪也，緼緼瀓瀓，兀兀蓬蓬，沈若墜囷，浮若驤空。既進則塌兮痟兮，勃兮怐兮，排兮嶽崩，臀兮潮涌，蒸蒸兮旱日之爍炙爐，凌凌兮玄冰之閟陰洞，醮兮若刨，灝兮若蟄，癵兮若鋌，瘌兮若擷，若譻若譸，若囁若蝕，鼓兮雷砰，掣兮雷擊，迅兮風翲，密兮霧鬱，肌骨之隟，腎腸之府，有物宅之。吾不自主澒洞萬幻，轇轕千齬，雖有良工，拱手睥睨。譬若觀兩軍之鬪，頃刻機決，不敢妄投其一劑也。方胡可定？何以明之？今夫勾芒行而雷雨作，祝融鼓而金石流，霜露降于蓐收，冰雪勁于玄冥，此四時之異也。物生應之，則蟪蛄夏死，蟋蟀秋鳴，鷹化爲鳩，雉變成蜃，彼非擇之也，誠篤於時也。嚴道之徼鮮日，番禺之區斷雪，幽薊彌望而鹵，吳越彌望而波，此八方之異也。物生應之，則貉不踰汶，鸜不踰嶺，榴鬱東移，橘凋北徙，彼亦非擇也，誠局於方也。惟人亦然，舟車殊御，毳葛殊服，稻麥狩魚酒酪殊用，彊弱殊幹，疏密殊理，勞逸甘苦殊情，盛衰貴賤殊勢，春冬不以互治，南北不以交攻，爰收爰宣，爰瀉爰補，爰潤爰燥，爰茹爰吐，爰緩若文，爰急若武，爰升寥天，爰降下土，爰逆若攻，爰從若撫。表裏相半，輕重相取，及其殺大毒，戡奇癖，則將膏肉乎砒石，珍羞乎溲溺，神針刀而聖燔熨矣。方胡可定？是故爲可爲於其時則祥，用可用於其地則昌，否則，曷殊食？燕薊人以蝸醢危蜂而啖，越姬以毳氈瘠臊也，鮮不至坐殺矣。」北郭生曰：「百里殊風，千里殊俗。因地任人，則先生詔之矣。」王曰：「唯唯否否。」王曰：「先生綽乎無成方也，治則奚先？」子陽對曰：「先主氣，夫日月有朓朒，星辰有流隕，土石有窣崩，木果有蠹潰，匪一朝夕之害，主氣盭也。夫主氣未盭，則雖奇癉若瘟癀、痢瘧、賁豘、癥瘕、癲癇、疰、痺痿、癧、蠱魅、癰、疹、瘻、蜸，可以一再劑祛。主氣既盭，則雖無事而都好悦澤，魁磊頎脩，伉健雄武，燕頷彪身，虎闞鷙悍，不可以石劑活。臣聞大王之國，南威、白台曾不稱嫵麗，浸淫逮乎巫峽之神媛也；《白雪》《陽春》，曾不爲絶音，連綿乎陽河之哀響也。雲夢之野，具藟之浸，剒貙剌猊，伐蛟斷鯨，曾不曰小啖，猶欲東釣彭蠡，西狩壽春，未見有窮日也，則主氣盭久矣。臣願大王立卸此，臣請進不死之藥三焉。臣有藥，自徇齊之帝、濬哲之王，莫不首飫，其名曰遠志，遠志之師曰益智，益智之友曰苦參，此三藥者，臣師伯仲二兄治神氣之聖劑也，非時與方能格也。雖然，大王誠服此三藥，臣請無食鹿胃，臣聞鹿嗌九草，解散群藥，食之則三藥之力懈矣。雖然，寧食鹿胃，無寧飡黄者。大王獨不覘耆之毒乎，填心垺膈，雖沆瀣甘露不能入也。耆而罔功祇益鬼巫。」北郭生曰：「臣聞《詩》曰『訏謨定命，遠猷辰告』，此古之善用遠志者也。曰『其德克明，克明克類』，此古之善用益智者也。《書》曰『若藥不瞑眩，厥疾不瘳』，此古之善用苦參者也。今夫治國亦有主氣，主氣盭，雖通國竭人禱，曷救？」王曰：「唯唯否否。」王曰：「寡人聞之，急則治標。今先生顓言主氣，遼渺漫逭，不可旦夕效也。請言其次。」子陽對曰：「臣有一藥，迎之無首，隨之無尾，非白非黄，非甘非苦，草木弗爲族，金石弗爲侶，食之則鼓自腎腸，震驚萬里，百妖逢之腦裂，衆魅當之魂斃。王欲購之，不出五情之内。臣愚不敏，請名曰怒。昔者臣侍師越人視病，望見顏色，輒曰：『得怒乃解。』臣曰：『怒可已疾乎？』曰：『夫怒有二，有怒其已怫者，是曰食鴆酒也，其毒茹，茹勿治；有怒其已馴者，是曰飲火齊也，其毒吐，吐乃瘳。』是故人主毒在内，大患不怒，人主大怒則大治，小怒則小治。昔者舜有幽憂之病，流共工、放驩兜，而四方風動，此大怒大治也。齊威王有幽憂之病，煮阿大夫，并其左右羹之而一國懼服，此小怒小治也。王誠赫然奮洪響之霹靂，焱霆發乎紫宮，起蟄沉困，斸蔀十重，大則爲舜，小乃威王，則王之六竅闢，三部通，六節可調，八正可順，十二官可理，王之去沉痾，就祺吉，捐悶憒，登康豫，辟若爬垢振飛埃爾。臣所陳不死三藥，王可一試效矣。臣聞古語：『欲忘人之憂者，則贈丹棘；欲蠲人之忿者，則贈青堂。』臣乃所謂贈王丹棘、青堂者也，願無讓。」北郭生曰：「樹德務滋，除惡務本，則先生詔之矣。」王于是瞠乎其聽，瞲乎其視。頃曰：「此非寡人所能逮也。」王曰：「寡人聞酒之於人，一也。有濡吻而醺者，有勺合不勝者，有數石不醉者，今寡人勺合器也。聆先生言閎恢逴踔，中心益惑惑怦怦，黯黯疷疷，莫識端委，意者先生有它妙巧，能易短令長，拓隘就弘，冥旋神斡，獲從所陳。」子陽對曰：「有。昔者臣師越人望見桓侯，告曰：『君疾在腠理，不治將深。』侯曰：『寡人無疾。』不聽。後五日，越人復見曰：『君疾在血脉，不治將深。』侯曰：『寡人無疾。』不聽。又五日，曰：『君疾在胃腸，不治恐深。』桓侯不悦。又五日，越人望見桓侯反走。使人問，曰：『疾在腠理，湯熨逌之可及；在血脉，鍼石追之可及；在胃腸，酒醴追之可及。今在骨髓，雖司命莫之追，臣故走也。』又五日，桓侯病果不起。夫臣師猶望見桓侯而知也。曩臣未至王之國，臣已知王之病不在腠理、血脉，亦不至骨髓，王病在心腑，治萬倍艱。王賴遇臣聽臣，臣請運赤玉之斧，揮九華之劍，剖割王腦，挈心腑，就清冷淵而湔滌之。淘頮其膜絡，涓潔其九竅，澡雪其滯霔，發皇其疑慮，禽其蝕王心者，聲罪戮之五達之市。然後令天孫擘素霓爲絲而縫合之，王則恬焉莫焉，嬉焉融焉，若魘而興，若酲而醒，若跂永夜而睹晞陽，若伏奥穴而升層臺。當斯時，王必能維臣所欲爲，王且不知其短之猋長，隘之猝弘，將昔病之何隅，追之已風化矣。自王四體至四境八埏，靡不滿志，此天下聖神明王之所騖而馳也，王豈不願之乎？」王乃仰天而盱，摽心而答曰：「寡人肌肋不足當君斧鉞，請終從巫。」顧謂子陽曰：「先生有疾當食何劑？」子陽曰：「臣所食藥曰蚤休。」北郭生聞之曰：「王啖堇矣。」恤恤然眉尊，哇哇然舌橋，氣結面黧，不復出聲。於是子陽去，王不留行，巫之家驩聲若霆，訌於朝野，病罔知底麗。

詩誡

予童喜詠賦，然非所長。又夙遭凶憫，浸淫抱痌。年十九而有咯血之疾，夜寢恒不交睫，血耗而火炎故也。至年念六，雖聞學，罔有獲。三十二，得廣南鄧先生指示靜坐，始稍祛宿恙。今年四九矣，屢苦未得去，且承命督蜀學，相知孫山甫之儔以校文勞瘁爲予憂。予因自念多岐，不能入道，奚啻以病骨而勝勞役之艱也。因絶意作詩，省思慮，遂書爲誡。

誓師

惟我聖皇，仁涵義激，天幬地載，風自闤闠，旁訖乎函夏之外。迺兹西蜀，比隣吐蕃，縮轂勞寢，恬謐交忻，孰敢不庭？西域雖遼，重譯納琛，慕義嚮風，爭爲妾臣。矧惟逆賊，黄中父子，囊屬編民，竄居獨東，在楚之隣。一朝逃賊，化爲頑冥。自以蟲蚊之微，不挂雷霆之誅。奮臂谽谺之谷，鼓翼箐薄之區，剚我民腹，蹂我民稼，虜掠其畜産，焚蕩其室廬，侵疆略地，嘯侶植交，豪吞怒戮，何啻千百。負固逆命，凡兹幾年，勢若孟獲，罪浮玉珍，窮極兇虐，激怒神人。可謂一方之虺蜮，當庭之獍獍。肆我聖皇赫怒，特命必征，於是遴委將佐之良，集調漢土之兵，彊弓勁弩之如羽，長鋋短戈之若林，叱咤而風雲起，指揮而山嶽騰。戮兹小醜，取彼凶殘。何異振炎熖以燎稿葉，挾泰山以壓危卵，蔑有不逞者矣。夫兵者，不得已而用之，將以安民，匪以耀衆；將以止殺，非以逞暴。是故殲取渠魁，脅從罔治，此今日命師之大旨，聖皇之西顧而廑廑也。迺用率爾將卒，共告于皇天后土，以昭兹不得已之忱。凡爾番番之將，振振之旅，或携其黨，或伐其交，或以計禽，或用謀攻，或先登陷陣，或擁衆攻寨，或哨探得真，或用間有方，或斬逆賊之首，或獲群醜之級，賞格已布，决不食言。或劫奪民財，或洩漏軍情，或妖言惑衆，或逗留不進，或争奪功次，或賣放惡黨，或濫殺良民，或擅離信守，或違節制，或亂紀律，各有常刑，其無少貸。爾諸將其悉以此意，布告多士，克廣德心，早集厥勳，以無貸師老財靡，此昔之名將，所爲先發而致人也。上帝臨汝，毋貳爾心，其各如律令。

果州鴉

予校士果州，行臺後圃高樹雙鴉巢焉。一日鴉出，鵲來奪居，鴉爭不競，已乃，聚族數百翔鳴蔽樹，欲爭，復去。覘者曰：是咸畏耳。踰再月，鵲産子，習飛方出巢。群鴉數百突來與鵲鬬。鵲不勝，移去，鴉雄雌復居焉。衆始知群鴉先非畏鵲，以鵲方伏卵，不欲令毁棄，蓋有俟也。噫！鴉誠慈矣哉。而世薦紳道詩書，或至乘危擠奪，覆人巢卵，視兹鴉遠矣。雖然，鴉巢特枯株腐草，不能占樹隅方尺，奚往不可？然鳩族必爭者，彼其智視枯株腐草不尠也。人固知笑之，以宇宙之大，觀人一丘、一室、一官、一爵，其于枯株腐草何如也？然人亦必爭不可已，不亦足笑乎。於乎！等而上之，七國之戰爭，劉、項，孫、曹之相傾相奪也，亦何以遠歟？

别諸生

予嘗著爲功令，訓諸生以學聖。其言曰：「非恥弗聖，恥弗人也。」諸生興者咸云有感于斯語。嗟乎！是諸生真感也。有真感，故有真恥；有真恥，故能有此興發之意。不穀良慰，良慰。然觀孔子曰：「人之生也直，罔之生也幸而免。」則知一念之罔，即爲幸免。幸免者以其形體人也、生也，而人之實、生之理已亡矣。雖有爵位文章，奚爲孔子所謂直？非曰直，陳人之是非、事之得失之謂也。人心生理本虛而明，不作于意，無索無狃，無閃無待，無將迎茹吐之念，始可言直。故無是非得失，惟作于意而思，作于意而言，作于意而動，均謂之罔。罔則弗生，弗生則弗人，而幸免耳。若如見人克伐怨欲，至于機械變詐者，又益遠矣。於此不恥，烏乎恥？嗚呼！豈惟可恥而已，諸生誠由不罔進之有自得焉，則人道近即聖道邇。《詩》稱文王「無畔援、歆羨」、「誕先登于岸」，《易·坤》言「敬以直内」，孟子「直養無害」，皆是功也。諸生勉之。

二

國家所以育成人材，欲其共生斯民而已。共生斯民者，仁道也，天道也，帝道也，王道也。故能成一人材，則能生千萬人；以一人材，又成衆人材，其所生豈可勝道哉？此所謂體仁事天，而學帝王之道之實事也。不穀濫荷簡書，以成人材重望之。今棄而去，豈得已哉？反辱諸生百方勉留，言之惶汗。不穀寢食不寧，反覆思惟，坐此痼病，良繇素養弗充，元氣内剥故也。是不能仁身，焉能成人材。又家有老母，雖叨禄仕，素未盡歡，是未能仁親，焉能成人材。雅對諸生，不任内媿，此不穀所以不得不求去也。不穀重負朝廷，重負臺司鄉大夫與諸生，罪戾何可言。第此生理，諸生莫不昭著，但不罔生，即無弗得。所謂體仁事天，學帝王之道之實事，則亦望之諸生而已矣。諸生非獨自盡，其爲不穀盡所未盡，補愧而贖罪，則所以厚不穀者，亦無盡矣。

龍談

龍之能大小、剛柔、修短、幽顯、下上、遠邇，能爲蛇，爲蜴，爲蠶，爲蝎，爲犬、豕，爲人、神，能負神禹之舟，能變陶氏之梭，能解角而示瑞，曳尾而告凶，能歘撼昆侖，掩蔽三光。此雖其變化叵測，特賢於董父所豢與劉累所擾者而已，而未可語龍之至也。客有談海畔龍起夜半，風吼濤湧，轟若萬雷，舳艫跳躍，甕盎悲鳴，廬舍漂没，合抱木拔，水族皆從空墮死，世以爲神龍變化宜然，不知此亦非其至者。予昔寓蜀，遊四目仙人廟，睹井間龍升遺跡，廟門壁及兩荔枝樹相去盈丈，皆無恙，僧徒晏如。又都司周宗者自叙守松州時親睹龍升，前有物若拳舞，意段氏所謂木尺是也。渠時率將佐拜禱城巔，城摇蕩若舟顛，衆爲悸廢，然卒無恙。天明既定，視龍行處有新置坯土，依然級立，秋毫無損。予又遊霧中山，老僧指龍升處，僧舍一無犯。且曰：是有道之龍然也。若道力未純，鮮有不憑氣而傷物者。予乃知龍之有道，以仁爲至，而變化次之。如以變化而已，則蛟蟒乘風雨，化人物，妖狐怪幻捷出，豈亦稱神物乎哉？是故君子之學爲龍也，學仁爲先，變化特餘事耳。不然，而舍仁先變化，至妨人病物，則與堯、舜、孔子之龍德殊矣，曷取龍爲。

翠峰語别

吉水曾見臺子始釋服，未移季，而勳部命下。見臺子方縻於丘園，未皇遄發，則期衡廬胡子、蒙山陳子、塘南王子合襟翠峰之刹，相與語學爲别。居翌日，二三子與見臺子語所致力，既約而深矣。乃以逮衡廬子，衡廬子曰：「予復庸言哉。雖然，予不可不爲見臺子别也。夫學有正脉，自天命之，自堯、舜、孔、孟傳之，宋之諸君子明之，而莫著於程伯子之言，程伯子曰：『仁者，以天地萬物爲一體，莫非己也。』故知天地萬物之爲己，知己之即天地萬物，始可語學之從來矣。雖然，非有真志，吾未睹其入且成也。」已而見臺子行，則又屬衡廬子申之。衡廬子曰：「今良知之學之行於天下，幾何年矣。然學者談先飛龍而行後跛鼈，語析毫芒而事違丘山，壯爲天下師而皓無真得，此豈良知之罪哉？其志病也。昔者念菴先生嘗憂之矣，救之曰歸寂，然後知良。嗟乎！使斯人而果有斯志，則良知足矣。使果無斯志也，又安知不以歸寂爲贅疣乎？非亶贅疣，又毒藥也。故志，非始學事也，雖皓由之也。孔子自十五志學，至七十從心不踰，而後志始成。今學者語志則曰：此始學事，不足言。嗟夫！吾未見其入且成也。子不見吾儒之趨二氏，不有載其家珍而覆沉湘水者乎？不有觸碎寶器而棄官西遊者乎？已而二子皆有成，若今之以儒趨儒者，果有斯志乎？儒者之道不捨所事，而捨所慕，舜、禹有天下不與是也。今學者其能以天下不與乎？自予嘗較之，天下之最溺人者聲色，而剛者不與也；其次官爵，而勇者不與也；至於聲譽之所寄，雖剛且勇者未嘗不介介於懷也。已而思之，吾與天地萬物一體，使人吾譽，是猶以左體譽右體，吾何增？人吾毀，是猶以右體毀左體，吾何損？已而未瘳也，則又思曰：吾始生無姓名，已而姓名之，則孩未知也。方其未知，雖堯、舜，我無喜也；雖桀、跖，我無慍也，此吾之本然也。故惟不失夫孩之心者，然後可與語一體之學。故曰：『大人不失赤子之心。』雖然，非有真志，吾未見其入且成也。程伯子不又曰『志立而學半』？吾媿此久矣，非見臺子無望也。」見臺子憮然作曰：「嗟夫！志誠非始學事也。」於是復訂於二三子，乃叙諸卷首，再拜而别。

答客難上

座客許將軍言貴縣深山有人一種，土人呼山子，性顓愚，不爲劫殺，地無布縷粟谷，蔽體用蓽麻、芭蕉葉，以藤索綴之，食草木鳥獸肉自活。其取獸，雖虎兕熊貙，踵其跡，畫圈圈之，口默誦呪，獸伏不敢動，即用藤索以一夫牽挽歸，衆共剥燔分食，乃不知其何所傳呪而能然也。飛禽輒用毒弩射取之，尋常持麂鹿等物赴傜、僮易谷粟。僮之徒以其素愞善，亦樂與互易，不相賊害。又言兔無牡，猿無牝，猿始生玄色，既老，間有變金絲色者，即爲牝，輒尾短，群猿比焉，始又生猿。蚺蛇出左右江，巨者圍二三尺，能吞鹿，鹿角嵯岈齟其腹，未速化，輒自纏巨樹絞化之。然取者用葛麻藤置其身，輒亦不動，遂結而縛之，雖童穉可引而行也。其膽有二，一在身，一附肝者良。同座因難予曰：「夫虎兕至猛暴，能畫圈取之，猿變金絲，化爲牝，蚺則制于葛麻，此三者則何理可窮也？」予答曰：「是何理可窮也。」客又曰：「若武夷鐵船，仙巖木櫃，西川火井，東夷鹽樹，可謂異哉？又若先朝嘉靖間報潼關山飛五里，雖居人及隣家麥田，咸共徙一處，隣人猶訟取其麥。秦晉地裂，出黑水，成澗壑，水中草木不一，或有魚，已而水涸，仍爲地。此皆不可理曉，子其謂何？」予曰：「嘻。此非獨予，雖聖人不知也。」曰：「然則將何如？」予答曰：「其變足警。其所以然不必知。」

答客難下

客告予曰：「夥矣，夫世之毁譽之難定也。今天下冠緌，三年一外察，六年一内察，遘變有不時之察，其間以愛憎毁譽，砆玉並燔，善類蒙詬者，歲不下二三人，謂有之乎？」予答曰：「有之。」同座客曰：「是不必遠引，近時如萬安周方伯賢宣、南昌魏給事時亮，則衆所稱學道篤志士，非獨衆人，予稔之舊也。又如勾章顔副憲鯨，閩州姜祭酒寶，則衆所稱抱珍濟世器也，非獨衆人，予稔之舊也。此三四子者，或因計察，或用勘覆，咸被之空言而不得辭，此予與子所目擊，詎謂無也？昔者伊尹、孔子尚有割烹癰疽之誣，近代有道如周茂叔，而先疑于閲道；篤行如程正叔，而卒訾于子瞻；郭元振之輕財，古今罕矣，而蒙掠賣之謗；歐陽永叔之立節亦云勁矣，而罹中冓之污。孟子曰：『士憎兹多口。』此自古到今，雖聖賢弗之違矣，而又何疑？」客因難予曰：「設子遘之，當何若？」予曰：「無何可爲也。」曰：「古云，止謗莫如自修，可乎？」曰：「未可也，夫修非爲謗也。世固有修而謗者，則伊、孔是也，焉用止。」曰：「使伊、孔親履之，當何若？」予曰：「亦無何可爲也。」曰：「古云發憤著書以自表見，可乎？」曰：「未可也。夫書非爲憤也，世固有著書而滋後世之詬者，司馬相如、揚子雲之徒是也，焉用表見？」曰：「若是，則將黯墨眗忽終焉而已。」曰：「然。」曰：「然則子之言如躡層崖，未易行。」曰：「人之生本無名，又焉有層崖平地之殊？」同座客曰：「子之言果未易行也。吾黨今日惟知幾焉可也。」予曰：「可也。」

滄洲別語三首贈蕭崑陽子之將樂〔二〕

崑陽子得教將樂，欲之官，走別衡廬山人於滄洲之館，請問教曷先？山人曰：「而無後舉業可也。」崑陽子曰：「某也習聞先生之教先本而後末，上德而下藝，今茲茲以無後舉業，何也？」山人曰：「然。辟之種樹，談者必欲其枝榦之茂、花實之繁，然求其茂且繁，未有不先根核者也。何則？根核與枝榦花實無二貫也。今夫人未嘗一日不事親敬長，未嘗一日不饔飧裳衣，豈復能輟？而曰需吾先從事於其本，而後能事親敬長與饔飧裳衣乎？此必不能也。今國制以舉業教士，士從事猶人之事親敬長、饔飧裳衣，豈能一日輟乎？故古之學者，當其事親敬長、饔飧裳衣之時，莫不反求其心。曰：吾事親誠乎？敬長誠乎？有他腸乎？吾饔飧裳衣有貪求乎？無貪求乎？是即末而先本，非絶末求本也。然則今之學者，當其業舉之時，將亦曰：吾業舉果能存諸心而得聖賢之旨，於道有明乎？抑亦有他腸乎？如此，則亦即末而先

〔二〕本篇底本無，據四庫本補。

本，即藝而立德，豈必輟舉業哉？ 夫子曰：『忠信所以進德，修辭立其誠所以居業。』愚嘗以爲忠信非空德也，必於修辭不失忠信，斯爲立誠，斯爲居德之業。若舉業則又修辭中之一業，故舉業不可與德業抗言之。予嘗見湛司成有二業合一之訓。予曰：是未見德業之大也，故以舉業抗言。且舉業既居業中一業，又奚必言合哉？ 故知舉業在德業中，不合而自一，則凡吾身所不可少。若舉業者皆君子所爲先本而立德之地也，詎可以其末而後之哉？ 予故曰：根核與枝榦花實無二貫也。雖然，予之言又非爲玩物喪志者立赤幟也。崑陽子其辨之：今學者好爲人師者，咸曰：己人一也。誨人不倦即學而不厭。予師羅文恭公曰：『學不厭，然後能誨不倦。』公之意豈不曰學者未能實有諸己，即嘵嘵以學語人。是雖語人者或是，而其所自爲者則非也。是之謂以僞導僞，不誣也。愚又嘗求之若今之士親老而求禄仕，舍教職無途矣。既職其事，又退却曰：吾學未至，不敢嘵嘵語人，以免涉於僞。其可通乎？ 雖然，古人有言『惟斅學半』，然則古之人即學之時而未嘗不教，即教之時而未嘗不學。吾未有是，與人共學，其有是可也；吾未能是，與人共學，其能是可也。然則學固學也，而教人亦學也，故曰『惟斅學半』。今夫人莫不有弟與子，當其有弟與子之時，則舍而置之曰：吾學未至，姑亦舍弟與子，俾不學。是必不能。今之爲教者，視其門弟子即弟與子也，能不教乎？ 將謂之曰：誨不倦，即學不厭，亦無不可。雖然，君子曷不反曰：吾曷爲學不至也，而不足以教其子弟？ 故曰：所求乎子以事父，未能也；

所求乎弟以事兄，未能也。又曰：行有不得者，皆反求諸己，其身正而天下歸之。若此，夫然後可謂之人己一體，教學一致。不然，雖謂之以僞導僞，果不誣矣哉。古之聖人以道通乎天下，非他道也，仁是也。夫濟天下莫病乎無才，尤莫病乎有才而不出於仁。嘗試以人臣論，人臣有才而不出於仁，則不得不趨而爲術。張子房始終爲韓，非不忠也，而止以術勝；其次則以氣，彼非好氣勝，道不勝氣也。賈生之策度越漢庭，非不達也，而卒以氣終。其下以詐，至於詐，則小爲弘、湯，大爲莽、操，禍至不可言。乃若儒家者流，竊古帝王之遺，依倣其近似以就事功，又多以意行，則子産、叔向、諸葛孔明之流是也。今夫術可以應變而不可以致理，氣可以發謀而不可以成務。若可以致理成務，而善能持世者則莫如意。然所謂共成其大以臻唐、虞之盛，彼又未能也。何則？彼固未出於仁焉故也。夫仁何以見哉？禹稷氏以天下飢溺由己，伊尹氏以一夫不獲，引爲己辜，此仁之量也。世之拘溺形骸者肝膽楚、越，烏能使其以天下飢溺爲己飢與溺哉？又烏能使一夫不獲即引爲己辜哉？曰：彼固未嘗反觀其惻隱生生之心。且與物通，又曷難於與天下爲飢溺而引之己辜哉？嗟乎！惻隱生生之心孰無之哉？崑陽子試反觀得於此，則向所謂存心以成德業與所謂反己以教人者，其本益明矣。孔子曰：『仁者，人也。』仁固不易言，而人其可以一日不圖哉？此予平日所肆力者，未嘗時爲崑陽子言。今崑陽子行矣，予奚忍不爲盡之？崑陽子總之不外反身即得之，予復何嚌？」

衡廬精舍藏稿卷二十八

雜著

言末上

胡子閒居，二三子從遊孟山之陽，咏歌螺水之濱，返而休於長洲之館，魚魚于于，翼翼嶷嶷，沛焉若有喻其所之。已而避席請曰：「學如是而已矣，蔑弗一也；道如是而已矣，蔑弗明也。而世儒之爭之也，有弗一弗明，何哉？意者言弗可已與？」胡子仰屋而盱，痒然不能出語，崖然嘆曰：「言何可恃也？言何可恃也？」弟子曰：「道之弗明，學之弗一，不言已諸？」胡子曰：「道之弗明，學之弗一，則珍見者之爲祟也。珍見如雲，健言如雨。以珍見出健言，而天下朿書，始㠑㠑乎若嶽，滂滂乎若海矣。夫道何病于見哉？昔者孔子登東山而小魯，登泰山而小天下。魯與天下非故小也，孔子見之綦全故也。然孔子猶儉然自命曰：『吾有知乎哉？無知也。』又曰：『予欲無言。』孔子寧知其爲見乎？其不爲見乎？而烏爲乎珍？寧知其可言乎？其不可言乎？而烏爲乎健？雖然，孔子固嘗循循爲誘，終日爲語。《周易》爲之十翼，《春秋》爲之筆削，未能一朝而膠口廢言也。然而孔子言之几席，非爲近也，而遠如天；言之四時，非爲遠也，而近如帶。言之氄毛，非爲小也，而大莫載；言之昆侖，非爲大也，而小莫入。言之膚革，非爲淺也，而幽者闡；言之神髓，非爲深也，而顯者藏。言之瓦礫，非爲粗也，而幾微著；言之金玉，非爲精也，而庸常見。言之九乾，上也而無不下；言之九淵，下也而無不上。言之一二，簡也而無不繁；言之億兆，繁也而無不簡。言之三千三百，外也而無不内；言之無聲無臭，内也而無不外。平也如衡，變也如權，方也如律，員也如蓍，眉睫也而長上古，旦夕也而抱千萬世。孔子豈巧爲持乎？孔子亦亶得其全而已矣。今夫窶人之子，見一金一綺，則唐然矜；闤闠之士，見一溪一壑，則爽然詠。唯夫宅通都而擁瓊庫，户莽蒼而臨巨浸，則非不見非不不見，非不言非不不言，此全不全之分也。古之聖人惟全故中，中而之言焉則不隅；唯全故悉，悉而之言焉則不卮；唯全故實，實而之言焉則不裂；唯全故化，化而之言焉則不閡。非獨聖人不自爲隅、爲卮、爲裂、爲閡，雖後之誦之者將腹臆而似之曰：『是隅耶？卮耶？裂耶？閡耶？亦不得而似之也。』《易·繫》曰：『夫《易》廣矣，大矣！以言乎遠則不禦，以言乎邇則静而正，以言乎天地之間備矣。』此明聖人之爲言也，而教無窮也。世之爲言則不然。世之語近、小、淺、粗、繁、下而外焉，則之近、小、淺、粗、繁、下而外焉健；語遠、大、深、精、簡、上而内焉，則之遠、大、深、精、簡、上而内焉健。健於此則不得不詆於彼。當其健，雖君之王之不啻也；當其詆，雖仇之虜之不啻也。彼惡睹斯道之全哉？《傳》曰：『仁者見之謂之仁，知者見之謂之知。』仁、知非不韙也，見仁則病知，而亦以病仁；見知則病仁，而亦以病知。蓋見之爲崇久矣。故珍見者，其穎如錐，穎脱未有不割者也；其烈如火[二]，烈焰未有弗燎者也。見珍而言健，未有不割燎道真者也。孟子曰：『所惡執一者，爲其賊道也，舉一而廢百也。』此之謂也。」

言末下

「何以明其然耶？」曰：「老氏曰：『三十輻共一轂，當其無，有車之用。』夫輻轂與無之兼爲用也明矣。唯老氏見無不見有，夫斯以言無焉健，彼固不知健無之賊于有也，而賊有亦以病無也。荀氏曰：『鉤木必待檃括而後直，鈍金必待礱礪而後利。人之性惡，必待師法而後正。』夫木之待檃括，金之待礱礪，人之待師法，皆其性之本具而後能也。假令木之性若金，金之性若木，人之性若金、木，又惡能檃括而直，礱礪而利，師法而正也哉？人性之能爲善也明矣。荀氏

〔二〕「烈」，原作「裂」，據四庫本改。

見惡不見善，夫斯以言惡焉健，彼固不知健惡之賊於善也，而賊善益以翊惡也。楊朱曰：『人人不損一毛，不利天下，則天下治矣。』夫楊朱既不能損一毛利天下，則又孰肯出身令天下不損不利哉？爲我之不足治天下也明矣。楊朱見我不見人，夫斯以言我焉健，彼固不知健我之賊於人也，而賊人亦以病我也。墨氏曰：『仁者兼相愛，交相利。』又曰：『勸之以賞譽，威之以刑罰，我以爲人之兼相愛，交相利，猶火之炎上，水之就下，不可防止于天下。』夫賞罰並行，則既不得以兼相愛矣，況欲愛秦人之兄猶己之兄，愛秦人之父猶己之父，則雖有賞罰，亦莫之能强矣。兼愛之不足治天下也明矣。墨氏唯見人不見我，夫斯以言人焉而健，彼固不知健人之賊於我也，而賊我亦以病人也。此四家者，健而雄者也。彼其隅耶，戹耶，裂耶，闕耶，彼弗皇省也。嘗試辟之，天地無弗全矣，而見者自異。天有高虛，地有廣漠，彼見而健言之，則老氏之家似也；天有冥晦，地有險塞，彼見而健言之，則荀氏之家似也。天之四時異運，地之五方殊風，彼各見而各健言之，則楊、墨之家似之。四家者之後乃又有泥洹家。彼泥洹者之爲教也，寥然見諸天地無物之先，逖然遊乎天地有物之表，故其爲言滋健，而世儒之病之也滋厲。匪徒病之，又且高壁深塹以拒之，長鋋短矛以攻之，矻矻無遺力，天下莫不曉然白也。雖然，世猶有見者焉，而天下未嘗曉然白也，是則可憂也。彼其爲言曰：日月星辰，風雨露雷，天之實盡是矣；山川土石，水火木金，地之實盡是矣；鰓鰓焉憑藉其實而健言之，則世儒之家似也，夫世儒豈爲非哉？亦唯珍而健之，則與彼數家者之執一而賊道亦均而已，其爲隅耶，巵耶，裂耶，闕耶，尤弗皇省也。今夫天下健其不可見以詆其可見，則信者十一[一]；健其可見以詆其不可見，則信者十九。世儒者曰：『是器數，是文章，則帝王之鴻猷、聖神之懿軌在焉。是猶天之日月星辰，地之山川土石，而人之實盡是矣，則天下孰不拱而信曰：允哉言乎！』世儒又曰：『若凡古今士所稱心性原本，皆竅言無實用，此其流必爲泥洹氏，勿可以聽。則天下又孰不拱而信曰：允哉言乎！』非獨拱信之，亦將高壘濬塹以爲拒，長鋋短戈以爲攻，有若驅泥洹氏不肯遺餘力，豈皆甘器數文章而毒心性哉？誠以器數文章可見而心性不可見也。辟之指一江一淮示人曰：『此水之至也。』人莫不信。談岷山之泉，求桐柏之源，曰：『是江、淮之出也。』人反不信，則見不見之異也。然則夫人烏求其曉然白之日也。世乃不知岷山泉涸，桐柏源竭，則焉有江、淮？是故不見固見之從生也，然而多見先焉則真見蔀；不聞固聞之從生也，然而多聞先焉則真聞聵。此世所爲殲其根以戕其生，鑿其真以乖其全，雖天下偉夫纖人，咸蕘蕘填填安也久矣。有不然者，厲而相彈，而子欲奮舌軒楮並馳而明之，雖孔、孟生今時，懼不能克，而況其下乎？予故曰：『言不可恃也。』雖然，吾不可已於二三子。昔者子思之語天，未嘗不取日月星辰，然必曰：『維天之命，於穆不

[一]「十一」，底本作「千一」，據明刻本《胡子衡齊》改。

已。』天之所以爲天。其語聖人，未嘗不取器數文章，然必曰：『於乎不顯，文王之德之純。』文之所以爲文。蓋先其本也，此子思所爲全也。今之君子恂知文之所以爲文，夫然後能全全。能全全則不以見見，不以言言，斯可與有言矣。」

理問上

弟子問曰：「先生之不恃言也亶哉！雖然，今之學術，棼拏膠轕，是非異同，其爭若訟，其拒若攻，爲理内外，爲辨各工，弟子蓋聞之矣。自漢儒來咸言物理，至宋程叔子則訂之曰在物爲理。紫陽夫子推曰天下之物莫不有理，窮理者，窮究物之當然與其所以然之故，則物格知至矣。此非自儒者。《詩》有之曰：『天生烝民，有物有則。』如有耳目，則有聰明之德；有父子，則有慈孝之德。未有物而無理者也。則理之在物，所從來遠矣。乃近代儒者欲挽之入内，曰理不外心，而子故張之甚，是不將絀古而溺今也哉？吾懼後之覆議今也。」胡子曰：「嗟矣乎！此非予所謂難言者乎？夫以千百載之惑而僅暴于近代之一言，宜其緘縢而不可解，聞聲而閧其非也。言何用益聽？雖然，子安知古之爲今而今之非古哉？子不聞昔人有先世之廬稱穹廣焉，不幸罹罪，偕其妻孥幽于犴狴。厥子長育圜扉，罕睹天日。一日釋罪，復其故居，厥子猶以圜扉爲家，日促母以歸。母曰：『是乃家也。』子終恇惑。已而其父証之，然後肯信。又有富人子自童亡外。既長，行乞過家而不識也。其父識之，引子復家，授以帑藏，退不敢當。已而其祖証之，然後肯從。若此者，彼豈不欲有先世之室廬、慈父之帑藏哉？彼固無以奪習見之先入也。況夫理者非可以形體求而証佐定也，又烏能回是非于先入哉？故難言也。雖然，于今誠以爲理在外與？」弟子曰：「吾嘗求之矣。將爲内乎？則天高地下，萬物散殊，雖三尺童知其在物也，强爲内，不可也。將爲外乎？則維皇降衷，若有恒性，雖三尺童知其在心也，强爲外，亦不可也。若是，則果無内外與？」曰：「理豈有内外哉？雖然，子之信外，非信理也，而信程叔子之一言。予姑以叔子一言明之。昔者先府君嘗讀叔子之言，乃著論駁之曰：既曰在物爲理，而又曰處物爲義，謂義非理也可乎？既曰在物爲理，而又曰性即理也，謂性爲在物可乎？是二語者可謂明矣。叔子之非，寧待攻而破哉？惜先府君之論散佚不全，而世之聽之亦猶圓扉、行乞之子，恇惑疑懼，不肯自信，非借証其父祖，終必不信也。請舉其証。今夫理之説曷始乎？《詩》曰：『我疆我理。』釋之者曰：『理，定其溝塗也。』謂人定之也，非謂溝塗自定也。然則謂理在溝塗可乎？《書》曰：『燮理陰陽。』釋之者曰：『燮理，和調之也。』謂人調之也，非謂陰陽之自調也。然則謂理在陰陽可乎？夫子贊《易》曰『黄中通理』，言至正至中而理通焉，未聞中正之在物也；曰『易簡而天下之理得』，言易知簡能而理得焉，未聞知能之在物也。最後曰『和順於道德而理于義』，其下文即曰『窮理盡性，以至于命』，蓋言聖人作《易》咸理于吾性之義。

故窮理者窮斯，盡性者盡斯，以逮夫致命者咸繇之矣。吾未聞理不在義而在物也，亦未聞窮理之理非理于義之理也。故夫子又明言之曰：『聖人之作《易》，將以順性命之理。』嗟乎，吾夫子固明言性命之理，而世必以爲在物，何哉？《易》、《書》、《詩》與吾孔子之語理若此，是吾不得已借証于父祖之説也。世既不自信，又捨父祖而不信，則誠莫之何焉已矣，而又惡用言爲？」弟子曰：「弟子得夫子性命之理一言，已冰解十五矣。不然，是叛父紬祖，而猥從梟子之謬也。然《詩》所言『有物有則』，何哉？」曰：「今子也，以耳目父子語物，以聰明慈孝語則，近矣。然謂聰明慈孝果在于物乎？抑不在物乎？世固有病風狂者矣，其耳目父子，人也，曷爲其不聰明慈孝也哉？子也寧知聰明慈孝之則，不則于耳目父子，而則于人心也。故謂則能則乎物可也，謂則在物焉不可也。是以詩人稱之曰秉彝，又曰懿德。審如世儒之説，則秉彝、懿德皆當爲在物而不在人矣。抑與《書》所稱降衷、恒性，《記》所稱生而靜，孟子所言根心固有，非由外鑠我者，一何其盡戾也。彼世儒者，信子所謂叛父紬祖而不知反顧者耶？而世之徒猶狂奔倒馳，唯懼叛之不先，紬之不至，若怒濤然，鼓晝夜而掀河海，終不知風之自也。悲哉！故難言也。」

理問下

曰：「理之不在物，弟子已冰解十七矣。蓋嘗繇聰明孝慈推之，則人之統爲五常，率爲五倫，發爲四端，脩爲四德，敷爲五教，爲五事，爲三物、四術，爲五禮、六樂，其極爲九德，其事六府、三事、九疇、九經，其著爲百行，爲萬善，其放之準四海，施之天下後世無朝夕。堯、舜之禪，湯、武之伐，周公之制作，孔子之删述，爲之裁成輔相，爲之範圍曲成，斷天下之疑，定天下之業，成天下之亹亹，贊天地之化育，鮮不自人心出之。是則内者乃未嘗不外也，謂之無内外誠然也。然而天之高而覆也，地之厚而載也，日月之明而照也，星辰之列而燦也，雨露之潤，雷風之薄，四海之廣，六合之大，歲序之行而不紊，鬼神之幽而不遺，河海之流而不息，山嶽之峙而不毁，鳥獸草木之繁育不一其性，火之炎，水之潤，木之文，石之脉，金之精，玉之光，是孰理之哉？謂皆出人心可乎？螻蟻之君臣，虎狼之父子，鴻雁之昆弟，雎鳩之夫婦，騶之仁，鵲之智，烏之孝，神羊之正，犬馬之義，麀鹿之慈，獺之祭魚，豺之祭獸，玄鶴之珠，黄雀之環，象不拜叛，而秦吉了之不願爲夷，是孰理之哉？謂皆出人心可乎？夫人之百骸、九竅、五臟、三關，莫不有經，而醫之治也，寒燥温凉，君臣制使，投之各循其軌，又孰理之哉？謂皆出人心可乎？是則弟子未之徹也，子其謂何？」胡子於是復仰屋拊膺嘆曰：「是奚獨子一人未徹哉？蓋昔者孔門語理，咸不遠人而語之也，故無内外；今世之語理，遠人而語之也，故有外而已矣。子惡得徹？子不聞孟子之闢告子曰：『且謂長者義乎？長之者義乎？』知義則知理矣。子又不聞子思『上下察』之旨乎？今夫鳶飛戾天，自人視之，鳶在上也，而不知斯人與知與能者之上察也；魚躍于淵，自人視之，魚在下也，而不知斯人與知與能者之下察也。大哉察乎！其諸人心神理之昭，誠之不可掩。夫是故察之外無理也，子知之乎？」曰：「聞諸先儒之言，謂道之察也，而未屬人也。」曰：「嗟乎，此所謂遠人爲道者也！夫子思本以費、隱言君子之道，而世儒必欲推費、隱於君子之外，何其與孔門千百徑庭哉！此正數千載之惑、母父語之而不信者，而奚子尤？子見皎日乎？吾請爲子譬之。方其未有皎日也，黝墨荒忽，未始有天地萬物也。已而皎日照之，則天地萬物列矣。然是皎日也，其體在天，而其光與氣散於天地萬物之間。人之執其光、挹其氣者，一盤盂一皦日也，一甕盎一皎日也，一淵谷一皎日也，一江、漢、一河、海有萬皎日也。今如有夸父焉，逐日於谷，彼亦惡知皦日之體不在是也？子知皦日之體之所在，則知理之所繇來矣。是故天者，吾心爲之高而覆也；地者，吾心爲之厚而載也；日月，吾心爲之明而照也；星辰，吾心爲之列而燦也。雨露者，吾心之潤；雷風者，吾心之薄；四時者，吾心之行；鬼神者，吾心之幽者也。江河、山嶽、鳥獸、草木之流峙繁植也，火炎、水潤、木文、石脉，疇非吾心也？螻蟻、虎狼、鴻雁、雎鳩，疇非吾心也？一身而異竅，百物而殊用，疇非吾心也？是故皦日者，所以造天地萬物者也；吾心者，所以造日月與天地萬物者也。其惟察乎！匪是，則亦黝墨荒忽，而日月天地萬物熄矣。日月天地萬物熄，又惡睹夫所謂理哉？予故曰：察之外無理也。」曰：「若是，則子之言理，亦猶夫燮理、疆理之謂理，即孟子『長之者之謂義』也，所謂不遠人而語之也。果非外亦非内也。然則天地之高厚，日月之照臨，萬物之各有區别，卒不爲理乎？」曰：「子之見皦日，方其在盤盂、甕盎、池沼、淵谷、江漢、河海，雖指之曰是盤盂、甕盎、池沼、淵谷、江漢、河海之日，何不可也？然而莫非在天之日之所括也。天地之高厚，日月之照臨，萬物之區别，雖指之曰：是天地、日月、萬物之理，亦何不可也？然而莫非吾心之理之所察也。故子思又曰：『君子之道，造端乎夫婦。及其至也，察乎天地。』孟子承子思者也，則又直指之曰：『萬物皆備於我。』程伯子得孟子於千載之後者也，則又直指之曰：『仁者以天地萬物爲一體，莫非己也。』又曰：『天地之用皆我之用。』噫！亦昄昄乎矣。乃世之末儒棄母父而不信，而猥從衆子之言，則誠莫之何焉已矣。」曰：「理之不外心，弟子已冰解十九矣。雖然，猶有請焉。《易》言『乾道變化』，《詩》言『維天之命』，『上天之載』，子思言『天命之性』，孔子繫《易》曰『立天之道』、『立地之道』，曰『天地之道貞觀，日月之道貞明』；子思又曰：『天地之道，可一言而盡。』凡皆自天地言之，未可以人心槩也。」曰：「善乎，而問之也。夫君子之語道，有語乎其所自者，有語乎其所有者。古之人恒語所自以明所有，今之人則執所自以疑所有。非徒疑之，又從而仇之。今夫先世之室廬，慈父之帑藏，方其在先世、慈父，則謂之父祖之物，及其自人子承之，則疇非子物也？於此有人焉，對人子而談曰：『此乃若先世之室廬，慈父之帑藏，若不得以有也。』則人子必艴然怒。夫人子之怒非無故也，誠以父祖之物，自已承之，即己物也，而必執父祖而拒之，謂人子不得有，則將置人子何地？人子惡得不艴然怒也〔一〕？故語父祖之所自，以明人子之所有，則可；執父祖之所自，以疑人子之非有，則必不可。乃若《繫辭》所言天地日月之道，子思所言天地之道，皆自父祖之物言也，而亦莫非子物也。推而語之，則曰天地之道；散而語之，則曰萬物之道；合而語之，則疇能外吾心？盤盂、甕盎、池沼、淵谷、江、漢、河、海之皎日已詔之矣，子則曷疑？且也先天地、長上古而不爲老，後天地、毀萬物而不爲敝者，詎外是哉？詎外是哉？子未可語此也。」曰：「是未敢語。然弟子知天下無心外物也，況理乎？」曰：「若是，則子能信其父祖，進而自信，幾夫！」

六錮

弟子曰：「旦旦乎，先生之語理，弟子已冰化矣。然而世儒之訓熟爛乎耳目，徽纆乎腑臟。譬諸層崖陰黯，非太陽爲之曲照，莫能睹也；溝澮積淖，非霖雨爲之終日，莫能滌也。蓋二三子之錮于中者有六，請竟宣之，以瘳承學。」胡子曰：「何哉六錮？」曰：「世儒之所爲爭而未肯降者，則虛實也，天人也，心性也，體用也，循序與格物也。此六者彼方挾以攻我，我又安能令彼之

〔一〕「吾心之理之所察也」至「則將置人子何地？人子」底本無，據四庫本補。

有入哉！　夫彼之挾以攻我者非其故爲也，彼固有似是而難明者以錮于中也。而近儒者語之未竟，則是我固未盡於彼，而欲彼之有入于我，無異乎其矐然明而滃然塞也。」胡子曰：「然。」

「然則何謂虛實之錮？」曰：「昔者世儒立教以萬理爲實，是天地實天地，萬物實萬物，父子實父子，君臣實君臣。夫唯其實而後天下不以幻視，若唯求理于心，則將幻天地萬物於無何有矣，又何有于父子君臣哉？　此與釋氏所稱『三界惟心，山河大地皆妙明心中物』又何以殊也？」胡子曰：「然，非也。夫萬物之實豈端在物哉？　其謂實理即實心是也。孟子曰『萬物皆備於我』，而下文即繼之曰『反身而誠，樂莫大焉』。若實理皆在于物，則萬物奚與于我，又奚能反身以求誠哉？　何則？　人心唯誠，則其視天地也實天地，視萬物也實萬物。父子之親，君臣之義，不可解于心者，皆實理也。若人心一僞，彼且視父子君臣浮浮然也，其極至弒父與君而弗之忌，彼烏睹父子君臣之爲實理哉？　彼其視天地萬物夢夢然也，其極至褻天瀆地而弗之顧，彼烏睹天地萬物之爲實理哉？　故曰不誠無物者此也。子欲求實理乎？　孩提之愛親敬長，則實理較著焉。今人乍見孺子入井，有怵惕惻隱之心，則實理較著焉。見牛觳觫而不忍殺，則實理較著焉。豈當求實理于親長孺子以逮牛羊哉？　故理莫實于盡心，而莫幻于索物。而世儒者自幻視其本實之心，而反瞿瞿焉，獵獵焉，索物以求理，認外以爲實，曾不知其所索而認者，乃其口吻之爲名也，楮墨之爲書也，影響之爲傳也，意念之爲執也，而自謂實也，而實固不居乎此也。

是所謂以幻求幻，其幻不可以究竟矣，而强以爲實，而不亦左乎！若夫釋氏所稱『三界惟心，山河大地爲妙明心中物』，其言雖少偏，而亦不至大繆。蓋釋氏者雖知天地萬物之不外乎心，而卒至于逃倫棄物若是異者，非心之不實也，則不盡心之過也。蓋釋氏主在出世，故其學止乎明心，明心則雖照乎天地萬物而終歸于無有。吾儒主在經世，故其學貴盡心，盡心則能察乎天地萬物而常處之有。則是吾儒與釋氏異者，則盡心與不盡心之分也。所謂毫釐千里者此也，而奚以罪心哉？今夫心之能察物，猶水之能流，火之能炎也。苟有人焉，瀦水不流而欲其常澄，宿火不炎而欲其常煴，亦豈水火之罪哉？而世乃獨以虚幻不實歸罪于人心，則又烏取實哉？雖然，使世儒誠有得于盡心之旨，則實者未嘗不虚，而虚者乃所爲實也。實無不虚，費而隱也，無聲無臭是也；虚無不實，微之顯也，三千三百是也。其究一也，而世儒未達也。」

「何謂天人之錮？」曰：「程叔子有言：『聖人本天，釋氏本心。』本天者，以爲道之大原出于天，故叙爲天叙，秩爲天秩，命爲天命，討爲天討，工爲天工，官爲天官，咸自天定之，非人心所得增損者也。聖人本之，則曰：『物者，理之所攸存，故其求諸物理者，將求出于天者以爲定也，而人心之私不與焉。』是故聖人之道，達諸倫物以爲經常，行諸萬世以爲準則者，誠得其天也。彼釋氏者曰：『三界惟心，山河大地皆妙明心中物。』是獨以心法起滅乎天地，睹三界與山河大地不足有無。於是焉屏居以睹空，跏趺以求慧，禪那足悦而寂滅爲樂，其極則逃倫棄物而卒爲天下之大憝、斯道之魁賊，此非本心者之誤歟？」胡子曰：「然，非也。夫程叔子以聖人爲本天，將本其蒼蒼者歟？抑本其所以爲天者歟？若蒼蒼者，則莫爲之本矣。若天之所以爲天，則當其皇降之衷，天命之性，固已在人心久矣。曩所謂先世之室廬，慈父之帑藏，莫非子物者是也。然則聖人之本天，舍人心又孰爲本哉？《書》曰：『惟天生萬物，惟人萬物之靈。』孔子曰：『天地之性，人爲貴。』夫人之靈且貴者，以是心之出于皇降天命者也。所謂道之大原出于天者此也，非心之外而別有天也。是心也，在《詩》曰『帝則』，在《書》曰『皇極』，曰『天之明命』，在《記》曰『天理』，在孟氏曰『此天之所以與我儒者』。又字之曰『天神天明』，曰『天聰明』，又尊之曰『天君』。故其達諸倫物曰『天叙』、『天秩』，行諸政治曰『天命』、『天討』，蓋不得以一私意奸於其間，故曰天也。苟一私意奸於其間，則雖自悍夫行之，必有厭然而不中慊；苟一私意奸于其間，則雖自愚夫當之，必有咈然而不中甘。彼悍夫愚夫豈嘗考物理哉？則心天者爲之也。程伯子曰：『以心知天，辟如在京師更不可別求長安。』言至一也。審如叔子之言，則天之生物莫不有理，而人心獨無一理居焉。何天之厚物而薄人者甚也，其可通乎？謂凡人之本心者，即有釋氏之失，則此心固爲人之大祟。人固不幸而有是心，天亦不諶而畀人以心矣，其可通乎？若是則聖人謂『人爲靈且貴』者咸歸之誣，而『帝則』、『皇極』、『明命』、『天理』，皆當刳心剔性，別有一物，以索諸棼棼芸芸而後爲得也，其可通乎？若是則仁義禮智不可謂根心，愛親敬長不可謂良知，而世之言根心、良知者，必皆獲罪於天，而非吾人之所當本者也，其卒可通乎？審如叔子之言，吾不知天者何在，而本者又何物。吾聞古之人有不雜知識以順帝則者矣，未聞多其知識以求帝則于物者也；有不作好惡以建皇極者矣，未聞恣其好惡以求皇極于物者也；有顧諟以奉明命，反躬以窮天理者矣，未聞不顧諟、不反躬，求明命天理于物者也；有先立乎大以不失天之與我者矣，未聞舍天之與我而别求諸物者也。蓋惟不雜知識，不作好惡，反躬顧諟以先立乎其大，則達諸倫物爲天之叙、秩，行諸政治爲天之命、討，運諸靈臺而通諸天下之志，宰諸方寸而準諸千萬世之衷。將俾賢知者不以爲少，而愚不肖者不以爲多；千萬世之上不以爲古，千萬世之下不以爲今。所謂不得以私意增損其間者，不增損其心天故也，是所謂『本天』也。伊尹之告太甲曰：『一哉，王心。』周公之告成王曰：『既厥心，殫厥心。』未聞外心以求天，亦未聞本心之遽爲釋氏也。世儒者不能自信其心天也，乃果焉索諸棼棼芸芸以求之，吾見世儒者勤如簈沙，探如射覆，折如擢髮，泛如望洋，劈積礫裂，膠固紛披，不勝其推測，不勝其安排，思匠攢于戈矛，心機馳于猿馬，搜窮愈精，比擬愈似，而天者愈離。曾不知意、必勝而固、我横，吾未見世儒之能本天也。叔子之言亦自枉枉天矣。」曰：「然則釋氏曷爲其棄倫逃物若是異哉？」曰：「釋氏之失，吾前已言之，其失在偏于出世而已。何謂出世？超死生是也。即老氏所謂『死而不亡』，莊氏所謂『有旦宅而無情死』，『獨與天地精神往來，而不傲倪於萬物』者，其爲學亦非有大戾于天者之比，而吾聖門盡性至命之全，則亦未嘗不馴至之，而不必偏以爲功也。夫惟釋氏者之偏以爲功，則不得不逃倫棄物、禪那寂滅，以從事于不生不滅之歸矣。吾前所謂宿火欲其長煴，瀦水欲其長澄，即彼之不生不滅是也。是其見偏而學駁者之過也，而未可謂心之罪也；亦猶夫宿火瀦水者之過，而未可爲水火之罪也。彼也自謂之先天矣，而不知吾聖人合先後皆天也，故爲全；彼也自謂之形上矣，而不知吾聖人通上下皆道也，故爲大。彼之火專宿而已矣，而聖人之火宿而靡不炎，炎而靡不燎也；彼之水專瀦而已矣，而吾聖人之水瀦而靡不洩，洩而靡不灌也；彼之心專寂而已矣，而吾聖人之心寂而靡不通，通而靡不盡也。今不知咎在專寂以出世，乃獨詆人心而罪之，可乎？夫聖人盡心而達天，賢人存心而事天，吾無庸言。若二氏，則遺物溺心任天于内，世儒則執心狥物擬天于外，二者均未得于心，則均未得于天矣，孰曰心與天二本哉？」

「何謂心性之錮？」曰：「先儒以爲心者止于知覺，而知覺所具之理爲性，故其言曰：『能覺者心，所覺者理。』意者覺虛而理實，則心虛而性實，此心性大較也。故心性雖不可離而尤不可混，其果然歟？」胡子曰：「然，非也。夫先儒以知覺爲心，以實理爲性，固可謂不混矣。然以理爲在物，則性亦當爲在物，是性雖不與心混，而不免與物淆矣，其可通乎？」曰：「先儒有言：『性者心之理。』又曰：『心統性情。』則未嘗不以性具于心者也，獨未認知覺爲性耳。」曰：「若是，則先儒之語理與性也，一以爲在物，一以爲在心，是在物在心其各相半焉已矣，其又可通乎？」曰：「然則子將奚析？」曰：「心性奚能析？嘗試譬之：心猶之火，性猶之明。有一星之火，即有一星之明，明不在火之表。性猶火之明，情猶明之光。有一星之明，即有一星之光，光不在明之後。故謂火與明與光異號則可，謂爲異物則不可也。謂心與性與情異文則可，謂爲異體則不可也。子不見性之文從『心』從『生』？夫人心惟覺則生，弗覺則弗生；惟生則理，弗生則弗理。假令捧土揭木儼若其形，蒙以衮舄，載以冔冕，立傳而告之曰：『是爲父子之親，君臣之義。』蓋塊如也，而況物理？何者？以土木無覺故也。是以舍人心之覺則無性矣，又焉有理哉？是故蘊而仁義禮智藏焉，始非有物焉以分貯于中也，則覺爲之宰也。感之惻隱、羞惡、辭讓、是非形焉，亦非有物焉以分布于外也，則覺爲之運也。方其宰也而無不運，雖天下之至虛而無不實也；方其運也而無不宰，雖天下之至實而無不虛也。故覺即性，非覺之外有性也；性即理，非性之外有理也。又烏有夫覺虛理實、心虛性實之謂哉？夫覺何以若是至哉？帝降之衷，天命之性，靈而則生，生而能理故也。是故帝堯之謂欽明，帝舜之謂濬哲，文王之謂緝熙，太甲之謂明命，成王之謂光明，伊尹之謂先覺，《大學》之謂明德，衛武之謂有覺德行，程伯子之謂明覺自然，紫陽夫子亦謂之本體之明，疇非是也？曩子所謂五倫、五教、五事、三物、九德、四術、五禮、六樂、六府、三事、九疇、九經，以迨天地萬物無有端崖，疇非是也？然則所覺者，即能覺者爲之也。向無能覺者，則亦捧土揭木已爾，亦烏有夫所覺者哉？」曰：「先儒又言覺於理則爲道心，覺於欲則爲人心。今先生以覺語性，安知不覺於欲而爲人心歟？」曰：「審如先儒之言，是烏足以言覺？古者醫書以手足痿痺爲不仁，言弗覺也，誠覺，則痛癢流行而仁理在其中矣，豈覺之外而別有痛癢、別有仁理哉？是故覺即道心，亦非覺之外而別有道心也。人惟蔽其本覺而後爲多欲、爲人心。當其爲多欲、爲人心，則雖有聞見知識辨別物理，亦均爲痿痺而已，而奚其覺？然則謂覺爲覺于欲者，非也。」曰：「釋氏以作用爲性，若是則胡以異也。」曰：「吾儒之語性有專以體言者，《記》所謂生而靜者是也。有專以用言者，孟子所謂惻隱、羞惡、辭讓、是非是也。若獨以作用罪釋氏，則孟子亦失矣，此未可以正其非。夫覺、性者，儒、釋一也，而所以異者，則盡與未盡繇分也。吾嘗比釋氏於宿火、瀦水，而水火奚罪哉？今柰何嫌于覺、性之相近，乃至跰拇物理以相別也[二]，可乎？昔漢廷欲盡誅中常侍而濫及于無鬚者，他凡無鬚者懼及己也，乃皆畫鬚以自別。今之儒者懼近釋氏而必求物理以自別，是亦畫鬚者之自爲贅也，豈不過甚矣哉？」曰：「子固合心性而一之矣，然夫子稱回曰『其心三月不違仁』，孟子又以芻豢喻理義，若是乎析也，何哉？」曰：「世儒之藉口也久矣。甚哉，其泥文牽義之無瘳也！信哉，世

[二] 「拇」，原作「栂」，四庫本同，據《莊子・駢拇》改。

儒之疑，則仁亦爲在物矣，顔子又安得挽在物之仁而不違於心哉？不知『仁，人心也』，心存則仁自不違，非心外索仁也。顔子雖大賢，或不能盡存于三月之後，夫子所以稱而激之，豈謂仁與心爲二物哉？若夫理義芻豢，人孰不知？孟子之取辟也，豈誠以理義之在物哉？世儒外理而物之，而義又可外乎？甚哉！泥文牽義之莫瘳也。子姑反觀，無滯唵囈，惑也終身。」

「何謂體用之錮？」曰：「夫道有體有用，未有有體而無用、有用而無體者也。《記》稱『未發』，體也；『發而中節』，用也。《易・繫》稱『寂然不動』，體也；『感而遂通』，用也。性即體也，情即用也。體用曷可相遺哉？今子也辨理以察而語性以覺，無乃溺於用而遺於體與？」胡子曰：「然，非也。夫發與未發，寂與感，雖有體用而無先後。蓋嘗以火之明與光言之矣。明與光亦有體用而無先後。假令有人呼火之明曰是光也；又呼光曰是明也，則無不可者。又不觀諸鑑乎？鑑之未有物也，其明與照自若也，而非有損；既有物也，其明與照自若也，而非有增。明與照亦有體用而無先後。假令有人呼鑑之明曰是照也，呼照曰是明也，則無不可者。然則體用又曷可執言哉？昔者樊遲問仁，子曰『愛人』。問知，曰『知人』。孟子之語『性善』曰『乃若其情』。孔、孟豈皆溺於用者歟？古之君子語體而用無不存，語用而體無不存，以其心無不貫也。豈若世儒語體，則截然曰是不可爲用；語用，則截然曰是不可爲體。彼其截然者，以其不貫於心而局於字也，是亦泥文牽義之爲賊也。亦猶爲火爭明與光焉，爲鏡爭明與照焉，爭者方紛然分别，而火與鏡固未嘗分也，豈不嚌哉！且體用之義，《六經》無有也，唯釋氏有之。釋氏曰：『吾言如黄葉止兒啼耳，非可執也。』今吾儒襲用其義，乃至語理語物，必因體用而成四片，自以爲分更漏、筭繭絲，不知其文義愈析，其論辨愈執，而道愈不謀矣，其又不可悲乎？然則謂心之覺爲性、爲體，謂心之察爲情、爲用，可也。謂覺、性兼體、用，可也。謂覺即察，察即覺，體即用，用即體，亦無不可者。然則語道而必曰有無、虚實、動静、内外、體用截焉，是誠無異乎其刻舟而劍已遠。」

「何謂循序之錮？」曰：「古者學不躐等，教不凌節，貴有序也，否則欲益而賊之者至矣。以孔子上聖，猶曰『下學而上達』；其教人也，曰：『中人以上可以語上，中人以下不可以語上。』是孔子且不能躐等而學，凌節而教，而况衆人乎？故古之小學必習於《少儀》、《曲禮》，學於《詩》、《書》、《禮》、《樂》，未有先從事心性也。今子嘐嘐然唯心性之務先，靈覺之獨切，吾恐先後序紊，而中下者惘然弗之入矣。然則《書》所稱『學于古訓』，《易》所言『多識蓄德』，則又何也？」胡子曰：「然，非也。不聞《大學》之教曰：『物有本末，事有終始。知所先後，則近道矣。』古人以先本後末、先始後終爲序，未聞先末與終之爲序也。猶之種樹，必先植其根，而爲之培灌，積日而累月焉，然後其枝幹葉葩從而敷茂，其爲序何漸也；猶之治水，必先濬其源，而爲之疏決，積日而累月焉，然後江、淮、河、漢從而涵浸，其爲序何漸也。心性者，學之根與源也。

古之《大學》欲明明德于天下國家者，乃推極其本，曰先脩其身，而脩身先正心，正心先誠意，誠意先致知，而知即性也。然則君子曷嘗不務先于心性哉？其爲序亦何異于植根濬源而積日累月者之爲漸也。世儒乃反以先本爲非，必欲窮索物理而豫求于末終，又何異種樹者先求其葩葉，導水者先事于江河，非獨凌節躐等，亦將莫究其所底矣。是不爲紊也，孰紊哉？夫本末非二物也。立本固以豐末，而顚末未有能生本者也。若孔子所謂語上、語下，下學、上達，要亦本末之間均有上下，非謂以本爲上，以末爲下也。蓋自用力者而言謂之下，自得力者而言謂之上。孔子告顔淵、仲弓，則并其得力者而語之，是所謂可語上者也；若樊遲、司馬牛，則止曰恭、忠、敬，曰訒言，而未嘗及得力之事，是所謂不可語上者也。然仁即心也，性也；恭、忠、敬、訒言，即存心也，養性也。孔門曷嘗不以心性教，亦曷嘗不以心性學哉？蓋心性自不離乎言行，而言行固皆出于心性。第曰心性本也，而末可後焉爾，非離言行爲心性者也。小學者習于《少儀》、《曲禮》，治於《詩》、《書》、《禮》、《樂》，皆將以收攝其心，磨礱其性，禁于未然，而非專求其文義已也。故《曲禮》發篇曰『毋不敬』，《風》《雅》大旨曰『思無邪』，孔子教弟子入孝出弟、謹信親仁最先，而學文特餘力耳。然則聖人教學先後之序蓋可睹已，豈嘗以先末爲序哉？且學於古訓者，其孰爲古歟？蓋莫古於精一、執中之學，而人君尤務先焉。人君者，雖未可以廢書，然一日二日萬幾，若必如經生學究以討求乎物理，其勢不可得矣。堯、舜之智不能徧物，况後世乎？

《經》曰：『自天子至于庶人，壹是皆以脩身爲本。』若以理爲在物，從物物而索之，則上必不能通於天子，下必不能通於庶人，又奚足以言理？ 若夫前言往行，亦莫非自古人心性出也。 故君子多識前言往行，專以蓄德，非曰泛然馳騖物理者倫也。 昔者謝顯道舉史不遺一字，程伯子譏之曰『玩物喪志』，然則古人之學古多識又可睹已，亦豈以先末爲序哉？ 而世儒迄不自知其爲紊也，嗟嗟！」

「何謂格物之錮？」曰：「弟子荷明訓，内反諸心，外印諸經，其於致知之旨瞭矣。 何則？知也者，即經文所謂『明德』是已。 致知者，即經文所謂『明明德』是已。 以是知東越致良知之訓，雖孔、曾復生，無以易也。 然東越訓『格物』曰：『正其不正以歸于正。』則似與『正心』義相涉，矧初學者猝難了也。 蓋嘗聞之，蒼頡觀鳥跡而作字，奚仲觀轉蓬而造車，中古聖人仰觀俯察，制器尚象，莫不取諸物觀。 冠員象天，履方傚地，聘取圭璋，樂徵律呂，婚陳鴻雁，贄用雉羔，授時假諸璿璣，考祥驗諸蓍龜，三公擬自三台，五等法乎五行，帝堯之十二章咸有取義。 故曰『天生神物，聖人則之；天地變化，聖人效之。 天垂象，見吉凶，聖人象之；河出《圖》，洛出《書》，聖人則之。』聖人者雖未嘗索物求理，亦鮮不因物觸心哉。 然則致吾良知而無遺物，豈亦其旨與？」胡子曰：「然，非也。 夫以經訓經則經可明，移經就己則義益晦。 世儒以『至』訓『格』矣，乃轉而爲窮；以物語物矣，乃增而爲理，是正所謂移經以就己，經安得不晦焉？《經》

上文已曰『物有本末』，而下文即以『格物』應，是寧有二物哉？格有通之義，致知在格物者，蓋言古人之致其良知，雖曰循吾覺性，無感不應，而猶懼其泛也，則恒在於通物之本末，而無以末先其本。夫是則知本即格物，而致知之功不雜施矣。故其下文曰『壹是皆以修身爲本，其本亂而末治者否矣』。其卒語曰：『此謂知本，此謂知之至也。』噫！亦明甚矣。異時夫子曰『反求諸其身』，孟子曰『反求諸己』，又曰『萬物皆備』，『反身而誠』，皆格物疏義也。括而言之，曰知本而已。夫致知非遺本也，而其求端用力，兹兹反顧，尤在於本而後能不泛也。而末學者未嘗一力其本，乃先以窮索物理爲事，濫焉浩焉，如賈舶之無所歸，不倒置而拂經也哉？彼既倒置矣，而猶自以爲知序，不尤倒乎？而子又以制字造車、仰觀俯察、制器尚象者言之，是特以語聖王開物成務之故，而無禆於學者求端用力之方，此正謂先末後本、先終後始，其于《大學》之道不尤倒而重傷乎？」曰：「格物則然，窮理何居？」曰：「窮之義盡也，極也，而非謂窮索也。《易·繫》曰『窮神知化』，夫神不可致思，矧可索乎？故窮神有極神之義焉，窮理則亦然矣。《記》曰『窮人欲，滅天理』，得非謂極欲而滅理者耶？誠使極天理，則滅人欲矣。窮理者即極夫天理之謂也，豈在物哉？是即所謂『致知』，所謂『明明德』。故程伯子曰：『才窮理即盡性至命，更無次第，不可以窮。』理屬知之事，而世之言窮索物理者遠哉！」曰：「先儒曰理有所當然、所以然，此非獨自人身，雖一草一木亦皆有之。」曰：「一草一木，則烏睹夫所當然、所以然者哉？儒者豈不曰草木之生有時而形有定，此所謂理也。然而有春花産乎冬實，樗質生乎人面，仆而髭，伐而血者，何哉？人曰此草妖木怪也。然謂有怪理可乎？彼其所當然、所以然則奚以窮也？豈不曰天清地寧，日晨月夕，此所謂理也。然而有裂陷、朓朒、仄慝、暈珥，晝星而夜日，烏夾而蜺貫，其極則有雙月、兩日，日中見人馬戰鬭之異，又有山移數里而蟲魚猝生，雨毛、隕石、穴犬、井羊之殊者，何哉？人曰此變象也。然謂有變理可乎？彼其所當然、所以然，則奚以窮也？豈不曰大德受命，作善降祥，此所謂理也。然而孔子旅人，下惠三黜，顔回夭折，仲弓癩死者，何哉？人曰：此異數也。而謂有異理可乎？彼其所當然、所以然，則奚以窮也？」曰：「弟子聞諸陰陽人物之失，傳《洪範》者皆歸咎於人事。乃至春秋以降，明王不作，則何疑於尼、惠之不遇？」曰：「若是，則理之在人不在物也益瞭矣，知本之學可後乎哉！」

衡廬精舍藏稿卷二十九

雜著

博辨上

弟子問於胡先生曰：「孔子之亟稱博學也，何哉？」胡先生曰：「博乎哉！博乎哉！知博者希也。夫伏羲所謂聖，非以結罟綱、立庖厨而稱也；軒轅所爲靈，非以教熊羆、推神策而擅也；神農所爲神，非以察百藥、斵耒耜而號也；夏禹所爲智，非以製橇欙〔一〕、沈金匱而名也；周公所謂才，非以造指南、立土圭而推也；孔子所爲至，非以對羵羊、識專車而謂也。彼其所以聖，所以靈，所以神，所以智，所以才，所以至，則有歸也。孔子教人以博學明也。他日語多能，則曰：『君子多乎哉，不多也。』語多知，則曰：『吾有知乎哉？無知也。』語人以博而不自與博，

〔一〕「欙」，原作「樏」，據四庫本改。

孔子非故也。彼其所以學，所以博，則有歸也。今夫人性一也，故兔罝野人可與上聖同腹心；才質殊也，故巖廊上聖不得與匹夫爭技能。是故大撓造甲子，蒼頡立書契，力牧著兵法，羲和明日月，胡曹製衣服，奚仲作車輿，禹專水土，稷任稼穡，夔樂、夷禮、契教〔一〕、陶刑，皆終身不易其能。能者非侈，而不能者非詘也，誠以才質殊而實用顓也。其在後世，若后羿之射，王良之御，師曠之音，郢匠之斤，各不易業。非不欲易也，以之易業則顛其藝。大夫種之治國，蠡不知也；范蠡之治兵，種不知也。子房之運籌決勝，淮陰之戰勝攻取，玄齡之謀，如晦之斷，各不易用。非不欲易也，以之易用則顛其國。昔者樊遲之在聖門，請學稼。曰：『吾不如老農。』請學圃，曰：『吾不如老圃。』子入太廟，每事問。夫農圃之役，太廟之事，孔子且不能兼知，況學者乎？子思子曰：『雖聖人，有不知不能。』此非獨才質殊也，勢力弗兼也。而後之儒者惑窮理之訓，則謬悠其說，曰：『一物不知，儒者所耻。』夫既耻一物之不知也，于是焉騖知所不能知，騖能所不能能，騖兼所不能兼。辟之臨海算澌而欲以窮源，登嶽辨枝而欲以探本，非獨失其源、本，其疲天下後世不可竟也。天文地理，古之人有布算者，要多出于偏長專家，而君子難强焉。世儒者曰：『聖人仰觀俯察，吾何獨不然？』不知此觀察者非聖神弗能也。故惟伏羲而後能仰俯觀

〔一〕「契」，原作「燮」，據四庫本改。

察，窮極象數，吉凶與民同患，不然者則一毛千里矣。唐一行之曆法得之國清，郭景純之地理受之《錦囊》，陳圖南數學傳穆伯長以逮堯夫，象學傳种放至范諤。非獨受者弗可以强，雖授之者亦弗以强之人。而宋之蔡元定之徒必欲强知之，强能之，而又强兼之，豈不左甚矣哉？始元定以天文傳諸其子，載諸書傳，既自謂得之，人莫有非者矣。明興，高皇帝軍中置表，乃歷驗書傳天文之謬，亟語群臣改削蔡傳，劄示天下學子無蹈其誤。又嘗閱宋龐元英記元定與鄉人卜壟咸繆，鄉人至作詩刺譏之，然則元定之天文地理，亦何殊于見夢中之蕉鹿而晝訟于官家者也？夫夢蕉鹿非誣也，然而以夢求則不可執而訟矣，此奚獨元定哉？《參同契》者，漢魏伯陽所作，《火記》之亞篇也，雖假諸《易》卦而義實不貫，不註可也。晚宋儒者必爲較釋而托諸鄒訢，至令丹家者反譏其失。天之爲體也，尤不可推測求也。宋儒者或言如弓，或言如蓋，或言如磑，或言如卵，而皆未可知。晚宋儒者必曰有天殼，吾未知殼之外又孰物也，亦孰從而覘知之也？嗟乎！宋儒者何其好博哉！孔子曰：『知之爲知之，不知爲不知，是知也。』若宋儒則幾于不知爲知矣。雖然，俾宋儒者誠知之，則亦可謂博物，而未可謂博學也。當春秋已貴博，其著者左史倚相、子産、叔向，然三子者治國不倚于博。漢臣博者稱司馬遷、東方朔、劉向、揚雄，方朔至能辨劫灰識畢方，事涉奇。晉臣博者稱束皙、杜預、郭璞、張華，華能識寶劍之氣，明銅山之崩，辨龍鮓之色，審石鼓之扣，記然石之異，認海鳧之毛，事浸奇。唐臣博者稱虞世南、段成式、杜佑、賈躭。躭能兼曉陰陽、象緯、醫卜。居相位時，民有失牛者，叩之馬上，躭發筭推盤，知牛所在。有病蝨瘕者，即知龍水之爲療，又知枯井藏書，事尤奇。又有人主者石書、輒乙其處。又有曰『讀書萬卷，猶有今日』。至于辨食苹之非蘋蕭，識跳脱之爲腕釧。之數君臣者，可謂博矣。然而以議道則荒，以窮經則賊，以制事則繞，以修詞則靡，曾何補於是非之實、理亂之原？莊生所謂駢於足者連無用之肉，拇於手者樹無用之指，此後儒者之爲博也。雖然，使數君臣者誠用之，則亦可謂博物，而未可謂博學也。夫水一也，而臾兒、易牙辨味淄、澠；陸鴻漸則能辨江水與南零水之殊，一斛之中孰首孰尾；乃李贊皇亦能之，贊皇辨江表水與石城水，咸不爽。此皆爲異，然猶以口飲而別之也。若鴻漸飲茶，知爲勞木所烹，此尤爲異耳。之數子者之於物博矣，然亦未可謂博學也。漢真玄菟、曹元理數人者咸稱名博達。一日，陳廣漢謂元理曰：『吾有米二囷，忘其碩數，子爲吾會之。』元理以食箸十餘轉，曰：『東囷七百四十九石有奇，西囷六百九十七石有奇。』後果覆如其數。已而元理復算廣漢資業：甘蔗廿五區，應收一千五百卅六枚〔二〕；蹲鴟卅七畝〔三〕，應收六百七十三石。後皆覆如其數。又有用勾股法算南北極，曰相去不踰八萬里。又

〔二〕「枚」，原作「牧」，四庫本同，據明刻本及《豫章叢書》本改。

〔三〕「鴟」，原作「跊」，據四庫本改。

云東西南北相去二億三萬餘里，自地至天半八極之數。又云地去天八萬一千三百餘里。又云日去地常八萬里。之數子者之於物、之於天地博矣，然亦未可謂博學也。」

博辨下

曰：「夫子所稱博學豈異是與？」曰：「夫子所稱博學，言無適非學也。彼誦書考古、博物洽聞，特學一事耳，而非言博學也。子不聞夫子無行而不與二三子？公明宣從于曾子，無所不學。知夫子之無不與，公明宣之無不學，則知博學矣。《語》曰：『非禮勿視，非禮勿聽，非禮勿言，非禮勿動。』曰：『出門如見大賓，使民如承大祭。』曰：『居處恭，執事敬，與人忠。』曰：『君子無終食之間違仁。造次必于是，顛沛必于是。』曰：『言忠信，行篤敬，立則見其參于前，在輿則見其倚于衡。』曰：『視思明，聽思聰，色思温，貌思恭，言思忠，事思敬，疑思問，忿思難，見得思義。』學如是，何其博也。《記》曰：『素富貴，行乎富貴；素貧賤，行乎貧賤；素患難，行乎患難；素夷狄，行乎夷狄。』曰：『立如齋，坐如尸。』曰：『足容重，手容恭，目容端，口容止，顔容靜，頭容直，氣容肅，立容德，色容莊。』曰：『學之爲父子焉，學之爲君臣焉，學之爲長幼焉。』學如是，何其博也。昔者子貢問於孔子曰：『賜倦於學矣，請息事君。』子曰：『《詩》云：温恭朝夕，執事有恪。事君焉可息哉？』『然則願息事親。』子曰：『《詩》云：孝子不匱，永錫爾類。事親焉可息哉？』『賜願息于妻子。』子曰：『刑于寡妻，至于兄弟，以御于家邦。妻子焉可息哉？』『賜願息于朋友。』子曰：『《詩》云：朋友攸攝，攝以威儀。朋友焉可息哉？』『賜願息耕。』子曰：『晝爾于茅，宵爾索綯。亟其乘屋，其始播百穀。耕焉可息哉？』『然則賜無息乎？』曰：『望其壙，皐如也，嵮如也，鬲如也。』子貢曰：『大哉死乎？君子息焉。』夫以事親，事君，至于妻子、朋友、耕稼，死而後已。學如是，何其博也。若夫讀書考古、博物洽聞，特學一事耳，而未可言博學也。」曰：「若是，則夫子言博學足矣，乃又教顏子曰『博文約禮』，何也？」曰：「文者，學之事也。至不一者也，故稱博。莫非文也，則莫不有吾心不可損益之靈則以行乎其間者，禮是已。禮，至一者也，故稱約。苟不約禮，則文失其則，雖博而非學矣。子知約之爲博也，而後知孔門博學旨歸也，此不可不辨也。」曰：「若是，則散之視、聽、言、動者，博文也；存之勿非禮視、聽、言、動者，約禮也。夫子示顏氏爲仁之目，其即博約之訓乎？」曰：「然。」曰：「約禮則約矣，然而出門、使民與執事之敬也，居處之恭也，與人之忠也，終食與顛沛、造次之仁也，言行之忠信、篤敬也，視之明、聽之聰、色之温、貌之恭、見得之義也，富貴、貧賤、患難、夷狄之行也，父母之親、君臣之義、長幼之序也，妻子之刑、朋友之儀、播穀之勤也，亦若是乎其燦燦弗一也，而亦謂約禮可乎？」曰：「子以謂是燦燦弗一者果自外至耶？抑亦自中出根於人心者耶？」曰：「疇弗根心者矣。」曰：「子以爲人心之燦燦弗一者，必有宿貯分具，候時位而出耶？

抑亦其靈則至一者無有宿貯分具，隨時位而出耶？」曰：「疇弗出靈則至一者矣？」曰：「若是，則謂非約禮可乎？故曰：苟不約禮，則文失其則。雖博而非學，是故有是文則有是禮，非文外禮內也，博之文必約之禮，非博先約後也。子欲知禮乎？請詢子之靈則。」

明中上

弟子曰：「學有至乎？」胡子曰：「有之，靈則至也。」曰：「靈則奚謂？」曰：「堯、舜之執中是也。雖然，子不求道心之微，又烏識所謂中？」

曰：「心，一也，曷爲有人心、道心之異？」曰：「心之宰，性也，而形氣宅焉。是故心之動也，宰于性不役于形氣，是爲道心，道心故有者焉；役于形氣不宰于性，是爲人心，人心故無者焉。道心則所謂『人生而靜，天之性』是也。人心則所謂『感物而動，性之欲』是也。」曰：「曷以見微、危之異？」曰：「道心者以其無爲爲之者也，無爲者，其止若淵，其行若雲，子思所謂『不睹不聞』，孟子所謂『不學不慮』是也。微不亦甚乎？以是知其故有。向非故有，則烏能微？人心者，以其有爲爲之者也，有爲則其動如波，其行如驟，抑《詩》所謂『愧于屋漏』，孟氏所謂『行不慊心』是也。危不亦甚乎？以是知其故無。向非故無，則烏有危？」曰：「『精一』何居？」曰：「微哉道心，弗以人心雜曰精，弗以人心二曰一。弗雜弗二，則內無偏倚，外無過不及，中不在斯乎？故曰『允執厥中。』是故外執中語學，非堯、舜學旨也；外道心語中，非堯、舜中旨也。」

曰：「『允執之中』與『未發之中』同乎？」曰：「未發之中，中也；發而中節之和，亦中也。焉弗同？」「與中庸之中同乎？」曰：「發而中節，焉弗中庸？亦焉弗同？」「與《易》之『天則』，《書》之『皇極』，《詩》之『帝則』，《記》之『天理』，孔子之『矩』，曾子之『至善』同乎？」曰：「焉弗同？」「與『約禮』之『禮』同乎？」曰：「焉弗同？」

「然則世儒所稱『至當』同乎？」曰：「世儒所稱『至當』，非不同也，世儒睢睢焉索『至當』于物者非同也。夫心盡則天下無逋性，性盡則天下無逋理，理盡則天下之物從之矣，豈反假物哉？而世儒者必曰一物而窮一理，一理而求一當。方其見一物一理也，則雖有萬理萬當而弗之顧也；方其守一理一當也，則雖有非理非當而弗之恤也，其去『至當』也朔、越矣。子弗觀慈母之爲鞠乎？時饑時飽，時涼時燠，時懌時咈，時燥時浴，時其寢處，時其嘔哾，時其巇作而溲溺之，晨夕抑搔，出入顧復，慈母之愷施而曲中者，豈索物而得哉？彼其爲處子也，身不敢離閫閣，口不敢齒兩髦，雖有姆母，焉詢鞠子？然而鞠道靡不當者，其天慈必至者性也。故曰：『心誠求之，雖不中，不遠矣。未有學養子而後嫁者也。』蓋言性也。苟得諸性，則雖億萬其感，億萬其應，億萬其當，而億萬亦一也，其疇能二？曩所謂盤盂甕盎池沼淵谷江淮河海之日，莫非在天之日之所括者是也。故曰『天下殊途而同歸，一致而百慮』，性一之也。雖然，世儒區區特小當耳，焉識大當？既未識大當，又焉知變當？」

曰：「何謂大當？」曰：「古之爲君者，以和萬邦，行海宇，至鳥獸魚鱉咸若爲大分，以天下得人爲先務，而它未皇焉，此大當也；古之爲臣，以天下饑溺爲己饑溺，以君不堯、舜，一夫不獲爲己辜，而他未皇焉，此大當也；古之爲子，以悦志爲善養，以立身行道，全生全歸爲無忝，而他弗皇，此大當也；古之爲師，以學不厭、教不倦爲分，以得天下英才教育爲樂，而它未皇，此大當也；古之爲士，以仁義禮智根心生色、睟面盎背、四體不言而喻爲所性之存，而他未皇，此大當也。故古之儒務當其大當以該其小當，雖有小弗當，弗暇恤也；今之儒務當其小當以拒其大當，雖有大弗當，弗暇問也。審如世儒之論，摘其小以刑其大，則堯、舜玄聖鮮不爲闕行，湯、武明王鮮不爲逆節，伊、周鮮不爲跋扈，孔、孟鮮不爲遊説。之數聖人者將被之以大不韙之名而不可辭，而况其下乎？嘗試觀之：堯使二女降于一夫，則姊妹之倫瀆；以天下讓舜，則宗廟之享易；丹朱傲慢而不能化，則穀子之效凉；伯鯀圮族而不能辨，則知人之哲矇。堯且不得匹於時君世辟，而又况其下乎？然而堯之必爲此者，何也？堯固以天下得人爲大當，而穀子則有命焉，不可得而强也。《傳》曰：『方寸之木，可使高于岑樓。』語曰：『銖銖而稱，至兩必差；寸寸而度，至丈必謬。』此世儒之爲當也，溺於小故也。」

曰：「何謂變當？」曰：「子弗觀之雨暘水火，天地且不能操其變也，而何獨必于人？古今大變，聖人不能操而禦也久矣，然一日一夕小變億萬，不啻雨暘水火之不測，聖人又烏能豫逆其倪，豫射其形而懸定其當哉？故曰：『《易》，窮則變，變則通，通則久。』又曰：『其爲道也屢遷，變動不居，周流六虛。』『唯變所適，不可爲典要。』曰：『化而裁之存乎變，推而行之存乎通。』當斯時也，聖人曷當？聖人亶知其當吾之道心，雖億萬變而中常執矣。聖人曷所將迎于其間哉？天下非小物也，死生出處非細故也，而唐虞以禪，夏殷以繼，聖人非必欲異也，唯其天。微子以去，箕子以奴，比干以死，伊尹以五就湯桀，柳下惠援而止之而止，聖人非必欲異也，唯其仁。孔子一身仕止久速，非必欲異也，唯其時。《易》、《詩》、《書》、《禮》、《春秋》非必欲異也，唯其經。三王不相襲禮，五帝不相沿樂，非必欲異也，唯其中。且和、忠、質、文也殊尚，貢、助、徹也殊制，校、庠、序也殊名，楹、足、懸也殊器，收、冔、冕也殊服，養老則殊序又殊食，聖人亦非必異也，唯其用。故聖人之道苟當于性，則如耳目口鼻之無不相通也，不假鑽磨，四支百體之無不相爲也，不假告戒，又焉用以懸定爲？世之儒者語養民，則斷斷然曰必井田爲當，不知井田成而民骨腐久矣；語任官，則斷斷然曰必封建爲當，不知世禄之子淫劉以逞，天子且不得時巡而易之矣；斷斷然曰必肉刑爲當，不知末季之君一日而千百紂信不難矣；斷斷然曰必明堂辟雝爲當，然而後世非不明堂辟雝也，而未嘗底於治。一深衣也，而爭之數十世；一桐杖也，而議之數百言。知玗尊古矣，而不知盃斝之適于持也；知章甫古矣，而不知巾幘之良于服也；知籩豆古矣，而不知今之祖父之未常席于地也；知篆隸古矣，而不知今之君臣之未嘗嫺于書也。刻刻然也，鐫鐫然也，懸定其小以豐蔀其大，執一以距萬，徇己以却人，矜好古之名而不怵于當務之實。天下之事債且去矣，猶曰：『是符古禮，是不符古禮。』糜時失日而不適于變，不可通于天下之志，不足以成天下之亹亹，此世儒之爲當也，弗究于性，弗由于道心，弗靈弗則故也。故曰：世儒之去至當也朔、越。」

曰：「弟子聞之，天下理一而分殊。夫分殊，故必先析，精而不亂；理一，故必後合，大而無餘。今子示理一而已，而未逮乎分殊。吾恐仁而之墨，義而之楊，忠而之荀息，信而之尾生，執中而之子莫，虛無而之老聃，寂滅而之釋迦。是何辭于無星之秤、無寸之尺之爲譏也？」曰：「世儒自以爲得星寸矣，然未有求星寸于所揆之物者也。若求星寸于所揆之物，則物未至而爲之先卜，境無窮而局以定畫，非獨畫餅難以救餓，膠柱難以奏瑟，吾恐星寸不生于所揆之物，而强所揆以求星寸，雖白其巔不可得也。孟子不曰：『權然後知輕重，度然後知長短，物皆然，心爲甚。』心者，夫人之天權天度者也。故有天權則有天星，有天度則有天寸。之星、寸也，孩提得之，知愛其親，知敬其長；鄉人得之，所敬在此，所長在彼；凡民得之，冬日飲湯，夏日飲水；孝子得之，小杖則受，大杖則走；時君得之，大賢則師，小賢則友；君子得之，親親仁民，仁民愛物。當其時也，物不得先與也。之星、寸也，堯、舜得之而以揖讓，湯、武得之而以征誅，伊尹得之而以放伐，周公得之而以製作，孔子得之而仕止久速各當其時。羣聖得之，以官天地，以族萬物，以儀日月，以翕山川，以儐鬼神，以和四時，以範圍之不過，以曲成之不遺。當其時也，物不得先與也。語其藏則渾渾，則淵淵，則空空。一者不得不一，非必合之而後一也。語其放則斤斤，則井井，則睽睽。殊者不得不殊，非必析之而後殊也。吾惟虞人之不埋一也，而奚虞分之不殊哉？又寧先析之爲殊，後合之爲一哉？苟無分殊，則不得謂理一。無理一，又孰爲理之使分殊也？何則？理者，吾心之燦燦者也，以其至一理至不一者也，非謂漫漶而靡所區分之爲物也。故曰『親親之殺，尊賢之等，禮所生也』。此天權天度之所存也，天星天寸之所出也。荀氏曰『兼陳萬物而中懸衡』，諸葛氏曰『我心如秤』，則亦測而知其故矣。若夫楊、墨、子莫、荀息、尾生、老、釋之偏，則皆未聞盡心之學者也，未始求諸天權天度者也，又曷有天星天寸哉？今世儒者，乃自仇其心，自違其性，而索當于物，非獨懵于星寸，且并其秤尺棄之矣，夫焉得當？是故繇世儒之學而學焉，是路天下也。路而天下之趨之也，蹇蹇爾矣。繇世儒之當而當焉，是棘天下也。棘而天下之入之也，戞戞爾矣。然而天下猶然奔走鑽斸而不已者，則浸漬之蔽深也。堯、舜之中旨不著于天下非一日矣，悲乎！」

明中下

曰：「子之言盡心者，謂人心乎？道心乎？」曰：「孔子之言人心也寡[一]，而言道心也多。然則道心何以能當？」曰：「道心者，性也；性，靈承于帝也。靈故微，微故辨，辨故不入于過不及，故能中而當，當之不出于物也審矣。」曰：「世之人鮮不有靈性，然而弗當焉者何哉？」曰：「性無弗當矣。有弗當者，非性罪也。子不聞之，浯溪之山有石鏡焉，能照百里，已而鑿之，則不能見尋丈，是人亂其天也；四明之水有鑒湖焉，能鑒鬚眉，已而汩之，則不能睹舟楫，是物混其體也。世之不能得當，則人亂物混之爲賊也。所謂『人心惟危』者是也，非性罪也。世儒者仇心疑性而必欲索諸物，是愈亂而愈混也。且夫夜行者見寢石以爲伏虎，必引火而辨之。當晝，見石而猶曰求火，則贅矣。醉者見蹄涔以爲浚瀆，必攝衣而涉之。既醒，見涔而猶必攝衣焉，則眩矣。是心之靈何啻晝且醒也，而儒者之必索諸物，亦何異見晝石而求火，當醒涉而攝衣者歟？是愈贅而愈眩也。離婁之目[二]，稱至明也，而加以金玉則反昏；師曠之耳，稱至聰也，而飾以珠琲

[一]「孔子」，原作「孔孟」，據明刻本改。

[二]「婁」，原作「樓」，據四庫本改。

則反瞶。世之儒者不自信其明與聰也，而求加以金玉珠琲之爲美，是愈昏而愈瞶也。吾聞堯、舜惟精惟一而中斯執矣，而今也以不精不一求之；文王不識不知而則斯順，而今也以多知多識求之。孔子無意、必、固、我，而矩斯不逾矣，而今也以意、必、固、我求之，是愈求而愈離也。何以然？以其遠求不靈之物而近傷性靈也。是亦物之相物而已，其何則之可循，而當之可得諸？」

曰：「子言性之無弗當也，則常人有諸？」曰：「有之。吾請證以往事可知也。昔者陳平宰肉而均，于公讞獄而平，此皆未始問學而能之，可見常人有當者矣。」曰：「女婦有諸？」曰：「吾請證以近事可知也。建文間有范氏婦者，燕山衛卒儲福妻也。福聞靖難兵起，仰天哭曰：『吾雖賤卒，義不忍負舊君。』竟不食死。范氏齠年有姿，奉姑特謹，時哭其夫，則走號于山谷中，懼姑聞而痛也。官有欲委禽者，聞之不敢犯，而范氏竟全其節焉。又有牛氏者，其夫龔天保，嘉靖間景府護衛軍也。天保病卒，牛氏誓以偕死，粒米不入者十有七日。時有義之者，爭捨槥以葬其夫，一以先施言，一以木美請。婦泣語曰：『吾業已許先施者矣，請必從之。』已而天保葬無乏事，而婦始長絶。夫范氏懼痛其姑，牛氏誼取先施，此亦謂至當，非歟？夫此二當者，豈嘗窮索懸定而得哉？彼所謂天性篤也，是靈則也。《詩》曰：『如彼飛蟲，時亦弋獲。』此之謂也。然得其一不得其二，抑亦未聞盡心之學者也，是故行之弗著，習矣弗察，日用而不能知，故君子之道鮮也。」

耿子謂胡子曰：「古之語至當者辟如『索癢』，今之語至當者辟如『訟雁』。」「何謂『索癢』？」「昔人有癢，令其子索之，三索而三弗中；令其妻索之，五索而五弗中也。其人恚曰：『妻子肉我者，而胡難我？』乃自引手一搔而癢絶。何則？癢者，人之所自知者也。自知自搔，寧弗中耶？是故求至當者求諸自知者而得之矣。」「何言『訟雁』？」「昔人有睹雁翔者，將援弓射之，曰獲則烹。其弟爭曰：『舒雁烹宜，翔雁燔宜。』競鬭而訟于社伯。社伯請剖雁烹燔半焉，而索雁則凌空遠矣。世儒之求至當，何異爭翔雁之烹燔哉？吾不知世之爭翔雁之烹燔者將幾千百人，幾千百載耶？」胡子以耿子之言語弟子曰：「惟自知者無爭。」曰：「然則學者奚所從入？」曰：「《易・繫》不云『復以自知』？又曰『復小而辨于物』。夫自知則辨物而當，自蔽則弗克辨物弗之當矣。顔子有不善未嘗不知，知之未嘗復行，善自知也，善復者也，幾當矣乎。小子亟學《復》，無亟學當，當乃入。」

曰：「今之語良知者有當乎？」曰：「良知即覺也，即靈承于帝者也。良知而弗當，則疇焉當？雖然，昔之覿良知者致之，今之覿良知者玩之。彼玩焉者，辟諸子夜睹日于海雲之間，輒跳躍呼曰『日盡是矣』，然而未逮見晝日也，又況日中天乎？何者？玩其端不求其全，重内而輕外，喜妙而遺則，概不知天權天度之所存，天星天寸之所出，騁于汪洋，宅于苟簡，而恣所如往，出處取予之間不得其當，益令天下變色而疑性，則委曰吾無它腸，鮮不濱于琴張、牧皮之徒〔一〕。此猶其高等也，其下則多幾于妨人而病物，荀氏所謂『飲食賤儒』，非若人哉？嘗試較之：世儒懲二氏過焉者也，其流執物理而疑心性；今儒懲世儒過焉者也，其流執心性而藐物則。之二者，蓋不知心性匪内也，物則匪外也。子思不云『性之德也，合内外之道也，故時措之宜也』？是知當也，此堯舜相傳中旨也。」

徵孔上〔二〕

弟子曰：「弟子窺測靈則，而知堯、舜之執中，文王之順則，孔子之不踰矩〔三〕，皆不越瞬昐而髣彿其都矣。雖然，孔子之身通乎上下，學不知取衷孔子，是猶操弓而不知正鵠之爲的也，運轂而不知周行之爲趨也，則學非其至矣。夫世儒者，亦豈不知孔子之爲至哉？其於孔子之學果有近乎？」胡子曰：「甚哉，豈易言與？夫世儒自以爲户籍孔子矣，而不知自失其正貫也；自以爲俎豆仲尼矣，而不知自違其主㽞也。夫世儒自失正貫而違主㽞者，非孔子高且遠也，以孔子近在衣帶，而世儒競索之道塗也。今夫世之譜孔子之年者則曰：『孔子某年在魯，某年在齊，

〔一〕「牧皮」，原作「木皮」，據四庫本改。
〔二〕「徵孔上」，原作「孔徵上」，據明刻本及《豫章叢書》本改。
〔三〕「矩」，底本作「距」，據明刻本改。

某年爲中都宰，某年爲大司寇。』此特譜行跡耳，而未足以得其年也。惟孔子自名曰：『吾十有五而至於學，至於七十，從心所欲不踰矩〔一〕。』此則自譜其年者爲獨真也。世之譜孔子之宗者曰：『孔子之先，宋之後也。宋，殷之裔也。自微子五世至孔父嘉，以孔爲氏。』此特譜世系耳，而未足以得其宗也。惟孔子自名曰：『文王既没，文不在兹乎？』此則自譜其宗者爲獨真也。譜孔子之聰明者曰：『孔子辨羵羊、專車，識長人、楛矢，測鳌廟之災，别五土之性，預知商羊、蘋實之應，大夫諸侯有問，專對若轉輪焉而不窮也。』此特譜孔子聞識耳，而孔子不貴也。孔子葢曰：『君子多乎哉？不多也。』又曰：『吾有知乎哉？無知也。』已而自名曰：『我非生而知之也，好古敏以求之者也。』又曰：『其爲人也發憤忘食，樂以忘憂，不知老之將至云耳。』又曰：『若聖與仁，則吾豈敢？抑爲之不厭，誨人不倦，則可謂云爾已矣。』此則孔子自譜其所爲聰明者爲獨真也。譜孔子之形體者曰：『孔子身長九尺六寸，月角日準，龍顙河目，有聖人之表。』又曰：『其頂似唐堯，其顙似虞舜，其項類皋陶，其肩類子産，自腰以下不及禹者三寸。』特譜其形似耳，而其神不存也。唯門人曰：『子温而厲，威而不猛，恭而安。』而曾子之告門人曰：『江、漢以濯之，秋陽以暴之，皜皜乎不可尚已。』此則譜孔子形性爲獨真也。夫世之譜孔子者非不高且

〔一〕「矩」，底本作「距」，據明刻本改。

遠也，然而不如孔子之自名與曾子之所名者，何哉？誠以孔子與門人近取諸身而不在物也。夫孔子之學果高且遠也，則亦孰愈其自名與當時門人名之之爲真也？今也欲户籍而俎豆之，乃猥以己意而競索物理之表，是何異于適京而禺轅引，盻泰山而流沙其車也？其不得爲孔子正貫主鬯者，則儒者自遠也，豈孔子高且遠哉？故亦不易言也。」

曰：「孔子志何學也？」曰：「古者十五而入大學，大學者即習乎古大人之學，所謂『在明明德，在親民，在止至善』者是也。凡十五入大學者未必能志學，唯孔子十五即志于學焉。所謂志，即孔子所自言『發憤忘食』者是也，非曰其心嚮慕之而已也。」曰：「發憤何與于明德、親民、止至善哉？」曰：「明德者人心有本。『明』即朱子所謂本體之明是也。此本體者，以爲君，爲仁德也；以爲臣，爲敬德也；以爲子，爲孝德也；以爲父，爲慈德也；以交于國人，爲信德也，是謂明德。『憤』之義從『心』從『賁』，賁即明也，唯孔子發之。不以氣昏，不以欲蔽，於仁敬孝慈信而不失其體也，故曰『在明明德』。於爲君而仁以治民也，爲臣而敬以事君也，爲子而孝以事父也，爲父而慈以育子也，爲國人而信以相交也，而皆不失其體也，故曰『在親民』。於爲君而止於仁也，爲臣而止於敬也，爲子而止於孝也，爲父而止於慈也，爲國人交而止於信也，而所謂不失其體者，無不用極也，故曰『在止於至善』。凡皆啓於一念之賁，一發憤之功，故發憤即爲孔子明明德、親民、止至善之學。他人非不憤也，而或作焉、輟焉者多也。孔子發憤則至於忘食，可見孔子之志于學焉者與他異也。故曰『吾十有五而志於學』。」

曰：「『三十而立』，何也？」曰：「孔子自十五而志大學，其始志用力也，不能無乍興乍仆、乍明乍昏之病。已而，用力至十又五年，然後此體不爲氣昏欲蔽，隨地應用而屹然有立矣。此體屹然有立，始可言志立，故曰『三十而立』。是立也，即《大學》『知止有定』、顏子『所立卓爾』、孟子『有諸己之謂信』是也。學至於立，則如作室者有基矣。故程伯子曰：『志立而學半。』」

曰：「孔子既三十而立，則世之得失利害弗之惑矣。然又十年而後不惑，何耶？」曰：「古之學者能外得失利害矣，而或不能外死生；能外死生矣，而或不能外毀譽；能外毀譽矣，而天下之人情、學術似是而非，似非而是〔一〕，變易紛沓，雖聞道或不能無惑也。孔子既立，又用力十年而後不惑，故曰『四十而不惑』，即《大學》所謂『定』、『靜』、『安』、『慮』、『得』，他日孟子『不動心』同也。」

「『五十而知天命』，何也？」曰：「『維天之命而人得之爲性，性即人心本明者是也。孔子既能明其本明者而至不惑，又用力十年，則窮理盡性以至於命矣。既至命，則自能知命。辟如登泰山而居者，自能周知泰山者也。此『知』猶『乾知大始』之『知』，『知』即主也。方其立，則立此

〔一〕「似」，原作「是」，據四庫本改。

命也，不惑則可以至命，至是，則主宰天命而造化在我矣。造化在我則非無窮通，而窮亦通也；非無治亂，而亂亦治也；非無死生古今，而死亦生、今亦古也。即《易》所謂『先天弗違』、《中庸》所謂『達天德』者是也。故曰『知天命』。」曰：「若是，則孔子之學與先儒所訓『窮至物理』者一何其徑庭也？」曰：「儒者必曰先知後行。今如所訓『十五而學，三十而立』則爲先行，『四十不惑』則爲後知，其與先知後行之訓又自悖矣。儒者以窮至物理爲入門，所謂窮其當然與其所以然，皆始學事也。今訓『不惑』，則謂知其所當然；訓『知天命』，則謂知其所以然。是孔子以四五十之年乃得爲始學之事，則在學者爲過早，而在孔子爲過晚矣。不又悖之甚乎？今操筆童子莫不曰『吾性之仁，知其爲天之元；吾性之禮，知其爲天之亨』，以此爲『知天命』，是操筆童子賢於仲尼遠矣，其又可通乎？」曰：「然。」

「『六十而耳順』，何也？」曰：「聞之師曰：夫人聞善言而悦耳，聞不善言而拂耳者，常也。此在賢者尤甚。伯夷耳不聞惡聲，未化故也。孔子至六十，聞惡言未嘗不謂惡，然而無拂耳之累，以其無意、必、固、我故也，熟而化也。故曰『六十而耳順』。《記》曰：『雖聖人有所不知。』若謂聲入心通，此恐未然。」

「『七十而從心不踰矩』，何也？」曰：「『矩』即所謂『止至善』者，亦即堯、舜之中，文王之帝則，箕子之極是也。吾所謂靈則，所謂天權、天度者是也。孔子十五志學即志此矩。自七十之前固未嘗踰矩，但至七十而後能從心不踰矩。夫從心不踰矩，則一毫意、必、固、我無有也。孔子非所謂聖不可知者歟？夫孔子所自名者乃情語也，非曰以是爲謙而誨人者也。嗟夫！今人自謂從事終身，乃不能望孔子之立與不惑，又況知命、耳順、從心不踰矩乎？何者？以今人不如孔子之志故也。然則學孔子者其亦自審其志已乎？若夫求之物理則益遠矣。」

曰：「『發憤忘食』，既聞命矣，然則孔子惡憤何也？」曰：「孔子惡夫憤於外者也。夫惟無意于外憤，然後能發其内憤矣，又何患不外憤哉？」曰：「『樂以忘憂』，何也？」曰：「人心之體本樂也，唯自昏蔽其體則恒多憂。方其昏蔽，雖飲食歌咢，讀書考古，頃暫適耳，憂可免乎？唯能自發其本明，無一昏蔽，則心得其體，自無弗樂，又何憂焉？故憤無弗樂也，樂乃爲憤也。孔子爲人，終身憤樂已耳，故曰『不知老之將至』。」

曰：「孔子之多識多聞遠絶常人，而自謂『君子不多』，又自謂『無知』，孔子豈重遺聞見哉？」曰：「孔子非重遺聞見，以其本不在也。本者何？真知是也。孔子嘗曰：『蓋有不知而作之者，我無是也。多聞，擇其善者而從之，多見而識之，知之次也。』是孔子所作必出於真知，而非真知者非所作也。夫真知者雖不假見聞，而聞見自不違，故爲上也。若專以多聞多見爲事，則不免探索影響而自牿其真者多矣，故爲次耳。孔子上真知而次聞見者，即《大學》『知本』之意旨也，孔子豈遺聞見哉？」曰：「何以見孔子之言真知也？」曰：「孔子曰：『知之爲知之，不知爲不知，是知也。』夫知之與不知者，聞見逮不逮耳。假令孔子專上聞見，則逮者無論矣，彼不逮者乃不以疎漏斥，而槩曰『是知也』，則所謂真知者可知也。蓋天下莫明於不自昧，而莫不明於自昧。『知之爲知之，不知爲不知』，則可謂不自昧矣。天下孰有真知過此者哉？聞見雖有踈漏，何患不能隨時位以自增耶？此真知即所謂心之賁，所謂明德，所謂本體之明，所謂覺者是也。他日，孔子與顔子之學曰：『有不善未嘗不知，知之未嘗復行。』〔二〕曾子曰『毋自欺』，曰『慎獨』，子思曰『自明誠』，曰『内省不疚』，皆以明真知也。舍真知而曰孔門之學，蔽耶，支耶。」

曰：「孔門之學之出於真知也審矣，真知之性生也，亦審矣。孔子何乃曰『我非生而知之者，好古敏以求之者也』？」曰：「史稱伏羲生而神靈，黄帝生而徇齊，孟子稱『堯、舜性之』，此必其天性靈覺，自少至老，而無纖毫之雜且二也，故曰生知。孔子豈其初亦微有雜且二耶？故自曰非生知。觀其十五始志學，至三十而後立，則孔子爲學知者明矣。夫古未嘗言學也，堯、舜亦未言學而實發其旨。孔子之好古敏求，正從事堯、舜精一執中之學也。精則不雜，一則不二。孔子自既立至不惑，則不雜不二而執厥中矣；從心不踰矩，則不執中自無不中也。至是，則孔子雖學知而實與生知者等焉。是故優入聖域，直同伏羲、堯、舜，以逮文王，而他聖不逮矣。夫古莫古

〔二〕明刻本及《豫章叢書》此處多「又他日」三字。

於堯、舜精一之學，今世儒者每言古則止以考古者當之，何其淺也！又或以是爲孔子謙己誨人之辭，若是，則孔子且以知之爲不知，亦異乎所謂真知者矣。是皆不信真知，故終不識孔子。」

孔子曰：「『若聖與仁，則吾豈敢？』聖與仁有異乎？」曰：「仁者聖之事也，聖者仁之極也，一也。」「何謂仁？」曰：「孔、孟詔之矣。孔子曰：『仁者，人也。』人生之謂也。孟子曰：『仁，人心也。』心覺之謂也。唯生而覺，通乎民物，察乎天地，無不惻怛，是乃仁之全體。仁雖自孔門發之，然在唐堯『克明峻德，以親九族』，至『協和萬邦』，『鳥獸魚鼈咸若』，則仁之全體著、全功備矣。二帝三王君臣上下所爲民物造命、天地立心者，疇非仁也？特未明言之，至孔子始言仁，可見孔子直接堯、舜以來學脉，暨吾儒與二氏異者在此仁耳。若夫中心安仁，極而化之，則聖矣。當時必有以聖與仁稱孔子者，故孔子辭曰：『若聖與仁，則吾豈敢？』已而曰：『抑爲之不厭，誨人不倦，則可謂云爾已矣。』乃知孔子非仁聖弗學，非仁聖弗教，而其作聖則必自仁始。異時《大學》自格物致知以至修、齊、治、平，《中庸》自致中和以至位育，自至誠以至盡人物天地之性，咸以譜仁也。《記》曰：『仁之爲器重，爲道遠。』《語》曰：『仁以爲己任，不亦重乎？』蓋爲此也。故孔子不以仁自居，亦不以輕許人，而其實則專以此爲學，亦專以爲教。今世學者語仁則悖，而不敢學，乃孶孶焉索之物理以爲入門，吾孔門無是也。」

「江、漢以濯，秋陽以暴，至於皜皜莫尚，則盡發此心之賁。譬諸大明中天，纖翳皆淨，萬類畢照，即所謂『無意、必、固、我』、『從心不踰矩』者是也。匪曾子，疇能傳神？」

曰：「孔子以上，猶有武、周二聖，然但言『文王既没，文不在兹』，何也？」曰：「是非承學能盡知也。雖然，孔子專言文王，豈無謂哉？嘗讀《詩》，窺文王之學矣。《詩》既稱文王刑寡妻、惠宗公、譽髦斯士、綱紀四方，以至過阮我崇〔一〕，求寧觀成，無思不服，其功業丕顯矣，而其德之當帝心者，則唯曰『不大聲色，不長夏革，不識不知，順帝之則』。若此者，可見文王之學不事知識而順帝則，上同堯、舜道心之微而執中，下同孔子之不貴知、能，無意、必、固、我，心不踰矩，古今若一轍耳。後之頌者又括而言之曰：『於乎不顯，文王之德之純。』異時子思又括而明之曰：『此文王之所以爲文也。』揚雄亦曰：『仲尼嘗潛心文王矣，達之。』然則孔子所以爲專言文王者，非出此歟？於乎！此以俟文王、孔子可也。」

曰：「門人稱孔子『温而厲，威而不猛，恭而安』。《鄉黨》一篇極言孔子泛應曲中，孟子稱仕、止、久、速，各當其可者，豈皆所謂『不踰矩』者歟？」曰：「矩則是矣，然非在外也。夫人心未能忘意、必，則雖能輯柔其顔，未有得其安者也。雖能比擬安排于外，未有曲中而當可者也。唯孔子發憤至於皜皜，則無意、必于恭，而恭自無不安；無意、必于應，而應自無不中；無意、必於

〔一〕「過阮我」，明刻本及《豫章叢書》作「遏阮伐」。

仕、止、久、速，而仕、止、久、速自無不可。人見孔子無不安，無不中，無不可，而不知實皜皜，無意、必者爲之。故皜皜，無意、必，即矩也，是矩無不内也，亦無不外也。故曰『君子所性，仁義禮智根於心，其生色也睟然』。又曰『動容周旋中禮者，盛德之至也』，而非輯柔比擬之可得也。彼世之學者不知求孔子於此，乃愈以意、必求之，而不知其愈不得也。然則十五年學恭而安不成，與夫執《鄉黨》一篇爲畫出聖人者，亦無異其愈求而愈不得也。」

曰：「衆言淆亂折諸聖，衆聖遼邈徵諸孔子。今子以孔子之言明孔子之學，亦可謂至詳矣。曾有一於物理之訓乎？然則世之儒者户籍孔門，俎豆仲尼，一何其自背也！」曰：「此吾所謂索之道塗者也。嗟乎！吾無徵焉，徵諸孔子；吾無學焉，學諸孔子。」曰：「久矣，世之欺孔子也。」曰：「子無欺其靈則，斯無欺孔子矣。」

徵孔下

曰：「孔子進以禮，退以義，然乃皇皇乎車不維，席不温，若求亡子於道路者，何哉？」曰：「是乃仁也。今夫人自形氣觀則一身重，次及家族。自宰形氣者觀，則民物天地皆吾大一身也。是故天地吾頭足，君親吾心腑，家族吾腹脇，民庶吾四肢，羣物吾毛甲。是孰宰之哉？即所謂生而覺者仁是也。唯生而覺，則此大一身者理而不痺矣。苟天地不得理焉則頭足痺，君親不得理焉則心腑痺，家族不得理焉則腹脇痺，民庶、羣物不得理焉則四肢、毛甲痺。孔子之時豈獨頭足、心腑痺也乎哉？使孔子而無覺則已，孔子先覺者，夫惡能木木然不疾痛求理也？孔子曰：『天下無道，某不與易也，而誰與易之？』故曰是乃仁也。」曰：「仁者吾性之一也，孔子專爲仁何耶？」曰：「程伯子曰：『仁者渾然與物同體，義、禮、智、信皆仁也。』此非識仁者不能知。」曰：「若是，則孔子所以爲仁，即盡性是也。子言吾儒與二氏有盡與不盡之異，則仁與不仁是也。」曰：「然。」

「孔門言仁詳矣，其曰『甚於水火』，曰『當仁不讓於師』，曰『君子去仁，惡乎成名，君子無終食之間違仁，造次顛沛必于是』，爲仁若是急也。又曰『我欲仁，斯仁至』，曰『有能一日用其力于仁矣乎？我未見力不足者』。爲仁若是近也。而記者曰『罕言』，何哉？」曰：「記者各以見之所近筆之，意其誤耶？抑陋夫！」

「孔門以仁爲學，故各以仁問，而答之各不同，何也？」曰：「是因材之教也。雖然，語不同而旨同。曰『出門如賓，使民如祭。不欲勿施』，曰『訒言』〔一〕，曰『恭忠敬』，皆所謂非禮勿視、聽、言、動者也，而皆不外存心。」

〔一〕「訒」，原作「認」，據四庫本改。

曰：「『克己復禮爲仁』，何也？」曰：「自漢儒以『勝私』訓，即子夏『戰勝』之意。然嘗疑夫子告顔子或不然。且克己、由己，一語而頓分二義，殊未愜。載觀下文，孔子止言復禮之目，更無克己之文，乃知二『己』當爲一義。克，能也。孔子正言能於己而復禮則爲仁矣。能己即與由己應，蓋爲仁功在復禮，而復禮在由己。夫復禮，何與於爲仁哉？人心莫不有靈則焉，有靈則則無不理，無不理則無不生生者矣。禮也者，理也，靈則著也，合内外而莫非生生者也，故復禮則爲仁。復禮爲仁則天下皆在己生生中矣，故曰『天下歸仁』。程伯子曰：『仁者以天地萬物爲一體，莫非己也。』嗟乎，明矣！今人不能復禮，不能天下歸仁者，良由不知天地萬物之莫非己而異視之，不知禮之本無内外，而獨以器數儀節者當之〔一〕。不求其本而專事其文，界限日嚴，藩籬日增，生生之道反以痺焉。孔子既曰『復禮爲仁』，然又曰『人而不仁如禮何』？故仁一禮也，禮一仁也，非仁非禮，又曷有乎天地萬物之得其理而生生者哉？至哉禮乎！大哉己乎！禮本在己，而復之亦由己，天下歸仁亦取諸己而已矣。天下歸仁取諸己，則器數儀節特餘事耳。故伯子又曰：『認得爲己，何所不至？』夫惟知伯子之『認己』，然後知孔子之『由己』；知伯子之『何所不至』，然後知孔子之『天下歸仁』。是可見孔子血脈堯、舜者在是，唯顔子能傳之，唯程

〔一〕「儀節」，原作「節儀」，據明刻本及下文改。

伯子達之。彼言『勝私』者，非不致力，然而猶二之也。」

曰：「『非禮勿視、聽、言、動』，何也？」曰：「此正言復禮之目也。夫復禮非有所加也，亦勿其非禮者而禮自復矣。非禮者，人心一有昏蔽而靈則忒焉，弗得其理，即爲非禮。故視而非靈則則非禮之視也，聽而非靈則則非禮之聽也，言、動亦然。夫盡視、聽、言、動而皆出于靈則，則所以應天下者無一事非禮而禮復矣。天下有一不在己生生之中乎？器數儀節非吾餘事乎？此不由己而將誰由？故顏子聞之曰：『請事斯語。』此知其由己而直爲己任，非顏子疇能之？今之言非禮者，亦止以器數儀節之失者當之，此不知禮，故不知仁也。且如猝有邪色，吾能遠之矣；若倏焉而奸聲臨之，吾不及掩耳，又何以爲非禮勿聽耶？故勿之云者，吾惟不昏蔽其靈則而常得理焉，是謂之勿非禮，故曰不外存心。」

問：「『出門如見大賓，使民如承大祭』。曰：『存心。』問：『己所不欲，勿施于人。』曰：「如心。唯存斯能如，唯如斯能盡。唯盡心，則亦天下歸仁矣。」曰：「世儒者曰：賓、祭之大者，敬之大也，則何如？」曰：「夫人一見大賓，一承大祭，則敬心肅然自生，豈窮索而得哉？誠以人心有本然之敬故也。故孔子告仲弓，欲其出門使民時，皆如見大賓、承大祭之心，則無不敬可知矣。非謂出門使民時恍然見一大賓、承一大祭也，若恍然有見有承則惑矣，又安得謂之敬？矧曰『敬有小大』，不尤惑乎？」曰：「何以爲敬？」曰：「存即敬也。」曰：「『訒言』與『恭忠敬』又何也？」曰：「無不存則無不敬。」曰：「若是，則孔子之語仁亦詳矣，亦嘗有一于物理之訓乎？且夫樊遲之在聖門，先儒謂其粗鄙近利，其或不誣矣。孔子乃不告以窮至物理以消其粗、啓其鄙也，乃遽告以居處、執事、與人之恭、忠、敬，孔子不近于凌節之施乎？又況異日屢問屢告，咸弗逮物理焉，以斯知物理之訓益無據矣。不知先儒之窮物理，胡不一窮于孔子之教，而徒爲是杜撰紛紛者何也？」曰：「此亦未易言也。」

曰：「『博文約禮』，何謂也？」曰：「吾于《博辨》見之矣。」曰：「請申諸。」曰：「昔吾業舉，嘗從事先儒之訓矣。然私竊疑之，意者以博文爲窮至物理矣。然約禮之禮亦理也，其亦在物乎？若約禮爲在物，則人心竟無一理，恐必不然，此一疑也。訓禮者唯曰『節文』，曰『儀則』，若使約禮者于節文、於儀則一一而求之，則又不得以言約矣，此二疑也。仁、義、禮、智，性也。若禮爲在物則性亦爲在物，仁、義、智皆當爲在物矣。孟子言『仁、義、禮、智，我固有之』，又曰『仁、義、禮、智根於心』，謂禮爲在物亦必不然，此三疑也。若以博文爲窮諸物理，以約禮爲歸諸人心，則理自理，禮自禮，内自内，外自外，既截然二段矣，乃欲先博而析之於外，後約而合之於内，吾懼二段之不相爲用也，此四疑也。予有此四疑而無以自釋，比得東越《博約說》而讀之，粗若有明。然似東越亦不免岐内外而觀之，又以博文爲約禮工夫，則令始學者茫無入。已而掩卷置之，乃恍然若有契於孔子之旨。孔子教顔子若曰：夫今爲學，不必求之高堅前後也，但日用事物變化云爲，皆吾心之文也，而學之事在焉。事，至不一者也，故曰博文。是文也孰宰之哉？莫非文也，莫不有吾心不可損益之靈則以宰乎其間者，禮是也，而學之功在焉。功，至一者也，故曰約禮。有是文則有是禮，非文外而禮內也。博之文必約之禮，非博先而約後也，故博文爲約禮之事，約禮爲博文之功。顏子領此則知文不可違而禮不可已，固無間可罷矣，故欲罷而不能，然不竭才終無以得。竭才者，盡吾力而爲之，諺謂『獅子搏兔用全力』者是也〔一〕。由是既竭吾才，如有所立卓爾。立也者，言吾心之靈則卓然呈露，不爲事物所侵亂。吾將以其至一而應天下之至不一，無復高堅前後之可惑矣。此與孔子『三十而立』、《大學》『知止而後有定』同，可見其功力到也。然顏子又自謂『欲從、末由』，非曰『未達一間』也。夫如有所立，則本無形象之可執，雖欲從之而執之，不可得矣。蓋既無高堅前後之形，則自不容有意、必、固、我之私，非顏子真得此體，其疇能言之？」曰：「若是，則禮之外不復有理，約禮之外不復有窮理，庶乎免于先儒兩段之失，而亦不患於茫無入矣。使孔、顏復興，子之言其不易夫？」曰：「吾安敢言不易？吾又嘗求之孔子矣。孔子言視、聽、言、動之交於天地萬物者，博文也；非禮勿視、聽、言、動者，約禮也。此其證昭昭乎！又嘗證於孟子『萬物皆備於我』，博文也；『反身而誠』，約禮也。此

〔一〕「搏」，原作「提」，據四庫本改。

又不昭昭乎？雖然，孔子所言禮即《記》所言有本有文，無内外者也。而先儒也外之，今儒也内之，學者慎無以内外裂孔、孟正脈哉〔二〕！」

曰：「顔子擇乎中庸，得一善，得無有類于窮至物理乎，得無應一事而擇一中庸乎？不然，何以曰得一善也。」曰：「孔子之書具在，未見有言物理者也；孔門之學較著，未聞有窮物理者也。若曰應一事而擇一中庸，則萬事而有萬中庸，其可通乎？况一事之中庸且與化而俱徂矣，下文又何云『期月守』也？豈以一事之中庸而期月守之乎？必不然矣。嘗觀孟子以伊尹、夷、惠、孔子較言之，其決擇則願學孔子之『時中』，是非所謂擇中庸乎？今如顔子始求諸高堅前後，卒乃得夫子博約之訓而竭才焉，是即擇中庸也，得一善乃一于至善者是也。夫子恒曰『明善』，明善者，明吾心之至善者也，至善豈在物乎？故又曰『擇善』。然則至善之爲中庸亦較然矣，而謂爲物理可得乎？」

「『不遷怒，不貳過』，何謂也？」曰：「此顔子卓立以後事，乃復禮實功。夫人一怒則多爲怒所遷，以其心蔽而失其理也，靈則忒故也。唯顔子心不蔽而靈則著，則雖未嘗不怒，而亦不爲怒所遷也。夫遷怒者，蔽之大者也。顔子不獨不遷怒，而又能不貳過。孔子嘗曰：『苟志于仁

〔二〕「孔、孟」，明刻本作「孔、顔」。

矣，無惡也。』蓋人未志仁則有惡而已，未可言過也。唯志於仁則僅可免惡，未能無過也。顏子雖卓立，然或不能無小蔽。小未盡善，即謂之過。『不貳過』，正所謂『有不善未嘗不知，知之未嘗復行』。則知之著察，亦何異太陽之中天而浮翳潛泯，有不移晷而得之矣。是顏子之改過，改於其幾者也。故孔子謂之『庶幾』，謂之『不遠復』。所謂『復禮』之實功，不彰彰哉？」曰：「孔門學者多矣，而對哀公舉弟子之好學唯顏子一人，顏子之爲好學，唯此不遷不貳，則孔門之學不在物理也，不尤彰彰哉？」曰：「然。」

曰：「『回也其心三月不違仁，其餘日月至焉。』何也？」曰：「孔門以安仁爲至，唯顏子則有三月安仁之久，故曰『三月不違仁』。其餘則一月不違仁者有矣，一日不違仁者有矣，故曰日月至。」曰：「既謂心不違仁，則心與仁有間矣，此世儒所爲疑心也。」曰：「子亦疑心非仁乎？」曰：「弟子驗之，心之體仁也，其有違仁者動於欲也，非心本然也。使心而非仁，則一身之間且痿痺不貫矣，即孩提何以能愛敬？見孺子入井何以能惻隱？見牛觳觫何以能不忍？若是也，世儒豈不知愛敬、惻隱、不忍之根于心，然必謂心與仁二者，則泥文執義之爲過也，亦自背甚矣。」曰：「子又不觀乎孔門不言事不違仁，而言心不違仁，益以是知外脩者之遠於仁也，況求諸物理乎？」

「『回也其庶乎屢空。』何謂也？」曰：「孔子嘗曰：『吾有知乎哉？無知也。有鄙夫問於我，空空如也，我叩其兩端而竭焉。』蓋自言吾空空無所知，惟叩夫人是非之兩端而盡言之，舍此吾亦不能有所告也。蓋孔子自得其本心，不墮知識，不牿聞見，絶意、必、固、我之私，即謂之空空。空空正見無知之意，非曰如釋氏者偏於寂滅、逃倫棄物者之比也。自孔子以下，唯顔子庶幾乎空空，故曰：『回也其庶乎屢空。』屢空者，即近道也。今訓者特以『其庶乎』爲一語，謂其爲近道；以『屢空』又爲一語，謂其爲空窶。不獨乖孔子『無知』『空空』之本意，即文義亦甚割裂不馴貫也。大抵先儒以釋氏言空，乃遂諱言空，故其訓『無知』『空空』之義已稍戾，至訓此章，則大戾矣。不知吾聖門言寂，釋氏亦言寂，吾聖門言虚，釋氏亦言虚，其幾微毫釐之間固自辨也，又安得曲爲諱忌而重乖經旨哉？」曰：「『賜不受命而貨殖焉』，何也？」曰：「漢儒以子貢爲貨殖，《集註》因焉。」曰：「或者以子貢多學而識即爲貨殖，可見其不如顔子之空。」曰：「亦嘗疑貨殖非子貢事，是義近也。」

曰：「曾子三省，其在一貫之前與？」曰：「然。」曰：「今之言一貫者以一理貫萬事，如其一繩貫千百錢也，其果然與？」曰：「一理孰在？即所謂『不貳心』是也，以是不貳心事君則止于敬，事親則止于孝，以是不貳心應天下則無不止于至善。故古人云『一哉王心』，又曰『貞夫一』。唯一則無不貫矣。是一也，豈若今人想像一理道以應天下之事，乃自比于一綫穿萬錢而繆謂一貫者，何其相萬哉！唯曾子獨知其故，荅門人曰：『忠恕而已矣。』忠，中心；恕，如心。

夫人心至中而自如，則可謂不貳心矣。其曰『而已矣』云者，言忠恕之外無一也，一之外無貫也。先儒嘗憂有一而不能貫，夫有一而不能貫，則非一也。且謂一爲一事，而謂貫又爲一事，是已自二之矣，又烏睹所謂一貫者哉？曾子異時稱夫子曰『江漢以濯，秋陽以暴，皜皜乎不可尚已』。至于皜皜則一矣，此得一者之言也。故顔子既殁，唯曾子獨傳《大學》，得其宗也。」

「孔子與曾點者豈情與乎？」曰：「孔子而不爲情與，則孰爲情與者？」曰：「孔子始問侍坐者曰：『如或知爾，則何以哉？』蓋究其用也，而點乃爲之鼓瑟而慢對，違衆而異撰，矯然欲爲暮春童冠之遊、浴風詠歌之事，殆與嬉遊者無別，此豈足以用于世哉？然而夫子情與之者，不已過乎？」曰：「昔者舜飯糗茹草，若將終身，伊尹耕于有莘之野，以樂堯、舜之道，咸若無意于天下者之爲。乃不知異時亮工格天之業，則古今莫京焉，此何以然？程伯子曰：『仁者以天地萬物爲一體。』又曰：『君子不以天地萬物撓己，然後能了天地萬物。』嗚呼，旨哉！後之學者未始誠有天地萬物之心，乃欲矻矻攘攘焉以行于天下，措諸當時，吾未見其不出于名與功也，矧曰撓乎？即若諸葛孔明，其樹建非不瑰瑋，亦終于方駕管、樂爾已，其於了天地萬物之心何如哉？然吾聞孔明以靜爲學而猶若是，則其它憑才能意氣依倣古人以建事者，其又何如哉？此無他，志卑而見局故也。曾點所陳，若已悠然有天地萬物一體之意，又能不以天地萬物撓己，故夫子不覺喟然嘆曰：『吾與點也。』夫子非與其即能爲舜、伊事業也，以其志與見固已超聲利、下事功，而于了天地萬物之基本獨有在也，其將與區區憑才能意氣建事者較然矣。然點止于狂簡，不能克念以入聖，則固其自怠之失，而非夫子之過與也。雖然，孔門三千，惟曾子獨得其宗，則點所爲詔其子者亦必有在，而未可以大杖事槩棄也。吾景行孔門，不敢于點也易，不敢於與點也忽。」

曰：「孔門自仲弓、閔子騫、南宮适數子，咸亟稱之，然而礱磨責望則浸加于子路、子貢，其不以子路剛果、子貢穎達故耶？」曰：「然。昔者夫子嘗誨由以知之道，又告以知德者鮮，蓋欲其從是以入室也。異時問君子，則告之『脩己以敬』、『脩己以安人、安百姓』，此則揭《典》、《謨》、《學》、《庸》大旨而盡發之，至與以一貫啓曾子者無殊致，而與告仲弓者若有加矣。然子路似終未寤，豈亦以前聞未行而終爲累者耶？陸子曰『子路結纓是甚次第』，蓋言子路雖未中道，而其剛過人遠矣。」

「子貢之穎必有近似于顏子者，故夫子有『與回孰愈』之問，將啓其如回之潛心於内也。而子貢不寤，異時乃以『屢空』與『億中』者對〔二〕。言之而又不寤，『無言』之誨，其所以寤之者尤至矣，而反有『何述』之疑，故夫子不得已，詰曰：『女以予爲多學而識者與？』蓋示其非多學也。

〔二〕「屢」，原作「窶」，據四庫本改。

而子貢猶爲兩可之對。已而，夫子明言曰：『非也，予一以貫之。』子貢乃終不能如曾子之『唯』以發聖人之藴，異時猶判性、天爲二道，又推夫子文章於性天之外，何其歧也！嗟乎！穎如子貢，乃反不得，豈其以穎障耶？然則孔門之不事多學，不貴知識聞見也，豈不諒哉？雖然，弟子築場三年，子貢又獨居三年。予以爲子貢獨居静處加三年之久，其所得又不可以常情竟矣，今猶以常情語子貢者非也。」

曰：「今先生已上徵孔子，旁證顔、曾，授受心精，源委根枝，千載非遥，較在目前。洙、泗若此，末學如彼，何爲其然也？聞之孔門弟子曾子、子夏年最少，至晚歲各以其學爲列國師。惟曾子一貫自得，發之《大學》，知本其先，以授子思。逮於孟子，遂失其傳。子夏之學，篤信聖人，其言有始有卒，意以末爲聖人始事，以本爲聖人終事，故傳其學者能遵聞見、謹數器，今著于《記》者可考矣。彼漢儒訓詁繁增〔一〕，太史氏已譏曰『儒者博而寡要』。彼儒者卒不知其與孔門徑庭而知本霄淵也。嘗試究之，爲曾子之學者以由本達末爲序，爲子夏之學者以遡流窮原爲序。遡流窮原者，曩所謂臨海算澌而欲以尋源，登嶽辨葉而欲以探本，雖白其顛而不可得者也。當子夏在聖門時，夫子已詔之曰『無爲小人儒』。夫子夏豈若後世騖利小人哉？所謂小儒是

〔一〕「彼」，明刻本作「波被」。

已，孔子固已逆知有末學之卒爲學累矣。雖然，末學者流則猶止于遵聞見、謹器數，比于識其小者之倫，未有主在物爲理以爲教也。記《禮》者曰：『自中出，根于心。』又曰：『無節于内者，觀物弗之察。』蓋猶知根于心、節于内之爲主，亦未有仇視其心而專求物理以爲學也。嘗試究之，末學者流其在孔門，比之門庭者也；求物理者，則直索之道途爾已。」曰：「乃今知之棄祖父而信衆子者，匪一朝夕矣。雖然，先生指我靈則，示我全全，證諸父祖，徵諸孔子，大哉貫罳，未可以口舌承也。願言請事，以候百世。」

衡廬精舍藏稿卷三十

雜著

談言上

談子曰："東壁之子，嗜尚陸博，至忘寢食，遺遠父母，捐棄妻子，胡若是之癖也？"浮休山人曰："古今嗜尚，奚必斯人？ 昔唐潘彦嗜陸博，一日浮海舟破，彦猶手握陸局，口銜骰子。翌日達岸，兩手見骨而二物不離，宋劉邕嗜瘡痂[一]，嘗詣太守孟靈休，適痂墮地，邕即俯取湌之，至有鞭撻健卒以供痂食。宋明帝則嗜蝕蟦，唐鮮于叔明嗜食臭蟲，權長孺嗜食人爪，而海上又有嗜臭之夫。 今夫人性常嗜之外，有剩嗜焉，鮮不爲癖，奚必斯人？ 子獨不知文王嗜昌歜，楚王嗜芹菹，曾晳嗜羊棗，屈到嗜芰，魏徵嗜醋芹，皆剩嗜也。 推之宜僚之丸，成公之鑢，嵇氏之鍛，

[一]"宋劉邕"，原作"漢劉雍"，據《宋書》卷四二《劉穆之傳》改。下文"邕"字同改。

阮氏之屐，顧氏之畫，劉氏、陶氏之酒，王氏、張氏之書，又推之五侯之爭，六王之戰，蘇、張之辯，楚、漢之攻，衛、霍之貴，王、石之富，皆剩嗜也。子又不知談天衍、雕龍奭，公孫堅白，惠施五車，鬻熊、子華、韓非、虞卿、司馬子長、相如、子雲之徒，迭相著述，列屋盈家。末儒訓詁，百葉千葩，自賊根芽，競相雄誇，皆剩嗜也。夫孰爲不癖？又何此之愉悦而彼之咈嗟？」客曰：「若山人者，舍軒裳，躭林壑，是亦所謂『烟霞痼疾、泉石膏肓』者耶？山人既有剩嗜，寧責他人？」山人曰：「與其癖詞章訓詁，寧癖烟霞泉石。」弟子以告曰：「甚哉！山人之言。」先生顰蹙而語曰：「剩嗜乖性，枝見賊道，山人之言甚則甚矣，而爲吾徒者可無辨哉？可無辨哉？」

隋田楊與鄭法士俱以能畫名。法士自知藝不如楊也，乃從楊求畫本。楊不告之，一日引法士至朝堂，指以宫闕衣冠人馬車乘曰：「此吾畫本也，子知之乎？」由是法士悟而藝進。唐韓幹以貌馬召入供奉，明皇詔令從陳閎受畫法。幹因奏：「臣自有師，陛下内廐飛黄、照夜、五方之乘，皆臣師也。」帝然之。其後幹畫遂果踰閎。若田、韓二子[一]，可謂能求其真者也，彼以似求似者，則益遠矣。今之學者雖曰求聖人之經，固已非其真，乃舍經而專求訓詁，則又求似其似之者矣，不尤遠乎？

[一] 「田」，底本作「陳」，據明刻本改。

昔者楊子華畫馬于壁，居者如聞鳴齧；李思訓畫罨障波濤，而玄宗夜聞水聲。此非馬鳴與水聲也，聽者自聲也。吴道玄畫鬼神數壁而颯然風起，馮紹正畫龍而白雲出廡，此非風起而雲興也，覽者自興也。學者可以知妍媸之從生矣。是故知物所從生，則物物而不物于物。

漢儒者馬融自擅知經，又善推步，常算渾天不合，群弟子莫贊一辭，唯鄭玄一算而决。及玄業成辭歸，融心忌焉，嘆曰：「《詩》、《書》、《禮》、《樂》皆已東矣。」乃潛欲殺玄。推式以算，玄當在土木上，躬騎馬襲之。玄亦預知，乃入橋之底，俯伏柱上。融踟蹰嘆息而反，玄由是得免。嗟乎！融之所爲，是烏知《詩》、《書》、《禮》、《樂》之豪芒哉？故曰：「漢儒尊經而經愈亡。」

雲之樵遇設罝者于途，曰：「慎無獵人。」設罝者曰：「吾所獵者跂而角、毳而翼，何謂獵人？」雲之樵曰：「子弗聞昔者羽山之熊，貝丘之豕，牛哀之虎，其先固人也。况乎都末之野彘，彭世之鹿，又王祜之道士鹿也，劍南之猓然，中牟之馴雉，茂先之鸜鵒，賈人之秦吉了也。之數者形則物矣，而心人焉，子謂之人非耶？今之跂而角、毳而翼者，安知不有若人然？則子之獵人多矣。」設罝者聞言而懼，遂裂罝折矢，誓終身不復獵。它日，設罝者從上邑通都遊而歸，謂雲之樵曰：「曩所謂形物而心人者，爲其有義也。吾頃見冕而相圄，弁而相奪，競利忘義者，何啻十九，不亦形人而心物乎？謂之物非耶？况以人獵人，世不見罪，而子獨罪予之獵物？」雲之樵怳然不能答，久之，吁曰：「吾奚忍夫以人而相物且相獵也[一]。」

海壖生曰：「海之渚有海鏡焉，其腹空洞無臟，唯中藏紅蟹子，小如黃豆而螯其足。海鏡飢則蟹出拾食，蟹飽海鏡亦飽。或迫之火，則蟹出離腸腹，而海鏡立斃矣。彼其所爲斃者，以其所假在外不在内故也。水母者亦出海中，胚渾凝然而絕無眼。常有數蝦寄蹲腹下，代爲之眼，蝦行而行，蝦止而止。一日波盪蝦離，而水母竟躓死泥沙。彼其所爲躓者，以所假在物不在己故也。」弟子以告，先生曰：「異哉！學者之違内迷己而終弗困躓者希矣。弟子識之。」

星之徒問于扶桑君曰：「子不見昭昭者之爲光也，非神明乎？」扶桑君曰：「非也。子不觀吾扶桑之日，輝映四海，神哉，明哉，豈昭昭者與之？」星之徒曰：「允哉，日之爲神明也。」太一丈人曰：「日雖大，俾墐户而塞牖，則光無入矣，奚其神且大？若夫神明在我，五通十達，無所不之。之天地而天地焉，之四海而四海焉，之古今上下而古今上下焉，四海何足以竟？雖然，則無不自昭昭始。夫星與日雖影有大小，其爲外一也，影烏足以達神明？吾重悲今之以影學也。」曰：「學明以不墮於影？」曰：「子思子曰：『内省不疚，無惡於志。』君子之所不可及者，其惟人之所不見乎？」

〔一〕「夫」，原作「天」，據《豫章叢書》本改。

日南之國，倮人所居。倮生既長，則縛制大樹，取物如紫粉然，畫其胸而刺之，班班若異物，謂之文身。華人視其文也恒用爲怪，而彼視華人之弗文則亦用爲怪。然世徒怪倮人文身之非，而不知自文其性之非。下士畸人姑不逮，其儒而搦管，一日之間不知幾淫思而溢慮也，幾讕言而枝説也。何况體節之繁，註疏之多，熳爛瀰漫于天下，冗踰九牛毛。彼其于真性，何啻素之受繪，⿰飠刑之受和〔一〕，將求其初而弗得，抑且以繪、和爲真矣，視彼文身者，一何多寡之遠！然則君子奚彼之怪？又奚怪怪乎哉？

歙俗多賈。有士人父，壯時賈秦、隴間，去三十餘載矣，獨影堂畫像存焉。一日父歸，其子疑之，潛以畫像比擬，無一肖。拒曰：「吾父像肥晳，今瘠黧；像寡鬚，今髯多鬢皤，乃至冠裳履綦一何殊也？」母出亦曰：「嘻，果遠矣。」已而，其父與其母亟話疇昔及當時畫史姓名、繪像顛末，乃愜然阿曰：「是吾夫也。」子于是乎禮而父焉。夫父，天下莫戚者也，乃一泥于繪像，致有妻子之疑。彼儒者獨不知經史亦聖賢帝王之繪像也。何則？帝王聖賢之道出于心，著于事，而載記于經史，是即所謂影堂父像者也。經史載記有定體，而道之出于心者無定形。今世儒顓泥經史而忘求聖人之心，是即所謂泥繪像而拒真父者也。於乎！彼儒言者其不泥繪像而拒真

〔一〕「⿰飠刑」，疑當作「鉶」。

父者，蓋幾人哉！

客至自建，爲言武夷大王峯之升真洞，洞中有雷文甆甌五，以盛仙人蜕骨。洞外有黄心木爲棧，雖險不墜，而久不爛。又有四船相覆以盛仙函，船皆圓木刳成，外懸如半枕于洞。土人禱雨者輒用竹繩綴梯造其處。又有小藏峯二小船，大藏峯横插板木，中有圓器如筥，方器如筐，餘者如杵、如盤，咸不知幾千萬禩而未有毁也。此何理以致之？通一先生曰：「是何理可窮也？」同坐客曰：「以予所經仙岩，亦有床櫃之異，其他如西川之火井、油泉，峨眉之光相，登之海市，靈巖之飛瀑，華陽之喜客泉，是皆不可理喻。豈惟是哉？稷生以武敏，契育以鳥卵，其事表諸經。君子雖不語怪，然前史昭晰。若晉杜車騎出于蛇，是蛇而人也，疑非獨杜預也；唐張路斯出于龍，龍而人也，疑非獨張氏也；宋韓蘄王出于虎，虎而人也，疑非獨韓王也；李侍郎出于龜，龜而人也，疑非獨李椿也。夫人物相去遠矣。物之能爲人，則人之能爲物亦可知矣。儒者必曰理則無是，是何理可窮也？子思有言：『及其至，雖聖人有不知。』歐陽永叔曰：『治其所可知，置其所不可知。』是之謂中道。」先生曰：「是則理也。」

吴門之貴胄，其先世田廬貲藏稱雄膴，而有三子。其伯長唯日騖飲博，恣聲伎，駘宕不返，卒爲窶夫，莫以享其業。其仲懲之，則卸醴絶聲，身不離闠，研稽業籍，窮所自出，晝畝而記，刻銖而題，下逮于瓫盤穀枷之微，簿札充楹，自謂握祖父之遺算矣。然而田卒污萊，泉貨内耗。事至必曰俟案籍爲之，籍日紛紜而家隳，猶伯兄也。至季弟則大懲曰：「吾二兄均左矣！」于是躬履南畝，目徵貨器，日課子母錢，不多載記而先業益充，妻孥享其羸，隣里食其餘。伯兄恚曰：「是齪齪者異我！」仲兄鄙曰：「是未嘗觀農器譜而妄治農也，未嘗讀《貨殖傳》而遽治貨也。」至詬之不容口。季終不顧而脩業自若。洞先子曰：「季得矣，季得矣。夫人心受命于天，萬理皆備，比之先業，孰不雄膴？然而衆人奪于聲利色欲，則伯長是也；世儒荒于物理載籍，則仲兄是也。今也反諸身心，直求天命之性，有類季弟之爲者，則世儒莫不詬之，猶二兄之詬季不已也。雖然，人固已享其羸、食其餘矣，詬何患爲？」

樂仲子曰：「吾昔好種橘。吾種輒前春而植，私竊懼晚也，植而遂者十不得一二焉。訊之老圃，圃曰：『橘不可以前春種也，盍後之？』吾從而後之，植而遂者十嘗得八九焉。又訊老圃。圃曰：『冬榮之木，其氣外周。外周者，非陽盛不可活也。冬謝之木，其氣內固。內固者，雖陽未盛活也。推此則百種百活矣。』」仲子俯然嘆曰：「吾益信枝葩繁者之本根隳也。周公曰：『冬日之閉凍也不固，則春夏之長草木也不茂。』天地不能常侈費，而況於人乎？是故君子貴歛其真，不隳其根，萬類以生。」

南海鍾生曰：「吾國西樵山之坡陀有行木一，則可滋千百茗。種茗者覤一行木之地則躍然喜，已而樹之千茗，雖有旱乾，不灌而榮，甕無俟汲也，桔槔無俟聞也。非他有繆巧也，行木性能召水者也。有一行木，則其地之百泉爲之瀵涌津液，而餘潤被茗者多矣，故時稱行木。有賤工者憂曰：『是亦一木也，夫惡能生水？况以障吾茗。』遂集斧而薪之，搰搰然走于山澗之間，朝汲而灌，暮負而溉，人百其勞，而榮弗若之矣。」胡子謂弟子曰：「小子識之，夫人心之生理豈啻行木哉？而世儒者不反諸心而求諸物，又奚啻工人之舍行木而走山澗者哉？嗟夫！行木世不恒有者也，而人駭於希遘，乃曰人心亦爲希遘，智乎？」

談子曰：「昔唐郭元振未第時，已能爲汾民祛烏將軍之害，其膽志蓋一時，異時忠孝文武已兆兹矣。又有言元振嘗山居，夜有人面如盤，瞚目出于燈下。元振了無懼，徐染翰題詩其頰，題畢吟之，其物遂滅。若元振膽志豈其獨鍾耶？抑人皆可學而有者耶？」洞先子曰：「稽之元振讀書大學時，適其家寄資錢五萬。有叩者曰：『吾五喪未葬，願有匄也。』元振即舉五萬錢盡畀之，不復問其名。元振器量固若此。然則膽志其有本哉？力本則可以學矣。」弟子以告，先生曰：「器量生于明，明爲本也。子不聞濟南郡方山之南有明鏡石焉，方三丈餘也，山魅行伏，了了然著鏡中莫之遁。至南燕時，山魅惡其照也，而漆之俾弗明。自鏡石漆而山魅晝熾，人足掃矣。夫人莫不有鏡能照魑魅，魑魅隱不皇矣，皇害人哉？雖然，吾見今之人有自漆其鏡以悦魑魅者矣，其不爲魑魅怖伏者誰夫？」弟子曰：「昔宋顔延年嬖其妾且畏之。妾一日撲跌延年幾斃。妾死，延年反哭之慟，已而恍見其妾出于屏間，驚悸遂卒。然則魑魅夫人自爲之也。」先生曰：「然。」

談言下

戎夷違齊如魯而後門，天大寒，與弟子一人宿於郭外，寒愈甚。謂其弟子曰：「子與我衣，我活也；我與子衣，子活也。我國士也，爲天下惜死；子不肖人也，不足愛也。子與我之衣。」弟子曰：「夫不肖人又惡與國士之衣哉？」戎夷大息曰：「道其不濟夫？」解衣與弟子，夜半而死，弟子遂活。夫戎夷始欲爲天下惜死不嫌生也，終能爲弟子救生不辭死也，戎夷可謂知處死矣。使戎夷誠知道，則雖爲天下士可也。彼陳三之徒，侯嬴之流，區區殉名，何足道哉！何足道哉！

宓子賤治單父，彈鳴琴，身不下堂而單父治。巫馬期以星出，以星入，日夜不居，以身親之，而單父亦治。巫馬期諏其故於宓子，宓子曰：「我之謂任人，子之謂任力。任力者故勞，任人者故佚。」夫任人者匪直佚也，人衆，必周而不漏也。任力者匪直勞也，力寡，必偏而不咸也。任人者匪直不漏，彼蒙任者可以使不肖者肖也。任力者匪直不咸，彼不蒙任者且將使能者不能也。此古今嘗試之驗也。故曰「堯、舜垂衣裳而天下治」，又曰「恭己正南面而已」，言任人也。

梁天監中，有扶南大舶獻玻黎之鏡。鏡面廣尺五，内外皎潔，方圓照三十里。訊其直，曰：「此波羅尼斯福樂賓也，約值百萬緡。」帝令有司算之，傾府庫償之不足，朝臣無敢議其值者。已而有國工，沉隱士也，舉鏡熟視，斥而去之，曰：「此照不過三十里，奚足貴？吾中夏神州有神鏡，能照左右，爰及秋毫，咸徹表裏，以逮萬里，四燭無疆，則天子之心是已。夫天子神鏡，有赫其明，有濯其靈，而德威政刑出焉。内無苛繳，外無姑息，則天下拱手而治，福樂孰踰此？焉用傾府庫以酬彼鏡？」帝不能用，竟酬其值。晚年專務姑息，政刑大弛，卒有侯景之難，國亡鏡亦隨丧。

談子曰：南海之濱有鼉市焉。鼉㬥背海隅，邊幅廣脩，不知幾百里也。居民眠爲石洲，漸創茅茨，鱗列成市，不知幾何時也。異時有穴其肩爲鐵冶者，天旱火熾，鼉不勝热，怒而移去，没者凡數千家。或譏之曰：「是置居者不審也。」而不知置天下者不處其安，而虐且焰，則鮮不成鼉市也。東海之濱有蜃陽焉〔一〕，蜃居海中，吐氣則結成城墉樓臺人馬，五色縹緲，出煙霧之表，高鳥倦飛就棲，輒墜氣中，竟以溺死。或譏之曰：「是爲鳥者不審也。」而不知人之宅富貴者不擇其從，迷昧終身，則鮮不墮蜃氣。是故惟大人者，視天下爲鼉市，不以欲熾；眇富貴爲蜃閣，不以身迷。斯人也，雖爲天下處富貴也可矣。

昔唐寧王嘗獵於鄠縣，介搜林莽，草際一櫃，扃鑰固甚。王命發視之，乃貯一麗妹，問所自，

〔一〕「陽」，明刻本作「閣」。

姓莫氏，出衣冠家，夜遇賊僧刼至此。王驚悦之，載以後乘。會獵者獲一生熊，因納櫃中，乃扃留草間。時明皇方求極色，王以莫氏殊麗，即表上之，具奏所由，上令充才人。經三日，京兆奏鄠縣食店有二僧，以萬錢賃店作法事，惟舁一櫃入店。夜久，腷膊有聲，遲明寂然。店户人怪之，啓視，有熊衝出脱走，尋二僧，已骨矣。上知之，大笑曰：「寧哥大能處置此二賊也。」談子曰：「彼二僧自謂得麗妹如莫氏，足樂矣，而不知櫃中之忽化爲熊也。明皇自謂得莫氏，矧又得太真，足樂矣，而不知域中之忽化爲胡也[一]。明皇能笑二僧，後之人又笑明皇。於乎！人主其無令相笑無已也。」

談子曰：齊桓公、唐明皇二君皆始治終亂，而皆起于好内。桓公始聽鮑叔薦管仲，遂忘射鉤怨而獨任以政，人不能間，何其難也！已而脩内政，興海利，贍貧窮，禄賢能，踐盟曹沫，割地燕君，拜胙周使，歃血葵丘，責楚尊王，平戎安周，九合諸侯，一匡天下，何其智也！比管仲卒，近用易牙、開方、豎刁，三子專權於外；嬖長衛姬等如夫人者六人，長姬淫于雍巫，雍巫又厚結豎刁，以蠱惑於内。桓公病，易牙、豎刁作亂，築塞宫門。桓公欲食食絶，欲飲飲絶，慨然涕曰：「吾何面目見仲父乎？」遂蒙衣袂死。既死，五公子爭立，桓公尸在床六十七日，尸蟲出於户。

[一]「忽化爲胡也」，四庫本作「幾屬犖山也」。

夫先後一桓公也，始任管仲，以一夫命令天下；終惑内嬖，近用小人，不能庇一身。抑何悲也！雖然，仲有罪焉。初仲齋袚受相，桓公曰：「寡人有大邪三，其尚可以爲國乎？寡人不幸好田，田莫不見禽而後返。」仲曰：「惡則惡矣，然非其急者也。」「寡人不幸好酒，日夜相繼。」曰：「惡則惡矣，然非其急者也。」「寡人不幸好色，而姑姊妹有不嫁者。」曰：「惡則惡矣，然非其急者也。」夫人之好内瀆宗，則亂莫甚矣，仲乃云非急。仲固導之内，仲又安能禁辟嬖於身後乎？仲雖平戎，其若女戎何哉？故曰仲有罪也。明皇自少已定難刪亂，誅韋黨而安廟社，又誅滅李元楷等陰謀，立殺長孫昕之怙威，可謂不英哉！任用姚、宋，聽諫柳澤，增置侍讀以弘嘉謨，追封五王以配廟廷，不可謂不英且明也。橋陵襄事已踰年矣，猶不受朝賀，踰十年猶望陵灑泣。既耕藉田，猶種麥後苑，自太子以下令躬收穫，示重粢盛，兼知民艱，可謂能皦然爲義者也。史臣贊曰「焚後庭珠翠以戒奢，禁女樂、出宮嬪以懼荒，叙友于、敦骨肉以厚俗，蒐兵責師以明軍法，朝集計最以校吏能。西蕃競欵，北狄趍風，冠帶百蠻，率書萬里」，咸非溢美。然九齡既踈，林甫日親，太真擅内，而漁陽羯鼓遂震蕩於寰宇。明皇徬徨望賢，朝食不供，頓輿馬嵬，六軍不發，乃勉誅國忠而縊貴妃，宗廟丘墟，生民塗炭。明皇雖掩袂涕泣，不既晚乎？明皇晚節詔天下祖奉玄元皇帝，習《四子》，立學官博士弟子員，尤爲亂命。又招集張果、羅公遠、葉法善之徒，且欲從公遠學遁。漢文帝云：「朕乘千里馬，將安之？」明皇學遁亦安所之耶？當其在望賢、馬嵬之間，曷爲不能遁耶？其倒謬益甚。孟子曰：「不仁者可與言哉？安其危，利其菑，樂其所以亡者，不仁而可與言，則何亡國敗家之有？」此桓公、明皇之謂也。夫桓公、明皇英主尚有是，而况其下者乎？然則女禍于人國也烈矣。

談子曰：女禍有二，一内嬖，二外戚。外戚則漢甚吕、王，唐甚武、韋。王氏至莽遂竟移祚，吕與武、韋移祚且十之九，其原出漢祖、唐宗無刑家大道，亂不亦宜乎？史又稱莽將篡時，挾漢婚己女爲平帝后。平帝崩，后年才十八，爲人婉嫕有節操。莽既篡，乃更號「黄皇室主」，而令别婚。后大怒，因病不肯起，莽不能强也。及漢兵誅莽燔宫，后曰：「何面目見漢家！」遂投火死。夫以莽之篡，漢廷大小臣工争頌功德，宗室子爲作符命，而其女獨不欲更節，且爲漢死，然則人性之善不以類移，不以習易，若莽女尤難也。嗟夫！人主創承，無刑家大道以爲子孫型模，欲無亂也，艱哉。

秦二世三年，丞相趙高欲爲亂，恐羣臣不聽，乃先設驗。因持鹿獻，曰：「馬也。」二世曰：「丞相誤耳。」問左右，或言鹿，或言馬。高遂陰中言鹿者以法，羣臣莫敢不聽高。及二世責讓高以盗賊事，高乃陰與其婿咸陽令閻樂謀弑二世，使郎中令爲内應。閻樂將吏卒入望夷宫，數二世曰：「足下驕恣無道，天下共畔，足下其自爲計。」二世曰：「丞相可得見否？」樂曰：「不可。」二世曰：「吾欲得一郡爲王。」弗許。又曰：「願爲萬户侯。」弗許。曰：「願與妻子爲黔首。」樂曰：「臣受命于丞相，爲天下誅足下，足下雖多言，臣不敢報。」麾其兵進，二世自殺。高遂立子嬰，去帝號爲王，以黔首葬二世。談子曰：高之威燀矣。《詩》曰：「匪教匪誨，時惟婦寺。」三代以來，女婦稱妲、褒，乃寺禍未有甚高者也。秦惟祖龍稔禍，二世倒執太阿，授高其柄，乃至求見丞相乞爲黔首而不可得，皆秦之自取也。秦乎其孰讓？

談子曰：寺禍自東漢、唐末浸盛。史稱漢仍秦制，中常侍雖至親幸，止金璫石貂，不復雜調。自和帝朝竇憲秉權，鄭衆謀除大憝，遂獲封侯，超任宫卿。至鄧太后女子〔二〕，益近刑人，手握王爵，口含天憲，已非復掖庭故步矣。其後孫程立順，曹騰建桓，單超誅異，乃遂植茅分虎、南面人臣者紛然若拾果焉。其邸第擬諸天家，養子出自帝制。忠良摧陷，毒盈海宇，曹節、張讓彌爲魁雄。竇武、何進之徒，雖以周戚上將，機事未密，先飲其劍。已而袁紹兵入，根苗痛絶，而國隨以殄矣，豈不悲哉？唐制：貞觀以後七十年間，内官爲職守禦。中宗乃濫署七品以上員外官至千餘人，而衣朱者尚寡。玄宗中官稍稱旨者即授三品，衣朱者亦千餘人，而兵柄未與。後李輔國從幸靈武，程元振翊衛代宗，乃至三公、王爵、柱國、尚父，與天子共政事矣。已而魚朝恩爲監軍容使，又有護軍中尉分掌禁兵，自是神策、天威軍柄亦全歸於璫臣。貞元之後，威熖日

〔二〕「子」，明刻本作「主」。

赫，五位之廢置，九重之生死，咸出掌握，遂有「定策國老」、「天子門生」之稱。文宗謬托匪人，謀用不臧，甘露之變，幾已覆國。昭宗被季述等持撾數罪，收置幽辱，鎔錫固扃，鑿竅通食，至不忍言。崔胤雖快仇屠戮，流血成川，而國祚旋亡，不太晚乎？昔者周制：閹人領于冢宰，止供掃除，無假名器，矧曰兵權。唯漢和、唐玄，古今至愚，乃首假以權，貽禍至毒，天地爲之倒列，日月彌以晦冥，身殲國亡，室闈不保，千載有餘悲焉。然則爲人主者尚無以權假刑人，至喉癰不剪，浸成古今悲噱而卒無救也。於乎慎哉！其惟明辟。

僖宗吟曰：「紇干山頭凍殺雀〔二〕，何不飛去生處樂？」固以外逼强藩，内窘家奴，欲棄萬乘爲齊民而不可得，讀之彌足悲焉。昔王守澄教其黨曰：「無令人主近賢士，親詩書，則吾儕可以得志。」嘗試辟之，斯語也，固亦所謂貝母藥耶？昔江左有病人面疽者，試以百藥，莫不掀唇當之，至貝母，閉口不欲納。病者喜曰：「此藥治矣。」因以葦筒灌之，數日遂愈。故治病者當求病之所忌。賢士、詩書，閹寺忌之久矣。人主治閹寺，唯親賢講學，夙夜騖於知人安民，勿皇其他。寺人賚功，唯貲，無惟名器，唯恩，無惟事權，亂不假刑也，是曰上策。

談子謂杞翁曰：「自趙宋氏立國，未多見婦寺大禍，此非獨大綱正，抑亦不與權之效與？」

〔二〕「紇干山」，原作「紇紇山」，據《新五代史》卷二一《寇彥卿傳》改。

杞翁曰：「宋之夷禍則豈後婦寺哉？宋懲藩鎮[一]，不飭武備，唯恃賂獻，馴至大亂，而後亡國，則藝祖與趙普之謀非也。藝祖既下河北，欲乘勝取幽燕，走書詢普。普回奏止之，藝祖遂班師。及雪夜幸普，謀取太原，又以幽燕地圖示普，問策，普皆力止，且曰：『可取，孰可守？』吁！普言左矣。即如藝祖取天下而帝之，又曷必後世之無守也？然自是君臣竟不以幽燕圖，兵權釋一時之杯酒，而戰争藏異日之疆埸，豈獨失中國故地哉？遂俾暴虜都華夏，冠冕爲魚肉[二]，此非其胎禍與？宋之敗蓋有三：一懦敗，二議敗，三恩敗。夫天下好戰必危，忘戰亦必危。自普以銷兵爲長策，其後太宗始奮力收太原。已而北伐契丹，互有勝負。乃至寰州之陷，太宗君臣遂絶口不言兵。真宗之朝，民不識兵，虜逼門庭，乃用寇準謀，躬率濟河，大褫其氣，然竟以歲幣定盟罷兵。神宗語及太宗中箭，自謂不共戴天，憤恨爲之泣下，後值王韶等覆敗，遂弛幽、燕之念。總之，皆襲普智，識者慨焉。蓋當時不議將兵者之非其人，而猥以兵不可用爲言，不究平日無謀虜之實，而徒以虜不可謀爲心。歐陽修曰：『臣見朝廷常有懼虜之形，而無憂虜之心。』夫不憂而懼，則積懦之爲累也。異時虜至城下，徽、欽父子竟不守死，相繼請降，懦刼之也。故

[一]「鎮」，原作「政」，據《豫章叢書》本改。
[二]「暴虜都華夏，冠冕爲魚肉」，四庫本作「戰艫泛江淮，黎民受鋒刃」。

曰儒敗。歐陽修曰：『近年朝廷開發言路[一]，獻計之士不下數十，至於臨事，誰策可用？』又曰：『言多變則不信，令頻改則難從。』斯語誠中宋政之膏肓，凡皆多議之爲過也。虜人譏曰：『待汝論定，吾已渡河。』其言足警矣。而南渡士大夫議戰者則不知所爲守，議和者則不知所爲戰，曾無范蠡一定之畫，坐成秦檜賣國之奸。羣臣罔知厝火，乃至區區弊精故紙，奔走一世以趍竅言，雖言滿上下，何資實用？故曰『議敗』。宋既增益歲幣計數十萬，至於郊祀覃恩，任子之多，乃逮于女夫外孫，濫亦甚矣。當賈似道秉政，國事已去，猶推恩至太學生。是何異于疏旱苗之水以沃魚藻，兩無救矣。故曰『恩敗』。此三敗者，儒者與有責也。」

杞翁曰：「前代尚有文臣樹將業，若羊祜、杜預、謝玄、韋叡、裴行儉、張仁愿之徒，偉然爲世虎臣。至宋室鮮有文臣能將者，亦懦累也。夫吳、越之人狎舟，燕、趙之人輕騎，豈其性能哉？習使然也。古者男子生則有桑弧蓬矢以射四方。六藝有射，豈獨教文？亦所以脩武也。昔者諸葛讀書獨觀大旨，李靖不欲作章句老儒，知其無裨而有妨也。故國莫病於畏言兵，士莫忌於疲虛文。假令宋之君臣不局局於聲容訓詁間，以困踣其傑氣，礱銷其英氣[二]，俾士之才力相近

[一]「開」，原作「閑」，據四庫本改。
[二]「氣」，明刻本作「風」。

者習於武事而試用之，亦可以廣材而破儒矣，詎至以中夏袞茀甘夷虜臣僕哉？雖然，此非獨宋過也。」

談子謂杞翁曰：「子過宋甚矣，然而未知擇將之弗易也。乃若今日擇將猶難，而子胡易之？」杞翁曰：「嗟哉宋耶！繇神、哲而上未始擇之，而謂曰『世乏其人』，則誣世；繇高、孝而下未始任之，而謂曰『人非其材』，則誣人。夫觀日之玉、照夜之珠，遠出異域，來自重譯，此非古今所希覯耶？然無足而登王庭，無翼而棲瓊庫者，何也？則所好存也。宋徽之爲艮嶽也，杳岫梅嶺猶爲宜土之樹，若炎州荔莉，素非中土宜植，亦莫不檢集而蓊生之，則所好存也。向令宋君臣以搆艮嶽之心搆國家，以集花石之力集將才，則何患擇將之艱哉？不然，禄山亂而李、郭顯，兀朮至而韓、岳名[二]，豈假之異代哉？古語云『將相無種』，古之取將，或出奴隸，或出敵國，或出亡命，亦或出盜賊，惟英主良相多方試之，不次庸之，則無弗得矣。而必謂擇將之弗得，是亦所謂過活烏坐待終斃者耶？雖然，亦非獨宋也。」

談子曰：「嚴尤有言：『匈奴爲害，所從來久矣。後世三家周秦漢征之，未有得上策者也。周得中策，漢得下策，秦無策焉。當周宣王時，獫狁內侵，至于涇陽，命將征之，盡境而還。辟如

〔二〕「朮」，原作「木」，明本作「术」，均誤，據文意改。

蟲蝱之螫，毆之而已，故天下稱明，是爲中策。漢武選將練兵，約齎輕糧，深入遠戍，雖有克獲之功，胡輒報之，兵連禍結三十餘年，中國還耗，匈奴亦創艾，而天下稱武，是爲下策。秦王不忍小恥而輕民力，築長城，袤延萬里，疆境既完，民力内竭，以喪社稷，是爲無策。』信如嚴尤言，則禦夷終無上策，其果然歟？」杞翁曰：「不然。昔周宣王之先，周公相成王，撫萬邦，巡侯甸，征弗庭，綏厥兆民，其始在制治未亂，保邦未危。三公則論道經邦，三孤則貳公弘化，六卿分職率屬，以倡九牧，以阜兆民。而大司馬則克詰戎兵以陟禹之迹，方行天下，至于海表，罔有不服。當是之時，虜雖天驕，不敢望壯月南牧矣。此非上策而何？然則策莫上于脩内政，莫要于得賢相。得賢相則能得大司馬，得大司馬則能擇良將，飭武備。其禦之也，不在彎弧鳴鏑後矣。而必謂禦夷無上策者，是猥以後世之事言之者也，又焉知帝王者之爲策？」曰：「帝王者爲策何如？」曰：「不策于策，而策于道。夫唯策于道者治未然。」

杞翁曰：「不聞宋仁宗時有張、吳二士者，負縱横才，不事干謁，而規禮聘。其作詩有『踏破賀蘭，掃清西海』之句。韓、范守邊，咸狂視之。異時二士刻詩石上，灑泣過市，二帥竟弗之省。二士無所適，遂亡走西夏，易名張元、吳昊，觸夏主諱，聳其聽聞。夏國收爲謀主，勢日強大，關右震懼，遂不可制。韓公時爲四路招討，駐兵延安。忽夜有人持匕首入卧，曰：『某西夏張相公遣取相公頭，不忍加刃，第取金帶去。』蓋宋君臣之用人狹矣。」

誓》『一个臣』終之。彼一聖一賢豈皆知秦之繼周者耶？不然，何偕取于《秦誓》也？」洞先子曰：「孔、曾之前知，吾弗得知已，然吾知《秦誓》『一个臣』之足以相天下也。相天下舍此雖有善者，如丙、魏、姚、宋，亦節士耳，何足與于大臣之道哉？」曰：「然則後世孰爲近？」曰：「韓、范升其堂，房玄齡游其藩。」

談子曰：「孔子、曾子豈非所謂前知者耶？孔子脩《書》終《秦誓》，曾子著《大學》亦以《秦

談子曰：「大臣之事大矣。然使一个臣斷斷兮無他技而坐辦天下大事，恐未可也。」洞先子曰：「子不見龍乎？龍赤身耳，然能以雲爲輿，以風爲駟，以霆電爲徒御，上下變化而雨澤天下者，龍非有他技也，以其體虛而用神也。方龍之始潛也，不患不神而患不虛，惟虛無弗神矣。風雲霆電之從之者，役於虛也。龍曷虞不辦大事也？假令龍如贔屭喜能負重，則技止龜趺而已；如螭吻喜能望遠，則技止獸首而已；如蒲牢，則技止鍾紐；如狴犴，則技止獄門；饕餮，技止鼎蓋；睚眦，技止刀環。爲此者躔彼，爲彼者蹶此，又安能役風雲霆電而變化雨天下哉？故大臣無一技，然後能用天下之技。用天下之技爲技，猶用天下之耳目爲耳目，用天下之手足爲手足，謂一个臣不辦天下大事，亦未可也。不然，則亦贔屭、螭吻之尤而已，又惡足語大臣？且夫大臣學道不學技。」曰：「大臣學奚道耶？」曰：「休休是已。彼休休者芚乎若愚，綽乎若暇，恢乎若無畔，渾乎若無擇，視天下人皆我人，視天下耳目手足一耳目手足也，我方有羨技，何患

無技？是故大舜善與人同，舍己從人，樂取諸人以爲善；樂正子好善優于天下，則善用休休者也。休休已天下治矣。」曰：「然則周公多材多藝，何哉？」曰：「周公有而無，實而虛，故曰『公遜碩膚，赤舄几几』。周公何技焉？」曰：「使天下皆爲龍，不爲贔屭、螭吻，則孰爲起而作事者與？」曰：「古之人臣有坐而論道者，龍之徒是也。有起而作事者，贔屭、螭吻之徒是也。雖然，自其脩者言則不可以定擬。是故有坐而論道者之道，而下兼乎技，則未始不可以作事也。有起而作事者之技，而上學乎道，則未始不可以論道也。是亦在乎人耳。雖然，世固有論道之賢而宅作事之地，則稷、契之分職，孔子爲乘田委吏，繼爲司寇，皆是也。猶曰得龍之道而任贔屭、螭吻之事，龍之道奚少也？」

管子相三月，請論百官，桓公曰：「諾。」管仲曰：「升降、揖讓、進退，習閑辨辭之剛柔，臣不如隰朋，請立爲大行。墾草入邑，辟土聚粟，多衆盡地之利，臣不如甯戚，請立爲大司田。平原曠牧，車不結轍，士不旋踵，皷之而三軍之士視死如歸，臣不如王子城父，請立爲大司馬。決獄折中，不殺不辜，不誣無罪，臣不如賓胥無，請立爲大司理。犯君顔色，進諫必忠，不避死亡，不撓富貴，臣不如東郭牙，請立以爲大諫之官。」於是桓公聽管仲立五子者，而國大治。談子曰：「若管仲，亦幾于大臣之道者與？」洞先子曰：「管仲善用才者也，加時相多也，然而非知道者。管仲自云『君若欲治國强兵則五子者存，若欲霸王，夷吾在此』。夫管氏不知帝王大道而徒以霸王自處，夸被世主之前，於休休几几何啻千里？管氏而知大臣之道，孰不知道？」

談子曰：「晉大始中劉伯玉妻段明光者，性最妬。伯玉一日讀《洛神賦》，語其妻曰：『娶婦得如此，足矣。』明光曰：『君奈何悦水神而輕我？我死何患不爲水神？』其夜乃自沈死。越七日，夢語伯玉曰：『君本願神，吾今得爲神矣。』伯玉覺，遂終身不敢渡水。其後有婦美者渡此津，雖枉粧，風浪暴起，卒不得渡。醜婦雖盛粧，無弗渡也，故稱『妬婦津』。齊人語曰：『欲求好婦，立在津口。婦立津旁，好醜自彰。』妬婦何其烈哉！嗟夫，後世不有『妬臣津』耶？凡人臣賢者未有能涉『妬臣津』者也。或曰：唯大人者秉衡則無津，而賢者利涉矣。」

「小説家載：則天末年，有益州父老賣藥城市，得錢即博濟貧乏。經歲餘，病者得藥無不愈。常時遇有識者，輒告之曰：『人一身，一國也。人心，帝王也；旁列臟腑，宰輔也；外具九竅，羣臣也。故心病則内外不可救矣。何異君亂于上，臣下無不病者？故凡欲身無病，必先正其心，不使氣索，不使思任，不使嗜欲迷惑，則心先無病。心無病則其餘臟腑有病不難療，而外九竅亦無由受病矣。况藥有君有臣，有佐有使，故病則君先臣次，然後用佐用使。如失其序，必自亂矣，又何能救病？此猶家國任人也，吾老賣藥常以此爲念。每見愚者一身君不君，臣不臣，使九竅之邪恣納其病，以至良醫名藥不効猶不自知，悲夫！』父老之言指哉，豈隱者耶？」

談子曰：「莊子所言聖人之道、聖人之才岐矣。夫有其道斯有其才，未有有其道而無其才、有其才而無其道者也，故曰岐也。」洞先子曰：「否，自吾涉世而驗之，世之不岐也難矣。何以明之？昔者漢高、武、唐文皇，非謂有聖人之才而無其道者與？不然，何其能一天下而不能與湯、武齊化也？衛武、伯夷、柳下惠，非謂有聖人之道而無其才者與？不然，何其擅聖稱而不能與周、孔比跡也？若夫以聖人之才行聖人之道，兼有而不岐者，其惟堯、舜、三王、契、臯、伊、周、孔子乎？其次學聖人之道而近其才，稷、夔、傅説、曾子是已。具聖人之才而有其道，顔子、子思、孟子是已。傅説之後，程伯子近之。孟子之後，東越王子近之。雖然，古未有遠聖人之才而能大濟天下者也。孔子曰才難，不其然乎？夫難也者，難夫兼有不岐者也。」

談子曰：「昔宋蔡絛著《古器圖説》，極言當時好古風盛。至元符間，憲章古始，眇然追唐虞之典。及大觀初，乃倣李公麟《考古》作《宣和殿博古圖》，所藏禮器則已五百有幾，故有一器值金錢數十萬，後動至百萬，天下冢墓破伐盡矣。政和間，尚方所貯至六十餘數百器，已盡見三代典章，而讀先儒所講説有可哂者。始，端州上宋成公之鍾，而後得以作《大晟》及被諸制位，於是聖朝郊廟禮樂一旦復古。當是時，天子尚留心政治，所重唯三代之器，若秦、漢諸物，非殊特不收。及宣和後，則累至萬餘。若岐陽宣和之石鼺約，文翁禮殿之繪像，罔問鉅細，索入九禁。有稽古、博古、尚古等閣，咸以貯古諸鼎彝禮器及圖畫。然世事則爛漫，上志衰矣，非復前日考驗。俄遇僭亂，悉入虜營。若孔父、子産之景行，散、召、公季之弘辭，牛鼎象首之規模，龍瓿雁燈之典雅，皆以食戎馬、供爔烹，散滅不存，中國之耻莫甚乎此！言之可爲於邑。若是，則好古非歟？」洞先子曰：「好古何可非也？雖然，古不在書，亦不在器物。宋人君不好古道而好古器物，其覆國廢古也宜哉！古道奚貯乎？貯在人心，載記在《六經》。是故正諸心，措諸事與政，以敷錫生民，施及蠻貊，則可以坐對文武而寤寐堯舜也。好古孰踰此？而奚以器物爲？若必唐宕其心，窳事與政，而唯沾沾焉器物之好，圖録之妍，雖盡移三代禮器樂章充溢于後世之朝野，亦何以别于操顔氏瓢而乞太公九府錢之譏也耶？」

唐安樂公主嘗令尚方織百鳥毛布二疋而服之，正視一色也，旁視一色也，影中一色也，日中一色也，而百鳥之狀悉見。方出降時，益州獻單絲碧羅裙，縷金爲花鳥，細同絲髮，大比黍米，眼鼻嘴甲皆具，唯瞭視者能睹之。韋后效之，亦集鳥獸毛爲韉，各肖其形貌，工費爲之巨萬。談子曰：「左氏服妖之譏，至是極矣。」洞先子曰：「子弗知之，世有居妖，則迷樓、艮嶽焉極也；有器妖，則髮幕珠炬焉極也；有文妖，則風雲月露焉極也。文妖胎于宋、景，成于枚、馬，盛于建安，而靡于顔、謝、徐、庾之徒。自是則末士狡童，第知剪綴是富，而不知《六經》是何指也；雕繢是妍，而不知仁義誰何物也；枚、馬是師，而不知孔、孟誰何人也；詞賦是業，而不知經綸誰何事也。蓋數百禩懵乎若不旭之夜。其後陳叔寶、江總輩當隋師壓境，猶然與狎客賦詩爲娱，彼豈真能忘利害哉？誠以淫詞蔀目，而黷曲塗耳也。其禍若是烈也。久之，王文中出，天下始聞

《六經》仁義之言，而唐室以興。蓋世與文交興交喪，非一代矣。今也復何忍祟妖辭禍斯世也？」

或曰：「聖人用文乎？」洞先子曰：「文非聖人不能用也。聖人用文爲道與法。孟子曰：『上無道揆，下無法守。』道揆法守不可一日寢，則文亦不可一日弛。是故文者，聖人所以壽道法、教萬世如一日也。孔子曰：『言之無文，行之不遠。』蓋爲教也。彼能言者乃不知聖人之爲教，乃徒頊頊焉鶩爲文采表見于後世，且曰《易》與《春秋》皆聖人發憤所爲作。嘻，其左矣！于是有不得勢則窮愁而爲著書，有得勢則招集遊談者而爲著書，咸以徼後世名。彼其畔道圮法已甚，後之讀者鮮不醜其德而腥其人。即不醜不腥，亦何足以肉枯骨、血遺胔哉？今之世尤喜稱詞客文人，曾不知此優伶工耳。優伶愈稱于人則愈工。當其愈工也，雖嗾之魑魅即工爲魑魅，嗾之犬彘即工爲犬彘。三尺之子鮮不詬優伶，彼巍丈夫乃不自知爲優伶，且將決性命而蹈之。其不謚曰『倒置之民』乎？魏文帝曰：『文章者，不朽之盛事。』彼其父子雖好文，然畔道圮法，後世所醜而腥者至也，其不朽也奚在？故曰文非聖人不能用也。」

曰：「文有古今乎？」曰：「有。」曰：「古亦有體乎？」曰：「有，然而無定體。」曰：「文猶諸人也，夫人莫不横目而豎鼻也；文猶諸居也，夫居莫不横梁而豎棟也。而謂無定體，可乎？」曰：「夫人莫不横目而豎鼻，然欲朔之面肖粵之面，可得乎？夫居莫不横梁而豎棟，然欲秦之室肖楚之室，可得乎？今語人必曰肖堯之八采、舜之雙瞳，是古也，則司命不如塑師之能。語居者必曰肖楚之章臺、魯之靈光，是古也，則般輸不如畫史之便。子不知世之爲古，非獨優伶，且將爲塑師〔二〕、爲畫史，二者雖極肖似而師古之精神亡矣。」曰：「然則聖人好古，述而不作，何哉？」曰：「聖人好古，好道法也。述而不作，述道法也。是故惟聖人之言爲能傳神。」曰：「漢、唐、宋之言孰優？」曰：「道法闇鬱，姑論其槩。漢渾而蓄，唐漸明啓，至宋彌昌。」弟子以告，先生曰：「吾知聖人之道法已爾，吾焉擇漢、唐、宋？」

續問上

弟子問曰：「昔之語物理者曰：『菱芡皆水物，然菱寒而芡暖者，以菱華背日、芡華向日故也。稻麥皆土物，然稻滋而麥燥者，以稻生卑濕、麥生高壤故也。』此其理在人乎？在物乎？」曰：「子即以背、向、卑、高爲理乎？抑以別擇其背、向、卑、高爲理乎？如以背、向言，則向日理也，而背日豈理哉？夫此四者，方其在背、向、卑、高也，塊然物而已矣，物各無有也。及其離背、向、卑、高也，塊然物而已矣，物亦各無有也，而奚理之言？惟自人而理之，則曰：是爲背、

〔二〕「塑師」，原脱「師」字，據《豫章叢書》本補。

向，故有寒、暖；是爲高、卑，故有滋、燥。品而題之，區而用之，鮮不自人心，故理在人不在物也。且夫參、蓍，世謂補物；芩、連，世謂泄物，而内熱者則以芩、連爲補。蘇、麻，世謂泄物；姜、桂，世謂補物，而氣虚者則以姜、桂爲泄。然則補、泄之理亦在人不在物也。天下之草木多矣，其具寒、暖、燥、滋、補、泄之質，奚啻此數物哉？自人弗識之，而品題之未加，區用之弗逮，則烏睹其爲理哉？夫點蒼之石，備山水之態；桂林之洞，繁人禽之形。苟人跡之弗至，與至而弗邁者，寧復有山水、人禽哉？是故知山水、人禽之從出者則知理矣。昔有國工善畫鬼者，盡鬼之怪異，時見而畏之，以爲真怪也，不知其怪自己出也。善畫姝者盡姝之美，異時見而愛之，以爲真美也，不知其美自己出也。今之求理于物者，亦何異國工之畏怪而愛美者哉？然則理之不在物而在人也益明矣。」

弟子問曰：「庖丁氏之解牛也，曰『循乎天理』，言循其經絡天然之理者也。然則經絡不謂理乎？今人恒言地理、脉理、腠理、膚理。韓非子曰：『理者，成物之文也。』故人有文理，今皆不謂理乎？」曰：「經絡與地理、脉理、腠理、膚理、文理，此取類而言之，曷不謂理哉？猶之曰物情，曰藥性、水性、金性，又猶之杜子美曰『岸容』、『山意』，亦皆取類言之，曷不謂情與性、容與意哉？雖然，盤、盂、甕、盎、池、沼、江、河、湖、海之日，疇非上天之日之所括也，然則經絡與地理、脉理、腠理、膚理、文理，疇非人心之理之所絯也？苟無人心，則惡睹所謂經絡、地理、脉理、膚理云哉？」曰：「天之高也，地之厚也，苟無人焉，高厚之理不自存乎？ 理豈盡在人哉？」曰：「苟盡無人焉，則天地且荒忽久矣，又焉有高厚？ 而况經絡、地理、脉理、膚理云乎？」弟子思之三日夜，復曰：「諒哉！ 苟盡無人焉，嚮無天地，理孰從生？ 蓋聞之曰：『人者，天地之心。』豈謂是與？」曰：「然。」

問：「殺人者必償，貸債者必酬，世以爲償之理起殺人，酬之理繫貸債。不曰士師殺至十百，則曷爲不償？ 父子相取至十百，則曷爲不酬？ 殺而必償，貸而必酬，是將孰區之？ 又孰行之？ 此理之在人易辨矣。」曰：「若也使鷄司晨，使犬司夜，夏葛而冬裘，燕車而越舫，謂理不在物則未易辨。」曰：「苟非人心，則焉有晨夜？ 又焉有鷄犬？ 矧曰使司之者哉？ 夏葛冬裘，燕車越舫，莫不皆然。」問曰：「理弗晰于世者，以性弗明故也。 昔孟子獨曰『性善』，而孔子曰『性相近』，又有『上智下愚不移』之説，故荀氏言性惡，楊氏言善惡混，韓氏言性有三品。 宋儒恒惑三子之言而又不能異孟子，輒又曰『有天地之性，有氣質之性』。 意以爲天地之性即孟子所言『性善』是也，爲氣質之性即韓氏所言上中下三品是也。 又有言孔子所稱『性相近』者，謂中人；孟子所稱『善』者，謂上智；荀氏所稱『惡』者，謂下愚，是皆不能出韓氏之説也，其果然與？」曰：「孟子言性善，非好言也，孟子蓋試諸孩提與見孺子入井，觳觫不忍者，而知人性之必善也。孟子豈好言哉？ 《書》曰：『若有恒性。』若性有善惡不一，則烏睹其恒哉？ 孔子繫《易》曰：

『繼之者善，成之者性。』孔子未嘗言性有不一也。又曰：『成性存存，道義之門。』若性有不一，則道義曷從生哉？其所云『性相近』，正以其善相近耳。聖人辭多不迫，類如此。《中庸》言『道不遠人』，豈道與人相去有里許哉？言道不外人身也。孔子又曰：『人之生也直。』直即善也，孔子曷嘗不言『性善』哉？所謂上智、下愚，乃承『習相遠』而言。子思曰：『天命之謂性，率性之謂道。』若性有善惡不一，則天命亦有不一，而人之率之，又烏得謂道哉？三子之言皆不達『相近』之語，而多以『氣質』與『習成』者言之，非言性本然也。竊嘗驗之，使人性不善，則天下父子不相保久矣，雖有禮樂刑政奚爲哉？小人見君子而厭，然盜跖睹孝子不忍加害，是孰使然哉？夫貪者能言廉，亂者能言治，苟非性善，則奚知廉與治而言之？然而終爲貪與亂者，則氣質、習俗移也。人性賦于氣質，猶清泉出于土沙，既久爲泥淖，則有貪無廉、有亂無治矣。氣質與物相物者起于欲也。故曰感於物而動，性之欲也。言性動於欲，猶清泉久而爲泥淖也。陸賈曰：『天地生人以禮義之性，人能察己所以受命則順，謂之道。』自子思、孟子以後，吾以陸賈爲知言矣。且夫氣者，陰陽五行錯雜不一者也。二五之氣，成質爲形，而性宅焉。性者，即維天之命，所以宰陰陽五行者也。在天爲命，在人爲性，而統于心。故言心即言性，猶言水即言泉也。泉無弗清，後雖汩于泥淖，澄之則清復矣；性無弗善，後雖汩于氣質，存之則善復矣。由是觀之，性自性，氣質自氣質，又烏有氣質之性哉？且古未聞有兩性也。性之文從『心』從『生』，今夫物斃矣，其質猶存，而生奚在？ 刲鰲入沸湯矣，而一足在器者猶動，其氣猶存而生奚在？然則謂氣質有性者，貿也，亦舛也。 又有言曰：『由太虚，有天之名；合虚與氣，有性之名；合性與知覺，有心之名。』嗟夫！ 吾不知當時誰爲之合也？ 且虚安在也，而能令之與氣合？ 矧虚與氣皆非有知覺物也，而能令之與氣相合爲性，則性亦甚哉冥頑不靈者也，又烏取其爲善哉？ 又合性與知覺，則性與知覺特若狼狽相倚矣，其可通乎？ 是則人心所貯，有虚，有氣〔一〕，有知覺，三物焉，其又可通乎？ 仁義、禮智、惻隱、羞惡、辭讓、是非，謂爲虚乎？ 謂爲氣乎？謂爲知覺乎？ 此皆未可通。 然則性與知覺奚分？」曰：「覺即性也。」曰：「然則有淫知惡覺者何也？」曰：「是泉之汩於泥滓者也。 而泉之本清固自若也，故曰澄之則清復。 亦猶覺之汩于氣質習俗也，而覺之本善固自若也，故曰存之則善復。 是故『性善』與『性相近』一語也，而好言者自異之也，子又奚疑理爲？」

問曰：「世儒決言人心之無理，大患不知性，而其端尤在不信心。 彼以爲心不過知覺，知覺者虚而屬諸人也。 虚則理非所出，屬諸人則所發必私，故當即物窮理而後能無私以合乎天。 是不但于心外求理，亦且于心外求天，蓋不免昔人疑泉之説。 昔有疑泉者，謂泉，虚竇也，安得有

〔一〕「有」，原作「與」，據明刻本改。

水？此必有汲江海而注之者，不然，何若是其汩汩混混也？乃不知泉竇虚而水斯出，雖江海之水，千條萬派，疇非泉也？其疑之者，見江海不見泉故也。亦猶覺體虚而理斯出，雖萬物之理千變萬化，疇非覺也？其詆之者，信萬物不信覺故也。且夫人承帝降之衷、天命之性，故能爲萬物之靈，唯靈則能爲惻隱、羞惡、辭讓、是非，而萬理皆備。必如世儒之説，則人心不當有惻隱、羞惡、辭讓、是非，而孩提之愛敬與夫見孺子入井之怵惕，見牛觳觫之不忍，皆當爲誣矣。世儒朝夕所運皆心，即古禮亦古人之心爲之，考古禮亦心考之，即人能無私而合天，咸以心揆而決之曰：『吾當爲，而無私，而合天。』蓋惟合吾之本心，即爲無私，即爲合天，非物能詔之無私、合天也。然則心者，無私之宰，而合天之符者也。今世儒反謂心虚不能無私，而理非所出，是所謂疑泉者也，故曰其端在不信心。」異時以告，先生曰：「疑泉似矣，而未近也。吾以爲今之不信心者，猶自疑其身，曰：『是身是我身乎？』猶自疑其名，曰：『是名果我名乎？』猶自疑其祖父，曰：『是祖父果我祖父乎？』然則身與名與祖父，皆當求諸物理而後信之，可歟？」

弟子問曰：「『吾有知乎哉』，『予欲無言』，幸矣出孔子也，苟出今之世，則必斥曰：『是言語道斷者也。』『神以知來』，『至誠之道，可以前知』，幸矣出《易·繫》、《中庸》也，苟出今之世，則必斥曰：『是慧光神通者也。』『盡信書不如無書』，幸矣出孟子也，苟出今之世，則必斥曰：『是不立文字者也。』夫今之世之斥之也，雖孔子、子思、孟子曷辭？」曰：「然。」

問：「劉歆曰：『夫子歿而微言絶，七十子卒而大義乖。』夫果有微言大義哉？」曰：「自《六經》、《四子》莫不有微言大義。《詩》、《書》、《語》、《孟》，大義悉于微言；《易·繫》、《中庸》，微言詳於大義。故由大義可以升堂，由微言可以入室。今也學不達微言，而反以謷訾之，是猶欲入室而自閉之門夫。」

弟子問曰：「荀卿曰『人性僞』，又曰『性惡』，始未嘗不訝之。及讀其書曰：『草木有氣而無知，禽獸有氣有知而無義，人心有氣有知而有義。』若是，則人性未始惡也。荀卿之言不自背矣乎？若世儒必謂人心無理，是何別于荀卿之性惡哉？雖然，荀卿猶知人心有義，而世儒不云然也，世儒亦愎矣哉！」先生曰：「然。」曰：「若是，則子所謂螻蟻、虎狼之有君臣、父子，又何以哉？」曰：「禽獸有有知無義者，有有知有義而弗全者，人心得其全者也。故理莫備人心，理備者性全者也。故曰『天地之性，人爲貴』，曷以物理爲？」

渭南南大夫謂胡子曰：「昔予伯大夫告馬少卿曰：『知行一也，唯行乃爲真知。』馬君曰：『今夫水溺人，火燎人，孰不知之？亦豈必身經溺、燎而後爲真知哉？』伯大夫未有以應也。子則謂何？」胡子亦未有以應也。有坐客曰：「古人有身親經虎者，見談虎而色變，此出于真知固也〔二〕。

〔二〕「能爲惻隱」至「此出于真知」，底本缺，據明刻本補。

然亦有不必盡然者，此不可定擬也。」已而，一客傳郭黄門《使琉球録》，羣披誦之。見《録》稱今琉球與杜氏《通典》載盡異。或曰杜氏年久遠，與今異者宜也。已而又讀《星槎勝覽》，亦多異。《勝覽》載其國「山形合抱，有翠麗大崎之高聳」，今《録》稱無之。載「田沃穀盛」，今稱則「沙礫而不磽」。載「氣候常熱」，今稱「雨過遽涼，而亦有霜雪」。載「造酒以甘蔗」，今稱「以水漬米，而謂之米奇」。其它不合者更夥。《勝覽》所載出本朝永樂間，今去尚未遠〔二〕，乃不合如此，自非郭君親歷而目較之，鮮不以《勝覽》者爲是也。然則不躬行而云真知者，豈不誤哉。即若吾黨，今皆身履蜀地，故知蜀國之事。雖然，亦猶有不盡知者。彼由灧澦入者而談劍閣，則爲夢劍閣語也；由劍閣至者而談灧澦，則爲夢灧澦語也。然則今郭君録者其不爲夢語矣。胡子謂南大夫曰：「善乎哉，其言知行者也。」大夫曰：「其若溺、燎之辨何？」胡子曰：「夫人者雖未身經溺也，然日有溺者矣，故知溺爲真；雖未身經燎也，然日有燎者矣，故知燎爲真。且水火昕夕庸之，耳目逮之，安得不爲真知？其它未庸、未逮而必曰知之，皆夢知也。即若兹堂也，吾與子升其中，然後真知斯堂之景物，彼在外者縱工考訊，亦徒想像已耳。吾與子若久居斯堂，則所知尤詳；若遂有而主之，則何啻詳也，而且忘所爲知矣。故謂知爲行始，行爲知終可也；謂真行即

〔二〕「尚未遠」，原作「尚遠」，據明刻本改。

知，真知即行亦可也。彼必謂知行異者，夢語也哉！想像也哉！」南大夫曰：「夫升斯堂而知其景物者，知及者也；久居斯堂而遂主之，終與堂而相忘者，仁守者也。知行一而仁智亦一也。」弟子曰：「允哉，諸君子之言一也。雖然，《易·繫》有言曰『百姓日用而不知』，彼日用則行矣，而又不知，何也？」曰：「百姓雖日用之，然而冥行多矣，非真行也。」「然則何以爲真行？」曰：「真知則無不行，真行則無不知。」

客有與先生論學者曰：「學在行事。」先生曰：「然。行事在存心。」異日復論曰：「學在脩身。」先生曰：「然。然脩身在正心〔一〕。」弟子曰：「請竟其旨。」曰：「學固在行事矣。然生于其心，害于其事，則謂何？故學在存心。學固在脩身矣，然心不在焉，視而不見，聽而不聞，食而不知其味，則謂何？故在正心。」

問：「理一分殊，宋儒語之審矣。苟非有分殊，鮮不入墨氏『兼愛』乎？子弗之然，何耶？」曰：「非無分殊也。謂分殊即所以爲理也。夫理，條理也。唯其條理，固無不一，亦無不殊。今以理一分殊對舉言之，似乎理與分爲二物，理不可以分言，言分不可以理言也。一與殊爲二事：一者不復能殊，殊者不復能一也。其旨岐矣。故不若曰『一本萬殊』，則渾而未嘗不析。」

〔一〕「然。然」，《豫章叢書》本無下「然」字。

問曰：「古之君子多謗，何也？」曰：「古今唯鄉愿則無謗。若聖與賢，謗未始不相踵也。子不觀之：舜與伊尹皆大聖，既去千餘歲，而舜有『臣父』之譏，尹有『要君』之議，况其它乎？歐陽永叔好脩，而『中媾』爲誚；程正叔篤行，而『五鬼』是詆。自孟子至于宋亦千餘歲也，而李泰伯猶譏之曰：『孟軻之欲爲佐命，何其躁也！』然則聖賢謗滋多矣。」曰：「古人謂止謗莫如自脩，然乎？」曰：「謗焉能止哉？且夫自脩非故爲謗也。爲止謗而脩，匪真脩矣。今夫食而欲飽者，非謂避枵譏也。是故君子遯世無悶，不見是而無悶，其要在于識已。」

問曰：「今之學者，有欲冒毁以直達性命之真，即令此生叢謗于身，埋没一世，迄弗之恤，是則性真可以覿體。其果然乎？」曰：「然，非也。夫君子之欲復其性真，固不知前有譽而趍之，後有毁而避之。若欲冒毁以達性真，是前後皆意之矣，非真體也。君子即有不得已蒙世之大詬，固皆付諸無意，而天下後世亦未嘗不終諒其心精也。且夫天下至大矣，湯、武以放伐得之，而人莫不知其非弋取也；奔婦至穢也，下惠不辭而内諸室，而人莫不知其非爲淫也；叛逆至不韙矣，夫子一聞召而即欲往，而人莫不知其不磷而不緇也。何者？以人心至神故也。若謂君子必埋没一世，終黯墨而不白，則子思所謂『言而民莫不信，行而民莫不悦』，『百世俟聖人不惑』者爲誕誣矣，此必不然也。雖然，君子固無意也。」

續問下

問曰：「子言續書考古，特學之一事，然考古莫首《六經》，《六經》之旨浩穰，豈皆語心哉？」曰：「《六經》雖浩，而其大旨則有歸。且夫《六經》首《易》，《易》首《乾》，其言『乾，元亨利貞』，豈在外哉？《文言》曰：『元者善之長，亨者嘉之會，利者義之和，貞者事之幹。』舍人心則疇見其長善、嘉會、和義、幹事也？未至于《乾》者，則其功自《復》始，而要必以占。占也者，占諸其心，視諸其履，而以考祥焉，非必盡在蓍策間也，亦非盡如世人之避凶而奔吉也。故孔子譏無恒者曰『不占』，占之時用大矣哉！古之善占者莫如顏子，顏子有不善未嘗不知，知之未嘗復行，此幾占也。唯幾占則由《復》可以至《乾》，此所謂吉之先見者也，言有吉無凶也。使家國天下而皆以幾占，則豈復有亂且亡哉？此《易》大旨也。《書》之大旨則首『精一執中』。精者，即所謂幾占者也。幾占則不雜，不雜則可以不二而能執中，其後建中建極之訓皆不出此，此《書》大旨也。《詩》之大旨在『思無邪』，《禮》之大旨在『毋不敬』，《春秋》大旨在『誅心』。誅心者，誅其未嘗心占者也。故《六經》，傳心之大經也。疇謂《六經》不語心哉？」曰：「陸子言『《六經》註脚』過矣。」曰：「使我占諸心，果能精一執中，無邪而常敬，則雖曰『《六經》註我』可也。使如世之違心以求經，違經以求物理，則《六經》與我不相爲，又何註脚與不註脚之議？」

問：「乾坤果屬天地乎？抑屬人乎？」曰：「乾坤者，其義爲健、順，其變化爲易，其實體即陰陽。天、地、人三才莫不由乾坤以生，莫不各有乾坤，非謂乾即爲天，坤即爲地也。故有言天地之乾坤者，有言人之乾坤者。伏羲畫卦，專爲人事，故《易》首言『乾，元亨利貞』，自初九以下取象于龍；『坤，元亨，利牝馬之貞』，自初六以下取象于馬，皆自人事言之。自此六十四卦莫非乾坤，莫非言人事，其間有言天地之乾坤者，咸取象以爲證。《繫辭》之《傳》，錯言天、地、人三才，其終歸于人事，唯善玩者通之，善占者得之。《説卦》：『《乾》，天也，故稱乎父；《坤》，地也，故稱乎母。』蓋言《乾》《坤》爲衆卦之父母。乾爲天，言乾所以爲天；坤爲地，言坤所以爲地。咸非謂乾即爲天、坤即爲地也。《註疏》以乾即爲天、坤即爲地者非。」

問：「『學以聚之』，奚爲聚？」曰：「聚即凝聚之謂，非劈積而聚之之謂也。《傳》曰：『敬德之聚。』又曰：『苟不至德，至道不凝。』凝聚之功大矣哉！」

問：「天、地、人三才皆由乾坤以生，然作《易》者獨歸人事，曰『彌綸』，曰『範圍』，曰『成能』，曰『成位乎中』，則人者管天地矣。夫天地至大也，人至藐也，而人管焉，何哉？」曰：「天、地、人莫不由乾坤生，而發竅則在人心。是故人心，乾坤之大目也。故《易》即人心也，非人心則疇爲『彌綸』，疇爲『範圍』，疇爲『成能』而『位乎中』？作《易》者蓋曰直陳則膚矣。是故擬諸形容，象其物宜，上稽天地而下托于蓍策，欲人反諸心而自得之。其要存乎幾，其次存乎介，又次存乎悔。幾無悔也，故曰《易》者，所以極深而研幾也。後世不信人心而獨信物，故大天地而藐夫人，非作《易》者本旨也。」

問：「『先天而天不違』，豈所謂『無極而太極』者爲先天耶？」曰：「然。」曰：「老子曰：『有物混成，先天地生。』莊子曰：『長於上古而不爲老，在六極之先而不爲高。』此皆語先天也。然則夫人孰得與之？」曰：「先天而人弗與，則聖人何以能『先天而天不違，後天而奉天時』耶？今夫人心莫不有本然未發之中，即先天也，即夫人之無極而太極者也；有本然發而中節之和，即後天也，即夫人之陰陽五行者也。匪先天則後天靡所宰，匪後天則先天爲幻矣。是故聖人致中和，則先而非先也，後而非後也，一而已矣。若夫二氏，則先先天而後後天，其失則偏。雖然，老、莊所言先天，亦未嘗不在人也。吁哉！古今知先天者，蓋無幾矣。」

問：「『艮其背，不獲其身。行其庭，不見其人。』何謂也？」曰：「陸子靜『無我無物』之訓，雖聖莫易也。」曰：「未達。」曰：「夫人語身而止于背，則身爲全矣，而反不獲其身。非果無身也，吾心固無我也。語人而行於庭，則人必多矣，而反不見其人，非果無人也，吾心固無物也。」曰：「『艮其背』、『止其所』者何也？」曰：「唯艮背而不獲身，夫斯以止其所。」

問：「《同人》，于宗爲吝，于郊爲無咎，至于野乃爲亨，不幾于兼愛乎？」曰：「此正示一體之爲仁也。夫于野則雖九州之外靡所限矣，所謂天下一家，中國一人是矣。故惟有是心也，而時于宗焉，則不爲吝；有是心也，而時于郊焉，則不止無咎矣。」曰：「其間重輕緩急差等可無辨乎？」曰：「一體豈能無差等乎？今人自視元首、心腑爲重爲急，視手足、毛髮爲輕爲緩，可謂差等之至，而一體之心未嘗輟也。故惟一體，則統同未嘗不辨異，辨異未嘗不統同，乃天也，匪人也。故曰禮所生也，與墨子『兼愛』敻矣。」

問：「『洗心退藏于密』，何謂也？」曰：「夫人心本有《易》焉。本無思也，無爲也，寂然不動，感而遂通天下之故。蓍卦之德與六爻之動，一無思、無爲而已。夫斯以員而神、方以知、易以貢，而吉凶出焉，此豈人力也哉？聖人以此本然無思無爲之體而洗心退藏〔一〕，至于知識不作，聲臭俱無，虚而自靈，故亦能知來藏往，固有不蓍而神，不卦而知，不爻而貢，吉凶與民同患者出焉。《中庸》曰：『至誠之道，可以前知。』故前知必啓于至誠而通于無思無爲之體，亦豈以推測億度爲哉？若謂由於燭理，不免於測度，而愈蔽其天矣，未有能前知者也。」曰：「昔先儒深辨『以心察心』一語，至比於『以口嚙口』、『以目視目』之繆，則洗心似亦非也。乃不知口目，有形者也，物也，故以嚙以視而不可得；心，無形者也，神也，故以心洗心而自藏于密，奚不可哉？是故江、漢以濯，秋陽以暴，至于皜皜，則無思無爲之體復矣。」

〔一〕「退藏」，明刻本作「藏密」。

問：「『惟精惟一』，先生固以『不雜不二』訓之。夫『不雜』則靡有『二』之者矣，而又何待於『惟一』乎？」曰：「一難言也。夫道心至於不雜，精矣，然亦或有重内而輕外，喜静而厭動者，是二之也。至於静無動有，則皆不免於二之。夫學雖精，然有内外、動静、有無之二見，則一爲難也。《記》曰：『其爲物不貳，則其生物不測。』不貳而生，猶一而貫也。非如今人所言『一理貫萬事』之謂也。」

問曰：「古未始言『中』，而堯言之；未始言『微』、言『精』，而舜言之；未始言『止』、言『幾』，而禹言之；未始言『性』、言『禮義』，而湯言之；未始專言『一』，而伊尹言之；未始言『學』，而傅説言之；未始言『皇極』，而箕子言之；未始言『明德』，而《康誥》言之；未始言『覺』，而衛武公言之；未始言『仁』、言『誠』、言『理』，而孔子言之；未始言『至善』，而曾子言之；未始言『中和』、言『中庸』、言『篤恭』，而子思言之；未始言『浩然之氣』、言『良知良能』，而孟子言之，曷爲其言之不一也？」曰：「言雖不一，莫不知其出人心。故自傅説而上，傅説視之古也，其曰『學于古訓』，學此而已；自孔子而上，孔子視之古也，其曰『好古敏求』，求此而已。後世則捨此以博物爲好古，已而專求物理，則古非古矣，嗟夫！」

問：「上帝有諸？」曰：「苟無上帝，則乾坤毁而天地萬物息矣。夫上帝，天地萬物之真宰也。《詩》、《書》、孔、孟之語上帝也悉矣，豈譌言哉？『小心翼翼，昭事上帝』，敢不勉夫！」

問：「鬼神有諸？」曰：「苟無鬼神，則上帝亦虛器矣。夫在天之日月、星辰、風雲、雷雨，在地之山川、海嶽、五方、八蜡，莫不各有神祇，故國家莫不各有祀典。《書》曰：『禋于六宗，望于山川，徧於羣神。』《詩》曰：『靡神不舉，靡愛斯牲。』夫豈虞、周聖人知其無神而繆爲崇祀哉？孔子曰『曾謂泰山不如林放』，則泰山之有神明矣。迎貓迎虎皆有神，其他者安得謂之無神？但君子當自盡人事，行求無負，敬鬼神而遠之，不可諂瀆以自爲戾。故曰：『國將興，聽於人；國將亡，聽于神。』子不語神，貴盡人也，非謂無神也。若夫鬼，則《易·繫》『遊魂』之説已著之矣。人之逝，始有招，繼有靈帛，末有主，歲時有祀，欲其魂得所依也。子産曰：『鬼有所歸，乃不爲厲。』亦非爲漫也。《記》曰：『人死則魄降於地，其魂氣無不之。』夫曰『無不之』，則非可以窮詰。高者如《詩》所謂『於昭于天，在帝左右』。次者如蘇氏所謂『幽爲鬼神，而明復爲人』。其下則如賈誼所謂『忽然爲人，化爲異物』。凡此皆繫於其所習，故君子不可罔生。老子曰『死而不亡』，莊子曰『無情死』，又曰『火傳』，此皆有深旨[二]，未可槩以其學而廢之也。」曰：「若是，則輪迴之説亦有之矣[三]。」曰：「輪迴吾未敢言。然嘗觀史稱羊祜先爲李氏子，唐時如房琯、顧

[二]「旨」，底本作「者」，據明刻本改。

[三]明刻本「則」字下多「佛氏」二字。

非熊，宋時如蘇軾、真德秀諸君子之事，而《宋史》載王貞婦之事尤奇。近時聞見頗不鮮，豈盡誣哉？大要體魄有形有質者，固常以聚散爲有無；性靈無聲無臭者，詎當以生死成聚散哉？但性靈因所習爲變，則不可知耳。在吾儒，苟人人如文王，人人不罔生，則自不至于此。惟佛氏乃盡棄倫物而專力超之。佛氏非欲趍輪迴，規再生利也〔一〕。今儒者攻佛氏，輒謂其欲規再生利益，則不能中其病矣。」曰：「佛氏之病奚在？」曰：「佛氏病在于專力超輪迴而盡棄倫物者也。」

問：「夫子語《詩》曰『多識鳥獸草木之名』，豈盡遺物哉？」曰：「聖人非獨不遺物而已也，且欲盡物之性，而後吾性始盡。若遺物，則二之矣，非聖人之學也。雖然，物有本末，而知本先焉。蓋夫子教人學《詩》莫先於興，興者，興於善，即『思無邪』是也，故曰『可以興』。其末乃有『多識』之訓，亦猶『行有餘力，則以學文』之意，非謂先以多識爲窮理之事也。且言多識其名，亦非謂多識其理也。夫子之教，其本末不昭昭哉？夫『多識鳥獸草木』，古之人未嘗廢。如堯嘗取華蟲火藻以作服，伊尹嘗取湯液本草以教醫，此皆盡性餘事，而堯與伊尹之本務不在是也。若專以多識鳥獸草木爲窮理事，則後世若張華、陶弘景、段成式輩當度越顔、閔矣，必不

〔一〕「利也」，明刻本作「利益」。

然也。」

問曰：「今人語《詩》，謂賦物詠情爾已，不知古之語學，其簡徑而明辨者尤莫如《詩》。曰『不顯亦臨，無射亦保』，曰『相在爾室，尚不愧於屋漏』，即『慎獨』是也。曰『無然畔援，無然歆羨』，即『無慾』是也。曰『於緝熙敬止』，曰『有覺德行』，即『明明德』是也。曰『思無邪』，即『正心誠意』是也。曰『殫厥心』，曰『秉心塞淵』，即『盡心』是也。『不大聲以色，不長夏以革，不識不知，順帝之則』，即『無意、必、固、我』、『從心不踰矩』是也。『天生烝民，有物有則』，即形色天性是也。『民之秉彝，好是懿德』，即『可欲之謂善』是也。古今語學，不煩辭説，其孰踰是？然而今之作詩者，率嫌心性而違問學，則何如？」曰：「今之語學者且嫌而違之矣，作詩者曷責爲？」

問禮。曰：「禮自中出，根于心。孔子曰：『人而不仁，如禮何。』言不仁者失其本心，則禮不爲用。是故禮非自外至者。」曰：「禮者制自先王，三千三百，條貫匪一。今也槩求之心，則將人於空疏，而先王意荒矣。世之譏曰：『是區區心學者，且將有齋戒而無盛服，有恂慄而無威儀，有廣大高明而無精微中庸，其終不可言崇禮，不可語于先王之道。』」曰：「是不然。且子以爲先王之禮果天降地出乎？抑自其心而制之乎？子不聞昔宰我欲短喪，孔子不汲汲曰『先王之禮不可廢也』，而獨啓曰：『食夫稻，衣夫錦，於女安乎？女安則爲之。』然則三年之喪自人心之弗安者制之也，非自外至也。夷子從薄葬，孟子不汲汲曰『先王之禮不可廢也』，而獨詔之曰『蓋上世嘗有不葬其親者矣，他日過而視之，其顙有泚，其泚也非爲人泚，中心達于面目。』然則厚葬之道自人心之有泚者制之也，非自外至也。記禮者曰：『自中出，根於心。』然則先王之禮三千三百，蔑不自人心矣，孰謂心學不可崇禮而反違先王哉？」曰：「聞之禮本太一，分爲天地，轉爲陰陽，變爲四時，列爲鬼神，則果自心乎？」曰：「子又不聞：人者，天地之德，陰陽之交，鬼神之會，五行之秀氣也。然則太一、天地、陰陽、四時、鬼神之理，固皆萃人心矣。故惟人心敬而無失，則以人而官天地，和陰陽，儐鬼神，序四時，用五事，無不至也，豈自外至哉？今之心學即『毋不敬』是也。既毋不敬矣，孰謂齋明而不知盛服，恂慄而終無威儀，廣大高明而不能精微中庸者哉？」曰：「禮有器有數，有文有義，可弗知乎？」曰：「是何可廢？因其時位，勿之有慢焉爾矣。」「將周知之乎？」曰：「籩豆之事，則有司存。」

問曰：「昔子桑户死，孟子反、琴張倚尸而歌，子貢譏之。二子嘆曰：『是惡知禮意？』漢戴良曰：『禮所以制情佚也。情苟不佚，何禮之論？』阮籍曰：『禮豈爲我設哉？』而邵堯夫詩亦云然。然則意與情無佚也，而禮可間乎？」曰：「禮何可間也？禮雖有本有文，然而無内外，無常變，靈則行焉者也。故未有内不佚而外故自佚者也。昔子桑伯子不衣冠，夫子譏其欲同人道於牛馬。夫不衣冠何遽至牛馬哉？然而裸洩不已，則尤之至于踰垣之繆；箕踞不已，則尤之至于張蹶之狂，此亂所由生也，奚啻牛馬哉？故不仁則不可以爲禮，而去禮則不仁甚矣。故孔子言復禮，則萬物得所而天下歸仁，乃知仁禮非二物也。然則禮豈可以内外異而斯須去哉？唯後世不知禮之出于靈則，一切殉於其外，則徒是古而非今，膠此而遺彼，溺器數而盛聲容，禮之本槩失而文亦非，故老子詆其忠信之薄，然而非禮之本然也。近有士焉，父子議禮而争至失色反唇者，其子猶忿然曰：『我禮是也。』夫父子失色反唇而猶曰禮是焉，嗚呼！此今之所謂禮，則亦非禮之本然也。夫禮之本然，則内外本末何可間也。」

問樂。曰：「樂音之起，由人心生，而其道主於和，此世所共知也。雖然，不節則不可以和，故有禮而後有樂。」曰：「律，所以和聲也。古樂不作，由千百年律吕之制不明，清濁高下失所準，故屢興而屢廢，其至則苟焉成聲爾已。不知當曷以制律返古也？」曰：「人心有自然之節，得其節，證諸器數，可以制禮；人心有自然之和，得其和，證諸律吕，可以作樂。非謂禮先在器數，樂先在律吕也。今夫燕、秦之音悲壯，吳、越之音柔婉，質使然也。若仍其悲壯之質而求柔婉，仍其柔婉之質而求悲壯，則雖有律吕而不可爲矣。是故君子必先有陶化氣質之方而後和可得，和可得而後律可制矣。」曰：「和者均可治律吕乎？」曰：「均是人而有和不和，均是和也而有能不能，非和則雖能者不調，非能則雖和者不治。苟和矣，天下豈無有能者出其間乎？而又何憂？吾獨憂夫人心之莫由和也。是故君子陶化氣質之方則莫若以學，學之莫若以慎獨而致中和。其次則先盡去天下妖淫之曲與忿厲之詞，而後人心節，節故和也。夫妖淫忿厲，古之謂夷風，夷風之侵人肌髓不啻鴆毒，不去則終不可以正樂。故柄化者必重禁而烈燼之，慎毋若管仲曰『酒色不害伯』也。孔子不云『放鄭聲』，『鄭聲淫』？」

問：「『中心安仁』，天下果一人而已乎？」曰：「非也。言中心安仁，則視天下之人即我，視我即天下之人，故曰一人，所謂一體是也。若孔子謂『止于一人』，則亦非安仁者語矣。故又曰『大人耐以天下爲一家，中國爲一人，非意之也。』曰耐曰非意，則即安仁之謂也。」

問曰：「『人能弘道，非道弘人』，道豈無用之物哉？」曰：「夫人能靈萬物、參三才者，以有覺也。充其覺則無往非道，是謂弘道。非曰人身之外别有一道而可以弘人也，故曰『非道弘人』。《記》曰：『道不遠人。』《傳》曰：『成性存存，道義之門。』可見道在人身，非謂道無用也。」

問：「『何事於仁』，先儒謂何止於仁，信乎？」曰：「施者，以物與人之謂也；博者，廣與之謂也。子貢以此爲仁之事，夫子謂此何事於仁哉，蓋言此非從事於仁之意。若以博施爲事於仁，必也聖如堯舜，而猶病不能矣。其辭意亦非抑仁而揚聖也。若抑仁，則下文又何以專言仁？若揚聖，則不當以堯舜之聖爲病也。大意不在以博施爲事，而當以一體爲心。己立立人，己達達人，乃得其本然一體之心，則不必博施而自無不博矣。其次能近取辟，亦惟取諸己而已矣，又何事以博施爲？」

問：「『中人以上可以語上，中人以下不可以語上』，是孔子之教人有序，固如此也。今也不顧中下而槩語以心性，此與孔子循序之教其終協乎？」曰：「吾於《六錮》詔之矣。」曰：「未達。」曰：「今也誠有中人以下者問於子，子且語之以物理乎？抑以心性乎？若語以物理，則大而天地，幽而鬼神，散而萬事萬物，求其所當然與其所以然，窮高測深，蓋頃暫而馳千里、撫六合者數矣。是爲語上乎？語下乎？有序乎？無序乎？」曰：「是未可言序也。然則當何以語之？」曰：「中下者，正當語之以『收放心』，約其情合於性焉可也。夫心性，在上智不增，在下愚不損，愚不肖可以與知與能者此也，非當以心性獨爲語上也。故有語中下者曰『歛爾身心，約爾性情』，則雖窮奇，未有不瞿然而反顧。至告以物理，則茫乎莫之索矣。何則？物理遠，而心性近也。孰謂心性爲非序哉？」曰：「若是，則『語上』、『語下』何謂也？」曰：「學之不明，則上下之序不明久矣。古者自十五而入大學。大學之道，先明明德，非致力心性乎？大學豈槩語人以上而失之紊乎？乃不知古之人舍心性無爲學，故凡致力于心性者均謂之『下學』，凡得力于心性者均謂之『上達』。若中下者，方其求明明德也，而遽示之以『止至善』，則爲不顧其安而槩以得力者語之，不免致其狂惑之非，是果爲無序之失矣，非當以心性而獨爲語上也。雖然，明明德之中又有序焉。苟方其致知格物也，而遽語以『知止』；方其求知止也，而遽語『定、靜、安』；方其求定靜安也，而遽語『能慮』與『能得』〔一〕，凡此皆謂之失序。然則致力心性者之爲序，不尤爲次第乎？若也窮至物理，則所謂未能定、靜、安，而遽語『慮』與『得』也。不以是爲失序，而反謂心性爲非序，不亦左乎？」曰：「今者之學誤在格物，終何以明？」曰：「《大學》上文曰『物有本末』，下文曰『格物』，言知本也，本豈在外哉？故其《傳》曰：『此謂知本，此謂知之至也。』是經文初無不明，而世儒乃增言物理而補竄傳義，及泛濫而不得也，乃始贅以『居敬』之說。夫『居敬』則又非以心性爲先乎？大抵學既不明，則序亦不明，復何說之辭？」弟子悟曰：「諒哉！所謂未能定、靜、安而遽言能、慮，猶之未磨鏡而先照物，未平衡而先稱物，失其序矣。」曰：「吾與子皆中人。吾語子以序也，請自求放心始。」

問曰：「『人之生也直。』『仁遠乎哉？我欲仁，斯仁至矣。』此孔子語性善也。」曰：「然。」

問曰：「孔子言自十五志學，至七十從心不踰矩，孟子言自『可欲』之善，至『聖不可知』，此序之大較也。序之中又有序焉，蓋不可以悉數者矣。」曰：「然。」

問：「孔子於仲弓、原憲猶不許仁，而許管仲之仁，何也？」曰：「孔子未嘗許管仲也。吾聞諸鄒先生曰：子貢問召忽死之，管仲不死，曰『未仁乎』？是明言管仲不如召忽之仁也。故夫

〔一〕「語」，原作「以」，據明刻本改。

子舉其功而答曰『如其仁』，言亦如召忽之仁而已，非誠以管仲爲仁也。故未有一體之心，則雖如召忽之死、管仲之功，皆未可語仁，而況不如召忽、管仲者乎？」

曰：「無意、必、固、我，夫子所以爲空空也。然又曰『誠意』，則何如？」曰：「意者作而致之者也，有作則罔而不誠。故不作于意以事親則誠孝，不作于意以事君則誠忠，是毋意乃誠意也。」「然則何以驗之？」曰：「孩提知愛、知敬，見孺子入井而怵惕，見牛觳觫而不忍，寧待作于意乎？其泚也非爲人泚，中心達于面目，寧待作于意乎？然而莫非誠者此也。」曰：「存心非意耶？」曰：「存者，存其不作者而已矣。有作，不可言存。《繫》曰：『成性存存，道義之門。』蓋存而非意者也。」曰：「古也以無意、必、固、我求之，今也反欲以意、必、固、我求之，此古今學術之大介也。」曰：「然。」

問：「天命之性果兼物乎？」曰：「物非無性也，而人爲全，若《中庸》所言天命之性則專屬人，未始兼物也。故下即言率性，言脩道，豈物能率性脩道哉？《書》曰：『維皇上帝，降衷下民，若有恒性。』言下民則亦未兼物也。是故率性、脩道、盡人物天地之性者，其責在人。」

問：「《中庸》首章自『脩道』以下不復言性，何也？」曰：「獨知即性也，中即獨知之未發者也，和即獨知之發而中節者也。」曰：「發與未發異乎？」曰：「發與未發，時也，而獨知則一而已。辟之鏡焉，未有物之先，鏡炯然者無增也；既有物之後，鏡炯然者無減也。故未發而謂之中，中即和也；發而中節謂之和，和即中也。無有内外，無有動静，無有先後。故曰未應不是先，已應不是後。何者？性一故也。」「然則求喜怒哀樂未發以前氣象，則何如？」曰：「豈獨未發時無氣象，即已發時亦無氣象。有氣象者，是意想方所爲之也，而況其求之有先後乎？此則意象紛紜，辟諸皎日而加以燈炬，無論未發已發，皆非其真體矣。」曰：「然則養其未發以爲發而中節之基，可乎？」曰：「猶二之也。夫致中和者，固不能離和爲中，離中爲和也。」

問：「獨知自朱子言之，然嘗考而證焉。《易·復》卦之翼曰『有不善未嘗不知，知之未嘗復行』，又曰『復以自知』，孔子誨由曰：『知之爲知之，不知爲不知，是知也。』則古之語獨知也審矣。」曰：「豈惟是，向所謂『中』，所謂『帝則』、『皇極』，所謂『矩』，所謂『靈則』，舍是奚取則哉？《詩》曰『不媿屋漏』，曾子曰『自慊』，子思曰『内省不疚』，孟子曰『行有不慊于心』，皆獨知之始功也。百姓日用疇非此？然而不自致其知，故君子之道鮮。使致其知，則君子矣。雖然，世之言獨知者，類皆以念慮之始動者當之，是亦未致其知者也。」曰：「獨知何如？」曰：「夫獨知者，宰夫念慮而不以念慮著，貫乎動静而不以動静殊也。唯得於幾先者，惟能慎獨。」

問：「世儒語『獨知』者，謂專屬於已發，而子獨無分于未發、已發，無分于動静、先後，而且以鏡喻明矣。然弟子猶未釋然于世儒之説也，則謂何？」曰：「子試觀于未發之前，果皆冥然無覺而已乎？抑尚有烱然不昧者存也？冥冥之中常見曉焉。蒙莊尚能言之，而世儒忽焉，何也？子思既曰『莫見』、『莫顯』，而又曰『隱』、曰『微』，則謂獨知專屬已發，豈其然乎？」曰：「嘗觀鏡之明，雖十襲之而照之用如故，雖百照之而明之體如故，明鏡不以照不照異，則獨知誠不以發不發分也。」曰：「鏡唯蝕焉，則無論已發，即未發亦非其體矣。故學者慎獨則可以無自蝕矣。慎之義，猶慎固封守之謂，功在幾先，『于時保之』者是也。若曰必待動念於善惡而後慎之，則不慎多矣。」

曰：「獨知即良知乎？」曰：「獨知固有誠而無僞也，非良而何？」曰：「或謂良知必用靜與無欲，何如？」曰：「言用則二也。夫良知本靜也，本無欲也，靜與無欲皆以致吾良知之本然者也，而奚以用爲？」

問：「世多以鳶、魚爲上下察，其與君子『費隱』之道何與哉？」曰：「此正所謂遠人以爲道者也。夫《中庸》本語率性之道。率性孰踰聖人？其次莫如君子，故于是曰『君子之道』，曰『大哉，聖人之道』，皆不遠人以爲道者也。今以鳶飛于上者爲道之上察，魚躍于下者爲道之下察，則不但無與于君子之身，且鳶、魚之外所遺者多矣，曷足以見道之費隱哉？蓋子思言君子之道，其具于心而率于性，不可睹聞者爲隱；其率於性而見于倫物，可睹聞者爲費。是費而隱者，雖愚不肖之夫婦可以與知與能者，即性也，即孩提知愛知敬之類是也，非止居室之間而已也。蓋此與知、與能，在愚不肖不爲損，在聖人天地不爲加。故充其量之所極，究其責之所在，誠有聖人所不知不能，而天地猶有遺憾者焉。可見此道雖至隱，而其費則無不至。鳶飛戾天，自人語之，鳶之飛也，而不知吾與知與能者之察于上者也；魚躍于淵，自人語之，魚之躍也，而不知吾與知與能者之察于下者也。故是道也，造端乎夫婦之與知與能，而其至則察乎上下以際于天地。此子思語君子之道本如是也。柰何訓者必外君子之身而專求天地以及羣物，不果遠於人乎？且鳶之飛、魚之躍，雖曰無心，然不過爲形氣驅之使然，非鳶魚能一一循乎道也。即如蛙之鳴、蟬之噪，皆氣使然也，豈道之謂哉？」曰：「鳶、魚既非道，然在《記》者又曷以風雨露雷爲教，而莊子亦曰『道在稊稗，在瓦礫』，然則彼皆非與？」曰：「風雨露雷、稊稗瓦石，何莫而非與知與能者之所察，何莫而非吾率性之道之所至也？夫既爲率性之道之所至，則孟子所謂『萬物皆備』，大程子所謂『天地之用即我之用』是矣，何但曰『鳶、魚即道』而已哉？又何但曰『風雨露雷、稊稗瓦石即道』而已哉？若必謂天地萬物皆有道而人獨無道，則何以稱曰『君子之道』？故曰『道不遠人，人之爲道而遠人，不可以爲道。』」

問：「尊德性、道問學，果一乎？」曰：「大哉，聖人之道，具諸德性，見諸倫物，隨處充滿，洋洋乎發育峻極，優優乎三千三百，其本也廣大、精微、高明、中庸，則故而已矣。學之者苟非德性之至，又何能凝此大道？故君子必以尊德性爲主。然非道問學，則德性莫之尊矣。廣大、精微、高明、中庸，則皆尊德性事；致之、盡之、極之、道之，則皆道問學事，非有二也。如是，則吾所故有者温矣。能温故，則日新又新，而大德敦化，始足以崇三千三百之禮，而道于是凝矣。然則聖人之道不外德性昭然可見，又豈德性之外別有道問學哉？夫惟崇禮，故能居上不驕，爲下不倍，有道足興，無道足容，皆道德之至，自然而然者固如此，非有二也。」

問「勿正」、「勿忘」、「勿助」。曰：「正心之弊，程伯子以爲擬心之差是矣，然忘非怠忘也。夫既必有事，則自不至怠忘，蓋世有以坐忘爲功者矣，故言勿忘。助者，言未剛而强爲之剛，未大而强爲之大。有若周恭叔之『擺脱』者，則自賊其根矣，故類揠苗。惟勿正、勿忘、勿助，則心得其體而行無不慊矣，是曰集義。」

問曰：「子言性一也，吾儒與二氏異者，在盡與不盡之間，曷言乎其盡也？」曰：「盡之義，即親喪自盡之盡。所謂知明處當無所不用其極者是也。唯盡則莫先于盡倫，其次盡制。由盡倫，盡制至于盡物、盡天地，然後吾性始盡。孟子又曰『盡其心』。盡心即盡性，後儒訓盡心爲窮物理，遠矣。二氏止明心，未嘗盡心；止見性，未嘗盡性。夫斯以逃倫棄物而不返也，故曰在盡與不盡之間。然聖人雖曰常盡，亦若太虚浮雲然，其歸無不空空。」

問：「存心、養性有二功乎？」曰：「無二功也。性者心之體，當其放心，必加操存，故曰存心。存久自明，性靈著矣，則當以涵養爲功，故曰養性。存者，存於既放之後；養者，養於既存之餘。但有生熟淺深之異耳，非心性有二體，存養有二功也。」

問：「良知不慮而知，曷爲又言慮？良能不學而能，曷爲又有學？」曰：「慮者，慮乎其所不慮者也；學者，學乎其所不學者也。慮而後復其不慮之體，則以不慮慮，而莫非良知矣；學而復其不學之體，則以不學學，而莫非良能矣。」

問：「萬物既皆備矣，何待反身而誠而後能樂？」曰：「萬物之理雖備人心，然動於慾而有不誠，則自失其理而弗之慊矣，烏能樂？故必反歸于誠，而理既足，則自慊而樂矣。如爲子而能誠，則孝之理慊；爲弟而能誠，則弟之理慊，寧有弗樂乎？」曰：「强恕何以能求仁？」曰：「萬物之理備于人心，仁體固然者也。惟如心則亦能誠，而求仁近矣。夫人心本欲孝也，有不如其心，必勉强盡孝以如其心，則孝之理近。本欲弟也，有不如其心，必勉强盡弟以如其心，則弟之理近。求仁豈遠乎？如心，即所謂慊也。至于恒慊，則亦無不樂矣。孔子曰『能近取譬』，『己所不欲，勿施于人』，皆勉强如心義也。」曰：「若是，則物理固無與也。」

問曰：「子之言無慾也亟矣，無慾亦豈易哉？」曰：「子必寡之以至于無，可矣。」曰：「聞之淮之南之學則異是。淮之南曰：孔門唯言『欲明明德于天下』，『欲仁而得仁』，孟子言『可欲之謂善』，未嘗言無欲也。」曰：「不然。今夫人不能『欲明明德於天下』，不能『欲仁而得仁』者，何哉？以有欲也。既有欲矣，而曰『吾能欲明明德於天下』者，僞也。蓋彼欲重則此欲輕，勢固然也。故孔子曰『無欲而好仁』，孟子曰『無欲其所不欲』。乃謂孔孟不言無欲，不幾誣乎？昔者文王上聖，猶必無然畔援歆羡而後登於道岸；成湯智勇，猶必不邇聲色貨利而後建中於民。況以今學者懷多欲之私，而欲明明德於天下，未有不理欲交襍而終歸於霸也。然則淮之南之學則左矣。雖然，今之學者苟不先見無欲本體，亦未能致其功也。」曰：「然則曷爲能見無欲本體耶？」曰：「是非真志不可也。」有一弟子問曰：「弟子非不有志，然而興仆不一，若不能爲特操，則何如？」曰：「今之學者以意之嚮慕爲志，夫是以不能不興仆也。昔者孔子之志於學，則以憤忘食、樂忘憂爲功，蓋志在是則功在是，非曰嚮慕之而已也，故學之十五年而有立也。辟之有志長安者，必裹足啓行，以日計里，始爲真往長安者也。若盤桓家食，未有行期，雖峙粻治具，日訊程途，則何益矣？故孔子曰：『終日不食，終夜不寢以思，無益，不如學也。』非學不可以言真志。」弟子曰：「嘗聞諸先生曰人心本在長安，此又何説也？」曰：「人心無不備具，無不照臨，而道義由出。辟諸人身本在京都，苟不昏寐，則不必別求長安矣。蓋人惟昏寐不自著察，則亦夢中長安而已。故曰百姓日用不知者，此也。今也唯求時不昏寐，又何俟裹足而後至長安乎？雖然，唯時不昏寐乃真裹足，唯真裹足，即時不昏寐可矣。甚矣，時不昏寐者之不易覯也。」

有一弟子問於胡子曰：「先生奚學？」曰：「吾學以盡性至命爲宗，以存神過化爲功，然獨慚老未得也。」曰：「神化豈易言哉？」曰：「性也者，神也。神不可以意念滯，故常化。程伯子所謂『明覺自然』，言存神也；所謂『有爲應跡』，言過化也。而今之語盡性者失之，則意念累之也。」曰：「是非弟子所能企也，請下之。」曰：「以仁爲宗，以覺爲功，以萬物各得其所爲量，以通晝夜忘物我爲驗，以無聲無臭爲至。」曰：「亦非所企也，復請下之。」曰：「以一體爲宗，以獨知爲體，以戒懼不昧爲功，以恭、忠、敬爲日履，以無欲達於靈則爲至。」曰：「若是，則弟子敢請事矣。」曰：「是與性命神化豈有二哉？第見有遲速，故功有難易，習有生熟，要之皆非可以意念滯也。雖然，其惟在真志乎？」

問曰：「昔者羅先生贈子有『疑濂溪』之語，濂溪可疑乎？」曰：「濂溪何可疑也？自孟子後百千年，學者耳目若蒙污墁，得濂溪夫子抉之，人始能張目而睹皎日，故濂溪，近代之祖父也，吾何敢妄疑祖父哉？吾獨疑《太極圖説》非濂溪作也。吾所疑，有十不可解者：夫以太極既稱無極，不落形體方所，又何團而圖之若鏡若環然？果孰睹而孰傳耶？此不可解者一也。《大易》以乾坤言陰陽，取象奇偶而畫之卦，可謂明矣。今圖則左白而右黑之，右白而左黑之。陰陽果可以左右分而白黑定乎？視《大易》不贅乎？此不可解者二也。《説》曰：『太極動而生陽』，則未動之先果何爲耶？亦何似耶？若果有未動，則當謂之靜矣，是則先靜而生陰也，何得謂之動而生陽，抑何待生陽之後乃曰靜而生陰耶？此不可解者三也。且曰『動極而靜，靜極復動』。當其時二儀未分，七政未立，不知幾何時而爲動之極也？幾何時而爲靜之極也？昔之言天者莫如《易》、《詩》與《中庸》。《易》曰：『易有太極，是生兩儀。』《詩》曰：『上天之載，無聲無臭。』《中庸》曰：『其爲物不貳，則其生物不測。』槩未言鴻濛之先有若是之次第也。且不知動靜者果謂理耶？抑謂氣耶？如以理，則無始無端，不可以動極靜極求之；若以氣，則動者謂之紛擾轇轕可也，而靜者常謂何狀？其必凝結爲塊而已。此不可解者四也。『無極之真，二五之精，妙合而凝。』不知未合之前，此精此真各置之何所？又何以見其有合時耶？此不可解者五也。上言五行之生各一其性，而下言五性感動，則此五性即五行之性也，此五行之屬於人，果在内耶？抑在外耶？若謂五行之性即五常之性，則何不直以五常言之，不尤爲明且當耶？且五行各一性，特其質耳，於人性何與哉？今言五行而不及人性，此不可解者六也。『形既生，神發知。』言其始也。方人之始生而遽有五性之感，善惡之分，則人性果善惡混矣？此與《易·繫》言『繼善』，《商書》言『恒性』，《大雅》言『秉彝』，孟子言『性善』者，不大爲誖耶？此不可解者七也。『立人之道曰仁與義。』衆人與聖人同也。聖人特先得人性同然而身爲之教耳，豈固人性有善惡之混，而待聖人定之以中正仁義哉？且周子《通書》但言仁義中正，未嘗言中正仁義也。中正仁義果可四分而列言之乎？此不可解者八也。其始言太極也，動靜兼之，今特言聖人主靜，不爲偏耶？夫心好靜而欲擾之，『致虚極，守靜篤』，此老氏家貴靜語也。《大學》雖言『定而後靜』，然亦不以靜爲主也。若聖人專於主靜，則又何嫌虚無寂滅之爲教耶？或謂周子自註曰『無欲故靜』。夫周子《通書》曰『無欲則靜虚動直』，是周子固未嘗以無欲爲靜也。此不可解者九也。言者曰：『二程子始從周子學，周子手授是《圖》示之。』然考二程子立教數十年，《遺書》數千萬言，未嘗一語及圖與説也，豈其師特授之而弟子特遺之與？楊、謝之徒，豈真無一人可語者與？此其尤最明顯不可解者十也。予有此十不可解，故疑非濂溪作也，非敢疑濂溪也。予昔在蜀時，嘗著之辨，蜀有固陵先生讀之，嘆曰：『此雖周子復作，不易斯語。』嗚呼！知我罪我，其在斯乎？」

問曰：「昔子從遊於二先生，其緒論要旨可得聞與？」曰：「予自揞髮聞先君子論學，未識從事。年二十六，始從歐陽先生問學，聞『致良知』、『萬物一體』之訓。至年三十，復從學羅先生，羅先生訓以『無欲』，首嚴『義利之辨』。然予苦質駁習深，壯聞而中弛，既皓，始戮力而猶無得也。雖然，不可不爲二三子舉其崖略。」

予少駘蕩，好攻古文詞。始見歐陽先生，先生誨曰：「大人天下爲度，故盛德若愚，塗人我師。而淺中莫容，摽己自賢，烏能成其大者？夫藝達於道，故游焉而不溺；志役於藝，故局焉而胥喪。子曷早辨之？」予聞言悚然自悔，始有發憤刊落之意。

先生見予嘗有疾惡之病，一日謂曰：「仁者能好人，能惡人。夫好惡孰不能之？何獨曰仁者能好能惡？」予因請問。先生曰：「今人非不好惡。然嘗作之好，作之惡，則好惡反爲累，是不能好惡也。惟仁者得其本心，而以天地萬物爲一體，故視人有善猶己之善，雖無不好，一以本心好之，未嘗有加于本心而作之好也，故其好無張皇之失，卒不爲好所累，是曰『能好』。視人有惡，猶己之惡，雖無不惡，一以本心惡之，未嘗有加於本心而作之惡也，故其惡無忿恨之失，卒不爲惡所累，是曰『能惡』。且古仁人見人有惡，猶有哀矜之意，可以救正則救正之，不可則止。老子曰：『常善救人，故無棄人。』今也見惡人，一切忿恨不平，若不墜諸淵不已，是先已失仁體而墮於惡矣，又何惡人之有？」予時聞之，憮然則欲汗背。

或曰：「曷由使人皆入於善？」先生曰：「昔者大舜隱惡而揚善，此所爲與人爲善者也。」曰：「何謂隱惡揚善？」曰：「常人未必盡善，亦未必盡不善，若苟於其不善處指摘而亟攻之，則人愈激爲不善矣。惟大舜見人不善則姑隱嘿，未嘗遽加指摘，唯於其善者發而揚之，則斯人嚮善之心愈興。嚮善心生，則所爲不善有不假詔告而潛消之矣。故孟子於齊王不斥其非，止即其愛牛一念言之，而王遂有戚戚嚮善之心，此亦可見與人爲善之驗。」

先生每誦曰：「無有作好，遵王之道。無有作惡，遵王之路。無偏無黨，王道蕩蕩。無黨無偏，王道平平。無反無側，王道正直。」匪是，不足以平天下；「其心休休焉，其如有容。人之有技，若己有之。人之彥聖，其心好之。不啻若自其口出，寔能容之。」匪是，不足以用天下。

先生曰：「今之學者有二病：卑者溺嗜慾，高者滯意見，其不得入道均也。」曰：「意見曷生？」曰：「學不見本心，故或牽文義，或泥名跡，此意見所由生。自荀、楊以至今日，意見之害不鮮矣。」

先生答羅文莊公書曰：「天命之真，明覺自然，隨感而通，自有條理，是以謂之『良知』，亦謂之『天理』。」又曰：「學問思辨皆明善之功，善者天命人心之本然，所謂良知者也。良知至易至簡，而其用至博。若孝親敬長、仁民愛物，千變萬化不可勝窮，而其實一良知而已。故簡者未嘗不繁，而繁即所以爲簡，非有二也。」又曰：「蔽於私而後有不能，則必學而後能。是故本能愛親，蔽於私則有所不愛，學愛親而後能愛矣；本能敬兄，蔽於私則有所不敬，學敬兄而後能敬矣。」又曰：「有蔽而後有學，然其真妄錯雜，善惡混淆，必有不知不明者。問者問其所不知，思者思其所不得，辨者辨其所不明，皆就所學之事真妄、善惡之間，講究、研磨、察識、辨別，求能其事而後已。學而能之則善復矣，拳拳服膺而弗失，所謂篤行之者也。」

其再書曰：「夫人所謂天地之心、萬物之靈者，以其良知也，故隨其位分日履，大之而觀天察地，通神明，育萬物；小之而因天用地，制節謹度以養父母，莫非良知之用。離天地人物，則無所謂視聽、思慮、感應、酬酢之日履，亦無所謂良知者矣。若於天地人物之理一切不講，豈所謂隨其位分，脩其日履，以致其良知者哉？惟是講天地萬物之理，本皆良知之用，然或動於私，而良知有蔽昧焉。權度既差，輕重長短皆失其理矣。必也一切致其良知而不蔽以私，然後爲窮理盡性一以貫之之學。良知必發於視聽思慮，視聽思慮必交於天地人物，天地人物無窮，視聽思慮亦無窮，故良知亦無窮。其所以用力者，唯在於有私無私、良與不良、致與不致之間，而實周乎天地人物，無有一處安着不得而置之度外者也。」

予始見羅先生，先生教由靜坐以入。

予初登第，先生移示以不榮進取，致誨曰：「不榮進取即忘名位，忘名位即忘世界，忘世界始能爲千古真正英雄，作千古真正事業。炫才能技藝，規時好，視此路背馳也。」予乃浸知好名溺文詞之非。

先生雅曰：「古人有『天下不與』與『萬物一體』，非二語也。」予入蜀時，先生訓曰：「正甫所言者見也，非盡實也。自朝至暮，不漫不執，無一刻之暇，而時時覿體，是之謂實。知有餘而行不足，嘗若有歉於中而絲髮不盡，是之謂見。正甫蜀歸，尚以實脩者盡言之。」及予請告歸，欲請質者非一，而先生已逝越歲矣。先生將逝，先以書示予曰：「朝聞夕可，庶爲近之。」豈非永訣語耶？

先生初嘗語靜，又言歸寂，中年不同。《答武陵蔣君書》曰：「此心中虛無物，旁通無窮，有如長風雲氣流行，無有止極；有如巨海魚龍變化，無有間隔。無内外可指，動靜可分，上下四方，往古來今，渾然一片。而吾之一身乃其發竅，固非形質所能限也。是故縱吾之目，而天地不滿吾視；傾吾之耳，而天地不出吾聽；冥吾之心，而天地不逃吾思。古人往矣，其精神所極，即吾之精神未嘗往也，否則聞其行事，其能慄然憤然矣乎？四海遠矣，其疾痛所關，即吾之疾痛未嘗遠也，否則聞其患難，其能惻然畫然矣乎？是故感於親而親焉，吾無分于親也，有分于吾與親，斯不親矣；感于民而仁焉，吾無分于民也，有分于吾與民，斯弗仁矣；感于物而愛焉，吾無分于物也，有分吾與物，斯弗愛矣。是乃得之于天者固然，如是而後可以配天也。故曰『仁者渾然與物同體』，又曰『知吾心體之大，則回邪非僻之念自無所容；得吾心體之存，則營欲卜度之私自無所措』。」先生此書，蓋與孔子「天下一人」、子思「上下察」，孟子「萬物皆備」之旨千載一致，非可驟與未寤者言也。

終之月，書麻城周君册，其中篇曰：「落思想者，不思即無落；存守者，不存即無欲。得此理炯然，隨用具足，不由思得，不由存來，其中必有生生一竅，敻然不類〔二〕。」

申言上

有難于弟子者曰：「子之先生以菱芡、稻麥、鷄犬決理之不在物也，輒曰『理自人』，理自人斯疏矣。且天下之物衆矣，物若無理，則子午針曷爲不東西指也？嶰谷之竹曷爲能制律？子

〔二〕「其中必有生生一竅，敻然不類」，《别周少魯語》中作「此中必有一竅生生，敻然不類者」。

穀之黍曷爲能起籥也？陽燧曷爲致火？方諸曷爲召水？磁石曷爲連鐵？琥珀曷爲引芥？葵何以嚮日？珠何以應月？橘柚曷不度江？芍藥曷不踰嶺？此皆無知之物也，寧不有定理乎？星辰未必其有知也，乃若龍角見而雨畢，天根出而水涸，帝車正而四時調，三能著而上下和，景星見于中道則泰運昌，旄頭盛于街北則胡狄熾，亦不有定理乎？鳥獸之斃也無知，乃亦有貴賤之異：龍以骨貴，龜以殼貴，犀以角貴，麝以臍貴，象以牙，玳瑁以甲，猩猩以血，鸞以膠，故皆可庸，亦可器。其次若蟾酥之合玉，翠羽之屑金，鳥糞之塵石，犬膽之榮樹，龜溺之漬木，蟹黄之解漆，鰻骨之消蚊，巨勝之延年，威喜之辟兵，又不有定理乎？然則謂物無理未可也。」曰：「子之擬也詳矣。子豈不知氣類之有相感者，寧獨此物哉？雖然，太陽無不照矣，而蜀犬曷爲其吠日也？太陰無不貫矣，而嶺犬曷爲其吠雪也？水至清冷，而有温谷之湯泉；火至炎烈，而有蕭丘之寒焰。重類宜沉而南海有浮石之山，輕物宜浮而牂牱有沉羽之流。古人有云，不可以一槩斷之。然則理奚在哉？夫品而題之，區而用之，制自人心，昈然有條，是乃所謂理也，而不在物也。」曰：「然則理氣二乎？」曰：「盈天地間氣也，疇非吾心之理之爲絯也？先儒曰性即理，子必以氣類之感者爲理，則謂性在子午針與陽燧、方諸，可乎？」難者無以應。異時以告，先生曰：「誠如難者之求理也，我則不暇。」

難者曰：「漢儒有言：子順父，臣順君，妻順夫，何法？法地順天也。男不離父母，何法？

法火不離木也。女離父母何法？法水流去金也。娶妻親迎何法？法日入陽下陰也。長幼何法？法四時有孟、仲、季也。朋友何法？法水合流相承也。其他言父子、君臣、兄弟、善善、惡惡皆有法，其法皆不出乎陰陽四時五行之數。魏徐氏曰：太昊觀天地而畫卦，燧人察時令而鑽火，帝軒聞鳳鳴而調律，倉頡視鳥跡而作書。斯大聖之學乎神明而發乎物類也。後之言本天而窮物理者豈不出此？而子之先生胡非之也？」曰：「由漢儒言則無人性矣。先儒之本天，亦豈至如漢儒之謬哉？雖然，先儒與漢儒不信人心而信氣與物者，則其弊一而已。夫二五之氣鼓行乎萬物者，天命宰之也。天命具于人心曰性，惟人性爲萬物之靈。故二五者得天命之散殊，氣用者也；人心性靈得天命之主宰，神用者也。聖人先得人心性靈之全，故能理爕二五，和調四時，綱紐造化，贊佐民物，蓋天地之賴于人心多矣。今儒者于萬物則曰此出于天而爲理，故即物窮理以求天也；於人心則曰此出于人而易私，故一涉人心，輒譙訶仇敵之不皇。嗟夫！吾姑不言天地之賴于人心也，吾獨莫知本天者之能外人心否也。吾恐先儒外心以本天，其不爲漢儒之繆亦無幾矣。雖然，吾聞莊、列之言天曰：『曲者不以鈎，直者不以繩，圓者不以規，方者不以矩，附離不以膠漆，約束不以纆索，馬不以羈靮，篋不以扃鐍，魚不以網罟，鳥不以畢弋，治天下不以斗斛、權衡與符璽。』推先儒之本天，反若陰與于莊、列之言多矣。然則聖人之理爕和調咸當爲私，而《易》所謂『裁成輔相』云者，不將爲誣歟？此先儒與漢儒所爲均非也。」曰：「魏徐氏之言何如？」曰：「古之聖人先得人心性靈之全，以故仰觀俯察，近取遠取，觀鳥獸，類萬物，將以開物成務，制器尚象，以成理燮和調之功，裁成輔相之道，蓋其先有本也，非曰以是窮至物理爲學者事也。而徐氏未諳也。」異時以告，先生曰：「然。」

難者曰：「子之先生以爲人心通天地萬物，惟不痺爲仁，然則禪者之逃倫棄物，是亦非痺歟？」曰：「禪者之顓顓焉出死生爲事也，夫安得非痺？」曰：「禪者亦自謂明心矣，曷爲其至于痺？」曰：「禪之言曰『山河大地皆妙明心中物』，彼豈不知心之通天地萬物哉？彼知心之通天地萬物而不肯盡心于天地萬物者，則其出死生之爲痺也，是學之偏也，非心之本然也。夫心一也，以盡則爲儒，以不盡則爲禪。猶人之手一也，以拱則爲禮，以擊則爲暴；足一也，以蹈則爲善，以踰則爲非，豈有二手足哉？甲兵亦一也，以在湯、武則爲仁，以在桀、跖則爲虐，亦豈有二甲兵哉？而世儒必謂本心者之爲禪，則是天之生人心，豫厝之毒而爲禪也；其生萬物，豫貯之理以業儒也。其果然乎？」難者憬然曰：「天之生人心，夫寧有豫厝而爲禪耶？甚哉！不盡心之爲痺也明矣。」

難者曰：「禪者之言出死生也，出則曷之？」曰：「先生嘗詔之矣，即莊子所謂『有旦宅而無情死』，『與天地精神往來而不毁』者是也。此非獨莊子，老子曰『死而不亡曰壽』。非獨老子，吾聖門曰：『父母全而生之，子全而歸之。』歸者，豈歸其形軀哉？夫曾子戰兢，常如臨深履薄，豈常憂形體之不全哉？其曰『吾知免夫』，亦豈免於形體者哉？且夫盜跖、胥靡至老而斃，獲保首領，全其形體，滔滔皆是也，固知曾子憂不在是矣。曾子之憂，憂性不全爾。性不全則不得爲仁孝，不仁不足以饗帝，不孝不足以饗親。故曾子將死，自幸其全而以曉門弟子。雖然，豈獨曉門弟子哉？曾子不又曰：『君子之愛人也以德，細人之愛人也以姑息。』以姑息者，憂在形也；以德，憂在性也。曾子之辨形性也審矣，豈肯自居姑息而徒爲懷形者倫哉？」曰：「曾子曷爲令門人啓手足哉？」曰：「病者令人起動其手足以便興居，此非異事，豈欲門人爲是而驗其手足哉？且曾子手足之全，門人豈不習知？門人習知之，而曾子復欲其啓驗之，則相率爲僞矣。况古之全歸，非必以形體爲也。如以形體已矣，則比干之剖心，萇弘之流血，顔魯國、文信國之徒皆不得爲全歸。孔孟所謂成仁、取義，將反爲不仁不孝者也，豈聖門之教哉？是故君子夭壽不貳，全性立命，上也；身體髮膚不敢毁傷，則其次耳。」曰：「若是，則聖門亦以出死生爲事乎？」曰：「聖門盡性以至于命，則不假於逃倫棄物，而死生弗滯矣。聖門豈顓顓爲死生哉？夫二氏顓顓爲死生，故其學爲偏，其流爲無父無君，雖然，非心罪也。」

難者曰：「子之先生齦齦焉以覺爲性，鰓鰓焉引物連類而强證之，獨未考朱子《答廖德明》之書乎？書曰：『賢者之見不能無失，正坐以我爲主，以覺爲性耳。夫性者，理而已矣。乾坤變化，萬物受命，雖所禀之在我，然其理則非有我之得私也。』又曰：『性即是理，不可以聚散言，其聚而生、散而死者，氣而已矣。所謂精神魂魄有知有覺者，皆氣之所爲也。』觀此則性屬理，知覺屬氣，其不可混也明矣。今必以覺爲性，亦終認氣爲理耳，雖千萬辨奚益？」曰：「子之語理，所謂『舉三隅不能一反』者也。今吾也不復有言，請借子之言爲詢，可乎？夫先儒曰『性者理而已矣』，此雖孔子不能易也。然所謂性，果能外仁之惻隱、義之羞惡、禮之辭讓、智之是非乎？」曰：「未能外也。」曰：「仁之惻隱，義之羞惡，禮之辭讓，吾姑不言，吾請詢：智之是非果又外於覺乎？」曰：「未能外也。」曰：「智之是非未能外覺，則仁義禮豈又二物哉？今夫人，其耳目口鼻異官，而要之皆一形也；其父子兄弟異倫，要之皆一身也；其仁義禮智異發，而要之皆一覺也。子知仁義禮智之出於覺也，而謂覺非性，可乎？謂覺性非理，可乎？若惟以覺爲氣，則五常四端皆當爲氣而不當爲理矣，其又可乎？且先儒曰『乾坤變化，萬物受命，雖所稟在我，然其理非有我之得私』。夫既曰稟之在我，則乾坤之理已在我矣，亦豈能外我之覺乎？未能外我之覺，則所謂以我爲主，以覺爲性者，未爲非也，亦未爲私也，而謂覺非性，可乎？謂我之覺性屬于氣，不屬于理，可乎？且夫不以我爲主，則必以物爲主；不以覺爲性，則必以不覺爲性。苟以物爲主也，則物如木石皆可爲主乎？吾未聞人靈萬物而反不如物也。苟以不覺爲性，則不覺如木石可謂有性乎？吾未聞人性至善而一無所覺也。孔子曰：『成性存存，道義之門。』又曰：『父子之道天性』。《記》曰『毁不滅性』，是皆以無覺者爲性乎？抑亦以有覺者爲性乎？

即如先儒之與德明辨，自謂有理矣，不知是理也，其果無覺者爲之乎？抑亦有覺者爲之乎？先儒何其與《易》、《書》、孔、孟異也？又何由之而不自知也？不然，則先儒所謂『性者理而已矣』，必別有一性、別有一理出身心之外，非五常四端，非至善存存之謂矣，其又可乎？蓋嘗觀之：盈天地間，升降闔闢，凡有聚有散者，疇非氣也，而孰宰之？則帝天爲之宰焉者，是命也，即理也，故《詩》稱『維天之命，於穆不已』者是也。人生天地間，呼吸作止，凡有聚有散者，疇非氣也，而孰宰之？則心覺爲之宰焉者，是性也，即理也，故《書》稱『維皇上帝，降衷下民，若有恒性』者是也。然則乾坤變化亦豈能獨私其理而不以畀諸夫人也哉？故理之在人也，宰之一心而達之天下，不期而準；主之一時而施之千萬世，不約而協。是我之知覺本通于人之知覺，本通于天下後世之知覺，本非有我之所得私。所謂以我爲主、以覺爲性者，本未爲非，亦未爲私也。孟氏所謂『不知足而爲屨，我知其不爲蕢』，蓋謂此耳。如曰求理於物以爲無私，吾見其憧憧焉，戛戛焉，不任其安排布置，不任其有我之私，未見有得其理者也。至如德明，異時以書論學，乃遽加以咆哮而拒之，其能不爲有我之私難矣哉！此由不以覺爲性，故失而不自覺耳。」曰：「然則人心之覺，生而聚、死而散者，謂非氣也可乎？」曰：「曩先生於《鬼神篇》已詔之矣。今夫人心之覺不以生存，不以死亡，是故文王於昭于天，孔子至今猶存，此未可爲世儒言也。」

難者曰：「甚哉，二氏之不可不排也！今之學者大要溺死生、騖簡徑，故雖逃倫棄物之教咸争趍之。苟不遏其流，則率天下而皆去君父矣。今子之先生非不知之，反若陰爲之地者，何哉？」曰：「排二氏非不韙，然貴知所以排。知所排者，吾既得其全而以攻彼之偏，則雖有好偏者，其趍全也若歸矣。不知所排者，吾方守其偏而以攻彼之偏，則雖有慕全者其趍偏也若驅矣。吾見今之排二氏者，將授之魁柄而驅之矣，又惡能遏其流？子不聞之：昔者唐韓愈任道排佛，既自比孟軻矣，已而見大顛以理自勝，則瞿而服，見《三平諭》以智入，則悚而聽，是排二氏者其言也，而趍二氏者其實也。此何以然哉？則繇其以偏攻偏，終折而入于禪也，蓋不知所排者也。宋富鄭國、趙清獻、劉忠定、陳忠肅、吕侍講、楊大年、張無垢及蘇氏兄弟、文信國，皆天下之英偉絶出人也，皆莫不從禪以樹于世。其間若富、趙、劉、陳、文信國忠孝貫日月，死生如旦夜，彼豈死生能刧之哉？韓、楊、張、蘇咸稱博物君子，亦豈空疏自便於簡徑哉？此其故又何也？嗟乎！此固諸君子之過，抑亦儒者之驅之也。自孟軻殁，學浸忘本，若左丘明以下，咸以遵聞見、謹器數爲事，至有窮年莫究、累世莫殫之弊。太史公已譏之曰『博而寡要，勞而無功』。漢文帝，賢君也；蕭、曹、汲黯，賢臣也，當時鏡其弊，已棄而從老。老之後禪説盛行。周、程二大賢生于最後，雖能辨别幾微、昭揭吾儒之本要，而二氏之焰熾已久矣。周、程既殁，物理學行，其意欲以勝禪，亦非不韙也，然而聞見、器數之故塹若有加焉，此諸君子者咸亦洞鏡其弊，豈肯復從人臨海算澌、登嶽辨葉而不知反顧哉？惜哉！諸君子鏡其弊矣，又莫能自反其家室，則左轡禪氏以爲歸宿路也，亦勢使然耳。方其在諸君子，則如坐炎熇而急就夫清冷；在諸儒者，則如倒持太阿授二氏其魁柄也。然則諸君子之從二氏，寧非儒者之驅之哉？而儒者不自知其偏且遠也，而獨曰吾能排二氏攻異端，則烏能得其反顧哉？今之日誠有真儒者出，遡求孔、孟之真，指陳知本之學，辨別幾微以廓聖塗，而世儒猶復執吝物理，摭拾近似，增壁加壘，鶩相拒敵。既自棄其家室，猶復攻人之返室者，反曰：『是陰爲二氏地。』吾不知精一一貫之旨何日而明，彼算漸、辨葉、坐違其家室者，何時而返也哉？後之阻此而趍彼者愈無日矣。李覯有言：『無思無爲之義晦而心法勝，積善積惡之誡泯而因緣作。』噫嘻，諒哉！是疇之愆歟？是疇之愆歟？」

難者曰：「昔者孔門誨人不一其說。如問仁一也，而答屢異，其它答問孝、問君子語皆異，四教則有文、行、忠、信之異，至于孟子則有五教。今子之語若畫一焉，是不失之徑乎？徑固禪者流矣。」胡子曰：「不然。昔者唐虞三代，上無異教，下無異學，道德本一，風俗本同，故不必畫一其語，而趍者無不一；孔孟之世去古未遼，故其爲教，亦不必畫一其語，而趍者無不一。何則？知本故也。然自今觀之，唐虞三代具于書者可考，雖千萬其語，而其歸爲『敬』與『中』，則一而已。孔孟之教，具于《論語》與七篇者可考，雖千萬其語，而其歸爲『仁』與『義』，則一而已。然則古人何嘗不畫一爲教哉？至如孔門告爲仁曰『非禮勿視、聽、言、動』，曰『出門如賓，使民如祭』，曰『訒言』，曰『恭忠敬』，要皆不外存心，然則孔門又何嘗不畫一爲教哉？子以四教，此自記者各以所見言之，如文行猶可析，忠信則不可析。孔子屢言忠信未嘗析，蓋未有忠而不信，信而不忠者也。四教之説疑亦非孔子本旨矣。至若孟氏教宋勾踐遊説之徒，咸不出仁義，其它可知。此則自孔孟已不欲有異教，况在後世，處士横議，百家雜出，詁訓繁興，不一其門。大要騁于射覆之見，肆爲專門之説，磔裂臠割，轉相攻刺，至有膏肓痼疾之非，風角讖緯之流。吾嘗辟之臨海算澌，登嶽辨葉。天下唯識其澌與葉，益以利禄蒙之，而帝王孔孟知本之學蕩然不知所底。至宋，道州夫子始揭其要曰『誠』，曰『無欲』；大程夫子復示其宗曰『識仁』，曰『天理』，其它雖千萬其語，要不外是。然則此二夫子豈皆好徑而趍禪也哉？嗟哉！自帝王孔孟與二夫子，的的乎訓若畫一，而世猶異之。乃今則尤有異焉，算澌者，反若執一澌以譏全海；辨葉者，反若珍一葉以攻全嶽。有語源與根者，鮮不揮戈逐之。天下學士高者欲歸其室又畏甚戈戟，則寧野處而不還。其它則如甘海錯者，寧便其地産而竟忘其肉食；買珠貝者，寧愛其櫝美而竟棄其珠貝，蓋亦壞爛極矣。而言者又操不一之説以滋多岐之毒，是將疲斯世斯人而剿之，其亦不仁甚矣。是故畫一非得已也，子終有疑，則從算澌辨葉可也。」

中言下

或者曰：「載觀近儒，嘗搜考《楞伽》、《金剛》、《傳燈》，反覆辨證，著書萬言，深排釋氏，以爲心性不可離而亦不可混，性者出於天命而有定理，心則不過知覺妙用而已。佛氏有見於心，無見於性，認知覺而違定理，故終有逃倫棄物之失。」又曰：「佛氏所謂性者覺，吾儒所謂性者理，良由不知性爲至精之理，而以所謂神者當之，故其應用無方，不失圓通之妙，而高下無所準，輕重無所權，卒歸於冥行妄作。今之儒可無省哉？」曰：「近儒非獨以詆釋氏，實以詆今之儒者之言覺也，其辨爲甚審而語亦甚確矣。以愚觀之，近儒固矣。吾不知近儒所指天命之性果在人心乎？抑在心外乎？若性在心外，則天下古今無心外之性，而孟子亦不當有『仁、義、禮、智根心，非由外鑠』之訓；若在心内，則非惟釋氏不當違性以求心，而吾儒亦不當違心以求性也。且夫心性不可混，則謂如火之明，如水之清可也。謂當外火以求明，外水以求清，則大不可也。其曰定理，非覺疇定之乎？至精之理，非覺疇精之乎？高下之準，輕重之權，非此覺爲之天權、天度、天星、天寸，其疇爲之乎？近儒必欲外覺以求理，則亦所謂外火求明，外水求清，非特不可，亦必不能也。乃猶以覺、理分心、性，以心、性分佛、儒，吾恐心與性、儒與佛皆不得其服矣，故曰固也。夫覺即理也，然至於無準與權者，則所謂感物而動，失其本知本覺者也。失其本知本覺，而本知本覺之體固未亡也。故精者此精也，準與權者，此爲之也。若夫釋氏主於逃倫棄物者，曩吾析之明矣。要其學止於明心而未逮盡心，止於見性而未逮盡性，是有覺而未能履之爲德行者也，非心覺之專爲釋也。《詩》曰：『有覺德行，四國順之。』夫以有覺德行責釋氏，則釋氏詘矣。」

有海濱李君，讀近儒書，悱然若有得於儒釋心性之辨，因友人見質胡子而氣鋭然。胡子曰：「吾言滋嘖矣。」友人曰：「子海濱士，當知海水之鹹，若能外海水以求鹹，則亦能外心言性矣。」君默然去。三日則來見，曰：「吾觀近儒之辨儒釋誠過也，既曰『釋氏所謂性者覺，吾儒所謂性者理』，乃又曰『理經而覺緯』，則是以儒爲經以釋爲緯，未可通也。且天之生人，豈使之心爲釋而性爲儒乎？必不然矣。」胡子謂弟子曰：「李君寤速矣。」

李君曰：「近儒則云：『理果何物也哉？通天地、亘古今，無非一氣而已。而一動一靜，一往一來，一闔一闢，一升一降，循環無已，爲四時之温凉寒暑，爲萬物之生長收藏，爲人事之成敗得失，爲斯民之日用彝倫，千條萬緒，紛紜轇轕，而卒不可亂，有莫知其然而然，是乃所謂理也。』又曰：『日月之食、彗孛之變，未有不旋復其常者，玆非天理而何？』若是，則近儒皆以氣言理耳，乃又以此言性，是果以性在心外矣。果當求性於天地萬物之散殊，而所謂仁義禮智，所謂惻隱、羞惡、辭讓、是非、不忍人之心，皆一不相涉矣，其可通乎？乃若《易·繫》所謂『繼善』，《書》所謂『降衷』，《記》所謂『生而靜』，皆當求之天地萬物之動靜、往來、闔闢、升降之間，吾終不知其何所着也，其可通乎？或曰：此以推本其性之所自來者。曰：以是爲推本，猶告人子之爲孝者，而推本其父母婚媾之始、往來之儀，則亦何與哉？盍亦告以良知良能之不可解者，是乃孝也，性也，亦理也，而推者遠矣。」胡子謂弟子曰：「吾見今之學者，莫如李君達理。」

李君曰：「近儒自謂理氣無縫隙矣，然其言天地萬物之聚即聚之理，其散即散之理，是既以氣之聚散爲理之有無也，可謂無縫隙乎？向所謂定理者果安在乎？且於人性之善亦安所與哉？至是則理與性又各爲縫隙不相顧也。」曰：「然。」

曰：「近儒曰『理只是氣之理，當于氣之轉折處觀之。往而來，來而往，乃轉折處也。』若是，則兩頭皆無理，唯在中轉處乃有理。如春夏故無理，唯春夏之交始有理；秋冬固無理，唯秋冬之交始有理。然則性亦當于二時求之乎？」曰：「噫吁！何以辨爲？」

曰：「近儒自謂朱子小有未合。蓋朱子云：『理與氣決是二物，氣强理弱，理管攝氣不得。』近儒又自謂于程、朱語累年不能歸一，及以『理』、『氣』二字參互體認，亦竟不能歸一，一旦于理一分殊有悟，于是始涣然自信。至語理一分殊，則曰：『人物受氣之初，其理惟一；成形之後，其分則殊。』良以爲得矣。吾不知受氣與成形相去幾何，而理一分殊乃爾頓異，其果然乎？」又曰：「若有恒性，理之一也；克綏厥猷，則分之殊。成之者性，理之一也；仁知百姓，則分之殊；天命之性，理之一也；率性之道，則分之殊。觀此則凡以屬天地者，均爲理一而無分殊；屬夫人者，均爲分殊而無理一，恐未可也。且仁者、知者、百姓日用不知者謂爲分殊，則是楊子之義，墨子之仁，百姓由之而不知道者，皆當爲分定不可移易，而人無責焉耳矣，恐未可也。夫近儒謂先儒爲未歸一，吾恐楚固失之，而齊亦未爲得也。」曰：「然。」

曰：「朱子曰『思慮未起，知覺不昧。』近儒易之曰『所覺不昧』。不知思慮之未起也，而覺者奚其所？」曰：「思未起而覺存，覺即理焉，而覺無迎也；感既通而理行，理即覺焉，而理無將也。無迎無將，曷求其所？」弟子悟曰：「思未起而覺不昧，即所謂喜怒哀樂未發之中者是也，又奚其所？」曰：「然。」

曰：「近儒所引程伯子之言曰天地間有『亭亭當當直上直下之正理』。此正理孰存乎？」曰：「嘗試觀之：井有人焉，救自井上則爲正理，其從之也則非正理，是正理在井乎，在人心乎？昔者司馬公兒時，嘗舉石擊甕以救溺子，是正理在石乎，在甕乎？又嘗考物而爲之乎？抑亦在司馬之心乎？皆可辨矣。稽伯子本言：『中者，天下之大本。』繼曰：『天地間亭亭當當直上直下之正理，出則不是。』以是知伯子所謂『中』，所謂『大本』，所謂『正理』，固不在物也。」曰：「然。」

曰：「夫人靈萬物、心天地出于《書》與《記》，近儒豈不諳哉？而其譏楊氏之《己易》也。曰：『人以藐然七尺之軀，乃欲私天地爲己物，多見其不知量。』信斯語也，則《書》與《記》之言妄矣！其然乎？」曰：「靈萬物、心天地者，固不在七尺之軀，而以宰七尺軀者，即以宰天地萬物者也。且夫以物觀之，則天地大；以道觀之，則天地亦道中一物耳。夫率性謂道，脩道則中和位育不在身外，然則七尺軀則又不藐矣。嗟乎！是未易諳也。」曰：「楊氏之學何如？」曰：「楊氏吾不深知，而《己易》難廢也。」

曰：「近儒曰『未發之中，非惟人人有之，乃至物物有之』。夫謂未發之中，物物有之，則發而中節之和，亦當有之矣。是犬與牛皆與人性無異，皆當責之以中和位育之功也，其可通乎？近儒又謂天命之性，不獨鳶魚有之，花竹亦有之。又云：『在人心者與在鳥獸、草木、金石者無異。』夫然，則鳶魚、花竹、草木、金石皆當責以中和位育之功，不獨人人當窮物之理，而物亦當窮人之理也，其可通乎？且夫《中庸》言『天命之性』、『率性之道』，本以人言，未嘗及物也。下文『脩道』及『君子戒慎』、『致中和』皆責在斯人，亦未嘗屬物也，而先儒乃强以人、物並訓之，亦誤矣。大抵先儒欲證成『在物爲理』一語，以便『格物窮理』之説，乃遂謂物物皆有未發之中，則是堯舜所爲精一而執之者，今則物物皆有之，是物物皆堯舜矣，其可通乎？雖然，此無足多辨也。乃若人物之性，其偏、全、邪、正以逮有無，子猶未悉也，則當爲子竟之。昔者告子問生之謂性，是以知覺爲性明矣。孟子未嘗非之，惟欲告子辨犬牛之性不可同于人，以人得其全而正焉故也；亦猶羽雪之白不可同于玉，以玉得其堅而貞焉故也。《書》與《記》所謂『靈萬物、心天地』，孔子所謂『人爲貴』，不以是與？然則鳥獸雖有知覺，亦不可以擬人，而况草木金石乎？且天之生人與鳥獸也，其知覺之性則一而已，至其氣質輕重清濁，相爲低昂，而偏全異矣。全則成正，偏則成邪，而邪正出矣。何以言之？蓋氣質輕清者近天爲陽，重濁者近地爲陰，故其最輕清得陽多者爲上知，上知全性無蔽者也。輕清重濁陰陽互勝者爲中材，中材者，性因氣質爲通蔽而可上下者也。最重濁陰多者爲下愚，下愚多蔽而鮮通者也。自下愚而下，愈重濁，陰愈多，漸易其形者，爲夷狄，夷狄中之良者不以其例；愈重濁，陰愈多，大易其形者，爲禽獸，禽獸中之良者不以其例。夷狄、禽獸非其良者，唯有蔽而已矣。是則性一也，而以氣質之低昂爲偏全、爲邪正，于是有人與禽獸之分。故謂人性異禽獸者固非，而曰同禽獸者不尤爲非哉？若夫草木金石，則惟有氣質相勝而已。蓋既無君臣父子，亦無飲食男女，于其親、義、序、別、信，罔所着也，乃謂其有性，謂其有未發之中，可乎？又必謂其與人心無二，則舛而近于誣矣。推其意，惟欲以證成『在物爲理』之一語，而不自知其墮此耳，然則『物理』之説愈不可通矣。」

曰：「近儒又以天性爲本體，明覺爲妙用，且曰『天性正于受生之始，明覺發于既生之後』，若是，則受生之天性，其禀也爲無用之體；既生之明覺，其發也爲無體之用。受生與既生截然兩人也，本體與妙用判然二物也，其可通乎？且夫性者〔二〕，近儒所謂理也，是理既正于受生之始矣，乃復欲求理于物，又欲求理于氣之轉折處，其不爲增懸瘿而重駢拇乎？苟謂此明覺者不

〔二〕「夫」，明刻本作「天」。

出天命之性，則此明覺胡爲乎來哉？ 又胡爲其若是妙用哉？ 天亦胡爲生人以明覺，而徒爲無體之用哉？ 若是，則凡人之既生，皆止爲無體之用而已，其可通乎？ 乃不知覺一也，未發則爲體，發而中節則爲用。 性之德也，合外内之道也，二則非也。」曰：「然。」

曰：「近儒曰：『今以良知爲天理，即不知天地萬物有此良知否乎？』又曰：『求其良知而不得，安得不置度外耶？』此近儒之憂，憂夫天地萬物無良知，而人之獨有良知者必置之度外也。」曰：「近儒左矣！ 夫使天地萬物無良知，而人亦無良知焉，則亦孰知天地萬物之爲度内與度外也？ 今而草木金石之無知，則天地萬物自不相涉矣。 惟人獨有良知，則固所以通天地萬物而理之者也。 良知之通天地萬物而理之，是乃所謂天然條理者也。 苟謂良知而反外天地萬物，是必如草木金石未始有良知者也。」曰：「近儒謂人物爲度内者，蓋推本其同得天地之理爲性，同得天地之氣爲形焉故也，又焉假夫良知？」曰：「此推本之説未爲非也，乃不知其所爲推本者苟無良知，則孰使然哉？ 且夫孩提知愛知敬，見入井而怵惕，見觳觫而不忍〔二〕。 當其時，非惟不知推本，而亦不皇爲推本也，則又孰使然哉？ 嗟夫！ 使人無良知，鮮不以耳視目聽，又鮮不以鼻食哉？ 且將朔越其肝膽，秦齊其骨肉，子不以父父、臣不以君君者，蓋比比矣，則以何

〔二〕「觫」，原作「穀」，據明刻本改。

者爲天地萬物度内哉？子獨不知仁者以天地萬物爲一體，則以良知弗痺故也，非假推本而後能也，然則謂良知爲天理明矣。」

曰：「近儒又言今以良知爲天理，則是理全屬安排，無復本然之則矣。此近儒之憂，憂夫良知之涉于安排也。」曰：「近儒又左矣。夫良知者，乃吾人之天權、天度、天星、天寸者也。吾致其良知以應物，是猶平衡定準以稱量天下之物者也，夫是以順乎本然之則而不涉于安排者也。今若舍吾天權、天度、天星、天寸，而惟以窮索臆度懸定物理之輕重長短，是未嘗平衡而欲以稱物，未嘗定準而欲以量物，則非獨涉于安排，且以顛越其輕重長短者多矣，又烏睹所謂本然之則哉？且終不知其所爲窮索臆度者，則亦良知之未光者爲之，而衡準則未見其平與定也，盍亦反其本哉？雖然，世儒之良知固自在也。使世儒而先從事于平衡定準焉，然後知天權、天度、天星、天寸無事于窮索臆度爲也。然則謂良知爲天理益明矣。」

曰：「近儒語良知，謂『良』者不過自然而已。『自然』果可以訓『良』乎？」曰：「《説文》有之：『良，善也，賢也，長也。』故《書》稱『元良』，孟子曰『良心』，曰『良知、良能』，皆『善』義也。『善』固無不自然，而以『自然』訓『良』者，非本義矣。」「近儒又以『知』爲虚字，『知』果該虚乎？」曰：「一字而數義者多也，一字而虚實不倫者亦多也。如『親』、『仁』字本實義也，然而曰『親民、仁民』，則虚用之。『言』、『行』字本虚義也，然而曰『善言、善行』，則實用之。又若『明明德』一語，上『明』則爲虚字，下『明』則爲實字。『良知』即『明德』也，抑何疑于虚哉？甚哉，世儒泥文執義之自爲蔽也！雖然，君子明其大者，而小蔽無多辨也。」

或曰：「世儒必以無知覺者爲性，然古今未有無知覺之性，吾請折中曰：『知覺之中正者爲性可也。』世儒必以事物之有名義者爲理，然名義亦人心之知覺者爲之也。吾請折中曰：『名義之中正者爲理可也。』」弟子以告，先生曰：「知覺之中正者，性善是已；名義之中正者，乃所謂善也。今必曰『名義生于物，不生于人心』，又曰『吾憂其近禪而畏虚，而以物理別之』，是天蔽無瘳者也，亦復何辨？」

曰：「自三代後不幸有釋氏，故有是紛紛。今也則何以祛焉？」曰：「昔者歐陽脩曰『脩其本以勝之』，良然哉！良然哉！然修又曰『性非所先』，則亦倒執其柄而與之矣，又烏能勝？夫善治病者當究其原。彼釋氏欲明心見性以出離生死者，是病原也；欲明心見性以出離生死，乃至逃倫棄物而爲之者，則病症也。何以辨之？昔有得寶鏡者二，其一磨礱使明而懸照乎物，曰吾將盡鏡之性而無愛吝也；其一磨礱使明而襲藏諸篋，曰吾將任其長明而無復翳也。夫鏡非異也，磨礱非相遠也，然一則懸照而盡鏡之性，一則襲藏而令其長明，則公與私之分也。猶之心性非異也，存心養性、明心見性亦非相遠也，然一則以是盡己與天地萬物之性，一則以是而出離一己之生死，則亦公與私之分也。雖然，聖人既公矣，既能盡天地萬物之性矣，乃未嘗以天地萬物撓己，則亦未嘗不出離生死者也。且夫文王不顯之德，《中庸》擬曰『上天之載，無聲無臭』，《大雅》又曰『文王陟降，在帝左右』，則固有不存存、不亡亡者在，死生烏得而囿之？又如孔子無意、必、固、我，而從心不踰矩，則謂孔子之心終與形俱化焉，吾不信也。若是，則釋氏所憂爲死生大事者，吾聖人無憂也。爲吾聖人之學，又何必逃倫棄物以爲出離計哉？雖然，吾聖人惟其公也，故獨得其全焉。又何辨之？今夫一日之間，方在詰朝，冠櫛未施，文理未著，冲冲融融，若遊于天地之初，行乎萬物之始，此一時也，則黄老家類之；及其嚮晦，弛衣卸冠，晏寢以息，泯泯默默，若處溟涬，内不知有己，外不知有天地萬物，此一時也，則釋迦家類之。夫惟至晝日焉，冠紳禮樂，文際揖讓，斤斤郁郁，其應天地萬物，較若星辰之燦、川原之辨，此一時也，則吾儒家者類之。嘗試較之：自其偏一時而言，則在晝日者爲是，而在詰朝與嚮晦者爲非也；自其全一日而言，則在晝日者固是，而在詰朝嚮晦者亦人之所不能免也。是故黄老、釋迦各專一時之偏，其過不可貸矣。乃不知吾儒家聖人之大全，則又未嘗不兼有二家者也。非故欲兼也，亦猶全日之不能外詰朝嚮晦者也。何則？吾儒者存心養性以盡己與天地萬物之性，此正脉不待言。然使暴其氣則不能也，故無暴其氣則兼有黄老矣，而聖人固不嫌有黄老事也。使不全歸則不可也，故全生全歸則兼有釋氏矣，而聖人亦不嫌有釋氏事也。此聖人之所以爲公而全也。故程伯子曰：『句句同，處處合。』然而不同，則亦公私偏全毫釐之間耳。然毫釐之差而千里之繆由之，是則同此心性而毫釐千里出焉，則學者所當早辨者也。若徒分心爲釋，分性爲儒，吾恐心性終不可分，則儒釋終不可辨耳。吾故曰：辨儒釋者，當辨異于同，而不當辨異于異，乃爲明也。然則今之袪異端者，惟辨異于同之中，則彼且媿其異而無不服。惟示同于異之中，則彼且追其同而無不悔。彼亦天下之高朗人也，苟有見焉，則將曰：公且全焉，是無乏吾事也，吾又何必爲其私且偏，而不爲公且全哉？若是，則不但得其病原以治之，而太阿之柄亦在吾儒不在二家，二家之歸也有日矣。所謂脩其本以勝之，其在此歟？孟子曰：『歸斯受之。』嗟夫！使孟子在今之日，則亦如是而已。若曰騈拇物理，以自辨于釋氏，如畫鬚者之别于中常侍，則徒自違其天矣。嗟夫！今之君子蓋重辯異端之名而輕違其實，知脩其本之説而莫識本之所底。假令今果有孟子，則吾言是矣。使竟無孟子，又鮮不以予爲推儒入墨者，而壁壍戈鋋反射之矣。予于今之日也，亦曷以辭？」

曰：「釋之家以三界惟心〔二〕，凡一身罪福果報，以至天地萬物之治與亂，皆歸諸己。老之家曰：天地大爐，造化大冶。凡一身富貴貧賤吉凶壽夭，以至天地萬物之治與亂，皆歸諸天。是二家者之相反也，孰則是？」曰：「斯二者皆是也，唯吾儒爲兼之。吾儒不曰『作善降祥，作不善

〔二〕「惟」，原作「爲」，據明刻本改。

降殃』，『惠迪吉，從逆凶』，『禍福無不自己求之者』，是未嘗不歸諸己也。不又曰『死生有命，富貴在天』，『行止非人之所能爲也』，是未嘗不歸諸天也。故曰吾儒兼之。兼之者，通之也，不執一廢百也。」曰：「是亦可以見吾聖人之公且全也。」曰：「然。」

曰：「今之儒者之語學，獨喜援二家言者，何也？」曰：「是亦所謂不執一廢百也。是故孔子問禮于聃，比業于彭。孟子且不廢陽貨之言，而況其他乎？程伯子訓《孟子》之『勿正心』，曰『動意則乖，擬心則差』，非釋家語乎？紫陽夫子作《調息箴》曰『守一處和，千二百歲』，非老家語乎？且紫陽夫子既耄矣，猶復較《參同契》，其它文與詩，至于廣成之風，屢嘆息焉。若程、朱二夫子，豈真從二氏哉？故曰『君子不以人廢言，不以言廢人』。然則君子之學莫病泥文，尤莫病執跡。彼執一廢百者，則執跡之爲害也。是故君子慎毋泥文執跡，以達乎全全。」

衡廬精舍續稿

衡廬續稿卷一

賦

悼才賦 少作

少華曾子，侍御華山公冢子也。良其鳳林毓羽，文毛絢五色之奇；龍穴胎姿，駿骨呈三花之迴。少綜鉛槧，遂軒藻囿，騁河漢之雄才，峻崑丘之逸氣。人固擬其東沂之詠，可以攀轅，南豐之撰，可以方駕。且將登漢苑而調治安，入虞宮而覽皇鳳，篤彼忠藎，奕其世武者矣。然而羽儀未騫，黯焉先折，斯可謂凋彼神樹、毀厥懿璞者也。悲哉！侍御公哭之痛曰：「天毒吾多才子也。」僕欽挹脩能，遐結幽憤，因抽弱素愛造斯賦，題曰「悼才」。非欲以流布遐來，聊用以廣公哀膈云爾。

槩夫陶化之罔兩兮，心耄疑而曷測？將衆物之振蕩，亦何殲夫魁哲？彌憤悁以鞿絓，綿思子之閎則。昉少康之瑶葉，蔭伯巫之瓊英。衍沂國之神緒，遂嬋連於忠貞。曰：維子之嚴君，冠飛豸而揚鷹。奮皇斧以擊奸，翊絳虬而上征。誕作配於良胤，鴻永路有嘉聲。益山柢之搆采，滋江妃之孕爐。分精爽於日月，授文章於列星。紘八殥以爲胸，柱四極以爲肩，雕琬琰而爲腸，厭瓊華爲之面。聳孤韻於秋飈，騰逸氣於霄烟。鑽《老》《易》於三昧，鏡《丘》《索》於九淵。瑋抽葉於六家，邃析義於百氏。旁搜曆而熠璣，餘檢圖而辨緯。浩宇宙之奇詭，固一臆之所麗。譬縣圃之積琛，棼沙棠與璇樹。有九日之飛花，爛光采於十墜。肆搖翰而飛藻，絢凝璧而浮綺。朝百賦而鬱伊，暮千詩其猶噎。彼談天與炙轂，將馳騁而伉儷。覽當時之碌碌，曾不足以睥睨。衆綰纓之夙髦，孰不斂衽乎雄名。諒發軫於澤國，遄息轡於上京。紫貝闕而玉堂，佇矯翼以飛騰。嗟遠期之未從，猋戢景其何輕。包造化之一軀，遂璅絶于尺墳。曩吐舌而談九州，儵荒昒而無聞。羅古今之奇珍，誰適爲發其真精？豈少薇之墮采？倘招搖之隕明。駭增城之絳樹，豈隨霜而謝榮？彼夜光而明月，亦孰允其無瑩？洵造物之懵懵，妬鸎鵡之逸鳴。斯文章之胎孽，反酷以殘其身。魄怊悵以侘傺，矧惟子之嚴君。痛呼天而繚結，氣萎絶而中焚。曰皇毒儂之多才兮，剽吾庭之蘭茝。彼童烏與蒼舒，雖幼眇而惻哀。矧佳賓之俶儻，遭圜穹之惛昧。精一朝而越裂，顔黴黧而耄敗。予與子之未遘，獲瑶葩于羣瓌。擬並駕於赤鵠，胡委翮而先摧？豈憤世之溷穢，驂白螭于神丘。將桀跖爲羡門，必回誼之不脩。斥巫咸以罪穹，斯坱北其誰由？睹三合之芒芒，洵糾錯其曷尤？於惟子之鴻烈，揚芳暉于來胄。雖蕙若之委化，終岱霍之伉壽。登高岡以長嘯，曷祛吾之殷憂？

詩

賦得三顧山贈賀郭封君兩峯翁即相奎父

三顧之山，乃在雲亭、天柱間，崴嵬直與斗牛參。削出三峯成卓筆，倒畫青霄河漢濕。峯頭遥瞰章水江，應似莊生堂坳溢。蒼漭西連娍姥雲，谽谺東吞紫瑶石。中有仙翁芳玉容，坐窺鴻寶巢雲松。鹿裘何謝晉文舉，角巾嘗墊漢林宗。盧生壇古去不返，獨有若翁駕白龍。若翁翫世成芻狗，富貴何如一杯酒。掉頭不肯掛金章，天語還令回白首。自昔大山長名材，更聞崑丘生瓊玖。奇峰孕賢世莫京，詞賦寧爲中興傾。世業汾陽詎足詫，許身直擬三代英。我當與翁結鄰好，紫芝曄曄斸雲耕。儲皇是非付國手，商山雲物不世情。

龍澄源君自黄遷辰沅兵憲兼督學政書至寄賀

名才超拜着神羊，節鎮新開近夜郎。已有雄文程楚士，還多廟畧靜蠻疆。沅芷澧蘭清棨戟，西山辰水濟舟航。兼資督府它年事，先借前籌萬里揚。

乞橘

春回乞橘纔題簡，老去新栽欲待誰。浸擬炎天花馥郁，佇看冰雪葉葳蕤。松筠成列堪爲侶，禽鳥深藏迴不知。剖實它年逢二老，彈碁應許笑相隨。

書社秋興八首

青社虛堂暑漸輕，高秋事事愜幽情。覺山爽氣通匡嶽，槎水滄波混太清。卷幔忽然聞桂馥，罷琴且復啜蓴羹。久知世味成滄蠟，損益何須問向平。

二

明時豈是棄君平，身病原非濟世英。僻遠曾無來節使，衰殘早已謝經生。晝眠靜抱松風韻，晨起常占野鳥聲。莫道幽人無一事，秋山還自斸雲耕。

三

有時散步自高岡，颯颯涼飈灑故裳。縱意坐遊天地外，忘機身近鷺鷗旁。當門魚戲蘆花白，遶逕蜂閑菊蓝黄。一望蒹葭零露瀼，伊人宛在水中央。

四

堂外高樓影碧灣，晴窗莞爾對南山。林間日月東西見，席上星河次第攀。釣艇互看來去好，樵歌時聽短長閑。白雲黄鶴曾攜賞，何似飄飄獨往還。刑曹有白雲樓。

五

病客終朝不掃門，軒前紅葉落猶翻。束書且學禽中戲，散髮延觀原上村。萬頃禾麻圍錦繡，千峰華武玉華、武姥俱在望。列兒孫。吾鄉莫用鄭鄉擬，正笑康成著作繁。

六

老不悲秋秖自欣，一聲遥雁却懷人。四海交親書並斷，三江耆舊會難頻。衡廬已自違佳約，吳楚相看作外臣。獨有裘羊長不負，濁醪時共道吾真。

七

峩眉高挈九穹浮，曾共皇人汗漫遊。別後幾迴瞻白水，歸來今始得丹丘。神超早已齊鵬鷃，身隱何辭喚馬牛。最是七天橋上月，清光應似社中秋。

八

更思岱嶽號天孫，長往其如老病繁。三觀遥連滄海澗，雙門高擁介丘尊。南瞻金簡猶非匹，西挹雲臺欲竝騫。不得一登天下小，太虛隨地且槃桓。

客有言朱鎮翁見訝無詩寄謝二首

昔遊曾綰大司空，唱和翩翩枉上公。既老漸諳文字幻，相思猶爲道情同。赤松應作留侯侶，緑野長瞻晉國風。肯信雲將遊象外，相期還共訪鴻蒙。

二

秋水澄江鴈欲聞，秋風巘桂正初芬。登高着屐懷安石，掃素籠鵝羡右軍。疏慵豈合勞青眼，持贈那能寄白雲。最是沈園饒樂事，芭蕉應不費彈文。

中秋同王未菴周貞夫王執之訪陳蒙山翠峯別業是暮王塘南劉述亭同集翫月山巔和周生韻 翠峯一名集仙臺

元龍結搆傍仙臺，翠滿群峯挹斗台。佳節正同泉石賞，高朋還趁鴈鴻來。風傳巘桂千林馥，月抱江光百里迴。庾亮登臨何足擬，應知人世有蓬萊。

送羅田周貞夫兼訊黄梅瞿睿夫時睿夫方有註誤事

命駕遥憐千里情，才名三楚舊諸生。賦成豈肯干揚意，書出誰知擬《論衡》。廬嶽去看天際遠，鄱湖秋見鏡中行。已瞻雙劍連牛斗，何慮人間事不平。

九日登覺山再別貞夫

詞客聊停抱膝吟，佳晨臨眺且開襟。菊邊對酒何辭醉，江上狂歌不自禁。轉見兩丸催白髮，安能五臟化黄金？古來離合原無定，明月唯期千里心。

訪潁泉年兄園居以宿有耦耕之約故末聯云然〔一〕

久知物外起田園，報客花間鳥並喧。小憩亭臺穿竹塢，散行山谷出江村。隱居亦幸同鄉井，宿世應知是弟昆。欲向耦耕尋舊約，春來還許叩桃源。

〔一〕明刻本目録中有此詩，題作《訪潁泉年兄園居》，但正文缺，兹據四庫本補。

衡廬續稿卷二

序

贈余曉山郡侯入覲序

内江曉山余侯以職方郎握符來守吉郡，凡幾月，例入覲。郡僚貳守馬君、通守孫君、曹君、節推茅君則以書抵胡子山中，曰：「今守令涖政淺者，多無足以稱大計，以天子有問治狀，無爲獻。今侯則不然。侯始至，語寮吏曰：『今之言吏治者恒外而不内，不知此堂皇者固千百里之總萃也。堂皇不脩，則狐鼠憑廟社賈威福，而射工之巧伺而恣噬也。詎論旦暮哉？』故其首治以身示型，詰朝出，踞堂治公牘爰書，必親覽裁條；教嚴簡訟，訟毋得株牽其他；蠲苛剔蠹，削冗節靡，一視令甲加密；一出必扃鑰郡門，吏惟内辨文，若抱冰霜，迄不得與民相比爲奸。吉故喜訟繁盜，至是，則訟、盜若喪窟宅，而害立滅。侯故嚴重寡言，然實惇大，不設城府。遇寮屬，屬屬有禮。愛士好文，適學使者至校文，侯則爲士談經析義，未嘗不載色笑，亹亹乎言之也。以故吉士文稍振，頃得連袂冠省試。蓋吉前守爲今監司楊公，亦西蜀人。楊公之政既偉，而侯實繩之，若乘春發榮，至夏日而蔚然茂矣。侯持是足獻天子。某等念無以表殊政，彰寮誼，故以言累子。」胡子曰：「然。夫駑馬十駕，不能百里；騏騄一日，歷塊而越數都，寧論久近？往予督學西蜀，侯方綰髮闖庠彥，且從故少保趙文肅公學。比予復柄楚學，侯已踰冠登第，爲楚理官。于時，侯政稱最，方佇内召，以年例格，遂補職方。當此時，天子已悉侯名姓矣。侯之上計也，果奚以久近論哉？予嘗校楚士文，借證于侯。侯列粹孅瑕纇，精及髮末，時時出人表。予以是知侯鑒天下事當若是精深也。又嘗與侯登泰和之重巔，裴回指顧，頫秦、晉、梁、楚咸在履舄下，浩然若有淩厲六合之意。予以是知侯之并包兼蓄，當若是閎大也。若諸君子之睹侯，果得其粗且細爾。侯今獻天子，必問何以終治吉，必且對曰：『臣不難爲襲卓。臣嘗學于師，有所受，請上之可也。』至是而侯之精深閎大者始可見崖略矣。雖然，斯非久道不可以成，是爲贈。」

贈賀毛白山公八十壽序

世多稱古今人不相逮，豈其然耶？然予嘗求諸今人有能伯仲古人，始不假型模而終相肖似者，或千萬衆始睹見一夫，或不啻千萬衆，即通都邑不克睹見一夫，此不知其何也。然則以今肖古，誠有通都邑不睹見一夫者，則謂古今人之不相逮，未可名誣也。自予踰冠，耳熟毛太保公之穹秩顯烈，四方士爭躡屩曳裾、頌道聲光者，不可勝道。其冢子白山先生矯然若獨翔寥泬，略不以家第世貲滓其腹臆。既早辭廕典矣，又以先代腆業重器咸遜二弟，曾不少恡。生平不治生産，剗跡公庭，退與寒畯畸士最下劣者爲埒。予時心推高之，已而辱與先生之冢子世卿同舉鄉書，以通家子謁先生。一見，迄無城府，就問，語出腎腸。衣履皆皂布，其製皆循弘治以前式範。體若不自勝，行必循牆，迄未嘗御軒蓋，見者不知爲太保公子，予未嘗不悚然慕已。又十年，世卿世其高節，遂謝南宮，專侍養左右。先生灑然曰：「兒不仕，當爲居守。吾欲效向平，高步四方。」君乃峙貲恣先生之所如往。既涉吴楚，歷中原，乃抵京國。予聞而叩寢焉。睹先生皂布衣履，猶然故弘治式也。訊其來意，則曰：「吾以是自適其適焉爾矣。吾焉知京國？」予問爲朝士言，咸爲僕慕曰：「世寧有是人哉？」有物色之者，則已行不知所之矣。若先生，所謂通都邑未有見是人者也。謂先生今之古人，非歟？今先生年且八十，仲子某手其内兄中丞曾公之書抵予，曰：「以子世誼，必欲得一言祝之。」予以爲紛華盛麗之蠱人心，雖賢如子夏，依歸至聖，猶待於戰勝，況其他乎？故古之尊生者曰：「不見可欲，使心不亂。」乃若先生累乘纓冠，即襁褓宅紛麗之都藪矣。然而天植其樸，至與年而偕盛，是古之見可欲不亂者之儔也，非亂而後勝者之可擬也。然則先生之爲尊生，蓋有道矣，而奚俟祝？予獨慨弘、正間衣冠耆舊，僅有先生，而世之競紛華、仰機利者，如日方新，摵摵然若據冰山而鬭火宅，其爲身與後豈可恃哉？視先生之沖然内適、交食交樂、有道以尊生、有穀以貽孫子，其事之勞逸、享之多寡，豈不亦瞭然辨之也！而今之人胡爲彼不爲此？　予既驗古今人果不相逮，而猶幸睹見有先生也，故爲祝，願先生不獨長年，將永爲末世型模，且以復中丞公。

刻陳兩湖先生全集序

夫色以養目，然而使之日親盛麗則眩；味以養口，然而使之日饜滫醲則害。　君子之於文也亦然。　文之生以明道，而次爲述事。　古之述事莫如《書》，《書》雖以辭顯，而亦未嘗不匠意以凾乎道。　道凾於意矣，辭從而將之，未有不凾于意而獨主藻辭以相雄也。　是故苟知色之養目，則三英九華非不庸之，乃不如紈素之爲常也；　苟知味之養口，則八珍五齋非不庸之，乃不如稻粱之爲常也；　苟知文之明道，則剞劂瓌瑋非不庸之，乃不如辭達之爲常也。　然而世既主藻辭矣，又特聖司馬子長，而剽獵其句字，不敢一詭尺寸，其極則盜哭爲悲，借笑爲歡，俗下其意而矜高其詞，至艱詰不可讀。　陳之，則上不知所明，而下不知所承。　蓋非獨以病道，亦以病事。　彼見不襲句字而表裏古人之精神者，反謷訾而訶喝之。　由今之道而欲求得古作者之本旨，則何啻千里！　予邑陳兩湖先生弱齡操時義，冠江藩，復冠南宮，而偶不録。　一時若石淙浚川諸宗工覽之，驚曰：「子長復出也。」當其時，先生亦方推先子長，即目無東京，焉有唐宋？　今如集中《遊仙》、《顯政》諸傳，自時之藻辭者觀之，孰有如先生之不詭尺寸者哉？既登第，官翰林，雅善同郡羅文恭公，又與毗陵、温陵二君者友，昕夕論文。間及子固，先生伏讀，嘆曰：「是獨能表裏古人之精神爲言者也！吾今于子固乃益知子長。今夫子長雖未知道，然當其遊齊浮湘，南窺會稽，固已有攬結宇宙之逸志矣。故其述《八書》等篇，意匠自出，咸有本末，此豈可與今之工剽獵者言哉？」于時先生文爲之一變，持論造意，大畧類子固，而祖述未始不之《六經》，而變化未始不之百氏，而以平澹雍容發其剞劂瓌瑋，雖不色澤子長，寔未始不之子長。至其神穎絶出，博極群書，搦筆動數千言，瀇瀁磅礴，引物連類，不爽毫芒，則又其天禀獨擅，雖同聲者不能以不知傲也，況其他乎？然先生大旨要在翼道，豈亦猶古之佳公子者，日御盛麗滫醲而厭之矣，又下與布蔬者均饗，此其志意非苟，而世之崛起詞家者方拾所唾棄，若欲以腐鼠嚇之，一何其度量相遼遠哉！然則語先生於子長，固所謂「議乎其將」，而拘拘焉以子固言，亦未可謂深中所撰矣。《詩》曰：「左之左之，無不宜之；右之右之，無不有之。」繇是推爲兩湖先生之文可也。先生孝友天至，立朝會，遭權奸，不能安其位。既歸，益肆力所學。蓋其始遊於鄒文莊，晚與文恭切琢爲多，其行誼詳同邑曾中丞誌銘中。子大學生某、庠生某等世其家學，亟輯先生手删《龍津原稿》，合其詩凡如干卷爲全集，付諸梓。以予辱先生忘年好，而屬之序。予喜得先生文，示當時，俾知先生今昔之所操趍，則可以較然於所從矣，乃不辭而序以發之。

送鄒汝瞻召還北上序

初汝瞻氏從予遊，予視其器遠且恬。既登甲，以言事謫戍夜郎，過家，非獨予勁之，即孺兒子莫不詑奇節。三年假歸，方問關無鞅掌態，人服其度。屬者蒙恩賜還，旋有召用之命，又走予辭而北上。予締觀於酬應注措間，而重偉其才。蓋嘆之曰：「夫古今非才，則雖有夷、由之節，曾、史之行，亦無能大濟于世。」何則？以無爲將之者也。予幸今日見有子才，蓋凡四見汝瞻而四異，已而汝瞻論學，則自擬貴大而又在識仁。予益喜汝瞻之才之出於識仁，非世之擅剸割揮斥而哆張之者之爲才也。雖然，識仁不易矣。世儒者多不得其故，問其所繇，則推本之曰：「吾與人物同得天地之理氣爲生，是謂同體。」嗟乎！此今之摻翰童子類能言之，然而疇見其同體于物哉？且夫孩提至顓蒙而能愛親，常人乍見孺子入井而惻隱自勃然生，則又豈假反顧而後得哉？是孰推、孰本，抑孰宰而施之？是故得其所以宰，則不下帶，而天地萬物自我矣，理氣自我矣，而又奚屑屑焉懼其離也而推以合之，又懼其混也而推以析之者哉？今夫水以合水，無弗合也，然自溝澮而傾之渤海，則猶有此彼焉。今也不下帶而無不在我，則以其本爲至一，而自不得以二之，不假合故也。故知仁則知一矣，夫苟知一，則非不器也，而不以器見；非不節也，而不以節擅；非不才度，而不以才度專。是則汝瞻之所以爲大者，乃實啓于微。往汝瞻有同門篤友曰曾舜徵，舜徵久未試，故聞予言爲習。予與舜徵言徵者數矣，已而謂舜徵曰：「使吾心與斯言未一也，則不待聲響消而二之也久矣。」然則知一，又豈易哉？汝瞻今來偕蕭希之去，至都中，咸朝夕舜徵，以予言退相稽所以爲徵也，則不患不爲大，亦不患不得孔門求仁嫡旨。且爲語都中同志士，無用以推測聲響求，不然，而自乖吾仁，終身不復知一。

賀毛母李太孺人六十壽序〔二〕

方三洲君之與計偕也，太保公適管握兵柄，勳烈燀爚，寵賚日有加。天下士頌道功德，爲公希黵祝無疆者，并在君。君且習聞先太守世業，又躬親盛際，視甲第勳烈則猶拾家珍耳。乃至中歲，三上春官不第，即飄然棄繻，躬抱書，從石蓮先生遊。當此時，君固以雲霞縈纓紱，丘壑崇軒轝，時時詠歌，作爲篇章，若不欲有人間塵土氣。石蓮先生視天下可與偕隱者，莫在君右。予時仕宦，鞅掌四方，則以書訊友人：「君曷以能脱然若是也？」友人答曰：「君家大人白山公天性厭薄貴富，君宿席風致，而君内子李君實贊成之。不然，君且不免謝安石掩鼻矣，其安能如志？」予以爲家大人素偉丈夫，宜然；若内子，罕哉。又幾歲，予以書訊君有子否？答者則又

〔二〕本篇底本原缺，據四庫本補。

曰：「君藉李君貳室，有子。」萬曆間，予歸在田，歲必至石蓮。時君已捐世且久，而其友曾中丞公偕予同門文學王君御介毛生請曰：「自先君之見背也，謙方八齡，幸吾嫡母李太孺人腹鞠，不啻己出。又時訓督，語逮先君，則涕泗横下。今謙稍長，太孺人適六帙，非得足下重之一語，則無爲不朽計。」予曰：「嘻！君誠有子矣。予見今世禄家凡子，鮮不以豪侈自放棄，至辱逮其先人，疇知從學士長者爲親規不朽之業哉？矧予睹生之體貌言辭雍雍藹藹，可以謂不自凡矣。非誠有李太孺人訓督之殷，其烏能然哉？李太孺人始贊其夫以高，又訓其子以才，若是可以壽矣。然則生欲規報不朽，則曷以？生出而繩乃祖，則立功；處而紹父，則立言，豈不亦由己不由人哉？雖然，功與言之先有實物焉，則生所急也。不然，三洲君所爲從石蓮先生門，豈顓在言乎？生以是報太孺人，則不朽之本也。」太孺人家世出谷村右族，父南池翁，廣西藩參，蓋先有閫教焉，若太孺人，可以壽矣。

衡廬續稿卷三

記

忠義亭記

族之社溪蘄州守近湖先生，偕從子常州通守濟川以書抵族子某，曰：「先祖可山、靜山二公咸以布衣死宋室，子所諳也。頃年，二公幸從祀台之仙巖，又祀郡之螺山，咸列配信國丞相左右，亦子所躂也。然二處皆獲名賢紀載傳遠，獨站口故有忠義亭，久圮。嘉靖丙寅，奉督學徐公檄，徙金臺渡口。峙搆一亭，中樹木主，祀丞相，而二公各以主配享，皆其子孫自出力。經始出台州通守姪濟世，而措畫則常州姪獨殷。蓋二郡則因丞相逮二公，今子孫則因二公逮丞相，咸以忠義故，歷今二十年矣，則子所過而徘徊者也。子不可無言以紀其事。」直按省郡邑志與諸載籍及吾家譜，可山公諱文可，有謀畧，擅騎射。方丞相輯兵勤王，公散家貲起義。先夕丞相夢火，明日睹公緋衣謁軍門，喜甚，曰：「殆天以賚我耶！」更名曰夢炎，辟爲都巡。又嘗贊公推蓬一見圖，有忠肝義膂之稱。及丞相敗，公被執，間脱歸，復集兵赴難，至逕口，馬蹶而卒。靜山公諱文靜，公弟也。丞相嘗過龍泉，訪妹壻彭震龍，宿公家，靜山得並謁，署爲提督。可山公後提兵過贛，以詩二首寄勉靜山，期奮義作奇男子。已而，元滅宋，天下罄爲元矣。靜山公猶亢不服。元乃起兵，將屠泰和，邑何侯曰：「今不靖者，惟治陂胡文靜一家爾〔一〕，邑何與焉？」乃集鄉兵，入治陂執文靜至站口，欲招致之。文靜仍亢不屈，曰：「吾寧死不負宋！」遂被殺，屠其家數百口。一時人悲公昆弟死事，呼胡氏爲勤王家云。第在元時，猶多諱言。明興，邑侯余公耀過站口，訊故老，得其事，爲建昆弟忠義亭于其地。後圮，乃移金臺渡口，即今所建是也。然靜山公事獨記于楊文貞、王文端二老，而邑志以向諱言逸之。比者邑唐侯復脩邑志，某數爲語靜山公事，侯固奇之，則以當事者庸墨，竟格弗入。悲夫！二公者當時乃心唯在宋，舉數百口糜之不顧，其祀不祀，誌不誌，即亭不亭，又曷足計哉？古之忠義夥矣，夫唯懷忠與義也，則各有所荷，有荷則欲有存，弗存則不能不與俱亡。故有荷一城死一城者，荷一國死一國者，荷天下死天下者，未有荷中華死中華如二公者也。丞相宋大臣，力荷而不能存，死固宜爾。二公故一匹夫，而靜山公又當敷天爲元之日，乃挈錢鎛棘矜而欲與亢，此予雅謂古今特覯者也。今猶幸俎豆布列各方，子孫麟麟，然詩書纓組，鄉

〔一〕「治陂」，原作「治陜」，四庫本作「治陂」，蓋爲泰和治陂村，據改。下同。

評官箴，咸不詭于先世，相與葺亭于既圮之後，數百年間如揭日月，轟震霆，瑰瑋勃峳，足以慰荅人心，鼓舞世教，風乎天下，功施于無竟，安知異時不如夷、齊，獨附驥於孔子哉？爲二公子孫者，平時欲效忠義，則莫貴於有荷。有荷則死不死，亦各惟其時爾。且夫二公所爭者華夷大介，人孰不知之？乃不知有是忠與義即爲華，不則夷爾。頃暫之間，大有徑庭焉，此又吾黨之所當繹思而慎辨也。于是，先生又飭其子南宮士某、從孫太學生某、庠生某某等來督記，敬書以復。

貞壽堂記

予族子肇亨搆堂右之舍，如堂制而少儉，將以奉母蔣孺人爲昕夕歡，乃手其外從王父二川君其所記孺人節行，以諗于族父廬山子曰：「吾母出嚴莊里故姓，祖隱逸公孚佐，父竹墟公端文，母王氏，生吾母，未笄，而竹墟公逝。吾母日夜侍外王母，同事女紅。于時，外大王母即吾義和胡孺人，公三從姑也。以吾母幼失怙而性莊飭，絶愛之，俾獲聞古烈女之訓，長擇配得吾父，諱冠群。及歸，事二姑孝敬，歲時惟謹，而奉夫子甚順。已而新寡，哀毁幾絶，惟奉姑鞠子，復甦，踰大祥，長者謂其盛年，諷令它志。母仰天泣曰：『二姑煢煢，孰與奉養以代有終？孤子呱呱，孰與植翊以永厥祀？未亡人所以朝夕拊膺泣血者，懼天不吊耳，豈暇有異心哉？且夫垢面從人，吾耻之久矣。苟欲奪吾志，吾有死爾。』勸者乃止，自是不夜哭，不見至戚，敕肇亨務篤孝友，力儉勤，弗爲呰窳，曰：『汝必從名師學，縱無成，宜有觀法爲世家子，無忝先人，吾願遂矣。』當此時，以先太母世寡，稔蒙凌噬于人，不幸吾父繼逝，而凌噬者益獰。辟諸未造之室，風雨又漂搖之。吾母不得已，發憤求理，中間勤勞憂瘁萬狀，至有今日，幾五十餘年，今七十餘矣。肇亨嘗耳熟吾母及吾舅氏言，今外從王父記者又如此。肇亨無能養，搆斯居侍左右，歲時伏臘，聊相爲歡耳，敢徼叔父錫名斯堂，垂一言爲不朽。」廬山子曰：「古今閨閫抱節槩者不鮮矣，然當急難慷慨、著有奇跡者類傳于世，而平居積累、忍千百死守義不移者，卒闇沕而無聞。不知平居、急難勢異，而堅貞一爾，非可以軒輊視也。今蔣孺人予族嫂，予諳之舊矣。假令孺人當内外颯勸之殷，覬覦者凌噬之獰，一旦心如石，又如席焉，則寧有今日垂老而永終令譽者哉？予獨喜孺人貞而壽，安知異時不聞賢有司，不表見朝著，顯有褒嘉下子之宅里耶？子且拱而俟矣。予請以『貞壽』揭名斯堂，遂記之，以爲後券。嗟乎！貞之時義，豈易言哉？子且知古《頤》貞之道乎？盍思請事，以報罔極，庸不靦于予言。」

敦典堂記

漆田周氏綰轂予義和，蓋在邑北之信實鄉，幅員數里間，惟二姓世婚媾，若古之陳、雷然，而先太安人寔周出。往歲，予解四川督學歸，嘗爲諸鄉邑士講業，集者日繁，周氏時一館穀，仁社之創也，其助金爲獨腆。會次，有安成劉獅泉先生者，故宿儒也，與周亦婚媾家，適睹周氏長行導迪其子弟，齗齗顒顒然，而子弟佐長者視賓具，瞿瞿抑抑然。顧瞻其祠屋有「時思」之堂，問所爲祀，濟濟漆漆然，相與嘆曰：「是不睹世家禮義哉？」又若干年，爲隆慶庚午，周氏以齒衆堂隘，聚族長幼，謀拓而大之，鼎建中堂，凡若干楹，標曰「惇典」，仍以時思堂爲後寢。其長行某某等則予外王父行也，次某某舅行，又次某某等昆弟行，相率屬予記之。予考周氏出三國公瑾之後，公瑾傳都鄉侯胤，胤以罪免，徙廬陵烏東。又五世，自烏東徙泰和之南岡庫下，其後傳矩，爲西臺御史，傳翰，爲平章學士，而泰和之周浸盛。南岡四世爲廷美，字評高，始徙今漆田。凡三傳禮瑞，潭州路司理；禮端，萬安縣糾曹。又二傳慶章，官爲郎。迄于今，著仕版者不絶，而漆田之周浸昌。漆田十一世孫良舜有子二，彦明、彦仲，彦仲他徙，彦明獨守漆田。今堂則創自漆田一派，視昔規模又奕奕乎，膴膴乎，稱其族之衆矣。堂既成，周之長行則有申禁曰：「繼是，而祭必與志，物必以盡，不者，罰于斯；繼是，吉嘉禮必以告，有登于朝者必以告，歲時必以告，不者，罰于斯；繼是，而毋以貴凌賤，衆暴寡，强侵弱，不者，罰于斯。敢有不逞，其如惇典何？」且夫五典我惇，《虞書》記之。周氏之尚論于《虞書》者，寧不明且備哉！余行天下多矣，燕代不假言，即鄒魯亦未有尊祖睦親加吾鄉邑者。然吾鄉邑非右族蕃碩，則力不贍，非夙媚于禮義，則亦不可與有明也，而周氏廑廑矣。《記》曰：「賢者之祭也，必受其福。」余于是卜周氏之穀禄彌遠無疆，而裨益仁社之流風長也。故詳爲記云。

衡廬續稿卷四

書

復沈蛟門侍講書

夫士戒無因而前者，此爲末世游士語，豈足準哉？古者友天下之善士，又尚論古之人，未嘗藉介紹論因繇者，何哉？以其因在我故也。因在我者，道術是也，而人與己、古與今不異觀矣。某未足語此，乃何幸有門下。某嘗妄謂後世士以事功見者至難遘，而君子猶不許其知道。若夫覼覼焉以文辭見而已者，其遠道又何假辯？雖然，道固何嫌于事功、文辭哉？辟之水焉，事功者道之流濟也，而文辭其流濟之著于方跡者也。故謂道必有事功、文辭則可，謂專求事功、文辭，而視道術若駢拇無所用之，則雖欲爲流濟，而水非其水矣。水非其水者，非謂無水也，謂斷港污瀆是也。此斷港污瀆者久矣，自埒於江與河，然而不可欺于易牙、竟陵子之口矣。又況柄文詞者內史而外經，聖馬遷而傭孔、孟，乃至翦裁模畫，不敢離黍米。其極則盜哭爲悲，借笑爲歡，不自知所從來。于是有能求《六經》、孔、孟之爲文，則曰「此文之別種」，有能發其精意微言以揭示人人，則世益起而彈射之。甚哉！世之好似而不好真，何其紛紛也！故僕雅曰：「不憂文而憂世，不憂世而憂道，謂憂夫水非其水者之爲弊深也。」往遊四方，得門下文，讀之再四，矯然嘆曰：「是何其言？不從人之哭笑以爲哭笑者也。蓋必有見于水源者矣，是必爲江河。」既歸，懷此無與語。間者以語蕭夷陵，不謂聞于門下，輒先以瑶緘纁幣遠賁及于山椒之間。夫以禁近臣，不鄙草莽，此固門下餘事。若乃自忘白雪之高致，而欲定同聲于下俚之音，又何其舍己者過而從人者輕也。某以是屏息，知門下且將爲巨海，又亡論江河。雖然，某固慚非據矣，抑何爲門下報？夫今世士好言馬遷，乃不知馬遷雖未達孔、孟門庭，猶欲以《史記》繼《春秋》，當其發跡龍門，遊齊魯，至浮沅湘，其志力已凌出庸衆，故抒爲文辭制作，亦豈肯從人翦裁模畫、盜哭笑以爲哭笑哉？然馬遷終不得爲江河，以未嘗從事道術而得其源也。馬遷且爾，而況以翦裁模畫希馬遷者乎？假令馬遷嘗從事道術而得其源，則當凌出漢臣，爲禹、稷、伊衡，其又孰禦？歐陽氏曰：脩于身，施于事，不見于言可也。假令果脩于身，見于事，如禹、稷、伊衡三公，則雖百馬遷何足道哉？昔者嘗觀禹、稷、伊衡三公，至于「粒我烝民」、「格于皇天」，其流濟至博也，乃又不知其啓于思而已。禹、稷思天下饑溺由己，伊衡思天下一夫不獲，若已推而溝之。當其仰而思，則將欲爲馬遷，迄不暇矣，又况以翦裁模畫希馬遷者乎？是則思固所謂水源者也。

締讀來教，有曰：「操約而欲奢，不可以幾約。」意惧鄙人者之以約自限也。鄙人者何足以知約？彼三公者操一思至賴于萬世，則約之未始非博也。某誠惧天下不同三公者之思。思同矣，而奚奢不奢、通方不通方之患？瞻今天下，若門下固睿于三公之思者也。夫是以不從人爲哭笑，夫是以忘其高致而逮下俚，其蓄遠矣。且夫禹、稷、伊衡固亦門下職業存焉者也，故曰門下當爲巨海。某也沉病柴而立人間矣，久跧山隩，即家問樊之不通。頃因家弟貢生敬赴南宫，念無以爲知己者報，聊布一二。

二

昔子美著詩，有「許身稷、契」之語，或謂子美詎逮此？已而，讀其贈吴郎詩，至憫惻撲棗窮嫠，則卹卹焉以恐懼須親爲囑，然後知子美誠有稷、契之一班者也。偉哉！三代以下，文士籠挫古今，非不鉅麗，乃有子美之心希矣。雖然，子美有其心，無其學，故其自獻止欲企及相如、枚皋，而與曩自許者若兩人不相爲，不可惜哉！夫稷、契奚學也？大哉帝堯！克明峻德，稷、契之學豈異焉？《記》曰：「大人耐以天下爲一家，中國爲一人，非意之也。」此非峻大其德之謂乎？故誠有峻大其德之學，則疇非峻大而非其學也。即一班之明滅，終無以爲矣。頃，家弟貢士胡敬赴銓，率爾通左右書，固知門下有其心，又有其才，乃因是僭以學叩也。抑見林莽間，忻忻快稷、契復覯，良爲斯世預慶。家弟兩書感誦曉引，不遺下士，類此。兹擬蕭希之赴計，敬附布謝。伏冀珍護，以幸斯世。

與郭相奎

《衡齊》之作，專爲斯學。蓋自癸酉乞養歸，不期丁丑以後，哀疢相仍，遂抱沉疴。既謝世塗，又不能出遊四方就正有道，且不能似前爲鄉中及四方士講磨，故不得已著此書。大意因前哲雖發明此學，尚似有懷忌含諱，不敢直前盡發，乃不知不直則道不見，以致談者狐疑指摘，莫決從違，而同志中好立門户與務奇争異者亦自矛盾。斯學何繇明，人心何繇定？古人一道同風，固若是乎？僕不忖，漫爲八字打開，一口説破。直將此學盡頭究竟，不敢仍爲先儒顧惜門面，如昔人狐媚以取天下者之倫。蓋亦實見此理非由外鑠，由本達末，先貴知本。夫崇本非遺末也，乃正所謂本末一致也。大要《明中》、《徵孔》二篇，則宗旨工夫證據不杜撰明矣。孔子曰：「言之無文，行之不遠。」故又不得已而文之，非欲爲文以表見也。其間頗有苦心，有聖者作，或有取焉。知我罪我，曷恤哉？吾子必諒於此矣。復布以見熲熲。

答郭相奎

承遣使解到拙稿刻板凡若干片，費足下工力鉅矣，鉅矣。及得印發者，適羅近溪在座，共閱佳序，辭旨法度高古爛郁，令人不敢正視。已而細誦，知以禹與元公言，則益令人慚悚無地。不穀初學文，亦止欲與時好争雁鶩行。其後涉道之藩，乃浸知學問發明亦不越是。而古人文斷斷必出于道，始爲正法眼藏。漫欲融漢、宋爲一治，通古今爲一轍，以爲斯道傳神，然力終不逮。雖然，亦取其畧，窺古人緒餘，少澤於道而已矣，詎敢以禹與元公言哉？來旨毋亦誘而至之。不穀於文而已矣，其道敢不勉夫？所謂繇無欲達無意，必極於無聲臭，此非遠不可即也，願賢者共加力焉。不穀灰心世途，足下所悉。繆荷當宁再録畎畝，自顧朽劣，欲復從事簿書期會間，勢非便也，以是不果閩行。辰下欲赴界上繳憑，遂爲從姑之遊，期來月中而發。少旋必得榮轉佳報，計必便省，可以握袂傾倒也。使行迫甚，力布，不罄所懷。

衡廬續稿卷五

頌

文翁頌贈楊春宇郡公 有序

國家建置郡邑，自守令下，若戎、税、盜三務，咸有專曹，而庠校士獨無典者，此其故何哉？已而讀文王之《詩》曰：「肆成人有德，小子有造。古之人無斁，譽髦斯士。」然後知古者作人養士之大，固諸侯大夫與邑宰者專職也，而他曹奚能與之？然則國制所由來不眇矣。夫士者，國之楨而世之表也。假令郡大夫邑令君奮迅才猷，能致虎旅如林金谷積，山丘潢池無弄戈之徒，亦可謂劬所效矣。乃獨忽視養士，猥抑遠而挫孅之，士緣是不自貴重其身，罔以究道業之所存，僋僋然冠進衣逢，嗜飲食爲賤儒，則上下一何賴哉？故曰：「周之士貴，秦之士賤。」非士貴賤之也，乃上之貴賤之也。夫使士至自賤，而上下一無賴，則雖劬所效，亦寧能爲報國上考乎？漢之初，惟吴公獨重士，賈生由以著，相繼文翁，甚盛，然文翁事在後世雖有之，而未嘗數數睹也。賈生曰：「夫移風易俗，使天下回心而鄉道，類非俗吏之所能爲。」嗟嗟！豈不諒哉。蜀南春宇楊公守吉凡三霜，循政弘猷，殊操休績，吉人飲之，上下誦之，語具他紀載中，已不可殫述，乃不知公所爲惟作人養士其大者焉。公固文翁治鄉之奇産也。公始臨，睹吉士風，憮然嘆曰：「吉士故有聲稱于世，今稍陵夷靡矣。作而新之，其惟在父母師帥乎？」昔文翁時尚未創學，乃多飭學子賫刀布蜀物，詣京師，遺博士，獲受業。方今天下郡邑庠校咸列樹博士爲之師導，兹惟風勵博士，使知自貴重，則弟子員莫不知貴重矣。故公獨優禮諸博士，平時進見，命坐，訊問學事，重護諸士。時蒸其髦者，與之稽業講課，亹亹循循，不啻家子姓。吉之師弟子語公，必曰：「是大父母，即大師帥。」迄無間言。今年春，公以猷望，遷補江省憲使，監巡湖西，仍駐節于吉郡。郡邑諸博士君以書抵胡子，曰：「公今之文翁也。吾黨慚無報稱，冀得子一言，庶以藉手。」予既以病謝，而固不予捨。予乃抽素追文翁而爲之頌，頌不以公而以文翁者，從諸博士君所稱，欲令見公爲今之文翁也。其辭曰：

奕奕文王，爰肇物軌。爗其德音，譽髦斯士。士多濟濟，惟周之楨，惟王以寧。居者興讓，訟者質成。故孔子觀學，而知王道之易易；原伯非學，閔子以卜周之失義。秦彌不道，斬絶王跡。仇學殲儒，顛乃社稷。偉哉文翁，挺出炎漢。乘輶西維，教化爛焕。既親誨勵，復隨計吏。

刀布蜀物，遺都人士。士獲受業，經明行飭。是用察舉，署之右職。興校樹官，以地之才。廣招下縣，士莫不來。蔽芾槐市，祁祁蹌蹌。受事傳令，蔚爲龍光。蜀民榮之，忻歡鼓舞。墨卿儒彥，洸洸楚楚，而蹀跡齊魯。貢于帝廷，表于四方。帝曰：休哉！洵二千石之良。爰詔天下，建學斯始。維文先生之令模，王道續啓。於乎千禩，誰哉踵繩？有蜀奇産，關西瑶裔。

玉瑞頌 有序

蓋聞古語「王者慈仁，則芝草生」。又曰「王者德至草木，則芝生」。然多詫金玄五色而鮮逮玉瑞。及睹《神農草木經》，有曰「白芝生華山」，又曰「白者如截肪」，而《抱朴子》亦曰：「白苻芝高四五寸，似梅。」然則玉瑞豈易遘哉？屬者守軒陳公持斧來按江藩，以讞獄清閒格穹，玉瑞産于蘭臺，公遜不居，曰：「此皇仁所格，敢不敬承？」遂自記其堂曰「承仁」。于是同臺有予鄉賀公示予題曰「承仁玉瑞」。爲之頌曰：

爗昔聖皇，上德孔膴。四靈競臻，朱草斯舞。猶有奇卉，不根而吐。太清爲垣，太寧爲圃。玉燭分華，卿雲是母。曄曄瑩瑩，禎符自古。遐哉天葩，季世希睹。偉兹端公，手承天斧，鐵冠神羊，直指南楚。八章時飛，六察鏡睹，英稜勁風，輷轟天鼓。蒸蒸百寮，疇敢苦窳。迺江之國，魚龍安堵。天吳徙窟，虺蜮褫所。迺至岸獄，亭疑當暑。雷風勃興，怵焉中憮。曰惟皇仁，太上同普。一夫不獲，疇爲罪罟。乃偕庶司，夙夜靡盬。淑問如皋，祥刑必呂。罔以腥穢，而干天忤。豈曰玉瑞，産兹蘭府。維天鑒斯，宛若携取。冰姿綽約，瓊華容與。匪木威喜，匪狀龍虎。皎然人豎，懸柱離礎。匪柱史之仁，醇和孰鼓。公拜稽首，碩膚不處。曰惟皇仁，員于輻輳。泰階坐平，蒸黎遐撫。天地既忻，休徵彌寓。嘉穀元稷，甘露靈雨。繼生白符，以彰衆甫。慶蹀黄軒，房陋漢武。何以承斯，敬共心膂。何以踐斯，俾民無庾。猗與一時，明良並翥。繁祉戩穀，上格皇祖。草莽作頌，無然揚詡。曰惟天子，萬年其宇。曰惟斯臣，衮職永補。

贊

仁社三逸圖讚 有序

予以嘉靖丁卯蜀歸，而鄉縉紳、青衿、耆舊、英髦敦爲學會，動至數百，迄無憩所。又創社祭鄉約，議得隙壤樹屋可以畜衆，相率卜勝，咸曰覺山寺之右宜。是山之崗，有喬松數百十株可蔭，前横槎灘江水。江外斌姥對峙，東列玉華，西有虹岡，群峰造天，列若圖畫，孰勝兹壤？隆慶己巳，予起畎畝。至癸酉冬，復以乞養返于舊社。友人康宗望暨諸耆宿復申前議。至萬曆丁丑，遽起崇構，危堂奥室，傑閣嶸嶸，邑侯唐君題曰「求仁書社」，爲記其事。

而予方侍慈膝，相尋哀疢，幾化去者數矣。萬曆辛巳，始得擔簦爲久寓計。閱歷夏秋，奇玩日腴。于時，宗望偕樂君以能相與聯集，洞啓重門，則山色水光，若浮几案。松濤颯颯，時挾水聲。間答禽語，若遞宮商。晨夕登閣，平疇曠衍，遠山峰嶂，紆青繚黄，翔雲飛靄，晴雨殊態。江中四時商帆漁艇，葭洲柳渚，日與白鷗數百共盪波心，月擁波光，與閣下上。予與二君憑欄嘯歌，二三子和之，互發交響，洋洋灑灑。予誠不知其身已都于太虛，而人間何世也！次年壬午，予乃令工圖其髣髴，置予三人者其間，因稱《仁社三逸圖》。蓋予方欲老此，以爲偶去此，則圖與俱，是山川一日不我違。康君抱用世才，屢蹶，即早棄繻，着隱士服，以去年八月際六衺。樂君少從獅泉劉公學，性喜治花果，自食一圃，中年遽謝跡庠序，亦以是年某月際七衺，而予年六十六，適介其中。予將假是壽二君，令三圖分藏三人者家，是二君亦一日不我違，且將俾三人者之子若孫，又以惇世講無既焉。贊曰：

蜿蜿覺山，其下維几。千松近蔭，三華遥倚。槎江自西，映帶前駛。坐挹平疇，横亘百里。奕奕娀姹，如賓斯峙。玉華虹岡，左右如掎。突矣崇構，在山之趾。曰惟求仁，翩翩學子。勝日良辰，冠裳萃止。蔚蔚吾鄉，鄭鄉難擬。維二三君，寔倡寔始。祈祈衆宗，佐貲盈篚。沉沉室堂，既靚既偉。予獲息焉，講習燕喜。時哉二逸，儷然來戾。樂君疇希，善信是勵。早謝世途，仲蔚齊美。康君談詩，匡生娓娓。夙斂才情，退遯于世。遊好詵詵，切琢亹亹。載歌載笑，觴間行只。山水同休，風月並旨。予衰抱痾，世味如洗。晚得二君，意益有啓。並予爲三，如鼎如錡。古有六逸，匪予攸擬。猶祈二君，眉壽多祉。予從下上，如魚泳水。優哉游哉，以樂餘齒。

梅村陳公像贊 有引

陳氏自五代入泰和，稱仕族少雙。元至正間，有梅村先生者，蓋吾宗子婿也。先生仕爲元總管推官，世系出處大節概見于前承旨廣平程公所爲序及劉槎翁先生狀中。今先生裔孫世紹締予好，而子進士秉浩則又與予子順爲婚媾，嘗奉先生遺像，請言於予。予乃拜手而爲之贊，贊曰：

西昌有陳大丘延兮，五季拓基金陵遷兮。都幹瑰哲長發賢兮，公降至正幼清廉兮。辟教瑞金行發端兮，庾梅而廣四坐氈兮。卻金夜暮反庠田兮，瘴風蠻雨桃李翩兮。帥府借掾司獄虔兮，因解石械民弗冤兮。老乃宰瑞循政綣兮，民始弗紿終弗諼兮。贛路總管朝優恬兮，既賦歸來餘廿年兮。武華之間時發篇兮，梅花百咏馥遺編兮。待制楊公伯仲仙兮，伉儷偕老儀不愆兮。縠祿纓緌世嬋嫣兮，鄒魯厥心冠則元兮。玉姿鶴鬢儼具瞻兮，我家奕葉締姻緣兮。登堂拜讚生氣旋兮，於萬斯年清德綿兮。

跋

跋永寶圖卷後

世之好古圖籍者，平時得瞻一賢人肖貌，而閱其事行，已足慰景行思矣。矧多賢，不亦難哉？又矧曰並出一姓，豈不尤難歟？吾胡氏遠溯虞舜，舜古今大聖莫與埒，而顔氏輒曰：「舜何人？予何人？有爲者亦若是。」顔氏豈不以形遠而性近，宗殊而道各在我者耶？今卷内自安定而下，若文定、忠簡、汝明凡四五公，咸肖其形貌，又録其敕命、傳、贊、誌、銘，以表著其事行。予不知圖者果以同出一脉而作耶，抑以同姓賢者必圖録一方爲來裔者則耶？雖然，此四五公者，其性與行既一致，即使人異姓、事異家者，瞻肖貌而閱行實，鮮不欲步趨其遺武，勃勃興九原可作之懷，而况其同姓從事者耶？脉之一不一無論矣。是卷藏予宗弟常州别駕某，屬予題識其後。予以爲吾宗來裔能不慚此四五公，即舜可企矣。予將觀于斯圖之後，吾宗子弟孰可續者，無若予老洫無足傳也。

衡廬續稿卷六

行狀

大理卿宋華陽先生行狀

萬曆丁丑，華陽宋公解南京大理卿歸。明年九月，則期其友王公時槐偕予晤言于金牛寺。公既稍自述撫南畿事狀，卒逮于學，蓋千餘言，氣沛如也。尋余踵公舟，訪于南村里第，遽報寢疾。時延予榻次譚叙，偶及死生之際，慨然曰：「夫人死則死矣，豈當作兒女子憐耶？」予壯其言，然不謂公爲永訣辭也。别數日，忽聞公以十月朔日捐世，臨終問其友程君某曰：「日已午否？」或問家事，不答。惟以不盡報國暨所學未竟爲憾，而獨得訣别予爲慰。治命屬予狀其行事。次年，其長子瑜、次珝偕予邑張生來，致公之遺命，手其姪琯所叙世系年編投予。讀之，未嘗不哽咽涕横也，曰：「嗟乎！予曷忍無言于公哉？」按：公諱儀望，字望之，初號陽山，更號華陽山人。上世出丹陽太守哲，至幾世，遷吉水洪洞。宋嘉裕間，徙永豐之滁溪，爲望族。高祖某起鹽賈。曾祖某，應詔出粟濟邊，事聞，賜羊酒彩幣，鄉里榮之。祖某，七品散官。父某，號坦菴翁〔二〕，以公貴，初贈吳縣令，繼贈河南道監察御史。初娶嚴氏，繼鍾氏，公則鍾夫人第四子也。始鍾夫人夢黃衣人以幅錦盛明珠來獻，光焰奪人目，因受而含之，不覺咽下，遂有孕。及生公，果光爛一室，家人駭異，太夫人心知其爲祥也。先是坦菴翁以貲雄里中，後遭流寇，家日落。公九齡乃得從塾師學句讀。逾年，能遍誦塾舍書，塾師遜避。年十七，更從蕭經魁虬山君學，時已奮迅業舉，而旁覽秦漢諸家文，尤好杜詩。一日，讀史至秦檜殺岳武穆事，悵然太息。坦菴翁訊之，答曰：「假令兒在側，則當爲武穆飲血擊檜。」翁喜，謂太夫人曰：「吾兒異時當能忠諫，爲耳目臣。」又一日，讀史涕下，翁又訊之，答曰：「兒讀裴晉公表云：『滅賊則朝天有期，賊在則歸闕無日。』甚哉！義氣之能感人，故泣也。」翁復語太夫人曰：「吾兒異時當能宣力爲股肱臣。」已而愀然曰：「惜吾不及見矣。」是年，督學范公首録，補邑博士弟子員。明年，從其從兄滁江君某業文，遂聞正學，即欣欣有嚮往意矣。于時，邑西有郭翁者嘗爲女擇對，諸富人求，罵不與，一見公，遂奇許之。又三年，公已試冠等，廪于庠，夫人始來歸。未幾，坦菴翁寢疾，公若不欲生，翁諭曰：「吾有若不死矣。」既捐館，公盡出奩物治襝具，腆踰有力家，親者爲之嘆服，哀毁至終喪

〔二〕「坦」，原作「垣」，據四庫本改。

如一日。庚子服闋，赴省試，未第，歸遇寇，同行友沉死，公爲假貸成斂。又二年，始購得吉壤，奉坦菴翁葬焉。癸卯，復下第，公獨嘆曰：「吾無以酬吾母。」已而曰：「吾奚可鬱鬱泥一舉爲孝乎？」乃結諸同志往來青原、白鷺，嚴事邑之聶貞襄公，又師安成鄒文莊、泰和歐文莊二公，而觀磨于羅文恭公，力究致良知之學。四君子稔公穎悟卓朗，咸大器重。丙午，赴省試，既捷，或用爲悅，公獨愴曰：「惜吾父未逮睹。」歸拜太夫人，涕滂沱下，太夫人亦泣不止，觀者異之。次年第進士，觀政都察院，遂迎太夫人養于京。座主爲翰林大洲趙公，亟爲延譽榜中，推公與南昌胡子文、太倉王元美齊名，時公年三十三矣。戊申，得選蘇之吳縣，乃偕太夫人如吳。吳爲蘇首邑，賦甲東南，民黠難理。公悉以治家者治之，首稽民隱，病在勢家免差而細民苦役，又莫甚運頭，乃追古公田之義，置役田以取給，民獲蘇。又置義冢，易火葬，節靡剔蠹，咸爲畫一。創建文學書院，祀子遊，群邑雋月試之，發其素所受于師者，破崖岸，爲之講習。一時名士爭出其門，如今相申公、侍郎王公、劉公其最著也。時韃虜逼京城，部議專官徵吳稅之積逋者，吏乘風恐劫，民幾竄。公方告郡守急出榜安民，民始定。辛亥，部考循良第一，士民爲樹生祠。壬子，召入，爲河南道御史。會大將仇鸞擁重兵居外，既誘虜劫城下，又挾虜要君，淩壓在位，人心震懼，群臣無敢言者。公獨上言，發鸞奸歷，抵其罪。疏雖留中，而公之直氣已輷然壯中外矣。亡何，鸞暴病死，而通虜事發，詔剖棺梟示謝天下，始皆嘆頌公之先見。公又陳時務十二策，議守三關，開通桑乾河，以便運餉。扶疏萬餘言，皆能稽事實，破膠見，鑿鑿可措之行。癸丑，出按河東鹽政。公爲祛夙蠹，通商賈，禁藩室移貸之弊，題請稽覈群工賢否，風裁凜凜如也。時有武臣史某者坐强娶與私鹽事，覈與其邑大臣有連。大臣爲關説，公必致諸法。大臣銜公不置，異時公被再謫，則肇兹矣。公以西北士雖知業舉，然于正學未有聞，乃建河東書院，集名士廪之，日課其藝，因以論學，又爲刻《陽明先生文粹》，以示嚮往。自是西方學者益知遡河汾宗旨矣。事竣，公思太夫人，以病乞歸，築象城山房迎養，自爲之記。丙辰，病痊，赴部，掌河南道并七道印綬，與覲察事。當此時，廕臣陰持魁柄，天下財輦入私門。奮欲言，草成，爲相知者焜之，邑邑不自得。已而，獨疏論邊事六弊二難，末及東南總督胡宗憲淫侈誤國，請賜督責，罷閩撫阮鶚之貪婪，而二臣者皆廕臣心膂人也，廕臣大不懌。亡何，肅皇帝詔監脩復三殿及午門。瑺臣議工直日一錢，公不可，又欲盡易門石，公請易所損者。有富商囊五十金賄廕臣，求與工事。歐陽工部尚書聽其請，公又執不可。于是廕臣與尚書交銜公。工竣序遷，歐陽轉冢宰，公轉大理寺寺丞。時遷轉者例有饋謝，公又不饋，廕臣恨益次骨。明年己未，太夫人春秋愈高，公乞假終養。既歸，侍太夫人不離左右。辛酉，太夫人卒，公方守制。會風霾，言官請考察應變，廕臣與歐陽計黜公以塞責，總憲周簡肅公正色詘其議，得免，然竟署浮懆落職。乙丑，起復，補夷陵州知州，未任，轉霸州僉事。霸當孔道，多響馬大盜，白晝肝腦人。公戒嚴捕治，賊爲屏息。先是西寧侯舟次霸，寇猝至，侯倉皇避，入水死。公至，始擒寇，窮其窟宅。題請豁洪武間養馬逋税，民益感悦。丙寅，轉大名兵備。邊報日警，公曰：「防秋莫先積貯。」方臨六越月，積鍰金至八千，足備餉。適河東大臣銜公者掌銓，駕言倭寇浸盛，移公福建監軍副使，將以危公。公辰聞報，巳即啓行，以素無便文自營，故能疾也。至則飭武練兵，嚴樹海防，先事預備。比倭至，乃得與總兵戚君戮力挫倭，破之，八閩賴以大安。戊辰，大臣挾前意，必欲罷公，文選劉郎中某備言公才賢狀，且云：「今日必罷宋寺丞，寧罷劉某。某與宋生平無識面，然知其才賢。某不爲言，則如公論何？」大臣不得已，竟署降調。公棄監軍，遊武夷，賦詩見志，有《武夷漫稿》。已而，歸理南村新第，爲終焉計。期會同志，寓講青原、白鷺，殆無虚歲。至辛未，公年五十八矣，而部臺薦剡凡十八疏，乃起補公四川僉事，未任，轉福建提學副使。先是提學例有條教，然多靡文，公獨慨曰：「卧碑教士迪正道，崇正學，今詎越此乎？」乃條引而敷宣之。暇則爲諸生發明《大學》致知入門正脉，仍刻《陽明文粹》，鄒、歐兩文莊文選，遍示諸生，而興者丕變矣。己未，郭夫人訃至，既哭，嘆曰：「吾亦老且休矣。」遂舍紱而歸。俄轉福建參政，不得已復赴閩，以賫賀萬壽表行報，陞大僕寺卿，尋轉大理寺少卿。是歲，復當天下群工入覲，公率諸縉紳偕諸覲臣講學靈濟宫，亹亹多所發明。時廷議王陽明先生從祀事，議者拘牽舊文，不能究竟其學，至爲聚訟。公曰：「是未可以口舌争也。」乃著爲《或問》一篇，反覆數千言，大意謂堯舜開道心精一之傳，未嘗求理于物，牿心于外。孔門《大學》一書首言「明明德」，明德者，即吾道心之靈覺不昧者，而知識其末焉。故明明德之功，要在致知。後儒誤訓「致知」爲推極其知識，殊失《大學》知本之旨。陽明則指示之曰：「是致知者，乃致吾之良知，而非以知識先也。」以是見陽明實本堯、舜、孔門正旨，從祀允當。一時聞者醒醒，然卒未行。甲戌，廷推應天巡撫。公習知江南民苦賦役，既莅任，首政均賦。雖格異議，然豪家欽戢，不敢專持全免以肥己瘠人，賦税得以通徵，細民若獲所天。江洋寇熾，乃理兵儲，緝海船，脩戎器，更置將吏，簡練行伍，沿江編立保甲。蕪湖盜劫庫，竟捕滅之。復築城禦，後又銅陵、望江、青浦，咸爲城之。春汛，輒先事戒嚴。已而果有倭船連艘擄掠，公授畧三遣兵勦，截殲之洋外，其擒斬俘獲級口器仗不可勝計，語具《三捷疏》中。繇是倭寇不得流突，而内地以安。當宁大悦，詔陞公副都，賜賚金帛有加。鎮江各府水災，民資蕩析。公題請蠲租，發廩賑濟若拯溺，咸見疏中。礦徒嘯聚，出没不可蹤。公爲設防禁伏，迄不敢肆。撫署寓蘇，公至，酌列郡道里均處，改建于句曲。會詔雪靖難死事諸臣，公爲建表忠祠于金陵。宋忠臣楊公邦義，吉水人也，舊祠墓在江寧，其後祠存遺址，而墓堙久矣。公爲訪民間，得其墓，表章之，又復其祠，其篤意忠義類此。丙子冬，陞南京大理寺正卿，辭不允。先是爲鹽徒事與御史奏異，同科臣參劾，公既辨明，有詔轉北大理寺卿，上疏乞罷，温旨不許。公曰：「主上恩意渥矣，然吾義不辱。」遂堅不出。初，吳有伊郎中者故病風，常持刺候謁，閽者懼其失言，弗爲通，公竟未知也。伊乃銜公騰謗，而它不樂督公賦者和之，當塗浸聞不平。公反懼傷伊，貽書解之，聞者益服公之雅量，然終不免論者之口自伊始也。公歸，杜門南村，都中自元輔以下屢書督行，皆未答。曰：「身隱矣，焉用文之？」先是公念豐邑歷科七未有薦者，或請易學宮。公居南大理時，即捐金百以助脩改。既歸，則專力改建而觀其成。公孝友出天性，方年十六時，坦翁搆味琴樓成，輒搦筆題其壁曰：「睦内睦外之志，矢死不朽。」翁笑曰：「子異時其衣德吾門乎？」公事父母，養生送死；事諸兄，推産讓居，亡論已。自坦翁以上，至高王父葬不吉者，公必爲卜吉兆、厚棺斂而改厝焉。諸兄有不吉者，改厝如其祖父。從子有不能婚嫁者，公爲擇婚嫁，資必腆。其諸從以逮族之疏遠，資雖有差，然無不食公之德者如其從子。姑之子孫、太夫人之子孫、内家之子孫與其密友之子孫，資雖有差，然無不食公之德者如其諸從。鄉鄰有慕義者、力詩書者，掖之；寒餓者，周之；喪者，助之；急難告者，左右之。四方士挾一藝者，苟可用情，無不厭其意。通邑有利病，苟可言，無不盡言，而視鄉鄰與通邑四方如其家族。蓋公夙見良知之體通乎天地萬物，而偉度足以勝之，長才足以達之，敏識足以鏡之，勁節足以樹之。乃至治劇應猝，荷艱力重，當其遊刃，曾不動色，而恢恢有餘地矣。彼世之沾沾煦煦，僬僬睍睍，銖稱寸量，自以爲得者，非其儔也。故其際于得失、利害、崇下，一不足以滓胸臆而易眉宇。予與公鄉國悦慕篤矣，而綰結則在京都。當時海内凡四五君子者，咸以講學論文莫逆，然咸推轂公。浸以公之廓落好善，固今文武濟時偉丈夫也，蓋在相國亦云。公嘗貽示與相國往復書牘，彼己皆報主大義。讀之，可見一時之相與者非苟而已也。然而予且快公之歸，將與公邁軸林端，淬礲末路，究斯學之大歸。石蓮、雪浪之區，青原、白鷺之刹，俟公舊矣。孰謂天不吊憫，乃一疾而奄忽其逝，豈誠吾黨寡倖，末世薄祜，俾瑣瑣者延而獨殲此哲人也哉？文章之弊久矣，名賢反古，濟濟麟麟，然獨師匠《史》、《漢》，而刻意劌心，雕鏤模擬，其極至盜哭爲悲，借笑爲歡，而非其中心之誠然。公每嘆其爲中古影子，曾未探六經之緒，而窺道法之所繇來。惟公咏歌必本性情，論議揆自道法，絶不屑屑于雕鏤模擬，而雄渾與質厚並至，倬鑠與縝密交見，若無意繩削而自中其度。其友曾中丞于野評公文出天才，非人力易致，豈不信哉？公家食時，喜邑之陽山，遂著《陽山賦》，題其詩曰《陽山詩稿》。後在南畿，愛句曲華陽之勝，既以更號，乃裒其詩文若干卷、奏議若干卷，總題曰《華陽館稿》。姑蘇兩王公叙之，皆極推高，擬古作者，是豈今之譾譾然縛步秦漢而違已失真者之可言哉？予嘗括而論之：九萬之翼，非鸒斯所望；重溟之淵，非溝澮所擬。此公之高大，不可以小局小知追也。銅爵騰都越國，而以之捕鼠則詘；龍淵斷蛟剸犀，而以之羞雁則左。此公之高大所以不得于小局小知者也。嗚呼！公無憾矣。公娶郭夫人，難子，乃以仲兄次子瑜後之。瑜初娶藤田甯氏，繼東湖劉某女。劉號澄湖，即公所作《澄湖記》者是也。副室艾源艾氏、高郵州郭氏，又許氏，李氏。艾生子二，珝娶聶祠部女，玘娶永新劉知事女。女一，適廬陵習脩撰季子某。郭生子珽，聘廬陵賀春元某女。許、李子俱殤。孫一某，翊出，聘湯春元某女。女孫一，瑜出，嫁爲郭奉常冢孫某之配。公生正德甲戌年月日，終萬曆戊寅十月朔日，得年才六十有五。公適寢疾，而予猶幸造而執别也。予曷忍無言？瑜、翊等卜葬公于某山某原，將以某年月日襄事，又以使來督爲言，乃爲次第公之巨節顯行著之篇，其細且隱者未逮也。以爲世之元夫碩哲，必有與公應者，是故挈其大而細可推，發其顯而隱可覘，而予亦無俟更仆數也。謹狀〔二〕。

〔二〕「一某」至「謹狀」，底本無，據四庫本補。

衡廬續稿卷七

祭文

祭尹洞山先生文

唯郡有文，盛啓六一，雖涉道藩，而靡入室。唯國有文，弘正稱踔，雖極剞劂，而道彌凋。業業夫子，挺生昌朝，玄聰天牖，姱姿神雕。捉髮戲翰，坐絶群髦，弱冠遨藝，睥睨賈晁。入對彤廷，治安萬言，世皇親嘉，褒詔以傳。既遴清切，駿發文園，總轡司馬，揚班後先。囊括百家，涵浸萬彙，杼軸堂搆，弘言奧義。譬諸江河，迤延遐裔，浴乾盪坤，孕怪育異。朱燄緑烟，陽冰陰火，籠挫筆端，物無不可。又若廟堂，朱甍青瑣，言言獨聳，翼翼無頗。夫子之文，雄瓌若兹，魯多君子，交益以滋。昌其氣矣，以道爲師，振其奇矣，惟正是基。匪直也文，秉心淵碩，志存孔姬，忠希亮弼。大政抗議，回邪辟易，聽者咸縮，娼者彌力。凡三典文，藻識孰並，權臣重臣，策目殊勁。爲國樹人，樹必以正，兩教成均，髦趨如競。心期一躬，風勵無前，辭婚宰家，謝玄帝壇。傳奉而卿，意所弗然，貞孤不援，遂貳南銓。矯矯銓臣，奕奕舊京，手握衡鏡，課必幽明。尋登宗伯，寔遠帝庭，帝念不置，疇爲同升。遽意卷懷，年始六秩，飛章繾綣，爰脱羈縶。縱心圖史，畢志泉石，再起東山，匪意攸懌。世方矚目，社稷休虞，補天浴日，實競延竚。昊天不弔，倏焉傾徂，國殄老成，士喪型模。夫子文采，世莫不知，翳其勳伐，匡救潛施。如彼泰岱，罔見波靡，七十泉啓，潤澤四馳。某初拓落，如石碌碌，公獨不爾，題爲良玉。一代一生，知己則獨，矧托婚媾，再世情篤。悲豈一端，重悼者世，不朽維文，象賢維嗣。翩焉騎箕，靈爽如熾，陟降下上，倘臨斯觶。

祭大理卿宋陽山文

夫九萬之穹，鸒斯不能翔其顛；重溟之浩，鯫魚不能竟其極，此言器大者不可以小局追也。銅爵一朝，騰都越國，而以之捕鼠，則遜于山貍；龍淵一出，斷蛟剸犀，而以之羞臛，則謝乎佩刀，此言受大者不可以小知督也。悲哉！若吾友陽山宋公，其可以末世之小局小知班乎？其又可令斯世遽奪斯人乎？惟吉盛時，賢萃道茂。蔚有我公，挺生其後。神穎出于天陶，貞槩植乎性就。承親則壽母樂志，友悌則讓逮群幼。弱齡騫翮，僉屬冠英。壯成甲第，翕爲老成。製錦吳甸，惠訓獨殷。役田之設，其濟也宏。尋登蘭臺，奮身許國。出案鹺政，罄洗黷墨。方斯時也，蔭臣詭持邦衡，頤指中外，外鎮涇劉，以逞寇攘，益以榛塞。公惟峻節喬立，儼若松柏，掊擊雄奸，摧抑巨慝。時雖以直聲動天下，而媢者已恨恨乎次骨。已而左斥遐服，迄無愠色。天下稍清，既壓復起。握憲畿甸，柄學閩臬。允文允武，爲世程則。晚撫南畿，憤欲爲斯民剔積蠹，樹長利，身甘是壑，而猥爲方域異議者之所格。然而濊澤浸于江介，奇猷著于海壖，瘝切民隱而不遺軍國，公之勛勩已烈矣。尋掌棘寺，遽告休止。方欲薖軸林端，究斯學之大歸，詎謂天不吊憫，一疾而猋其奄忽。悲哉！某昔與公鄉國悦慕，京都綰結，一語投膠，百好調瑟。嘗睹公之使才，應猝馭繁，荷大力重，曾無變色，誠所謂履屐間各得其任。雅意同黨中文武勳名，公偕譚大司馬寔維其特，未嘗不快濟艱之在吾徒，而棟時之假俊傑。顧乃未竟其庸，而遄嗇其年，是孰爲通也？抑孰爲之塞？文章之弊久矣，濟濟時賢，競曰反古，然獨聖秦漢而凡《六經》。公每嘆其取裁者皆中古之影子，而未嘗一探作者精意之所宅。惟公論議揆自道法，而詠歌必本性情。搦筆成篇，不假竄易，而炳朗弘碩，自中節會。雖宿搆者有不能蹀，而公猶自署爲鄙小子之鍾期，相期許於前脩，予又何能躡轡驟而規彷彿？蓋公蚤遊賢儒之門，遠探洙泗之旨。既歸，將與予淬勵全歸，志欲衍千聖於一脉，視彼動伐文辭，特剩業耳。而天不假年，竟止于斯。吾黨寡倖，末世薄祐，俾瑣瑣者延而殲此英哲。十年之間，合襟無幾，崇朝促席。適公寢疾，而猶幸執別，以成永訣。於乎！吾雖攬匡阜爲辭，傾章水爲涕，莫以抒其憤愠。乃閲再霜而始臨，哭其靈床，公必不謂戚疏于存歿也。雖然，其終無以解予之惻惻。

會祭徐存翁閣老文

天下大器，或傾且瓬，自匪天人，疇掖疇補。公降自天，嶽嶙海瀦，多才蹀姬，柔嘉邁甫。掌制玉廬，夙擅鴻筆，抗議孔祀，斥謫靡戚。典學兩藩，若噴澌液，青宮既還，講筵日弼。遂晉秩宗，惟清惟恭，帝曰汝才，亦惟汝忠。簡佐大政，位亞上公，密承眷倚，寔亮天工。迺際巨慝，上黷下墨，讒説肆行，訑訑諭諭。公居其艱，惟忠而哲，靡敢昌言，獨進密勿。曰惟國禎，人才是務，救援獎提，甄收愛護。蹇蹇夔夔，匪躬之故，既祓孔壬，爰握鈞衡。貪熻未息，島夷毒横，戈船四遣，機決廟庭。南東鯨鯢，一朝告平。爰扶穆皇，乾清坤謐。學術是先，力贊皇極。手抉雲霾，斯道如日。惟公之功，匪啻社稷。晚遘横臣，如蜩如沸。公孫碩膚，赤舄几几。飛章累乞，遂復田里。衛武德業，既耄猶勵，令公子孫，頷示頤指。世方矚公，耆頤重麻，再斡鼎軸，邦國無憂。云胡傾徂，騎箕神遊，元老既謝，巨儒遽休。某等誼辱門墻，宿蒙振拂，聞訃失聲，有涕横頰。東望輀車，莫繇引紼，千里緘辭，曷既心惻。

奠耿封君靜翁年伯文

嗚乎！自靜翁之訃至也，小子某爲翁悲者浩渺，而彌爲中丞公戚。夫大人耐以天下爲一家，中國爲一人，其天責固然也。方中丞公致養林端，日以皤髭華顛曲躬鼎俎之調，脅息衾縟之置，蒿目杖履之撰，屏跡厠牏之涓，姁姁旋于周閣子舍，而從從翊于園圃田疇，以從臾其所嗜，翁固陶陶焉樂而忘老，公亦泄泄焉不知天下何樂之可代。然而朝家不能一日釋公，天下競引天責，更相盻伺，翁又督迫于内，公不得不起，而仗鉞以臨疆埸。當此時，公所願翁不啻岡陵，翁自計亦翔健難老，中外咸從而盱祝之。疇謂翁一旦遽以長棄，公之恫詎可言？故某之彌爲公戚者此也。夫江啓于岷嶺，淮啓于桐柏，天下不幾江幾淮也，則岷與桐柏之功詎不爲鉅且尊哉！今天下學道任天責之重者，如公固幾人，而翁喬然爲天下岷嶺、桐柏，天下誦歌仰繫至崇厚，天子加恩甚盛，穀禄壽考，子孫蕃碩，既貴如貫，既賢如林，翁既以舍然無悲矣。然某不能無悲與戚者，蓋辱中丞公以天責固然者，挈之大道之中，相與匪獨交契，視翁骨肉伯叔等也。矧昔侍翁上京，炙樸飲醇，翁亦子姓近之。今忽忽餘廿年，某獨浸淫沉痾，欲奔千里圖伸一芻，動左足者數矣，而病紲之，某之悲故不已，而戚亦詎可言？乃越翌歲，敬馳椒醑，先寄遥思，尚伫躬祖。嗚乎尚饗！

衡廬續稿卷八

墓誌銘

龍西華先生墓誌銘

予總角游黌，而里中西華先生已翔文場試首冠。先生不予穉，一見忘年期許，靓輒歡甚。歲庚子，先生得雋江藩。又三年，予乃繼踵偕上春官，得朝夕其論，而益知先生之高雅，與俗趣殊轍。後予入仕，比歸，先生不金玉其章貽予，令人寶不可置。心擬時時叩子雲之室，而今不可幾矣。先生家嗣朝宰手其姪孫太平二守澄源君所爲狀謁銘。予既辱好，又欽君之嫻於文，是故於銘也曷辭？按：先生先世繇京兆令永新，家焉，繼徙今泰和甘溪里。嘗有兄弟五人同舉，其諱登騰者並登淳祐進士。騰之後有震翁，事母至孝，時有枯梅，六月而花。事聞理宗，朝表爲孝梅，命詞臣盧摯作記，又御製七言詩獎異之。明興，樂山公諱仁安，以長子驗封公貴，贈祠部主事。驗封公兄弟亦五，其四曰某。某四傳生梅坡公某，娶某氏，子三，長諱子用，舉嘉靖壬午，尹行唐。其季即先生，諱子昂，字行敬，別號西華。西華先生自幼奇穎，讀書過目成誦，文辭坌涌，督學試，輒高等。至王公亢賞異，曰：「此王守溪流亞也。」一時名動四方，從者如雲。然性方介，不能詭隨人于遨藝，時宗藩以戚好禮致之，竟弗之往。既舉于鄉，兩上春官不第，乃就乙榜，補江陰學諭，聘典東粵試事。相繼丁艱，復補休寧、歙縣。其墨義經旨，有大造于三邑士，陞令封丘。封故沖疲，民多鷙悍，先生痛抑豪强，爲民刷除虚税，代輸公逋，惟趨拜不以時局，一自信其衷，不爲獵虚，以是致忤上吏，而卒無以中也。乃以簡改上津，先生䵢然笑曰：「能改吾封丘令爲上津令，而奚能改吾令封丘者令上津也？」爲之措刑緩斂，禔身彌礪，一意與民休養，不爲鈎距。事暇，輒閉閤翻閲古載籍，徜内蕭然若僧舍。督撫中丞廉其政，偉之曰：「是真能爲護養元元者。」委特隆篤。丙辰，赴覲，奉部檄遴典簾外事，督撫伫上章薦之，而先生故弗喜仕，乃竟托疾乞休，連九請，始得歸。歸之日，民泣送，爲之載道。先生家居廿餘年，嘗塊坐一室，外事一不挂耳。課其子若孫，以一經，或自爲時藝式之。性喜賦咏，值佳辰，則召子姓命酒爲歡，既醉，必爲詩以咏之。去城不舍許，然多削迹，或不通邑大夫姓字。逾年，綉衣使者古松段公暨撫臺應谷劉公故皆善先生，各戒吏致起居，先生竟弗一造謝焉。後撫臺楊震厓公聞之，嘆曰：「是淵明再見也。」因匾「五柳高風」贈焉。先生天性孝友，養色承志。初薦，例得坊金百，時方匱，則以獻梅坡公爲壽，而公宿貯不貲，恣所與，一弗問。晚與伯兄見稍抵，情故弗間。伯兄暴終，先生痛絶，爲理喪事家務悉當，人益服之。平生所撰詩集若干卷。臨終神氣凝然，呼筆示身後事。又自著《西華小傳》，曰：「無令煩名筆諛墓中耳。」先生享年七十有六。元配陳孺人，繼余，俱前卒，又繼康副張。伯子朝宰，庠廩生，有雋才，類先生。仲朝賓，陳出。女一，張出，婿歐陽文孫。孫男四，學易、學書、學詩、學文。孫女一，適楊某。曾孫女一，聘胡某。朝宰卜今年某月某日，葬本里某向之原。予既序次其事，又未嘗不嘆慨思之也。夫今世官比民者不啻裝幾十百槖，而先生獨嶢嶢凉凉，與世敻絶，世並難之矣。乃不知先生致歸時，其傳經士楊銀臺方柄銓事，朱大司空漸都顯地，先生不一徊翔眄慕，引手而决去，若脱煩歊然，於今世爲幾見。且夫林居市交者㖡㖡幾當塗爲推轂，甚則誣指上吏，孰我門，孰我故，以攝閭左右，爲圛奪先聲。以是較諸先生，則誠談腐鼠於鵷鶵間也，又豈啻相什伯哉？予以是免諛墓誚矣。銘曰：

維公奇穎，疇則毓之，玉華炳靈。維公貞姱，疇則儷之，甘水澄泓。文敷三邑，譽髦斯成。澤濊兩邦，腹藉殘民。出膺畏塗，靡斲其真。處謝羣嚚，獨葆其神。曷豐乃器，而嗇厥行。冥冥者鴻，振振者麟。蜕藏玄丘，精歸蒼旻。

雲南按察司憲副毅齋楊公墓誌銘

予伏石蓮，吉水楊生應祥侍，則談其族父毅齋公之令終，然予故善公，心知公所爲有原本。

已而，二孤以予友鄒方伯撰狀請銘，將以某年月日葬公某山某向之原。按狀：公諱儲，字元秀，別號毅齋。其先南唐虞部侍郎輅，再傳徙吉水湴塘，而有忠襄文節。又幾世，徙廬陵逢塘。曾祖德淵，祖主敬，廣西桂林衛經歷。父珙，以公貴，贈監察御史。母李氏，贈太孺人，公其仲子也。御史公嘗爲廣西梧州府照磨，時征叛傜，例不當臨戎，乃慨然請先臨敵。死之時，公八歲，從太孺人奔喪，哭奠如成人。人指目曰：「此真忠義後也。」公長身廣顙，脩目巨耳，美髯過臍寸許，弱即端重。太孺人性嚴，子有過，輒數日損言笑。公日夜跪受過，少解乃已。稍長，以《麟經》補郡庠。乙未，援例入北雍。丁酉下第，乃偕同事留京邸淬礪者三年。庚子，中順天鄉試，捷聞，獨無喜色，曰：「一舉未足以畢生平。」又諭同榜，必勉期報國，毋沾沾懷私便心。衆咸悚曰：「公言是！公言是！」丁未，再上春官不第，遭太孺人變，哀毁幾絶，水漿不入口者三日。既葬，猶悲慕不釋。庚戌，謁選授湖廣衡州府推官，既至，刻廉自喜，遇讞獄亭疑，必反覆求其生，不得，輒痒然見顔面。雅曰：「與其殺不辜，寧失不經。」故終司理之任，不輕入一大辟。衡陽故多逋賦，公代署，爲破崖岸，諭以至誠，弛期寬刑，不問多寡親收，而民反爭先輸納，彌月至數千金。又嘗代署捕，則能以奇畫擒黠寇。直指使梅林胡公雅重公，檄爲彌封官，凡《春秋》卷屬公者，無相可否。公既清約，外父至，訝曰：「署中何殊僧舍？」衡人無仛倪稱楊青天，太守白石蔡公恒爲嘆服。常奉直指使檄查全楚，人不敢私干。有一邑簿以病艱迎，伺暮扶疾跪獻數十金，公叱而却之，已而廉簿験無它過，竟貸不罪。癸丑冬，拜貴州道監察御史，衡民泣挽不得行。比行，懸槖出門。肅皇帝末年事玄，公賀表致諷，忤旨，廷杖四十，幾斃。勛戚人稍不法，不少假。丙辰，出按河東鹽法，至則貪墨吏望風解綬去者數人。于是，爲清鹺通商，牢盆之政一新。值地震，乃出鍰金，檄有司行賑，全活者衆。葺河東書院，群所屬生講業其中，暇則親課文品第之，士益彬彬。行部至衛，謁子路墓，增脩其祠宇，手爲文樹碑，躬致祭。戊午，按北直隸，未履境，有撫臣餽兼金奇貨，不啓封返之。事竣，舉刺一無徇。部中每見公疏，即曰：「此楊侍御直筆也。」爲覆行，無異同。辛酉，再案晉。晉故多强宗，貧者至無給，公處之有方，莫不懷畏。是秋鄉試，公矢公飭度百執事，咸凛凛閱卷，輒衣冠端坐至夜，猶凝然無跛倚，極倦，惟瞑目少頃。或勸弛服，叱曰：「上爲主上求賢，下則士進之始事也，是烏可慢？」故事，秋季防邊，多委官行。公躬閱三關，猝遇虜，衆請旋旆。公曰：「今日正臣子致命之秋，逗進者斬。」衆志甫定。乃隲險樹營，竟以先聲奪虜氣，虜輒遁去。公與時宰雖四門姻，然絶無阿比，每不得其歡心。歷御史俸八年矣，乃出爲湖廣布政司參議，分守下荆南兼提督太和山。太和故有中官共事，其人頗擅威福，聞公至，輒戒其下毋輕相犯。公所行，咸歛手憚服無撓。有知州劉欽命者以事忤中官，被奏誣，荷械行。公適外歸，乃力爲辯誣，移文撫按，復致書當塗，且曰：「無令中官箝有司中壑慾也。」劉竟得免。幾歲，擢雲南按察司副使，報至，即忻然曰：「吾欲歸久矣。」遂封還璽書長往。

既歸，杜門懸車，絶聲色遊宴之娱，謝綺麗，不復御。遇先忌必潔服，茹蔬觴豆跪進，畢，則手自徹，儼若事生。居鄉務善俗，乃立鄉約，抑浮息訟，有爭質成。歲以祀事一至郡城，不謁有司，盡絶干請，郡縣至不識面。而事關民隱最切，輒慨然以書達，無不爲罷行。晚年闢一圃，常角巾布袍，督植茗蔬爲樂。客至，語及時政，不答，故吏門人莅江省者無隻字之交。聞薦，即愀然曰：「非吾意也。」先是雅與鄒文莊公遊東山，講《孟子·鷄鳴章》及孩提仁義之旨，頴然有省。又與羅文恭公講于石蓮，咸有深契。長兄休寧簿某，事如父。友其弟光禄署丞某，靡違所慾。少時與吉之高君珍、彭君魯友善。高同舉順天，彭竟窮約。歲時問訊，罔間宦遊，輒致水土物，彭卒，爲服緦麻，奠賻最腆。暇則期高君會金鰲、赤石間，縱談古今善敗是非，不及時事。高君卒，公銜哀蔬食，爲經紀其葬，而重恤厥孤，時論高之。其它任恤類此。歲時祖墓祠宇、橋梁水利，類破百金不恡。嘗懸一磬座右，戒童子曰：「若伺吾有惰容，輒聲磬。」居聞磬，未嘗不儼然危坐也。對家人，父子若嚴賓。鄉人多嚴憚之。戊寅七月中，忽語二子曰：「生死常事，吾頗不動心。第惟若等當勉脩，以不辱宗。」既望，猶率行鄉約，冠服竟日無惰。十九日，與弟姪談養生，歡若平時。及晚，沐浴更衣，夜徹不寧。至念日，端坐，兩目炯然，鬚髯飄飄。家人訊後事，不語，乃知其神往矣。方卒時，烈風迅雷交作，電燭榻席。既逝，天星朗燦，人莫不異之。距其生弘治壬戌四月十三日，享年七十有七。娶羅氏，贈孺人。繼王氏，封孺人。子二，長某，次某。

予以鄒君狀，論公之世，則古所稱外不絶俗而内不失真者，予未數數見也，而僅見公。銘曰：

蓋予聞古之至人兮，尊神明而下穢纇。殆正陽之壹氣兮，練要眇於六虚。質龍蜕而鑠化兮，神綽約而容與。松喬不可以齊年兮，翳騰精而上清都。惟嶽然之藎臣兮，穹德義以自廬。既遠追於關西兮，又近希乎襄節之故途。誕齋居以精醇兮，抑直氣之不回紆。其壽豈兮若游，其死則愉。神翔大儀爲列星兮，嗣彦爲駒。金聲玉色不可挹兮，瞻遺封之鬲如。

嘉議大夫南京太常寺卿一厓郭公墓誌銘

一厓郭公以某年月日終正寢。季子某、冢孫某既請予友陳亞中公狀其事，屬予銘，曰：「此先大夫治命也。」予走奠恩江，訊知以是月十有八日奉窆公某里某山之原，予言奚敢後？蓋予昔交公秦淮間。嘉靖之著雍敦牂，公爲刑科右給事中，會琉球請封其世子尚元爲中山王，詔遣給事中吴時來充正使，行有日矣，以言事謫去，乃改命得公。上悦，仍賜一品麒麟服。既陛辭告行，予時在比部，則語公曰：「大海，古所謂『長爲委輸』者也。公往則若無色怖，何也？」公曰：「夫人之死十有三，豈皆犯窮溟者哉？矧君命乎？」予曰：「公忠且達矣。」别幾年，予歸自東粤，公亦解太常正卿家食久矣。郡中二三同志相與期集青原山，予因叩浮海事，公曰：「吾浮海有四徵，夫人平居語利害，不大怵于心，至涉境，鮮有不攖者。方吾始開洋梅花也，潮平濤静，瞬目千里，何其㥦也！頃踰赤嶼，遘巨魚，舟顛甚，雖予與舟中人無不悸廢。事竣歸國，颶作，柁折，舟中群號，而予亦憂慄，至五日不粒食。已而蹶然思曰：『吾學不在是乎？』徐自定，又思曰：『吾以死報國，分也，其如五百人何？』于是聽舟人請，捐所愛物投諸水。又口占文授事，檄天神，即得風不怒，易柁而還。吾然後知涉境攖寧之弗易易也，此一徵也。夫人旦夜念慮，淵淪飈舉，蓋烈于潮與颶矣。自非舟柁牢甚，弗可救。抑孰知吾黨以學爲舟，以志爲柁乎？孔子蓋十五得舟柁，故卒登于道岸，此二徵也。昔讀杜氏《通典》紀琉球事，以吾所睹，記則夐異。即永樂間《星槎勝覽》，載翠巖、大奇等山及蔗酒事種種，誣也。予乃信不行不爲真知，然則知行果一矣。此三徵也。吾昔泛彭蠡，稱弘矣。至海，則不知幾千萬里，而始覯土納己之山，是山不知幾千萬里，隱若泡影，其若是山者又不知其幾千萬之衆且廣也。予乃知海之無不有也，而不見有。此四徵也。吾浮海僅僅達此。」予聞之，悚然曰：「學非徵不自信，公且坐進矣。」已而，與二三同志期公歲一集青原以爲常，而公忽已矣。嗟乎！豈不悲哉？公永豐層山里人也，諱汝霖，字某，號一厓。上世自唐監軍公來鎮永豐，子定功，贅石橋吴氏，爲祭酒博士，徙層山，代有聞人。侍讀公某，淄川令伯庸，其最著也。高王父某，曾王父某。父中軒公諱某，以公貴，封吏科左給事中。母吴氏，封太孺人，嘗夢神人指一星曰：「此汝子，汝必爲貴人母。」及公生，果有奇表。父老覘曰：「是當後吾鄉文毅公矣。」文毅公者，羅先生倫也。公稍長，亦挺然以自任，曰：「不者，非夫也。」試有司，日未午，呈所爲文，邑侯臨海周公奇之，再試《賈生論》，立就數千言，益大奇。是年補邑博士弟子員。大司馬聶貞襄公覽其文，喜曰：「是郭氏千里駒也。」一時名士如羅艮山、陳視軒、宋華陽、鄒六華，皆相與推許，日礲礪。作時義非其好也，則時時從貞襄公問學，及遊安成鄒文莊、泰和歐陽文莊兩公門，曰：「吾學豈以舉子業羈紲哉？」嘉靖庚子，舉鄉試。癸丑，第進士，授行人司行人，久之，選吏科給事中。上《平倭十議》：一海防，二兵衛，三選將，四練兵，五器械，六招募，七專任，八號令，九團結，十糧餉。又上疏，極論邊防時務，在廷韙之。巡視皇城中，貴人知不可犯，不敢私役一軍。比使琉球，轉刑科右給事，其使事本末具《使琉球録》及前叙述中。公之始抵閩也，與副使李行人某例各造一舟，費不下數千金。公曰：「合舟則費裁而力協。」李君從之，人莫不稱便。逾年，公至琉球成禮，中山王饋馬蹄黄金四十兩，皆作書辭之。彼國法司等嘆曰：「天使守義峻矣，不可再辱。」越四年復命，而琉球亦遣使臣謝恩，具疏言公辭金狀。上益嘉悦，因命使臣囊金歸，而特賜公白金十兩，紵絲一表裏，陞光禄少卿，改順天府丞。于時北虜嘗寇通州，朝家出内帑，勑公督脩通州灣城。議者非二十萬不可，公力裁之，費止二萬五千有奇，六越月而工告竣。人皆奇公。公曰：「凡工踰期而溢費者，弊在中官與吏胥乾没耳。第能禁中官，清吏胥，則事就易矣。」一時咸稱名言。蓋公不令以一蔬一粻出有司，則身範嚴也。工部上公功，詔陞公俸二級。是秋，提調順天鄉試，士論欣服，謂得大體。嘗攝府尹事，吏白有羡金，例請受，公盡卻之。獨念畿輔經虜蹂踐，邑里耗甚，乃具疏請發内帑以賑貧窮，寬徵徭以復轉徙。上嘉納行之。尋改大理少卿，暇則集四方同志士講學靈濟宫，往往有所發明，聞者群相稱曰：「實學信固在前矣。」公天性孝友，出使語人曰：「吾身已置波漂矣，惟念太夫人不可置。」既陞大理，力求歸養。當事者知公意篤，請於上，補南京太常卿，便迎養。公因取道，上觴太夫人，稽首從容，言迎養事。太夫人性甘里居，固不往，公益鞅鞅不自愉。明年，上書乞致仕，詔可。適太夫人已八十，公敬養盡歡。踰年疾終，殯祭盡禮。已乃率諸族人脩廣層山祖祠，既屢火屢新之。少不營生産，既貴，禄足貸人，不爲督償。異時答太守張公訪邑利病，條具五事，邑人賴之。疾革，語不及家，第語二子曰：「和以睦親無忤，謙以處己無亢，儉以制用無侈。不者，非吾肖子孫也。」又語謝君：「爲我謝同郡諸公，相見無期，惟共力所學。」嗟乎！公於死生之際，視世之沾沾者何如哉？公生正德庚子三月廿日，距終時得年才七十有一。娶丘氏，繼宋氏，又繼王氏，俱封孺人。子四：長奐皐，丘出；次奐禹，皆先卒；次奐伊，太學生；又次奐龍，王出。孫男四人：某，邑庠生，次誂，次謨，次諮。曾孫男二，某，某。曾孫女一。夫公之自貽與天之祚胤，於公不可謂篤且繁哉？公所著有《石泉山稿》、《航海漫稿》、《使琉球録》行於世，又有《古文奇矩》、《古文亟要》、《詞苑倫英》、《自省録》、《志學編》，凡若干卷。銘曰：

疇駕天輪鞭長鯨，浮乾浸坤靡有驚。壯哉夕郎膽貫義，不辱帝命洵上士。京兆一疏瘝者蘇，學道愛人勢豈紓？巨節細行世莫咸，唯公邁種力彌兼。言念壽母懸熊車，高堂豈樂潤里閭。于爍景星焱黯矣，胡啻有穀貽孫子？

雲塘郭公墓志銘

郭爲予邑南故族，蓋昔稱汾陽後，宋時居層溪里，父僅，子美之，同計偕，仁宗改僅爲佺，詔曰：「卿父子同登，名冠朝廷。」邑人遂改稱冠朝里。公大父一先，號唯齋。父公域，號西坡。西坡公壯，未舉子，唯齋公風置妾。西坡公曰：「士無曲妻。」曰：「是矣。」乃令歲黷穀可五伯石，頒族里，毋收責爲後嗣地，乃舉公。請名，唯齋公曰「奇美」。後以避四世祖集賢學士諱，易曰「奇士」。唯齋公嘗立諸童孫，陽擲金錢，散几上而入，衆爭匿金，獨公鵠立亡匿意。公出曰：「若匿金不？」曰：「未。」又問諸立者於公，亦曰未。唯齋公心大異之，曰：「是兒不貪妒若此。」更髮，學《易》于劉鐵心先生孫公傑，唯齋公乃繕其先世故學士讀書臺居公。弱冠補諸生，又易名「彦」，即能輯郭氏譜。又議新祠屋，祠址故隘，僉欲得公旁便地拓之。青烏氏曰：「是地有吉氣，築居必大若後。」公曰：「大吾一家，孰與大一族？」乃力請西坡公捐地計若干丈，祠成，又以義起，推祀始祖中丞公，因定祀儀，作《孝思録》。年踰强仕，以累不得志，亟靡舉子業，曰：「吾將老雲塘矣。」遂號雲塘居士。明年輸米如白門，大司農顧公故善公，諜米入府軍後衛〔一〕，近輸省耳。掾誤亡「後」字，悉入府軍衛，費倍。顧怒，坐掾償輸後衛，不贍，計鬻子。公不忍，乃仍自入後衛米。主廥者索羨，公與之羨。及見公禮于大司農，歸公羨，公竟與歸者。既歸，讀《孟子》曰：「人皆有不忍人之心」，遂建有心樓，大究百家，著《甲子紀元》、《天文地理》、《禽書》各二卷，《官制》四，復著《韻海》卷三十。嘉靖辛酉，閩廣寇至，走萬安。寇燹其廬，諸書火者過半，所不罹者，《選擇一覽》四卷。《韻海》已亡五卷。里中有暴子弟樹黨將從寇，人詾詾，公率里中受憲于部使者約法，重捶殺之。自是夜扃不闔，衆有欲抵偷兒死者，公竟薄治，其人乃卒改行。汪忠愍公死寇，後宵有物嘯號，里大恐。公曰：「鬼無歸耳。」明日文祭汪公及諸死寇者，嘯頓息。蓋公方物策事多中情，迄不處賢而自與雄，故鄉人藉藉倚爲里君。寇平，率子弟省諸先冢，勒石置田，曰：「幸哉！墓未踐傷，松楸未薪也。」圖録紀之。初西坡公殁，公自粤步跣奔喪，哭毁。既葬巷口，遂廬巷口書院。後母蕭孺人卒，亦廬傍舍，咸三年。二弟求分財，田舍取下劣者，其美好默遜二弟。晚從子豪奴誣公于獄，事解，家益落，乃盡發所藏書，課諸孫曰：「吾産在是。」然公已匱，而好行德愈甚。里疫大作，途死者駘藉，公悉藁葬之，又爲竭力賑救，身竟無恙。驵

〔一〕「府軍後衛」，「後」字原脱，據四庫本補。

會郭卿者涉河，亡五十金于河壖，詰朝索金不得，將自沈死。公呼而還其金。邑大夫浸聞，高公義，固以例授儒官，賓飲澤宫。先是公夢負弩矢從東方射日，懷而歸，筮得《震》。公曰：「冢子象也。」果舉今潮州守子章，絶奇愛之。故廬鳳尾草燬已七年，忽挺生，公構瑞草亭。曩所拓祠前，方春四桂皆華，公意兆在潮州。時潮州以貢赴廷試，居第一，登順天賢書。明年，舉南宫，官建寧。公悦，移書誨曰：「儉成廉，學成政，力勉之。」萬曆癸酉正月，寢疾，手《義穀記》、《疑譜》各一册附寄子章成吾志，夜語諸子姪曰：「人言將死有異，我無是。我死，有家禮在，慎勿從俗。」又曰：「吾忍死須臾，遲建寧使者來。」果來，進問狀，屬力脩集賢世業名世。端坐卒，距其生弘治丙辰四月，天年七十有八。配曾孺人，前卒。男子二，長元鵬；次元鴻，以子章貴，封南京工部主事，配南溪蕭澗松先生孫女，贈安人，子章母，繼羅氏，又繼劉氏。女子一，適蕭乾岡。孫男五：相甲，娶歐陽氏，俱卒；相乙，字子京，禮部儒士，娶王氏，繼劉氏；相奎，即潮州守子章也，娶蕭氏，封安人；相朱，夭；相禮，娶張氏。孫女一，適曾碩應。曾孫五：孔篁，娶蕭氏；孔建，聘刑部郎中張公敏德女；孔延，聘廣西按察司副使彭公應時女；孔太，聘歐陽文莊公孫鴻臚寺序班宗翰女；孔陵，聘楊文貞公孫浙江按察司僉事寅秋女。曾孫女三。工部君將以某年月日窆公某山某向之兆，以潮州遊余門，屬爲銘。余嘗讀潮州所爲編年，而知公六行與六藝之兼備也。爲之銘曰：

孰濬其先？亶集賢之名閥嫣然；孰繩其後？亶潮守之文采翩然。於鑠雲塘，上則懿孫，下乃文祖。不爲長河之沛，胡停涵爲沱潴？不爲應龍之升，胡澤霧爲豹武？洸洸乎，矯矯乎，將導爲溟海，翔爲靈雨。不在其躬，在後衆甫。踔潮守兮，前鋒而皷。

亡友月塘曾君墓誌銘

予少即好友奇節士，得予亡友月塘曾君。君自舞象之年已與古人期。既壯，偕予事歐陽文莊公問學，又結五人會，當時已欽君德範，又善亹亹忠告，會中無不折服唯君聽，予蓋兄事之。嘉靖癸丑，予上春官，適君教文莊公諸孫寓京。予方仰禄爲養，届期猶豫。君爲起，擊案曰：「若爲養，乃不自果，是不子也。」予俛而受官，退乃思曰：「非君，疇則成我？」比君卒，歐陽生爲狀，令予銘。後幾何年，歐陽生繼卒。又幾何年，予尚未銘也。予其忍後乎？其亦有待也。今予年近髦，於斯學粗有辨，乃取讀君狀，追而誌之。誌曰：君諱于乾，字思健。先世居邑文溪，徙月岡自士俊、士敏始。俊再傳勉訓公，生松坪翁，才冠，領正德丁卯鄉薦，掌教金壇。母蕭孺人，有淑德。君弱不喜弄，顓嗜誦書，一過目不忘。綰髪，操筆成詩《題二鴉》，翁奇之。已而，從至金壇。槔庵王公燁，在諸生中才而窶，翁爲館穀，與君同硯席數年。時王公雖最稱敏，不能絶君也。君博涉群書，至廢眠食，爲文《左》、《國》、六子、漢、魏，無所不之。癸未，翁解組歸，微疾，君左右養不解帶。翁出藏金授三子，盡讓伯兄、庶弟。與同舍生會課，一日撰三場，若夙搆。娶康氏，仕族禮成，半月謝不見客，人頗訝之。及出所草《管議》二卷、《非非國語》一卷、《禹貢簡傳》一卷，士友傳誦爭異。後翁疾篤，多君讓金義，出券若干，曰「以償汝」。君掩泣祗受，竟不取償。尋值大故，堅執喪禮，養蕭孺人，尤曲意庶母庶弟。督學范公選補邑庠弟子員，首多士。至是，邑人士指目之曰：「是嘗一日課三場，讓金而不肯誅券者，其學行詎可犯？」踰冠，愈端凝，四方爭迎爲子弟師。道贛，會關以譏私鹽久閉，糴亦隨阻。吉人仰食于贛，嗷嗷然咨于君也。君抗書謁督府，錢公讀其書萬言，至屈禮延納，開關通糴。諸鹽賈循故事，歛厚貲納君，君弗顧。邑侯陳公有威嚴，與庠師貳，且欲危庠士，衆咸避鋒。君獨立堂下，折數言，陳莫孰何，士氣爲大振。榑庵公司理吾郡，下車拜翁墓，登堂奉蕭孺人如母，驩然道故，竟無私謁。時抱重獄千金求解者盈門，竟不可。至爲雪雷丞誣及楊氏冤，榑庵公奉若神明，而雷、楊弗知也。蕭孺人喪，忍死襄事。與邑盧侯雅慕君行誼，聘脩邑誌，君亦重盧爲往，誌成，不溢美，不隱惡，人咸服良史才。維舟螺川，夜有持囊金納君袖，倉皇去，怪而俟之。爽日，囊金者至，曰：「幸公金得不奪，願分半爲謝。」君不受，詰之曰：「子非故而托金，謂何？」答曰：「小人視公狀廉士也。」竟不得申謝，祝天叩首去。壬子秋，君以歐陽文莊延禮居京師，朝紳及四方名流刺滿户外，欲睹君面，不得。伯兄性嚴急，事若父。兄卒，撫兄子如己子。庶母歿，撫庶弟與庶弟之子如兄子。嘗偕從弟澧州學正今中丞諸君合長少議，創明禋堂，又欲本歐、蘇法爲譜，建家塾，群族子弟胥教，以廣寇興，未逮也。辛酉，大饑，請發廪，不報，乃出己貲周本支及賑里中貧。督學廉德行，必首君。嘗謂古道不復，卷卷以正風俗、成人材自任。從臾從叔松山封君、雙溪少參二公申訂羅文莊公《雲亭鄉約》，鄉人尊行數十年，以故雲亭視他俗稍美，群從有文者，鄉有識者，莫不師視，大過失不願聞君。及門凡百餘徒，多不遠千里來。君少尚氣槩，讀書見烈士獨行，輒義形于色。見不善，若浼己。晚更爲平。友朋徵詰奇文奥字，君語必詳，卒無伐意。有過，未嘗不引義，然飲人和，人雖敬憚，又莫不信愛焉。對妻子僮僕甚肅，而不見怒容厲聲。郊外緩步，如委蛇室中。既訂五人會，鄒文莊公引其會籍，歐文莊居宫端聞之，示以知方立志，皆首望君，最後念庵先生延教子，處松原蓮洞者六年。雅曰：「予從是畢志斯學，即終身焉可矣。」壬戌九月，約諸同志趨松原求訂正，不謂君遽以是月七日病中風，卒于松原里第。先生爲痛哭，具櫘歛，摛詞以祭致重語。訃逮邑中，識與不識，無不悲愴。直時寓湖北，歐陽生書報，乃爲位哭，若不知慟所從也。距其生某年月日，得年才四十三歲。己巳，邑士彙君異行，陳諸督學使者，乃列祀鄉賢祠。大夫士聞者鼓躍，若有勸焉。且曰：「月塘君雖未仕官，其視仕官而未能蒙俎豆其間者，以彼易此，其所樹豈不遠哉？」己卯，君仲子仲聲與計偕，乃邑人士又相與嘆食德之無既也。子二：一鴻，庠生，娶某氏；一鸞，即仲聲，娶某氏。孫某。二孤以某年月日厝君某山某向之原，殆今墓木拱矣。一日，同會友王有訓謂直曰：「或有疑君布褐士，不宜埒仕官者並君蒿也。」予曰：「噫，鄙哉言乎！夫鄉賢者爲閭巷砥行足勸也，非以爵位爲進退也。今不爵位而祀，不益睹公評乎？乃反謂非宜，左矣！」嗟夫！君窮而早殞，天也。假令君而獲立文石，出入乎禁闥，則汲長孺之戇不阿也，夫孰與君？令君而綰符握篆，宰一邑一都，列乎岳牧，則龔黄之循政、楊氏之却暮夜金也，夫孰與君？令君又進與起居注，則杜楮之君舉必書也，夫孰與君？此非臆與也，以君操執已然者可槩驗也。矧君學幾自得，祀不祀，又曷爲有無？而世之勸于君者，則什伯乎尋常矣，詎曰祀非宜？予既以是解或人之非所疑也，因綴諸誌末，不獨郭有道不慚予言，而予至是始不慚有道也。遂以是銘墓。

山陰陳雲谿先生墓誌銘

往紹興諸太史爲言：胡總督填浙時，怙勢樹黨，境内同年第者朝附門，夕可磊千金産，一時遂爲風靡。獨其邑陳雲谿先生不可招，既强致，一拜别，迄無請間語，「斯非吾邦逴偉丈夫哉？」胡子曰：「子知先生偉若邦，而未知其偉斯世也。」先生昔宰予鄉之分宜，會令柄臣父子氣焰方灼，即八座握銓大吏已頤指若舍中兒，其舍中兒出，如建槖緹騎，靡不辟易。先生之始下車也，乃令民曰：「予受命爲兹邑長，若圮度干憲養蠹豐苴，予固弗敢，其或附麗炎要，從臾其私人，爲若庶草毒，則亦無用予爲也。若等其毋自貽咎，咎弗在予。」于是聆者凛凛趍繩約，而柄家人故自挾，唐突來見，先生直奴蓄之，有犯，輒撻治，弗少貸。柄家欲有私干禁，弗敢出口。人或危之，先生屹弗以動。不穀直嘗至分宜，見分宜人曰：「方是時，有督學使者乃與其舍中兒均禮，至爲生童行關説，視先生何如哉？」又曰：「先生英敏絶世。事至，輒若觀火，聽斷如流，庭無逋事，四境細民，一詢姓名不忘。」初試練若老吏，大小躬裁，吏抱文屏立廡下，若土木，無敢出氣。一時例賂爲洗，民間有公門如水之謡。邑賦故重，有黠胥習爲富户嫁税貧民，坐致殷富，人莫能詰。先生廉得其情，箠殺于市，乃遂稽研故籍，釐正分數，時歛平衡，盡塞其弊孔。民皆歡欣出賦，不越期而輸自竣。劇盜張安邦乘公出，劫帑攫金。既旋偵知，縛至戮之，自是盜絶。庚子大饑，穀價翔貴。先生賑散有法，又平糶勸貸，所活至不可算。既蠲租詔下，然有先輸匿里總手者，先生嚴示立令給還，民始食實惠。邑爲孔道，供張儓騶費不貲，先生悉取而令甲之，節靡裁濫，以身率先，民大蘇息。然其心要爲民樹長利，若厚士興文，禮賢易俗，葺黌宮，飭公舍，完庾藏，繕杠梁，輒曰：「有司分也。」咸以次舉。先生莅政，急民隱，明治體固如此，此豈可與沾沾譾譾者比哉？乃其竟事，未嘗以隻字尺幣與柄家相問遺，以是柄家銜次骨。歷五歲，臺臣交薦，循廉爲天下第一。癸卯，以内召，應補要職。柄家乃抑授南大理評事，又令人陰伺，欲巇之。時先生讞獄亭疑，又赫然有聲。更五年，不得遷。己酉，遂陞廣東按察司僉事。是歲仲冬，先生甫臨任。次年首春，以覲察罷去。公論爲不平，然雖嘩而靡敢言。若先生者所謂終始秉節逴逴偉一世者，非與？諸君相與嘆曰：「嗟哉！偉人，偉人！」蓋先生以庚子與江藩外簾，適閱不穀直三試卷，辱繆題曰：「是將與賈馬爭馳驟者。」然竟不録。先生譙讓不已，監臨者雖直其言，已無逮矣。不穀直舉癸卯，先生仍在場，既見，喜名薦，猶憾未冠。先生愛才至篤切，然而不穀直非其人也。自庚戌到今壬午，先生家食餘三十年，不穀直雖登仕，然靡足爲知己報稱，亦既碌碌伏林莽。先生冢嗣某奔數千里，踵門告曰：「先生先年辛巳某月往矣，遺命誌銘屬子。」又示以新喻張翰林所記《分宜去思碑》。不穀直拜受，相對泣下。讀記首曰：「毀譽之興如沸湯，故聽者淆；是非之定如止水，故傳者信。」蓋記作于先生去任二十年後。諒哉！所謂止水評也。然不穀直聞南北有事時，歐陽冢宰握銓遴才，難其人，仰天嘆曰：「得一陳雲谿足矣！」寮屬聘問〔一〕：「雲谿奚在？」公曰：「是人以不諧時去久矣。」聞者益用爲詘。夫爲政可以取大吏當前之遇，不可以得丘民去後之思；可以致有力九遷之榮，不可以徼無意一言之重；可以賈虛聲于崇朝，不可以永實譽于異代。此其得失多寡，世必辨之矣。先生諱鵠，字某，别號雲谿，世爲山陰人。生正德己巳某月，距其卒，享年七十有三。初娶吴氏，封孺人，生女一，適庠生何景賢。

〔一〕「寮屬」，原作「寮厲」，據四庫本改。「聘問」，原作「聘貽」，據文意改。

繼朱孺人，生子四：長即大縉，太學生；次大統，以明經第甲戌進士，令景陵，能世其循政；次大綬〔二〕；大絅，庠生。側室張氏，生子二，大纓，大綺。縉娶潘氏，生子二，昌言，鼎言；女一，適某。統娶胡氏，生子二，法言，巽言；女一，適某。繼花氏，生子某。纓娶高氏，生子三，可言，正言，至言。綺娶梅氏。綬娶周氏，生子某。絅娶汪氏。天於先生不膴其位，而昌其嗣，可不謂既定而勝者哉！是故叙其事，可爲官譜；表其人，可爲士型。獨慚不穀直言不足行遠，而先生固有自不朽者存。異時傳循吏者，其又誰能刊之？爲之銘曰：

洪河天倒，滂濞訇激，匪礐者石，礴爲中屹？嚴冬冰雪，凌弭摧擊，匪喬者松，疇獨秀植？於惟先生，稽山搆貞。際彼昏瘃，操柄以傾。大吏既偃，小臣若崩。曷啻洪河，冰雪崚嶒？先生挺挺，獨行其志。倨百里長，抗三公貴。黑蜧玄貙，禁弗得氣。發摘拊綏，廼曰餘事。休而懸車，耶水之側。垂三十春，睥世弗屑。邑懷其循，朝思其傑。芳猷穹碑，百代攸爗。曷啻碣石？嵩松飛節。諒哉循良，灼爚史牒。矧曰天定，奕奕後哲。彼昏者徒，腥穢萬葉。

〔二〕「大綬」，原脱，據四庫本補。

衡廬續稿卷九

墓誌銘

曲江蕭處士墓誌銘

予昔爲郎時，同里蕭令尹永陵以謁選晤都中，睹其人禔身靖飭，詢知爲曲江公子。曲江公，吾先子宿與也，益起敬焉。嗣聞令尹嘗典教常熟，而從兄教授式並時教江陰，相去僅百里，迎養曲江往來二邑間，嘗乘畫舫徜徉倡和，遂成帙集。適七旬，士大夫觴詠慶祝，縉紳榮之，予亦嘆羨，慨予先子早世未逮也。今年，予自蜀解文衡，令尹以兄式所爲曲江公事狀謁銘。予曰：「是世誼，何可辭？」按狀：公諱篝，字充猷，號曲江。其先宋大理評事德寬公，由吉水之螺陂徙居泰和之禄岡螺溪。自大理而上，遠有端緒。九傳至誥封工部員外郎璁，是爲曾祖，生尋甸太守公集，號半菴，生邑庠生絢，絢生四子，公其季也。公少敏，有巨人志，以詩補邑庠弟子員。天性淳懿，不事華好，平居務繼先志。事父母善承顔色，惟意欲爲，罔不殫心。生事葬祭，要不詭于禮，奉母嚴孺人尤謹，事伯叔父猶父也，未嘗先以賢智。訓子姪義方曰：「汝祖半菴公豈獨甲第顯乎？其清白足傳也。以故令尹與教授有聞。」時里人盜葬德升公墳側，又侵大理公塋。公毅然率子姓白于官，竟抵其罪，而墳無毀。中年承詔例，榮以冠服，遂絶舉業，行吟江滸之間，意泊如也。娶唐福黄氏，繼沙隴胡氏，咸守公家範。男五人：長曰崇，即永陵，附籍楚遠安以貢，擢常熟隣水教事，陞尹山東莘邑；次崑，邑庠生；次嵿，例受冠帶；次巖，幹蠱克家；次嶪，王府典膳，俱黄生。孫男七，某。曾孫男十一，某；曾孫女二。距生成化丁未十二月初十，卒嘉靖某年月日，享年七十有九。兹卜葬于本里丁山癸向之原，葬之日，六月十九之吉也。嗚呼！公可謂不怍世德而奕奕有貽穀矣，于是乎銘。銘曰：

承先不怍，豈曰其羸？貽後有穀，豈曰其榮？卜兆厥里，曾孫伏臘。咫步林林，千秋萬歲，誰哉侵？

上林苑監署丞平溪王君墓誌銘

王君諱一覺，字智卿，號平溪，蓋諱貞譽耻齋公仲子也，用王父命，後太僕卿諱貞吉修齋，亦仲子。少治《易》，嘉靖乙卯，補邑諸生。戊午，爲太學生。辛酉，例授上林監署丞，待次給假歸養。歲庚午，部檄當行，君不忍去八旬親，留家食侍修齋公若干年。乃後修齋公天年下世，服闋，萬曆辛巳，始謁選都下。今年六月，上林苑署丞員缺，將實授。先二日，暴病竟卒。嗟乎！始檄選而以親故不赴，甫選而輒以疾奪且死，其命也哉？其命也哉？君體癯若不勝衣，然天性剛耿，不設城府，見者接容貌、聆謦咳，已睹見心腑矣。既後修齋公，生能養，卒當大事，無弗盡誠信，而及耻齋公夫婦之卒葬，亦無弗如事修齋公者。王氏出後，能兩盡子道，謂僅見君。上世塋爲勢力者侵奪，君奮發倒私槖，協族人理之。族之人數萬指，莫不指目君，服其首義。其它周所識寠無爲食、鰥無爲室者，凡若而人。廬陵太學生段某同舟疾疫，從者莫能興，君周旋其間，不因人言自便，卒亦亡恙，識者高之。族里有争，君毅然指曰若直若曲，若可若不，迄無吐茹態。以故善者悦其直，即黠者無怨也。予雅遊修齋公，公篤信古人之學。君從父貞啓、從弟一俞世其業，而又皆善予。予嘗辱挈登娬姥，講業虎鼻、龍洞之間。君聞，有味乎其言，退自感發，恨得之晚，告其族姻曰：「不學，詎可踐斯人哉？」於是延知學士訓其二子，必隆禮際、腆餽餉，故二子亦蒸蒸期上達。衆誦君遺子以善不以金，諒哉！蓋君淵源先世，又嘗從其族祖南巖大夫學，而浸潤者非一晨夕，故君之履以孝爲根幹，其趨義棄利如此，咸非苟而已也。君生嘉靖壬辰十一月，卒萬曆癸未六月十五日，年凡五十有二。母梁氏，封孺人。前母龍氏、周氏，贈孺人。本生母郭氏。娶張氏，水部玉屏公姪女。子三：萬詠，邑庠生，萬曈，業舉，皆有雋才，所謂蒸蒸期上達者是也；萬曜，庶母出。君方强仕，即營壽藏於五十九都剛角之原。逮今十餘年，驗視之吉，將以某月日厝君于斯，而以南巖大夫狀來請銘。銘曰：

彼其之子，絶裾呈身，曾不如君，部檄臨門，而留以親；彼其之子，持籌課利，曾不如君，倒橐靡時，而急者義。豈不悲哉？臨銓告殞，一命未歷。孝實爲之，匪天攸抑。旅囊既匱，孤櫬蕭颯。義實爲之，匪人攸厄。爰悲爰繹，貴弗以禄，壽弗以世。天定報覃，有爚其嗣。剛角之原，以延萬禩。」

楊母蕭孺人墓誌銘

楊母者，楊仁叔母蕭氏，諱曰重關，出南溪故相尚約公之族。父諱其陶，號履素，有行誼。嘗出身濟公家事，寓上都，拾金，索金主還之，主剖金贈謝，不顧。已而受冠服，所至稱長者。取周氏，生母。母自童靜重，勤女紅，年十幾，歸贈君。贈君諱紹祖，字善卿，號慕雲，故相楊文貞公六世孫，以仲子義叔貴，贈文林郎。時大母王孺人孀居，治家嚴密有法度。母方穉弱，輒能躬勤左右，理中饋，謹出納，事事當大母意。退湌糌糲，服澣敝，無難色，大母憐之。大母病，母晝不安坐，夜不寧寢，手調藥餌食飲，亦無倦。既大母病愈，而母疾作矣。大母憐益劇，藥餌食飲，亦若母事大母然。大母故禁巫，至是百求禱，掩涕呼天，願留新婦。已而母果愈，乃竟以産難，不復起。大母哭幾絶，月餘廢家，平時憶思，詔其子寅春曰：「爾不自樹，曷慰我與而母地下哉？」言訖，涕零零下。母宿嗜蓮房，忌祭，輒辨以羞。嗟嗟乎，非母也誠孝，曷以致之？故中外莫不悼傷曰：「孝婦逝何遄耶？」時王貞穆先生倡學於家，贈君爲其甥，嘗左右之，予得友貞穆，遊於君，習母事。屬者仁叔遊予門，泣請銘，因摭其大者爲銘以傳。母生嘉靖辛巳月日，歿嘉靖六月十四日，得年二十有四。男三：長寅春，即仁叔，母所出也；次寅秋，即義叔，第甲戌進士，令東莞縣；次寅冬。女一，適上舍生胡起鳴，俱繼母蕭孺人出。孫男六，某某。孫女六。母葬清溪園某山某向。銘曰：

爲婦無曰幼，而孝靡右；爲母無曰殀，而胤孔厚。需樂丘兮永臧，衍千禩兮百昌。

誥封周母王夫人墓誌銘

夫人王氏，諱某，生吉水花園里右族。上世徙自臨川，世有顯人。父二池翁某，博物君子也，早著聲邑庠間。母丘孺人，夢仙女導從，被九珍服，下臨卧内，遂舉夫人。夫人自童靜慧端莊，方三歲時，王氏一夕罹巨盜闌入，獰甚，會丘孺人病艱，遠竄皇遽，挈抱夫人匿舍傍委巷中，幾不免矣。忽睹兩紫衣人遮蔽，寇不得見。既去，丘孺人以語翁，翁曰：「異哉此女之祥，曷不爲丈夫子樹吾門耶？」稍長，嫺姆教，勤女紅，敏絶人。翁爲擇對，適周簡肅公前熊夫人逝，耳熟夫人賢聲，懇翁特篤，遂許配。歸時方齠齒，熊夫人已有子女各一，咸穉，夫人鞠若己出。先是公在諫垣，疏請復王新建伯爵，忤旨，謫太倉判，後移宿州。夫人始從宦時，公家故窶，而操獨嚴。夫人躬率績紡佐費，常食脱粟半菽，無不忻忻。及行，每見途市中餓殍，必令家僮予食飲，或授之衣，賴全活者衆。既公參粤藩，遷憲司副使，遘諸寮婦宴會，諸寮婦衣飾爛如，夫人以布素列坐，迄無自嫌意。及公歷參政方伯，俱在閩中，夫人未嘗一歆艷閩物，故公獨以官望著稱上下。丁未，公入覲，尋陞都察院右副都御史，撫應天。明年，總督兩廣，都重鎮，而夫人猶衣不完綵，食不常珍，自視不知有異。庚戌，公以三品滿，封淑人。是年，轉刑部侍郎，出掌南臺。頃之，爲南冢宰，改南兵書。夫人禁約内外如曩時，立二子膝下，時訓之：「無乘時蹈機利，溷若翁清德，戕若家慶，小子誡之。」未幾，公以簡命爲左都御史，掌内臺。是時，廞臣席勢擅魁柄，頤指諸大寮，無弗應者。然每有關説逮公，公不爲應。廞臣銜公，時時陰令人偵公短長爲甘心地。夫人聞，益約束僮奴，絶外交，偵者連歲竟不得隙。於是廞臣父子咸嚴重公，不敢以私奸朝臣望公，若霜雪之獨有松筠也。其賢者倚以自樹，則夫人之助翊豫矣。繼公二品上績，晉封夫人，自夫人之歸，至是垂四十年，篋中唯一鳳冠及被袍，其它無希奇之服。是歲，前室子守謁選爲中軍都事，夫人諭誨，至於泣下。明年，守感疾不起，夫人痛哭連數月，不解，少間，則謂公曰：「守不禄，妾不若携幼歸理家政。」便既歸，歷數千里，越百驛，餽遺一無所受。底舍隣婦走女奴候訊，會夫人仍被布素，理庖事，輒問：「夫人何在？」夫人曰：「固我也。」女奴不謂然，而家人喻之，乃縮頸咋舌曰：「甚哉！夫人儉德固至是耶。」蓋是時郡邑風習稍變，閨閫咸以璣翠綺縠競高，而夫人獨守淡約，無貴顯家氣。聞者嘆曰：「是敬姜再睹矣。」一時閭閈侈風爲之少息。某歲，公薨于位，夫人聞喪，哭欲絶者數矣。族婦勸爲弱孤計，乃稍近食飲。已而，訓其子宣，時舉公生平與古人行事，督令服習，不則繼以聲色。至宣納婦，訓尤厲，久乃授以家政。性喜周貧，有叩，爲倒橐恐後。待中外昆弟子姪有恩。庚辰冬，夫人病偶作，遂不藥。病革，執宣手訓曰：「若考宦中外四十餘年，清德爲朝野推高。汝其勉承，無貽九原戚。」言訖，呼諸婦櫛髮，甫畢，端坐而逝，時十一月十有六日也。自其生弘治壬申某月日，享年六十有九。子二：長即守，中軍府經歷，娶張氏；次即宣，太學生，娶楊氏。女二：長適庠生羅思，與守俱熊出；幼適太學生李祖庚。孫女一，許聘庠生曾復亨，夫人出也。夫人生平閫模與公官箴家範相伉儷，終始如一日。今宣卜以某年月日奉厝某山某向之原，乃撰次夫人行事，蒲伏百里外，泣血請銘于予。予往在都，辱公知誨，又其姻家中丞曾公，予篤友也，恒語夫人懿德爲里中内則，欽風非一日矣。不辭，而爲之銘曰：

翼翼簡肅，握憲先朝。有竊魁柄，乳虎雛梟。迺羿迺浞，如沸如蜩。公獨正色，式是百寮。如魯靈光，巋立弗搖。彼狂雖鷙，貌靡敢驕。群彦倚公，如倚嶽喬。狂欲咆噬，靡隙以招。孰其翊司，閨德孔昭。偉偉夫人，天植不佻。勤朴且惠，閭井世標。甫傳而逝，徽音則遥。天胡埤之，胤也秀翹。我銘兹宅，百世一朝。

尹蕭兩賢婦合厝墓誌銘

某年月日，歐陽子將改二亡室之塋而合厝之，因手其事狀，授親友胡子，委之誌銘。胡子曰：「是嘗聞予師所稱兩賢婦者，銘詎可謝耶？」兩賢婦，其一尹孺人，諱瑞蓮，出灌塘名族。初母劉有身，父松岡先生夢巨人履空昇彩障，張樂喧填，降止其家，就視絢爛，金書有字，曰「尹氏瑞蓮」，已乃得孺人，故名，正德甲戌五月九日也。年廿，歸歐陽子。又九年，爲嘉靖辛丑十一月廿一日，以免乳卒，年才二十有八。孺人始至，能期歐陽子貌榮名，爲姑執勤，雖夜不休。方未乳時，會襄大父事，劈畫督辦，往往浹曙。又喜浮屠法，不肉食，用是益耗憊。臨絶，泣曰：「吾憊矣，死無憾，獨憾弱孩累吾姑。」子二：伯宗符，邑廩生，娶胡氏；仲宗翰，國子生，娶張中丞女，生子念稼。二女適京衛經歷王良鴻、國子生王良懷。孺人亡時，歐陽子年未及壯，卜繼室，得蕭孺人。蕭亦寧村著姓，父時滔，母羅氏，以嘉靖丁亥六月廿六日生孺人，名曰秀蘭，行曰六娘。歲癸卯，歸歐陽子。雖在冲年，撫前室子絶慈，御下不施鞭箠，咸廩廩趍令。方産女，女死，而身繼之，其前子女號踊索母，啼甚。由是王姑蕭淑人、姑康夫人咸酸楚痛之。翁文莊公自撰文，令猶子代爲奠，其言曰：「吾哀其賢而不永。諒哉！其賢矣夫！」歐陽子又雅爲胡子説曰：「尹性婉惠，肅敏給，然咸仁孝儉勤，爲門内嗟思。並長富室，而咸恬簡素。並有丈夫幹蠱才，而咸無自擅之意。痛矣！吾兩得之，而兩不吾偕。今將合厝某山某向之原，乃吾益思悲焉。吾家自先公以下，非子莫悉也。子其表著吾二亡室事，毋讓。」胡子于是系之辭曰：

予師文莊公，海内競相宗依恐後者也，而兩孺人父之；予友歐陽子，學道有文，天下名賢相屬繩武于公者也，兩孺人君之。符、翰二子嘗從予，予稔其國器也，兩孺人母之。豈當時所夢金書之祥固在兹耶？猗二娥兮儷德，慰合窆兮與與過從，慶生前兮遇同，篤後祜兮靡窮，萬有兮千歲，偉封鬣兮隆樅。

誥封賀母周宜人墓誌銘

曩予交心泉賀大夫于官，已而邂冢嗣學史君，睹奇雋，知象賢有自矣。而其從父少龍憲伯則曰：「予嫂氏周宜人乃亦有内則焉。鳳陽賑饑之事，此嫂氏畫也，今食其德矣。」萬曆庚辰月日，周宜人棄世去。學史君卜某年月日，奉宜人從大夫窆某山某向之原，乃躬扣予山樊，手憲伯所狀行事，屬之銘。予慨然曰：「不佞習宜人行事舊矣。矧辱世講，義無讓。」按：宜人出林原右族，父周長者某，母某氏，以某年月日産宜人。自童端淑，長者異之，數謂所親曰：「是詎可媲凡子？」賀大父莞溪翁聞，乃遂爲大夫委禽焉。年十六，歸賀氏，大夫方業文，弁髦生産，家故匱。宜人輒能勤女紅，佐家費。大夫舉甲午鄉書，連上春官未第。宜人始以親老祿仕諷，謁選爲鳳陽學正。頃之，鳳陽歲大饑，宮傍殍相枕，生者竊相啖以苟活。宜人聞之，顰蹙而告大夫曰：「鳳民至是，即寒官柰何，可坐視乎？」于是謀易粟，人粥之，繼而粥者至數百人，又至千人，虞弗給，乃盡鬻釵釧及別貸，累日夜，所活至不可勝數。至今鳳民歸德賀公，乃不知贊決自宜人也。三年，大夫擢令太康，退食，從容諷曰：「側聞痛楚聲，得無桁楊過乎？願少寬之。」繇是大夫益省刑贖，以賢聲著。則又勸置側室張以廣嗣，生子女，鞠若己出。自大夫宦遊，一切家務屬弟，而宜人亦以閫寄屬弟婦至妯娌姑姒，咸能身下之，常容人所不堪。大夫欲均己産于弟，力贊就之。乃呼學史君諭曰：「非若母，安能成吾志？」頃，大夫自龍陽令遷守威州，威遠在西徼外，念二老親，不忍行。宜人勸曰：「君受寄邊城，乃不肯窺左足動者，知非以遠憚也，意者爲二老親，然締觀二老親翔健善飯，吾保任滫瀡。矧窺二老親肺腸，戚君弗往，往而得封章以償生平，其視録録膝下，不尤快乎？」大夫感其言，涓日行，又更爲置側室王偕以往。踰年，大母病，宜人偊旅床笫間，至厠牏或躬滌，浹月餘，蓋未嘗釋衣而寢、安坐而食也。深夜獨屏息稽首籲天，請身代。大母病革，前宜人曰：「若賢孝乃爾，願我它生爲若婦，如若事我，今已矣。」聞者愴焉。已而大父繼病，宜人眊眊心相語曰：「夫不欲行，我故强之，乃有今日。」彷徨達旦，以身禱于天曰：「是咎在我。願隕我身，貸我翁遲夫歸。」然大父竟弗起，鄉族聞者爲酸鼻，曰：「賢孝！賢孝！」大夫歸，泣謝宜人曰：「微子，吾罪戾難言矣。」亡何，學史君登第，初除溧水令，取道迎養，宜人輒訓飭曰：「廉明若世業也。若欲爲一身禄養，孰與以一邑賢聲養？矧若父故倦遊，吾難獨往行矣，勉之。」已而，果以上最擢臺史，乘傳按晉。辭于家，宜人泣送牽裾，曰：「往聞繡衣使蒞吾邦，盱衡間已若摧山嶽，奚止菅蒯民命已哉？願勿似之。」則又屬從者到部中申囑戒暴，無輕用重典，即我日坐邸第，羞五鼎不啻也。學史君服膺，名大起，迺即以才御史受簡，督北畿學。宜人又申囑戒無枉士，如前語。學史君繇是造士益力，旋膺察舉，爲天下首冠。隆慶庚辰，上覃恩，以夫階封宜人。宜人既鳳冠霞帔，珠燦珮鏘，爛然榮也。處妯娌間，愈姁姁不勝衣。適鄉閭旱荒，宜人曰：「吾昔不忍于鳳民，今寧忍于鄉之人乎？」乃出學史前後寄養百餘金，悉令人買穀分濟。里民負穀載道，競相呼曰：「宜人生我。」里有上觀橋，圮久病涉，漲則漂溺不支。宜人倒槖金百餘，鳩工橋之。里人爲樹石紀其事。又橋螺岡、田坊凡幾所。一日，郡宅火，惡少乘刼，空其帑藏，已縶在官。宜人弗豫者累日，曰：「是天災也。」乃竟貸惡少勿問。平時見寒饑者必謀與衣食，病與藥，喪與槥，有急稱貸與應。貧不能償者，無論子錢，即母錢無問也。晚乃取積券可千金，火之。其素所自奉，雖褐布粗糲恬如也。病作，諸婦慰曰：「冢君旦夜且至。」瞪目應曰：「無乃差使至耶？」已而果然，人咸異之。既逝，距其生正德七年十二月十七日，享年六十有六。鄉族悲慟，有哭至失聲者，咸曰失賢母矣。嗟乎！此豈一食羹足致哉？子三，長一桂，即學史君，娶蕭氏，宜人出；次某，某出。夫宜人固群然閨流也，始未嘗事詩書，然爲孝至欲捐身，爲慈活可千餘人，則視世之冠纓業詩書、口仁義者，乃未能以涔流潤澤尺寸者，何其徑庭哉！豈非其天性獨至者與？矧曰襄其夫，觳其子，允有令名，較論功德，可不謂今之女儒乎哉？銘曰：

大車之將，孰云翊之？副轄其那。太溟之瀇，孰云啓之？開先者河。鬱鬱宜人，抱淑孔多。孝腸繚結，慈澤汪沱。靈修天至，靡事琢磨。彼冕者儒，慚莫肩何？翊維夫子，如車斯載。載以令名，啓維哲嗣。如溟斯涵，浴日化鵬。禮闈師匠，高門鏡衡。生生之德，馨聞帝庭。帝寔睠之，祚胤崇閎。京丘合璧，長發其榮。

亡妻蕭安人墓誌銘

安人蕭氏諱閏莊，出邑茅園巷聯科里。父碧池翁，諱傑，世系行誼，語具予所撰誌銘中。母鍾氏，生安人，敏慧絶出。童時，一日睹天門轟闢，中有人冠衣偉燁，翁聞異之。嘗呵譙富人，弗與婚。嘉靖癸巳，先員外郎晴岡贈君方爲予卜婚，而其友曾公璜、劉公元語曰：「婚莫踰蕭氏女。」已而聞諸邑大夫成都陳公、邑博廣濟文公，咸以屬翁，遂委禽焉。是冬，先贈君背棄。丙申，予解服，乃僦負郭居畢婚。時予煢且窶，先世無尺宅擔粟，上有祖母蔡太孺人高年，母周太安人孀居，下有兩弱弟，靡爲朝夕。安人愕曰：「窘至是乎！」予乃出授徒，安人亦漸鬻諸奩具，佐給俯仰，而自啗者率半菽，間出衣布，應二弟束脩。癸卯，予舉于鄉，連弗第，往往糧絶至浹旬，咸得安人脱簪，始見突烟。甲辰，蔡太孺人卒，安人手嫁時新衣爲歛，見者戄嘆。生平嫺女紅，節縮字畜有方，繇是家稍起，亦稍贖故田宅，始還故義和滄洲里，僅僅樹門户矣。癸丑，予仰禄教句曲。丙辰登第，官刑曹，以三年考，封安人。于是安人兩從予宦，耳熟兩京國服飾繁麗，未嘗從臾購一珍奇物。方分宜甚盛，居舍右，晝夜輻輳，請求如響。安人亦未嘗一日强所不可，蓋久諳予樸拙，知弗可强也。予少負不羈，既長折節，妄意古人之學。安人初弗懌，已而習之，又嘗慕尚古文辭，故予雖凉劣，一時門多偉夫名士車，即舍中罄竭，安人必力办酒漿蔬饌，俾予得罄歡，以上下古今爲愉快，知予志意在也。庚申，予出僉楚憲，駐湖北，安人侍太安人居衙舍，尤能嚴扃鑰，慎左右。故予得爲所欲爲，無返顧，知予意有樹也。予既獨身赴蜀，乞休，復起宦楚、粤，先後十年，安人家居，夙夜織嗇自喜，凡予所有廩禄帛繒，咸舉以拓産葺居。比癸酉冬，予爲太安人再疏乞養歸，視安人布素糌糲，猶然句曲刑曹時。四方縉紳青衿日見叩者充廬，安人治具，不皇寢食。有昏暮至者，輒輟己飯飯其從，既終夜而枵腹者，不知凡幾矣。獨族戚百口，莫不誦安人慈濟狀，曰：「匱告必粟，餒告必食，以葬告必槥，有急必應。」已予訊之，則曰：「吾習子夙懷久矣，吾豈不亟承之？」嗟嗟！予謂安人之終不懌耶，乃其知予而翼之也，類若是。丁丑，偕予襄太安人事。僅踰四年，至辛巳之八月，遘病，九月八日，即長逝矣。遡其生丁丑閏十二月之九日，得年六十有五。嗚呼，痛哉！子一，某，邑庠士，配西門張氏。女一，適某。孫男四：長士統，聘江口陳氏；次士紀，聘永新環湖尹氏；次士經，聘本里羅步蕭氏；次士綸，聘廬陵敖城曠氏。孫女二，長聘柳溪陳懋會，次聘□□□□□。今順卜以壬午子月，厝于吉水張渡下流之龍家邊，申庚向，即予壽藏右方。其卜兆始末，詳吉水見臺曾公所爲《壽藏記》中，兹不述，第述安人生平茹百艱，與其踶行大者用詔後人，蓋實録云。銘曰：

宏宏乎挈青原，蜿蜒而西也，水則縈其下；沄沄乎導白下，渺涎而北也，山則挹其右。君歸休兮安以宥，宜爾子孫兮祐孔厚。

故太學生陳芙野君墓誌銘

陳氏自先代歷明興，以文學甲邑中，然未有林林嶽嶽如尚賓先生盛也。于時，從子太學君斯一，群從斯道二三子咸以古文語潤色時義，羽翼詞林，而太學君尤工爲《左》《國》體，人讀之，誠《左》《國》也。時人稱曰：「珠林陳區，一鳳二雛。」嗟乎！盛哉。太學君名參，字斯一，以高祖正夫公從塔下徙芙塘，遂取號曰芙野。曾祖某，俱未仕。祖某，以仲子尚賓昌積貴，封禮部儀制司主事，行誼著里閭。父某，號東洲翁，始業舉，後脩封君業，娶白氏，獨生君。君生而炯目方頬，儀觀偉碩，東洲翁奇之，猶昔之奇尚賓。而督課殷也，撻之血其衣，白孺人有慭辭，君遽伏地請曰：「母無慭父增兒咎。」淬礪力百之。已而，從其族兄僉憲公某學《尚書》。時尚賓冠壬午解試，名大起，臺司推轂唯所請，意引君遊庠校。君止曰：「參必自致身進取，不則非夫。」後竟以文補弟子員。君既優業舉，沉酣《左》《國》，復肆力莊、列、太史、《淮南》，擷英嚌馥，鼓舞筆端。邑令陳侯讀其卷，驚曰：「是必嫺古文詞者，非經生能並驟也。」自是爲深知。當此時，君女弟夫尹大夫仲烈，以宏詞魁江介。次女弟夫歐陽文朝，文質咸斌斌，與君並宗匠尚賓，若鼎峙然。君屢弗舉，僅僅補增廣生。初尚賓念君，諷從近例入太學，君固不從。已而，尚賓忤柄家歸，君適赴試，逆諸南浦，尚賓復理前語，君勃然曰：「敢不唯叔父命？」明年秋，遂隨部牒援例赴北雍，行次臨清，病作，竟客死焉，時嘉靖丙午七月日也。訃聞，鄉搢紳士痛惜之。君天性與家法，咸篤孝友。翁嘗被訟，君請代撻，竟得直。白孺人病癱，君不去左右，藥湯手上，不就内寢者終母之身。尚賓中危病，君侍疾盡瘁，一如侍母。異時有傳柄家欲甘心尚賓追正潛歸之罪，詔逮將及門矣。君爲尚賓分晝扶侍，逆使者于途，已而知出訛言，而君之爲義烈矣。故君歿餘三十年，尚賓言未嘗不曦嘘沾裳也。生平剛直，面折人過，是非廩廩難犯。然好與賢己者爲深分，才識濟變有餘地，乃竟短世，未嘗試一割以殞，豈不可重悼哉？距其生正德乙丑十二月，得年才四十有九。元配王氏，文端公裔也。繼陂邊楊氏。子三：伯貞觀，娶王氏，繼東城楊氏；仲貞頤，娶陂山康氏；季貞兑，娶學後楊氏，俱邑庠生。女三：長適龍太尹子某，次王某子某，俱母王出；季適蕭太尹子某，母楊出。孫男六，某某。曾孫男五，某某；女二。諸孤卜某年月日，葬祔尚寶塋右，首某趾某。尹大夫狀君行，謂君存□□侍文叔。予誌而嘆曰：「允哉！後有過車，必且式于兩文先生墓矣。」銘曰：

符臣咳唾闢瓊圃，手披琅樹列采璑。庭堦一枝赤英翘，燕璧晉棘難並數。風流阮咸豈足言？勳業封胡期坐睹。白虹紫氣空連牛，三獻不得成珩瑀。已矣埋光珠江頭，奇種千歲産琳璆。

處士蕭介齋翁偕配嚴孺人墓誌銘

歲萬曆甲戌六月廿四日，里中蕭介齋處士逝，里人悼焉。越丙子七月十一日，處士配嚴孺人逝，里之族戚悼焉。又明年，爲丁丑十二月之十四日，諸孤奉處士偕孺人合葬龍門大坪山，首坎趾離。少子九韶手其外孫國學生楊應弼所爲狀，謁予銘。予不得辭。按：予里中望族，蓋推先蕭氏。蕭氏上世自吉水螺陂曰大理評事德寬，始徙予里之禄岡。九世至本質，婚予胡氏，生宜休公器用，仕至廣東按察僉事。子七，仕者凡五。第七子道軒公諱瀾，獨未仕，娶柳溪陳氏，實生處士，諱僖，字國和，介齋其別號云。處士生質絶羣兒，十歲爲文，有驚人語。既冠，補博士弟子員。會道軒公下世，母寡，家累倥傯，未久棄學，而專脩封君業。然天性孝誠，奉母昕夕定省，歲時燕喜。終母之世，翼翼愉愉如也。每上觴，退輒感思嚴父不得偕，引滿飲痛，至孺兒啼。族故蕃，輒聯屬倡建祠祀，捐貲先群衆。平日謹護遺書以誨諸子，其少子穎則勅遣從予聞正學，力戒華縟，訓飭不欲墮家聲。自御麄糲，而喜利濟。歲儉，輒倒廩無難色。邑中丈田議起，荷推擇爲都長，輒秉公勤人，不敢奸以私，里人到今稱平。若處士，豈所謂盛世遺民者歟？配孺人嚴氏，諱明莊，父敏齋，諱悦，母曰樊媪，自幼静重協婦儀。處士少多交名士，費貲，卒脱簪珥替助恐後。其後貲大起，母則操儉茹淡，紡績字畜，無殊宿昔。遇妯娌臧獲宗戚，人人各厭其心。處士素剛稜，忌者阱械百出，訟獄糾黴。孺人既竭力内應，又數數潛爲之和解焉。四被盜，橐中裝盡去，處士無問，孺人亦靡有懟色。晚相對益訢訢，談者稱偕老匹休云。翁生弘治壬戌六月初八日，距其卒七十有三。孺人生先翁一年辛酉三月初九日，卒後翁二年，蓋七十又六矣。子四人：長梧，早卒，娶萬安陳氏；次材，娶歐陽氏；次森，初娶康氏，繼娶龍氏；又次九韶，邑庠生，娶康氏。女四人：長適嚴沃夫，次適庠生曾一桂，次適羅重桂，又次適故通政楊君載嗚。孫男九人，某某某某。其幼孫□□□□□□初通政君之講婚也，翁嘗語孺人曰：「世非無貴，乃楊君名德非凡，貴人今來議婚，復何言？」已而通政君婚五十日遽别，甫一年寡，乃忍死不二，今十又五年矣。自非處士暨孺人義方素篤，其烏能致是哉？銘曰：

奕奕禄岡，簪綏世叢。處士承蔭，靡穀而豐。爰擬素封，逴逴處士。姱修維義，孺人贊力。內周以瘁，繁祉孔儷。峩峩龍門，桂蘭合藏。後千百禩，幽閟攸光，銘與俱長。

明故劉母張孺人祔冢子德蘊秀才墓誌銘

曩五雲艮方劉生德蘊者雪涕而告予曰：「炫母以嘉靖甲子歲逝，今霜露已十餘改，而卜兆弗一吉。炫茹痛毒，欲籲天靡從也。頃，侍家君陟赦原之岡，矚其形勝，僉曰吉，將爲母藏。炫慚不能自見于世以報母。」于是又泣濕衣，退以狀請，曰：「得枉先生一言，甚幸！」既二年，爲萬曆辛巳，德蘊復來徵，言已負疴。至歲之仲冬月，報德蘊亦逝矣。予哭之慟，曰：「德蘊方爲母卜兆，乃遂從母逝耶？」癸未秋，德蘊父太學生鯉江君某以書抵予曰：「將卜某月某日，亡子祔母歸赦原之兆，并得先生枉一言也尤幸。」予曰：「嗟乎！予于德蘊曷忍無言？」按德蘊狀：母張孺人諱順娥，爲橫塘太學生張名世女，年十七，歸鯉江君。越九月，姑方歿，孺人哭泣治喪，遇妯娌少長咸有禮。又二姓故巨宗，紈綺珠璣競華也，而服御獨喜澹不從華。會舅志齋翁某以上世故謫戍，稽勾牽連，羈官相去百里，凡七易稔矣。歲辦轉餉，未嘗日乏，家族爲頌以詩。家故多僮奴，間有非義之饋，輒峻卻之。鯉江君雅謂孺人有丈夫識，是善翊我。生子三：長炫，即德蘊；次某；次某。從襁褓，母導之友愛，嚴出入，慎外交，毋令臧獲以讕辭誘，不者必呵禁之。

故三子咸從義方，攻詩書，屢遨藝，有聲郡邑，則閫内之教篤也。女一，嫁爲某配。孺人終以痰火，得年才三十六，族戚莫不悲之。德蘊之從予也，以丙子往來，處予精舍之同人齋，計四年，奮欲以學自荷。瞿瞿汰其宿嗜，性剛直，不能詭隨人意。爲舉業，必精求作者意旨，不襲故常。凡從予遊者昕夕履屩充户庭，而德蘊識度其傑出云。予亦奇德蘊終可入道，詎謂德蘊竟舍予輒先往。嗟嗟！自德蘊往，而予孤矣。德蘊得年若干，遊庠若干年。既不得志，又早世，其命也夫？祖即某，受學安成劉獅泉先生，爲高弟，家世行誼見予所撰墓誌銘中。父即某，有才識。德蘊娶朱氏，無嗣，今以季弟次子某後之。仲弟亦庠生，娶東門朱氏，生子幾。季弟某，娶横塘張氏，子幾，次即出後德蘊。女一，聘予之第三孫士經。嗟乎！若張孺人與德蘊母子相從一丘壠間，同爲地下遊，豈亦生者之悲，而逝者之慰與？予慟德蘊不後鯉江君，故并爲銘云：

猗劉母之淑兮餉厥翁，百里七冬，翊彼夫子，爲孝孔隆；猗劉生之慕兮奮厥躬，植學績文，爰冀顯親，際命之窮。膴膴敉原，天畀其吉，母子相從。於鑠來葉，榮光佳氣，盤礴鬱葱。

處士執庵王公墓誌銘

處士王姓，旦名，于湛字，執庵其號，晉太傅導之苗裔。南唐時，繇金陵家泰和，太學生叔可卜居西關之坰街。六世祖子與，國初徵聘不就，與仲氏侍御子啓俱以文行名世。高王父直，少傅吏部尚書，贈太保，謚文端。曾大父稹，封中書舍人，贈奉訓大夫，後軍都督府經歷。大父休，生志，號慎齋，是爲公父。母蕭氏，生伯兄昇，劉氏生公。公幼警敏，揆事多中。慎齋翁最愛幸，家政必諮。甞爲翁争論僾室，竟得直，而翁益奇重公。及遘奇疾，醫家見以爲不可治，翁懼甚，夜夢有語云：「識真惟有段先生。」俄而覺，蘧蘧然夢也。厥明，候門有段姓者至，自言神醫，公果愈。公奉慎齋以孝稱，伯兄昇雅有調度，公師事靡有失意。初慎齋翁寢疾，以至大，故公侍病治喪一切如禮。性最儉朴，雖世禄後，即一布袍服之，屢歲月無斁。庭訓諸子孫純用此道。其操執若不可拔，故以執名其庵。公接人恭，睦族獨殷，生平不毛舉人陰事。居常有言：「夫人既不幸有不美，吾從暴其短，何心哉？」公産埒封君，然逋責力不足者，悉折券示弗用。素慎疾，往往以經驗奇方藥人，人以此德公，誦義無間言。會外姑葬地未善，發視繁蟻，公手爲除蟻，而加綿帛如故。其厚類此。公美髯，面頳玉，偉然丈夫，絶肖先貴人，素尠疴，人謂公當永年。嘉靖丙午二月，倏足不仁，公計畫無可如何，卻藥曰：「天之亡我，我何藥爲？」嚴命諸子擇日治服敦匠事，立諸子，訓榻下，毋墜先人。時有南宫士李君日守者視公疾。公笑曰：「恒言過半百，非爲夭。余幸耳順，即不諱，已安之。」明年五月旁死魄正首丘，距成化戊申十月初二懸弧，凡五十有九載。初配雲津大尹松筠劉公之子。生三男，長霄，次霽，又其次霈。繼配凰岡蕭子，先公卒五越月。霄善貨殖，娶某氏；霽邑諸生，授儒官，娶某氏；霈初仕留京庫大使，至梧州府經歷，娶某氏。孫男女子蓋林林多未艾也。孫淵、渙等將以某年月日厝公于某山之原，以公子壻詹事府主簿歐陽君狀來乞銘，銘曰：

公生仕族而封君是業，公承世禄而布袍自屑，有類隱者。公執儉約而施反近博，公濟人藥而已固自卻，有類達者。吾何以知王氏之世昌哉？緊其積厚而流故長。

康東沔先生偕配胡孺人合葬墓誌銘

予邑嘉、隆間有詩人康東沔先生，諱恕，字求仁。其先匡氏，至宋避太祖諱，改康。傳至伯瑀，爲泰和州學司書，子克俊，始家邑東。至十四世仁安，早卒，妻陳氏，以節著詔旌其閭。今康氏城居者，咸節婦後也。先生高王父宜順，贈御史。曾大父弘敬，官至僉事。大父文秀，封評事。父諱紀，壬戌進士，爲南京大理左評事。母王氏，以乙卯如月之二日生先生。方越十歲，大理公卒於官，先生隨王孺人護柩歸窆。是時，家四壁立，燬西隣火，出依外家村居者八年。刻勵治經書，與曾松山封公、雙溪藩參均研席莫逆交。然先生獨負奇質，有敏才，補學官弟子員，遂以舉子業高一時，非其好也，曰：「今士多自擅時義，迄不知慕古，此無異鏤脂，烏能久？」故自爲秀才，輒博綜羣書，作爲古文詞歌吟，搦管刻就，奇藻坌涌。蓋不屑近代，亟欲方駕兩漢上，書法王、趙。邑大夫臺山周公賓禮訓子鏈等，後擢進士有聲，而先生以嘉靖壬午始舉於鄉。己丑，會試下第，卒業南雍。于時文名著公卿間，涇野吕公、整菴羅公，雅稱其詩文逼古，念庵羅公尤服其詩，謂選踩顔、謝，律頡頏高、岑。乙未，繼祖母羅孺人卒，以眇身承重，獨當大事，無弗嫺於禮。家貧，食澹然，喜姱脩，矜名檢居，舍綰轂縣門不百武，非公不曳履。辛丑，蹶南宫，其妹壻朱芝山督學慨曰：「以公之才，乃竟左一第，豈命也夫？」力勸謁選，授福建漳浦縣令。漳浦届山海，民雜蛇虺，險且嚚。甫下車，會造户籍，均賦役，能力汰積弊，以公平服四境，訟絶干請。篤意學校，首尚行誼，而廉慈溢閭閻間。民議生俎豆之，顧以直己忤直指使，枉論罷歸。今《浦誌》云：「康公博學好古，清介不阿，未究厥施。」讀者謂實録云。既歸，翛然故儒生。舊廬卑隘，苦市喧，力不逮，徙山樊。先是圃龍洲之上有别業，乃攜子姓讀書其中，臨池學書，晚益工。暇必挈群從燕笑，雖一豆觴盡歡。又時引諸文士倡和，若廣平郡守曾二潭、中丞魯原二公、不敏直、歐陽生文朝，至則未嘗不握手相羊，樂而忘人間世也。已乃鄒、歐兩文莊公、劉晴川先生招會青原、雲津間，輒命駕往，往則相與究析羣疑。曰：「吾乃今知學之尤樂，所貴力行先耳。」生平手不釋卷，虚己好善，見人一字之勝，輒揚不置口。與廬陵吴澄塘君爲文字深分，詩歌力相埒，出處亦符。或謂二君子咸幾淵明風致，而先生爲勝云。所著詩文稿若干卷。配胡孺人，出義和世族，直從姑也。外父樂善公，以弘治丙辰三月之望生孺人。孺人端嚴純明。歸先生，適窶，輒解奩槖，脱簪珥佐家，無難色。夙夜瞿瞿躬操作，凡閫以内取裁，輒片言決。中外斬斬，無敢佚家節者。中饋蒸嘗多手辦，賓從日填，而内供必旨且時。故先生得肆力文學，逌然無内顧憂者，則贊助力殷矣。蓋孺人繼室，先生先室楊，有子誼，方五齡，孺人裸撫，不啻己出。後乃得談，悉督以學，凜若嚴師焉。事羅孺人誠敬踧踖，羅稱於人也，必曰「賢孫婦」。處妯娌族屬閭里，恩意咸隆篤。晚益勤治生，衣疏食糲，迄不自德，提撕子孫婦咸然。先生以隆慶己巳十二月八日捐世，甫一月，而孺人亦以哀病不起，蓋隆慶庚午正月十四日也。長男誼，娶桃源蕭氏，繼南富王氏；仲談，娶冠朝鄧正郎孫女，繼大岡郭氏，俱邑庠生，咸有文。孫男六：公望，庠生，娶二守李文溪女，蚤卒；公器，娶太守曾二潭孫女；公朝，娶太守梁少岳孫女；公暉，聘寺正王荼泉女；公亮；公寅。女四：一適庠生蕭九韶，一適庠生聶校，一適庠生陳懋宷，一適王悦臣。曾孫男一，雲翰；女一，適高壠楊大經。誼歿戊寅年，而談又獨當大事，以今萬曆甲申年十月二十九日，合厝於觀音山面卯之原，屬銘直。直憶指髮時辱先生知，與稔語孺人無以凡子遇。今皓，且録録靡能報稱，銘豈敢謝？銘曰：

逴維先生，文雅天植。髫能吐英，千夫辟易。顔謝古風，高岑近律。如操龍肳，西盪東擊。陽燧之精，夜光之璧。價大售艱，竟宰巖邑。近民政猷，儒術緣飾。才豐命儉，名窮身抑。返服龍洲，世味如滌。泛宅浮家，藥欄花榭。高朋唱酬，羣從絡繹。一觴一詠，與化無極。先生之饗，五柳足匹。媲也如翟，内則孔翊。後有式者，必曰：「此明詩人之玄室，佳氣鬱于，子孫奕奕。」

衡廬續稿卷十

墓表

族祖順菴公墓表

於戲！世孰不知貽子孫哉？羸而筐箱，不如樸而義方；腴而廩庾，不如瘠而詩書。何則？義方在，則可與知趍；詩書事，則可與有植也。若予義和近代累葉，迄無豐産，惟幸抱樸喜義，務治詩書。自予有識以來，睹記曾祖行，若愚菴公拱、南園公教，此二老者皆近無懷氏民也。祖行自謙齋府君以下，則有樂善公行福、心田公仰耕、彝軒公昌德，最少爲順菴公，其樸而近義，咸足以護持元氣，維植家範，爲盛代醇民。順菴公諱錫，字仰祚，即南園公家嗣也。少負義氣，非公正不發憤，以窶遊東粤爲下賈。時城中豪家有逆僮盜百金餘，匿公舍中。公執之，僮願輸金于公以遁。公曰：「吾豈以金易義乎？」卒白其事。粤人至今高其義不置口。越數十年稍羸，囊有羨貸人，不責重息，服食則仍與最下者埒。平生非禮聲色未嘗入耳目。事南園翁，務得歡心。有疾，藥湯親嘗。嘉靖癸卯，翁卒，哀毀骨立，葬祭稱力，要不詭于禮。母陳孺人孀居，生事葬祭，一如翁禮。歲壬戌，例行丈糧，邑侯楊公署公分任其地，鄉鄰咸誦服之。三族議脩譜建祠，皆曰：「各族非無長者，惟順菴公端謹。」諸凡監督請都其事，數年不少倦，族人莫有以私議者。時舉家約，推公爲約首長。公率以正，又能堅忍不憑氣。族中萬指，莫不唯公聽。鄉有槎灘陂，灌兩鄉九都，宋中元末五姓築陂，吾胡氏其一也。至是陂圮，公與衆姓鳩力修築，兩鄉利賴如先世焉。末年，二子不禄，公力教諸孫。萬曆丙子，次孫裘補邑庠弟子員，公督從予問學。一時學博、縣侯稔聞公高義，肅弟子，賓公鄉飲。又因八衮，欲以例榮公冠帶。公皆固卻曰：「不爾，則吾且入山之深矣。」庚辰，伯孫胄甫授徒東粤，夜夢大雪，見公夢中囑以人道大端。遄歸，時五月之三日，公尚健飲。不日輒呼諸孫，示弗寧，趣治後事。又戒以立身立家語，語畢，告終正寢矣，實五月十日也，遡其生某年月日，享年八十有三，祔葬西岡南園公塋左某向。配長隴張孺人，生子二，長某，次匡群，娶蕭氏。孫四：長即胄甫，娶某氏；次軫甫，蚤卒；次即裘，字箕甫，邑庠生，娶某氏；季昂甫，娶某氏。曾孫某，皆群後。予嘗觀太史公言閭巷砥行立身，若斯人，亦豈易睹哉？彼巍爵膴禄與阡陌萬鏹之夫，尚林林鶩恣睢，圉奪不肯休，况布褐士乎？以公所操執行事，獨端且知義，終其身，有裨族里焉。允哉！其閭巷醇民夫，故曰不易睹。然吾所述數君子者，其後皆能毓雋治詩書，安知天道不有在耶？吾故表順菴公墓而三致意焉。

贈監察御史慕雲楊公墓表

公諱紹祖，字某，邑楊文貞公五世孫也。先世具史傳暨諸載籍。父諱思堯，白雲其號，故公號慕雲。初，白雲公遊道日廣，蚤客死虔中，人睥睨公孤且孱，謂白雲後將落也。而公則日夜泣，恐墜先人緒。既長，聞舅氏武陽王先生講業龍灣之間，公師之，聽其言，躍如也。一時龍灣子弟自以篤實出公下。母王氏拮据勤家，尋卧病不能治産。公壹禀令而後敢言行，事藥必嘗乃敢進。是時，太母劉春秋高，而王又向依外王父居，公知王所以觖觖，如有失者，凡以劉故，則迎劉來，並奉之。會劉七十，公日爲擊鮮倫膚〔二〕，上觴跪祝。又集諸里婦置酒大洽，而劉始驩甚。其年公舉令侍御君，王抱侍御君弄之膝上，以嬉劉曰：「抱孫。抱孫。」而劉益驩甚。久之，王病痢且劇，又不欲醫來。公曰：「柰何束手以從母命，苟能獻海上仙方者，不難千金。」已乃果得秘方，而王竟起。及劉病，公無以異乎侍王病也。先是劉最愛少子，視白雲公稍後，其視公如之。公誠孝得當劉驩心，而劉卒幸愛之，視猶少子，斯益見公哉。公自問學以來，日窺古人行誼。歲

〔二〕「倫膚」，原作「倫膚」，據四庫本改。

時伏臘，雖瓜祭必敬，而尤嚴于祠墓。白雲公初葬清溪，以形家言刻日改厝，會有言日在大火之次，不利己諸。公曰：「吾憾不旦夜安吾親也。寧事異日，亦寧有火墓者哉？」趣啓棺，果見蟻，公且泣且詈曰：「幾敗乃事。」畢事，三日而廬室火，公竟無悔。其篤於養生送死類此。公喜賓客，又不侵然諾，一旦扣門，有急必應。或乞錢於公，不給，則乞諸人以應之，而不收券書。至人負之，勿問也。里中往往誦義，而族兄通政公亦曰：「是且類我。」公既晚，尤勤誨子，知御史君之穎脱也，乃日夜程督君學，大要重先世清白，故君以甲戌成進士，始令東莞課最，贈公如其官。既登御史臺，未幾月，即擊去秉銓大奸。天下咸誦文貞公有賢孫，而莫知慕雲公式穀之爲力殷也。公於是蒙恩，改贈某道監察御史。元配南坑蕭，繼大蓬蕭，贈封咸孺人。有丈夫子三人：長寅春，嘗從予學，南坑出；仲即侍御君，今爲浙江按察司僉事；季寅冬，咸有文。女一，適予族子太學生起鳴，則皆大蓬所自出。公生某年月日，卒某年月日，得年四十有七，葬今某山某向之原。侍御君謂予故好也，以墓表請。予雅聞侍御言：「人子欲論譔其親之美，當如畫史傳神，則庶幾哉！子孫仰瞻，若將見之。」予深有味其言。雖然，俾畫史者未逮親睹見其形容，則能彷彿未盡也。昔者吾武陽先生抱道士也，公舊學于武陽，予得因武陽交驩公。以予之鄙，爲公論譔而表著之者，豈獨彷彿哉？矧曰文貞公以四朝元勳光昭于先，後嗣若侍御君又以直節鳴天下，公上承下啓，而姱脩若此，公誠可表于世夫。

龍池劉公墓表

余往在都下，友人麻城耿伯子屈指海内同志，必稱其邑友劉君師召，因得習君先子龍池公茂行。隆慶庚午，余視湖廣學，與二三君論學齊安，劉君在焉，遂手耿伯子所爲公狀，暨大司馬劉端簡公銘示余，而謁爲墓表。按：公諱光，字德厚。麻城河東故有黑龍岡，劉氏世居。曾祖王父而下，陰行善。公少敏，治《春秋》，以諸生高等舉。正德庚午，上春官不售。嘉靖丙戌，母老謁選，授汝寧别駕，甫下車，能決屠鬭誤殺傍人者如律〔二〕，遂以敏練著稱。確、羅二邑獲盜出官兵誣服者，移成獄于公，悉平反之。初執成案者始不悦，已乃知公無它腸，遂反相得。自是旁郡有疑獄，争質成劉别駕者。尋巨盜殺守備官兵，亡他所，莫可孰何。監司檄公擒捕，卒用奇計，縛二首惡獻。當事者奬以百金，公悉頒諸用命者。郡守復用五十金相勞，公還之府藏，曰：「吾分也，敢受上賞？」事聞闕下，下本兵論公首功，而公丁何安人憂。服除，補廣州府。所屬連州二水洞，巨盜叛服不常，時且薄城，聞公先聲，乃悉就撫聽繩束，不月餘而境内平。視篆南海，大豪數與民争淤田，莫能制。公至爭所，著爲令甲，曰：「已納賦者直，不者曲。」豪乃帖，相率勒

〔二〕「鬭」，原作「闘」，據四庫本改。

石記之。公素彊直廉峻，廣故多珍貨，而公澹然，獨以不善脂韋，失督府意，調柳州。會安南有釁，檄從勑使往勘問。既至，夷皆輸服，不煩一戈。是時，公已搆疾，遂乞歸。先是公用廣州判奏績進承德郎，贈父母如官。歸自柳州，杜門謝事，非公不見邑令。日與熊司理某者徜徉吟詠，有塵外風致，鄉人稱「河東二老」云。公悃愊不脩，喜怒不見，與人處油油然，居常儉朴，糲飯疏布，意恬如也。其家範可世世法，邑大夫欽風造廬，扁堂曰「耆德」，有大事則就問。公忽謝世，卒之日，邑博黎君大鵬，汝寧人，甫至，聞同僚出吊，未知吊公，已乃拜于幕曰：「自公去吾汝且三十年，吾汝尸祝之如一日，孰謂大鵬至是邦不得奉色笑？」言未竟，涕霪霪下。易簀時，立仲子等床下，訓曰：「吾年將及耋，何憾？若第能俾余與程太中同遊地下，死即瞑目。」仲子即劉君師召氏也。公有丈夫子四：伯某，邑庠生，先公卒；仲師召，仕至松江府通判；叔師皋，亦庠生；季師啓。嗟乎！公望仲子等遠且大，仲子果淬礪躬行，自麗于道，居官政教與俗吏異指，卒偕楚侗耿君、柳塘周君發明孔、孟宗緒，世因君益信學。君蔚爲醇儒，善成公志，公所遭固不庶幾大中同流者哉！予以是表公于石，不辭。

行太僕卿進階嘉議大夫月川王公墓表

昔吉水羅先生文恭生平慎許可，雖貴勢人，百方不能繆得一語之褒。惟黄陂月川王公來令吉水，文恭視其循廉，則爲扁其堂曰「清白」。又爲對語，有「生我桐鄉，期君清獻」之詞。一時覽者謂公得重語，不啻榮衮，自非質有其事，其烏能致之？時吉水方行丈田，公必與文恭講求行之，卒不爲厲。邑故樸，而文公與民興革，條教法令，不爲鉤距，境内大治。已而遭旱魃，禱雨輒應。又賑濟有方，所全活不可數。嘉靖癸卯，予時領鄉書，出公門下，公因語曰：「吾政無它長，惟晝睹耕犂，夜不聞鳴犬足矣。」然公用是一不爲表襮，故知者希。三年，陟爲南户部主事，母憂，去。服闋，補北户曹，出理密雲糧餉，協謀督府擒虜有功，蒙恩賚白金拾兩。尋遷郎中，督邊儲。先是宿蠹蝟積，公悉守令甲，月成歲會，遂絶乾没之弊。擢守保寧，公至，會採木命下，亟爲調晝夫役，迄不至擾，又嚴束黠吏，力禁民暴，辯雪士冤，弭蒼昭巨盗。民爲樹古閬遺愛碑，士爲著《廉二千石説》，人爲實録。辛酉，陞雲南按察司副使，至則訊黔國之毒，解黎副使、林參議之誣，御史始猶難之，公奮然曰：「若是，則寧褫吾官，吾焉能誣人以媚人哉？」御史竟不能奪。壬戌，陞甘肅行太僕寺卿。居二年，遂以疾請致政歸。既歸，絶不口時事，暇則以圖史花卉自愉。予昔兩持楚憲，公未嘗以事干。既晚，課孫以文，日啚如也。隆慶改元，覃恩晉級嘉議大夫，秩三品。萬曆乙亥春，偶疾，竟弗起，得年七十。知者謂公位與年咸未獲上躋，以爲公悼。予常觀古之傳循吏者，或以縣令，或以郡守，不必其官；或以一事，或以三載，不必其時。若公則令守操若畫一，而先後譽出一口，古人所稱奉法循理，可以爲政，則公之謂也。公所爲顯與壽者，固不在兹乎？矧公臻上大夫之階，登古稀之筭，子孫三世又斌斌足繼也，而固曷少哉？公諱霽，字汝明，月川其號。父某，以公貴，贈户部江西司主事。母熊太守弘女，贈太安人。配余氏，封安人，先公卒。子一，化熙，太學生。孫男一，師曾，亦太學生。曾孫男一，嘉元。化熙以予習知公，屬予門人熊生徵夔越江蹈湖，歷數千里請表公墓。嗟乎！此予分也，曷敢以不敏辭？乃爲首揭公吉水、保寧事，以俟傳循政者考焉。若夫公之孝友質厚，則有家族鄉閭之口實存，固歿世不諼也。兹不具載。

確齋處士墓表

吾胡氏自仲祖承先大夫緒業，以富厚甲閭右。其後多貫約，雖詩書纓組相繩，而約自若，迄無陵粟穴金之藏。然家世負氣仗義，又勤朴，不事侈靡，即窶極，亦能以纖嗇逐時致積居，取充衣食，無至餒絶，而有義舉，即争奔走焉。視里中數百年間，富厚者屢興屢仆，而吾胡氏亦自若，故不以貲著而以完稱。若吾確齋處士，則亦以纖嗇致積居，又不獨充衣食已者也。處士名厚，字仰堅。父静軒翁沄，母陳氏，以某年月日生處士。自其少已有心計，能忍嗜欲，時節縮，勤菑播，不遺餘力。又嘗從静軒翁遨嶺表，行子母錢，不過督逋貸，人競趣之。中年致有蓋藏，然處士喜信義，一然諾，不肯自食，又恂恂謙慎。睹其體貌，眇不勝衣，然聞倡義，即無不踴躍。于時兩鄉興求仁之約，吾胡氏亦故有家約，而從臾後先之者，則處士力多也。末年敦樸猶故，不一御綺麗。訓其子素無廣田宅，素守其言，到今不敢違。生平自以仗義、惇信、履謙、守儉四者確乎無以易也，故自號確齋。郡搢紳大夫士高其爲人，咸有文叙述處士行事具悉。嗟夫！使處士非質有是四者載而行之，則無以居享而致斯譽也。故觀所享而知仁義，亦諒矣哉！處士以某年月日卒，得年若干。子二，某、某。今子素以某年月日奉處士葬某山某向之原，乃徵同邑尹大夫十洲君銘其墓，而屬族子某爲表之。夫人飾情矯行，可欺遐方，而不可愚里閭；窾言令色，可媚里閭，而不可範子嗣。處士逝幾何年矣，而子某急義後利獨殷，如捐陂金，輸社穀，助搆求仁約寓，出力不尠，是非處士遺訓懿範而孰使然哉？向使予族人行皆處士，則古所謂「安其居，樂其食，時吏不至呼門」，可以幾矣。予故叙而表之，用勗夫嗣處士者益勸而成乎。

兩封安人王母張氏墓表

予越舞象之年，起諸生，交茶泉王子。王子少予一歲，已先遊庠，有聲稱矣。既予先受室，而王子踰數歲乃婚予鄉沙里張安人。張安人與予室蕭去舍許，睦若妯娌，歲時問訊織道。萬曆辛巳，予室背棄，張安人抱哀甚。今年癸未之夏六月，乃安人亦相繼逝矣，豈相爲期耶？悲哉！張安人諱某，父遇，自號清溪居士。正德戊辰進士煥，其族父也。母蕭氏，以嘉靖甲申九月十七日舉安人。居士相攸，耳王子名，授意妁者聞諸贈公矢齋先生，遂締姻焉。年十六，歸王子，時嘉靖己亥念九日。而明年庚子大比，王子亦以是日揭榜，列江省第一人。是時，劉太安人治家嚴勤，衆虞安人少婦難膺，乃安人折節，自女紅外，旦夜不自休，躬親臼爨，習庖割，始戞戞乎，久乃便焉遊刃若畫一。薦諸姑，姑已心賞之。又能先意承順，無弗姑是悦。劉太安人乃大愉，曰少婦誠賢，而安人未嘗一日自伐其能，居妯娌間詵詵如也。贈公病膈，贊王子迎國醫，供糈恐後，越歲如一日。劉太安人晚病，怔忡易恚，安人益俛俛候伺，弗越寸晷。既没，哭彌痛，曰：「操習成我。」語未嘗不濕衣也。乙未，王子謁選，厭吏事，告受校官，得華亭。華亭士習稍稍異鄉邑，王子每朴其不若于訓者，安人則每諫曰：「子無以鄉邑視也，恐叢怨于子躬。」王子爲怵然聽之。繼遷國學，寓禁城東北，凡客訪自西南來者，十里而遥，王子必延留，安人具饌，必時必腆，雖僮從腹不逮枵。它家多不爾，客以是知王子有賢相，後轉大理亦然。于時王子有審録雲貴之命，偕安人南旋。丁卯，莊皇帝改元，覃恩，明年，册立東宫，安人兩膺封典，翟冠霞帔，族戚交榮，而安人固退然一若少婦時。自家庭至疏屬卑行，類能絶甘分少，有急必應。貸而逋與償不足券者，置勿問。其自御蔬食疏布恬然。王子未五十，自解官，安人無不從臾。晚年喜佛，晨夕禮足，歷二紀無懈。視臧獲不忍加撻，撫妾媵迄無猜意。以是中外咸誦安人賢，如出一口，無不祝安人遐算閲及孫曾。然安人竟病瘠弱，又鬱鬱爲孫晚，遂逝，得年才上六袠，豈其壽不以年，而振振繩繩者已逆睹身後矣。王子慎遴葬，所獲四十八都下龍門洛坑虎形某向，以是年某月日安厝，乃自誌壙内，而屬予表墓外。且曰：「安人益友也。」予耳熟安人閫行良然。王子諱渤，字尚涵，號荼泉，以大理寺寺正致歸。子一，宸，庠生，有雋才。女二：長適予友歐陽子子斯敬，亦庠生，安人出；次聘康太尹孫某，側室李出。予猶憶歐陽子與王子及予相爲贊婚事如昨朝，然今歐陽子夫婦與斯敬久故，而予室又偕安人同往。予乃爲詳其事如右，蓋既可述，而彌有可感者存。

新創吉水龍家邊壽藏志

胡子以萬曆癸酉上書，解廣東按察使歸養。丁丑，周太安人終，窆邑東之鄭家原牛闌丘，背距贛江八里許。胡子服除，益抱瘵，遂謝當時，跧伏山隩凡十霜，而年且六十五矣。于時，配蕭安人亦棄去，方艱卜兆，友人侍御賀文南君以壤讓，蓋在吉水張家渡之下流三里許，曰龍家邊。山脉自青原蜿蜒，歷數崇嶂，爲雙峯，逆奔踞江而止，贛江走其下，其右砂逆抱而成案。案内水左旋，若螺旋，乃出江，江外特朝即娑羅山，若冠蓋焉。青烏家面勢爲卯脉申庚向宜，又狀其形曰伏地獅，或曰下山蜈蚣，交稱吉。胡子乃令子順塋其右，厝蕭安人，遂自營壽藏，居左方，而親友觀者棼紜諗于胡子曰：「先生之營是也亦蚤矣。」胡子曰：「嘻，君何睹之晚也？夫有生必有死，古之賢聖唯以朝聞夕可爲難，而事詎可免？ 昔司空表聖既豫爲壙，又引客飲酒賦詩其間，謂曰：『吾寧暫遊此中哉？』雖然，此有數存，非予能就避之也。 予曩歲偕同郡諸君講學青原山，夜夢見山巔嵬崔，踴躍矗矗，下其麓有冢，人曰：『此君家冢也。』詰曉，以語門人鄒子元標，鄒曰：『夜中王君某亦爲先生叶此夢。』王與鄒俱吉水人也。 已而君至，諏之良符，今此壤隸吉水，山脉乃果自青原山發也，豈不異哉？ 雖然，尤有異焉。 去歲之春，予方溯小艇謁先太安人墓于牛闌丘，取道龍家邊，眄而躡其山足，已心卜斯壤矣。 然先宿夢予邑龍西華先生以物見畀，晨睹此壤，諏之爲龍家邊，有龍姓者宅其左，又半里爲西華觀，心益自奇。 以其地遠置勿問，乃不知侍御君之讓即斯壤耶，豈不尤異乎哉？ 人之視生死大矣，乃不知生與死以逮歸藏之所，則皆前定久矣，而君果何嫌？ 又何蚤之疑爲？」觀者亡以應，於是築之，翼如、皋如、賁如，其友蒙山陳子爲題其額曰：「泰和義和里胡氏佳城。」胡氏上世繇醴陵轉金陵，徙泰和之義和里。 胡子名直，字正甫，始號廬山子。 嘗遊衡，卜隱未果，而所居據衡廬之交，既晚，稱衡廬耕雲老農云。胡子少孤，年廿六，始慕聖人之學，乃從學歐陽文莊公，繼學于羅文恭公。 三十七入仕，今自顧老矣。 而又稔瘵，莫能大樹以光斯道，有慚德焉。 然自信惟朝聞夕可，日有孳孳，兀然不知死生之將代乎前，而又況世之榮辱毀讚乎哉？ 所著有《胡子衡齊》八篇，詩文若干卷。 高祖哲，賓坻訓導；曾祖爾極；祖行恭；父晴岡府君，諱天鳳，贈刑部雲南司員外郎。 母漆田周氏，封太安人，生子三。長即胡子，娶茅園巷聯科里蕭氏，即蕭安人，以今年仲冬十有八日安厝右穴；生子一，即順也。孫男四，士統、士紀、士經、士綸。胡子以龍家邊去舍七十里而遥，乃獨詳墓事，著其本末，用祈于知言君子以詔來葉，作《壽藏志》。

衡廬續稿卷十一

傳

少保趙文肅公傳

趙文肅公諱貞吉，蜀之内江人，字孟靜，號大洲。宋丞相趙文定公某，其先世也。公生而神穎，六歲誦書，日盡數卷，人呼天童，又曰公輔器也。年十五，讀王文成公《傳習録》，驚曰：「予固疑物理之遠於本也，今獲所歸矣。」白二親往從，不許，遂遍誦《六經》以自求之。同舍生方沾沾程舉子業，非所好也。嘉靖戊子，領鄉書竣，走謁故相楊文忠公里第，文忠延語，稱曰：「是將爲社稷器，吾兒慎弗逮也。」明年下第歸，太夫人逝，泣曰：「人世飈忽若是。」遂兼修出世業，習靜古刹，不櫛沐解衣者數年。父資政公强令赴試，舉禮部廷對，都御史王公廷相撫其卷曰：「是雖《治安策》弗能絶也。」上嫌其語直，置二甲，尋悔之，乃首列庶吉士，特旨留館授編修。公因感思上初年鋭意聖學，後稍陵遲，頗惑方術，遂疏言「敷求真儒，以贊大業」。執政見之，不懌。公退與同志友尹公臺、徐公樾、敖公銑等切劘，不與世比。踰歲，謁告歸蜀，邑士雲從，乃爲發明《大學》致知本訓。西蜀士浸知有問學出呫嗶上者，則昉自公也。二年，出與册封事，再謁歸。三年，復出教司禮監，同脩會典，充會試同考試官。未幾，三謁歸。又三年，復出，始與内廷供奉，遷右春坊右中允，管國子監司業事。當此時，天下士高者固守物理，紛若射覆，一聞知本之學，反加詆訾，其於聖門性道之旨蓋莽如也。公慨然曰：「學之不明，由性不明也。」進諭六舘士，首揭《中庸》性、道、教爲訓。大意以天命本然者即良知也，此萬事之母、百行之主，習識雖蔽，不能滅其明；習氣雖累，不能害其真。是天之所命，不容人僞焉者也。爲性。率云者，以之爲則，不失其度繂也。自一念至百爲感應，自一身至家國天下皆則於天命，不失其度，則道不可勝用矣。爲道。孔子曰：「性相近，習相遠。」夫以萬有之習，日馳騖以求勝其欲，則天下之日入於亂不難矣。于是有聖哲出，皆欲人反已漓之習，以脩道而復性也。爲教。諸士聞者悚然，有立志汰習以求復性者，若濯而新。是歲爲庚戌，公嘗語當事者曰：「虜將大入，盍爲防禦計？」已而八月之望，虜果闌入古北口，内蹂通州，進薄都城。公乃上《獻計破虜疏》，請急遣官捧詔激勵各軍營，許開損軍令，凡獲一級，賞銀百兩。是時，虜方有求貢嫚書入朝，上詔禮部尚書徐公階集百官議可否，日中莫有發一談者。徐公將取簿二署名書之，公獨出班，大言曰：「城下之盟，《春秋》耻之。且既許貢，則虜必入城要索不已，即内外夾攻，胡以禦之？」徐公曰：「足下必有退虜奇畫。」公曰：「爲今之計，煩爲請主上出御正殿，下詔引咎，録周尚文之功，以勵邊帥；釋沈束之獄，以開言路。輕損軍之令，重賞功之格，飭文武百司爲城守，遣官宣諭諸將，監督力戰。其它無可爲奇畫者。」上已偵知公言，手詔輔臣嚴嵩曰：「趙某言是，第不當及周尚文、沈束事。」命下，嘉公壯猷，陞左春坊左諭德兼監察御史，領勅宣諭，并給銀，惟所措，然未有督戰事權可統攝諸將以行者也。公亦先以是請于嵩，嵩故有卻，又其黨趙文華者素銜公，冀相齮齕而甘心之，故既不與事權，即兵曹一護卒不可得。于時虜騎充斥，公獨單騎出城，先詣總兵仇鸞營，次過諸將，咸宣上旨激勵，付賞功銀，一時將卒感奮。惟趙國忠一營駐沙河隔虜，則屬鸞傳諭，而公以次晨入城復命。方公之入也，仍欲上請事權督戰，已撰有疏草矣，而鸞陰畏公至，遂令人請備謄疏，故爲遲之。公入朝，趣疏不來，獨以宣諭事畢奏上。上怒，謂公領銀未睹措畫，第爲周尚文、沈束懷怨，詔錦衣衛逮杖，遂落職，補廣西慶遠府荔波縣典史。然一時海内識者誦公主張國是，大義凛然，令邊釁不開，國勢日尊者，皆公力也。公至荔波，久之，總督軍門張公岳檄議經畧。公行，遂便歸省。癸丑，量移徽州府判，稍遷南京吏部文選司主事，未至，進郎中。乙卯，陞南光禄寺少卿，遷南通政司參議。先是，嵩已嗾吏部推公藩參，因上問「趙某何在」，故有是遷。丙辰，陞南右通政。是歲，以賀萬壽入都中。明年，陞南光禄寺卿。聞三殿災，公移書執政，言：「大工復作，不宜以提編加賦爲第一義。」嵩見大忤。又三年，乃陞公南户部右侍郎。時公已聞外艱歸矣。辛酉，服闋，得旨改北户部右侍郎，然初非嵩意也。抵任，上即屢遣代祭示眷，嵩滋不樂。亡何，有建議薊州增設户侍一員，職督糧，以便練兵。嵩遂以屬公，意在出公，爲異時連坐計，且召公酒，詭曰：「是行非公不可。」公曰：「人臣之義，死生以之，復何諉哉？」酒半，公徐曰：「今欲户侍專管督糧，督京運乎？抑民運乎？若二運已皆有職掌，即部中催與出薊州催何分？添官徒增擾耳。況兵之不練，其過宜不在是，縱十户侍出，無益練兵也。」嵩作色，怒且罷。適嵩請告，上遂手詔次相徐公問薊州事，次相對以查理當用習邊糧者。吏部因得易管理爲查理，而以林侍郎行。嵩出，愈忿公，而詬林侍郎，嗾其親張給事益劾林，不數日，遂并劾公，竟奪官去。公平日持論以二氏學通吾儒，謂必出世乃可經世。道汴遊嵩高、抱犢、伏牛諸山，巡撫蔡公汝楠逆而問學，公遂列爲圖，明三教之所繇起，曰：「儒者見之曰儒，仙者見之曰仙，佛者見之曰佛，意一之也。」蔡梓以傳。公家食多居玉溪莊，嘗爲諸生復申致知之旨，又爲講説「人心道心，精一執中」。大要以中即性，命即天然之則也。而後儒乃不指言中爲何物，至以爲物物有之，是有同於刻舟之愚，雕形之苦，殊失其旨。丙寅，肅皇帝崩，公哭最痛，曰：「先皇知我。」隆慶改元，詔起公吏部侍郎兼翰林院學士，掌詹事府事，補修《實録》副總裁官。會有言登極幸學，祭酒坐講，當預擇老成醇德者攝之。遂奉旨，以原官暫掌國子監祭酒事。是歲八月朔，聖駕幸學，賜坐講《禹謨》之《后克艱章》。上見公闡發有指，音㲲儀端，大爲感動。垂問，知爲先朝新起用臣，益喜動色。尋命充日講官，釋祭酒事，賜賚有加。先是北虜陷石州，公因與執政數議邊事稍貳，乃求補南禮部尚書。既行，御史李惟觀、南户科給事岑用中等交章言：「趙某才德居啓沃之任，可以格天心，贊治本，不宜置遠地。」適上顧講筵無公，不悦，諭曰：「前有年大往南京去者，仍令日講。」吏部遂題復，以禮部尚書兼翰林院學士協管詹事府事。戊辰三月，公還京，階資政大夫，贈祖某、父某如其官。時文武邊臣建議欲招練南兵十萬于張家灣，公執不可，曰：「往年南京建振武營，致大變。今乃欲建十振武營於都城之側哉？況燕薊乃戎馬塲，豈藉南兵？」當事者寤，遂移練兵于薊鎮，惟揀南兵三千，教鳥鋭。識者謂爲得筭。頃，奉命教庶吉士徐顯卿等三十人，仍充講讀、纂修，又命代祭先師孔子，爲皇太子千秋講《唐太宗喻太子章》，賜賚無虚日。時薊鎮奏脩敵臺幾千座，公以爲徒費，無裨戰守，欲因講語中力言之。語具，爲執政格，不得上。公遂邑邑懷去志，而上之眷用意益篤，尋詔以原官兼文淵閣大學士，同諸閣臣入輔大政。既辭，不允。一日，于講筵謝，上面諭「盡心輔佐」，公稽首對：「臣敢不竭股肱之力，效忠貞之節？第近朝綱邊防弛廢〔二〕，臣欲捐身任事，惟陛下主之。」上色益喜。于時，上多恭默，而面諭公者凡再。羣臣謂自臨御以來，未尝有也。翌日，御便殿，手詔閣臣，謂公已有年，

〔二〕「防」，原作「坊」，據四庫本改。

當同任閣事。又撰勑，令中貴捧詣閣下，咸出特典。公已註門籍不出矣。先是大同邊臣或有棄城失機事，爲巡按暨科道官交參，而閣臣未有言治罪者。公謂宜照元年山西失事酌治，不宜含默。執政不得已，乃行巡按覆勘，公爲是遂註籍。上聞，温諭遣醫賜羊酒瓜菜，公感上睠，乃復出，仍上疏乞解輔贊重任，退供講職，且言：「大同之罪，惟『祖法、國是、公論、清議』八字勘之足矣。今兵部仍循回護，閣臣俱出姑息，臣欲争論而力不能，故懷慚思退矣。」上以公忠誠，亟慰留之。是日，上以原票還閣中改擬，有不襲昔年虚套之論，而閣中猶以將才難得題復，上姑兩解之。然一時鋭意委任，亟欲閣臣同心共理，寔近代希覯事，公益感奮。明年庚午，遂上言遵祖制，收兵權以飭戎務，其畧云：「我朝内外御兵，分隸五府，乃高皇帝定萬世太平計，俾免前代權臣握兵之害。永樂末年，因聚府兵北伐，旋師後，遂結營團操，乃以三千、神機二營附之，因號三大營，其實皆五府兵也。正統末年，嘗變爲十團營。弘治間，又加爲十二團營。正德間，又添置東西官廳。然五營之號未泯，而五府意猶存也。至嘉靖庚戌，嚴嵩欲爲賊將仇鸞地，遂請特設戎政廳，括内外兵籍，鑄總督戎政印以授鸞。夫以五府外而别立一廳，則盡變太祖分府之意；以十餘萬衆而統於一人，則盡變成祖分營之意。向使鸞遲於伏誅，則時事之危未可測也。合無將見操官軍九萬人，分爲左、右、中、前、後五營，各擇一將以分統之，責令開營教習，仍以文臣巡覈之。每歲春秋校閲，凡將官之能否、軍士之勇怯、技藝之生熟、紀律之嚴緩，皆得奏聞，而賞罰行焉。要令五營齊成精鋭，有事，則領勑掛印，命將於閫外；事畢，則徼勑納印，歸將於營中。如是，則太阿之柄獨持於上，而輦轂下有數萬精兵隨所用而宜矣。」奏上，稱公忠謀，且曰：「分營練兵乃祖宗舊制。」遂下廷臣議行。時本兵兵科挾前議大同功罪事，遂蜂起異同，乃至朝更夕改，反失公建白本意。上以公贊理機務，仍加太子太保。是時，閣臣高拱兼掌吏部事，方欲挾權籠制諸臣，意假公爲分謗地，故推公兼掌都察院事。已而，本兵霍冀被科臣論劾贓私，疑公前議大同及己，乃於求退疏中誣公主使，公既辨明，且欲付法司究問贓私，以糾官邪。繼兩上疏乞休。上一稱公忠直任事，一稱廉直老成，宜副眷倚，勿再辭。旬日間，授從一品榮禄大夫散官，賜蟒衣鸞帶，寵賚且增。然公歸志已決，乃上給假回藉遷葬，不允。拱尤銜故相徐公，欲中以重法，疏言當時議事臣假托遺詔，凡先帝所去，如大獄及建言得罪諸臣，悉用超擢，死者贈官廕子，無乃仇視先帝，爲無父無君之事。又引弘治間彭程事，欲有以治之。閣中擬票將如請，公拂衣起曰：「若是，則將如宋時奸黨碑矣。」拱色變，强留公，乃共改票，止於吏部通行曉諭而已。又因公言，去「大獄」字。拱以是迄不得逞於徐公。後又以故錦衣陸炳爲徐婚家，已嗾張御史追劾炳，而刑部以炳一品爵，例在應議列，當請勑三法司集議定之，奏下閣中擬票。是日，公當秉筆，而自院至閣遠，拱遲公久不至，既至，又未忍遽書，拱遂代書，徑擬以削爵没産。自是，拱與公勢不兩立，第厝火未發爾。亡何，宣大督撫王崇古等奏俺答孫把漢阿吉等入降，議處置。公預語輔臣李公春芳曰：「此亦邊疆幸事。」已而，本兵奏上，李公票旨，僅曰是。公曰：「大約。浮言謂開邊釁，然自俺答横行五十餘年，每年邊餉數百餘萬，何年無釁，豈在納降？是關廟謨。今惟當從閣中請暫與降人官職，慰來者心，其制虜機宜，當令督撫自善爲措。」乃同改票，如公言，加那吉指揮使、阿力哥正千户。當此時，朝議紛然，虜求封貢，邊臣進退維谷，獨公與今輔臣張某力主其議，亟令王督撫姑置封貢事徐議之，第令俺答速獻投虜叛人趙全等九人者易其孫，且當慎交質，防虜刧盟。又貽王書曰：「吾外憐悉怛謀之附人，内恐李文饒之失助。」公爲邊計篤切類此。先是，給事中張齊者爲拱嗾劾徐公，而王都御史因訐齊贓事抵戍。後齊倚拱辨復，力擊王都御史與毛司寇，欲因以傾徐。乃奏行法司，而刑科給事中舒化參，寢不得行。拱懷怒，思欲一逞，於是考察科道旨從内降出。公曰：「是將倚法爲報復計，非所以惜人才、成聖治也。」上疏請止之。拱聞，即上揭謂有成命，竟不可止。公曰：「此既出朝命，吾不可不與共事。」遂赴吏部偕行考，公執筆。有給事中吴時來者，故嘗劾嵩父子，謫戍起用，守伉直不附拱者也。拱鋭欲去之，公獨不可。爭至日中，拱知公不可奪，竟從公。故臺省名士得全者衆。然拱益恨公次骨，業已嗾心腹給事中韓楫者枉劾公。公疏懇乞歸休，且曰：「願上准臣放歸田里，令拱復還内閣。毋久專大權，樹衆黨，别選老成掌部院，庶上不悖祖訓，下不失諸臣之職掌。」命下，以公屢辭，遂允暫馳驛去。時上雖倚眷，而拱恃故邸舊講，交通中外，亟謀逐公。天子不得自持，時論惜焉。

公行後，虜果還叛人趙全等。獻俘禮成，上以公與議，廕一子某中書舍人。明年春，公抵家，舊在門及舊遊高君某等咸請設教聖水寺，公示之立誠。已而，報穆宗大漸，公哭臨，至水漿不入，哀毁成嗽疾。乙亥，遂杜門，鮮復會講。第作擬述二通，移諸門人。内篇曰《經世通》，外篇曰《出世通》。二通各分二門，内篇門曰《史通》、曰《業通》；外篇門曰《説通》、曰《宗通》。内通之門八部，《史通》部曰《統》、曰《傳》、曰《制》、曰《誌》；《業通》部曰《典》、曰《行》、曰《藝》、曰《術》。八部具而百代九流之緒備矣。外通之門四部，《説通》部曰《經》、曰《律》、曰《論》；《宗通》部曰《單傳直指》。四部具而頓漸半圓之旨悉矣。所貴俾三千年未經折衷之籍，勒聚一處，以俟來哲。是歲十月，即開局編述，乃爲文祭諸聖賢，告始事。其畧曰：「身居臣子之地，每懷經世之憂；心慕道德之門，時發出世之願。邇來垂白謝事，忽生勇猛，乃取舊書以類吺列，隨文點布，各就部曲。約要而言：經世者不礙於出世之體，出世者不忘於經世之用。然後千聖一心，萬古一道，聖人憂世之念可少慰矣。」語詳公内外二篇都序及《貽曾巡撫書》中。至冬末，嗽疾復作，輟編。丙子正月，疾良愈，作詩貽同邑馬君某，示所詣。亡何，子左府都事鼎柱自都歸省，公喜甚，攜展先墓，宿墓祠，覺憊，遂絶口家務。醫來，卻藥勿用。自是斂目淵嘿，至三月望，端坐薨，春秋六十有九。訃聞，上輟朝一日，諭祭褒揚，誥贈少保，謚曰文肅。天下士大夫識與不識，聞之悲嗟。公孝友天至，從綰髮與弟頤吉自相師友，剛忠英偉，稱其氣貌，解褐即身任天下，憂先一世，雖百千挫不回，稍激勇退，倬有鳳翔千仞之志。至其問學淵源，上探堯、孔之微，而并包逮於伯陽、子羽，爰達泥洹，雅自命曰經世、出世，其亦希古之博大人哉？將與天地精神往來遨乎其初？荀、楊諸子未足窺其奥也。海内士業文章者争高模擬。公負特操，不襲人後，而博辨雄深，瓌瑋變化，如出溟海、起神龍，不可端崖，要歸于道。所著詩文，子鼎柱偕門人某某詮次，得若干卷，《進講録》若干卷，行于世。

胡直曰：予曩聞公訃，率爾長號，遽以病解，及讀公行事年譜，又未嘗不掩卷涕下也。夫公兩當巨奸，若摩壘然，亟欲以一身横塞其衝，雖以帝眷勤篤，終弗獲安其位，亦勢使然也，况欲行所學耶？然公之匡救弼拂，斷斷行其間，其功豈下握衡者哉？予往幸覯公，請曰：「吾儒能兼二氏，二氏不得兼吾儒，以吾儒與二氏有全偏之殊。且夫性一也，吾儒惟盡性，故能處之有則，雖經世，未始不出世也；二氏止見性，故特終于無生，雖出世，未始能經世也。是吾儒異二氏者固在盡不盡之間，而全偏繇分也。」公曰：「不然。夫二氏咸有萬行，豈獨出世而不能經世哉？」今觀公《内外通》與《都部序》，即嚮面談語。予何足知之，予何足知之？雖然，予見今時士喜攻二氏，自附孟子距楊、墨例，不知楊、墨非孟氏莫知距也。即嵬瑣黷墨如分宜者，搦筆動舌，類多攻佛，以若所爲，曾不當佛之奴隸，而反自嘵嘵，不可悲哉？彼加忮害于公，不亦宜乎？以是觀，二氏雖稍偏，然而害天下不在二氏而在功利。諒矣！諒矣！不然，公曷以能卓偉昭揭挺出斯世若此，而分宜、新鄭之徒嵬瑣黷墨、貽詬百代乃若彼耶？於乎！

宗伯尹洞山先生傳

洞山先生尹氏諱臺，字崇基，吉永新人也，其取號，以居左有石山空洞，故咸稱洞山先生云。母劉太淑人夢神人餽美珠白粲，始有娠，大父夢神登中堂而生。五歲受小學，誦至「立身行道，揚名後世」語，作而指曰：「至言也。」聞者異之。甫齓，侍父少宰公某司訓吳縣，業已慕故相王文恪、尚書劉鉄柯二公，心自負。束髮，又隨往潛。嘉靖元年，公卒于潛，哭幾不生，居喪如禮，以孝聞。戊子，舉鄉書。明年，入南雍，名震白門。乙未登第，肅皇帝御覽子大夫列十二卷者，命與一甲並梓行世。改庶吉士，讀中秘書。故相顧文康、張文忠二公屢簡先生文，與内江趙公更相雄，稱二儁云。費文憲公再秉國，高先生名，欲致見，竟不可。武定侯郭勛怙寵驕恣，先生屢弗下之。勛忿，欲中以它事。文康爲力解，諷令造謝，亦竟不可。丁酉，授編脩。乙亥，奉命往諭楚諸侯王，未入境，先檄長史司罷一切饋餉，及睹先生儀節，迄不敢言饋事。使竣，登衡嶽，窺金簡，上祝融，慨然思禹功而詠歌之，追尋朱、張軼步，割俸建二賢祠。辛丑，充會試同考試官。癸卯，請乞終養。三年，劉太淑人即世，又哭幾不生。既襄事，猶粥食。羅大宰、鄒大司成兩文莊、宫贊羅文恭數勸勿滅性，始肉。戊申，除舊官。乙酉，同脩《大明會典》。庚戌，復充會試同考試官，策問及重臣權臣，上覽，亟取《臣鑒録》、《賢姦傳》省覽，爲之感動，繇是稔先生名。一時上下有延頸相天下之望，而不相中者進讒輔臣嚴嵩〔一〕，曰：「權臣蓋指公也。」嵩陽荅以好言，而中心怨次骨矣。國子缺司業，序得遷，會趙公新起，復橐裝罄，先生既分俸助，又諗於嵩曰：「趙窶甚，司業有衙舍馬皂，願先趙。」嵩笑曰：「是當成君之美。」未幾，趙坐封事謫，先生以春坊右中允管國子司業，督六舘生，首在端習，所獎拔多爲名士。辛亥，以舊官兼翰林脩撰，回坊專理誥勑。先生曰：「是所謂代天言也。」故其言鶩古雅，不爲偶麗。咸寧侯仇鸞新柄兵，請互市，陰實憚虜，欲以欵之。鸞知先生言泄執政所，入朝，裂眦而視，弗顧也。明年，承命主南京鄉試，策《陳祖宗馭將制兵》甚備。先生謂同事郭公槃曰：「有如上怒逮君，柰何？」郭曰：「即有是，固所願也。」先生壯之巵酒。會鸞先伏逆誅，録入，上覽，摘策中數事密問嵩。嵩方欲求婚好，因善爲對，乃令廕臣世蕃介劉某置酒，蹴席致求婚語，先生竟確辭之，以是怨日深。癸丑冬，陞右春坊右諭德兼翰林院侍講，管坊事。明年，陞南祭酒。嵩舉巵酒曰：「何以别不穀？」先生從容請曰：「楊繼盛狂言自取死，第願相公勿貽主上有殺諫臣名。」嵩避席謝，先生退爲司業王公材述其事，因屬之王，曰：「頃有王生世貞者亦云。」王果謁嵩以請，嵩諾而曰：「昨尹司成嘗

〔一〕「讒」，原作「孰」，據四庫本改。

及此。」而私心猶豫未肯決。謀諸鄢懋卿，鄢持不可，楊竟論死。乃海内稍知王救楊，竟莫知出先生也。甲寅，過家，見邑士五科弗舉，會文廟火，乃相邑西廢署徙之，捐百金贊厥成，自是登名天府者橋起。是年，艤舟玄潭，期鄒文莊、羅文恭二公及郡搢紳，士無遠近咸集，盡攄所學。諸士喜曰：「得先生，斯學其益昌乎！」涖任，首革典簿廳宿蠹，太學諸生欣欣向往。遽改北，道三茅。時鄉士胡生直爲句容學諭，挈而登焉。浹日，慨然語曰：「吾嘗以新學墮言説，鮮躬行。邇歸，頗有觸于鄒、羅二公，且見諸士中操節廑廑不尠，則又喜曰：『學在吾郡。』因重相勗。」過京口，又期武進、歸安兩唐公再訂學。抵京，獨與宗伯歐陽文莊公講磨無虚日。己卯，上諭嵩遴忠謹文臣二人，供奉内直，意在先生。嵩乃以少宰茅公某及先生名進，改少詹事，兼侍讀學士，掌院事。召見，上於簾内指曰：「前行者狀元，後者學士也。」二月，特傳御劄：「令侍郎尹某代拜祭孔子。」廕臣以金花鑲帶一、輿一，賀曰：「上念公深，故特晉侍郎秩。吏、禮二部，惟孰擇？」先生曰：「上不以某無狀，得與陪末。議當出廷推，若傳奉，非敢承命。」嵩謂沽名，揭覆，仍以少詹事銜行祭。初，莊皇在東宫時，康妃服未畢，生元子。上弗懌，乃諭嵩曰：「禮官得無言乎？」嵩陽爲畫，無所之，而訊諸朝士。朝士皆莫敢對，先生一人獨曰：「曷不舉《孝慈録》序中『不禁民間服内生子』語乎？」嵩用其言以對，上釋。及莊皇即位，首問先生，左右莫言。或諷先生自陳白，先生哂曰：「吾爲國大體慮也，豈計此哉？」丙辰，上命同閣臣餘姚李公主會試事，録後序有「士平居自養，始進自擇」之語。時上方脩玄，每疑羣臣心誹以爲不經，乃諭嵩曰：「尹臺言自養自擇，豈以朕爲此不經之務乎？」又諸臣撰青詞，多習爲玄教語，而先生止言玄德，或逮青宮字，皆拂上意，而嵩得以行間。會禮部右侍郎缺，同寮有欲擠先生以進者，用趙文華謀，賂膺臣，搆蜚語誣先生。忽旨從中出，指謫先生曰：「某受朕簡任，問安于曹光，着罷，直供本職。」曹光者，乃上所怒侍御史名也。詹事府缺，先生應推補，又有與鄢懋卿戚者賄得之。鄢故傳嵩慰語，先生戲之曰：「君爲都御史，乃爲相門傳語客耶？」亡何，陞南吏部右侍郎。明年丁巳，京察，與太宰王公黜陟惟允。大司馬譚公、少宗伯殷公、方面朱君、薛君爲郎時，以與嵩有郤，部欲罷之；有附嵩者，部欲庇之。先生皆持不可，善類獲賴以全。會次當祝萬壽節，既至，上降温旨，賜銀綺，復念舊直之勞，出内帑緋羆衣一襲、銀十五兩賜焉。嵩迎上意，故欲留北，乃竟復南。乙未，三年滿，詣闕，進階通議大夫，贈父祖如其官。適南都營兵變，上下危疑甚。先生昌言曰：「有李侍郎在，狗鼠輩不足慮也。」已乃果然。李蓋豐城襄敏公遂也。詔舉邊才，先生首以王公邦瑞、曹公邦輔、胡公松應薦，後皆起爲名臣。癸丑，陞南禮部尚書。故事，教坊司供應公曹長及臺省諸司，先生以非典裁之。是時，新政府與先生及趙公皆疇昔同志相翼，已而，以事與二公異議，黠者搆蜚語間之。丙寅秋，先生將以南尚書三年赴考，御史王某乘風遂誣奏沮其行，奉旨爲民。然有識者知爲讒中，相與愕曰：「清朝乃有是耶？」而言者亦竟以是取詬。今上元年，詔起原任，不允所辭。介行，與親族決曰：「吾感主上知遇，出即還耳。」未朞，再疏乞骸骨，遂歸。先是嘗割腴田三百畝，入社備賑。復歸，乃別建鳳西書院，又割田四百畝給來學。蓋先生早極崇信紫陽，暨泰和羅文莊公，獨至中年因有寤於《大學》知本之旨，浸與鄒、羅二公語合，晚年益以明學術爲首務。讀書至老不倦，爲文槩主《六經》，而體裁一準西京，蓋自廷對已然。詩歌儕建安、天寶間無辨，四方謁文者充户。所著詩文及《永新志》凡若干卷。暇則偕田畯野老談笑，或乘笋輿、棹小艇，夷猶江畔，睹者不知故上卿也。己卯秋，感疾，既革，無惰容，晨興櫛髮，瞑目而薨，年七十有四。先生忠孝大節，文武才猷，谹言讜議，著天下耳目，而卒未柄用于世，有識者重慨之。

胡某曰：吉郡昔繁甲第，盛勛節，乃若儒學，則興自正、嘉間，蓋踔偉無前矣。于時有予邑羅、歐兩文莊、安成鄒文莊、吉水羅文恭、永豐聶貞襄，永新則有大宗伯洞山先生，相與下上，羽翼洙泗。人謂吉郡後伊洛而盛，豈不信哉？直最晚出，恒繆以文字謁，先生數倒履焉。及丙辰，乃出門下。方文塲啓彌封時，先生目睢睢佇睹，有直名，則爲忻躍，揖謝房考者曰：「得士，得士！」蓋先生爲國憐才，推轂海内士爲世名卿者不鮮。若尹秉衡、劉顯武，士中錚錚者耳，先生亟爲引重，不遺餘力，曰世所需也。先生豈私樹人哉？伯子參軍某又與直子締媾，因屬狀先生行事。不敏狀之，又惧文蕪不足傳，乃著其大者爲傳，視狀不能十之二三，猶掇之耳。

給舍事齋楊公傳

始予爲諸生，從歐陽先生于海智古刹，則獨與楊事齋公相切也。予時録録舉子業，黴纏文義牢甚。事齋公故簡嘿，語出，則能剖膠解弢，發歐陽先生意旨，沃吾黨膈。或問曰：「知行果一乎？」公曰：「非今强一之，蓋本一爾。即若紫陽訓窮理則先居敬，此謂一耶？二耶？孔子十五志學，三十而立，咸未嘗先知，非弗之先也，行即有知，知即有行，故曰本一。」已而偕之南宫，同舍生多黠宕，鶩爲滑稽不羈。予亦時逸桀，視公燕處若超然，雖戲弗虐，間出莊語，則滑者之意也消。公素練事，負濟世才，吾黨有疑事咨公，輒不大繆。私語予曰：「今欲天下平，非盡汰虚文、殺縟儀，必不可。昔者晉弊於清談，六朝抵唐以浮詞弊，宋以空言弊，吾懼今時之以虚文弊也。」予一時心推益友，則未嘗不屈指公。公諱海，字汝容，號事齋。少師文貞公四世孫，上世語具史志中。父北渠翁某，負才，累不舉，期在公。公狀貌脩癯，骯髒不自下。爲諸生時，邑令數抑扼之。翁大不懌，乃督應詔入大學，因居歐陽先生門，友四方士，相淬磨者六年，舉順天庚子鄉試。丁未，第進士，觀政刑曹，日讀律不厭。大司寇試假，如同儕多倩吏代草，公必親製，曰：「此皆職業也。」既官行人，承命護費文通公柩歸葬。故事，喪家重王人，謝必金幣，而王人亦不以金帛嫌。公至視葬畢，即登舟趣解纜，雖一蔬褚莫致也。久之，復使瀋府，鄉戚方醵金餞公，公竟遄發。及歸，同鄉勞之曰：「向行何疾也？」公曰：「吾度歸無爲饋答，敢辱餞耶？」其先後皭然不滓若此。公故有肺病，不時作。踰歲，授工科給事中。識者謂公古道，素抱當時志。一時蹇諤批鱗、匡濟時艱、表見出流輩者，竚獨望公。未幾，肺病復作，竟卒。卒之先日，告親友曰：「天下事，公等勉之。」又曰：「吾年已四十有七，過顔子多矣，無所恨。獨家大人未有貤典，徒飲恨爾。」又索筆作書寄別翁，迄無亂語。睹者曰：「觀於死生之際，而知學之重裨人也。」聶貞襄公哭公慟，曰：「楊汝容，孔門狷者。」嗟乎！若孔門狷者，豈易及哉？子二，伯子高州貳守某，有才識，世其業，手公行事，屬予表諸墓。予病未逮也，病間乃爲傳，傳公巨節軼事，俾世知狷行大都云。其世系生卒，則有聶貞襄、林太史所爲銘、表在。

誥封中憲大夫都察院右僉都御史靜菴耿公傳

公諱金，字宗秀，别號靜庵，楚黄之麻城人也，今屬黄安。先世家浮光賽山里，勝國季，國寶以才官，挈仲子必安占藉幽燕，伯子必順奉母周氏徙麻城三角山居之。自必順公至大振處士，凡五世，皆業善。處士欲以儒發家，弗克逞。丈夫子四人，公第三，少穎敏嗜學，乃處士欲未老而傳，則以家政委公。公後舉今伯子中丞。中丞禀内美，長有修能，公庭誨，期以遠且大者，不獨博一第、致顯庸。以是中丞六通四辟，嚮往古聖賢之事，蓋自爲諸生而已然矣。中丞爲諸生時，所至無前，邑令延禮異等。里中有劉某與盜同名，真盜亡，逮劉。劉晝無復之。公故習劉良民，陰諭中丞以曾參同姓名不殺人言之，令釋。奉厚幣、駿馬跪上壽，公忿然作色曰：「吾命孺子生若，以若非盜，非盜以責報報我，我將盜魁。」媢家吳童子才，乞公屬中丞受知令，中丞敬諾，後忘之。吳後得高等，德公，公曰：「汝之才乃爾，孺子何與？」卻謝幣。公先世故豐貲，至處士稍落，公毅然不淄非分，即一介不取。大都若此類者，未可更僕數。嘉靖己酉，中丞未登賢書，隣人子彭某先登。公曰：「彭子故親暱，彭登猶吾子登也。」壬子，報中丞舉者至，公擁箒自若。中丞既第進士，爲侍御史，迎公都門。見中丞日與其友泰和胡子某、南城羅子某偕諸君子相從問學，公喜而笑曰：「苟人人可聞道也，勿以我耄棄我。」自是駸駸乎究問學大旨，逌然一以澹怡神，而尤斤斤嚴於禮法之程、義利之辨。一時京師大夫士咸謂公有李初平風，而益多中丞薰染有自。公思東歸，今太宰汝陽趙君，中丞同年進者也，趙方用司徒郎奉差還汝，副車載公偕行。趙後見今成都守叔子曰：「若翁以侍御史父，所過州縣致餽，即一虀一蔬，若將浼焉。其介如此，我尠前聞。」中丞奉直指西夏之命，亡何，改南京督學使者。時邊官走千金，請公爲中丞關説者，叱之出。佯入〔二〕，以紿秦恭人曰：「此可取乎？」恭人怫然，與公意符。公曰：「業已麾去，

〔二〕「佯」，原作「羊」，據四庫本改。

蓋嘗子耳。」已而，中丞迎公白門，與中丞往來者皆同志士，公最敬重史君桂芳，以爲古道，則令守嚴事之。踰年，天子封公御史，中丞已拜廷丞。又踰年，得在告，凡八年。隆慶庚午，中丞爲故相新鄭見銜，謫西粤。公聞，曰：「自吾子以封事批逆鱗，吾固知有今日，何憾？」辛未，守初第進士，公猶然曩時擁箒態。癸酉，今上即位，中丞再起，晉遷尚符璽，奉命使魯。歸省，公曰：「魯，夫子之邦，得幸奉使，吾子勉夫。」是歲，公以守計部最，封屯田主事。乙亥，中丞遷中執法，佐院事，而守且郎比部。未幾，秦恭人下世。明年，公八十，中丞奉公山中，躬執爨，以皤髯當子舍鼎鐺間，公爲燕喜有加。公好明農，中丞率候以服田。公杖往觀，聞田歌，益樂灑灑。當此時，耿氏父子若不知人間世有何樂可踰也。戊寅，天子以中丞填撫八閩，公聞命曰：「吾父子居甽畎若將終身，其若今命何？」中丞疏辭，其執柄者格，不得上。欲再疏，士大夫曰：「庚辛之際，公方震懼間者，天王仁聖，不期年而躋躐崇秩，未有涓埃報。乃兹疆埸大役，閩方多故，需君節鉞于斯，豈得晏然自適已？」閩有警報至，公乃强中丞輿疾入閩受事。閩人卒食其賜，公於家報時聞閩人得中丞始晏堵，益慰，悦見顏面。己卯，上兩宫徽號，得晉封今官。公三承命御錦綺，迄無貴人態。公方日夜走書中丞督報主，而忽微寢疾，遂捐館舍，得年八十有四。公天性儉樸醇厚，少外慕，喜施予，不欲毛舉人過失，恒以德報怨，雅善引義，解人忿爭。既病，猶趣裝嫁族中貧女，峻節姱脩，雖一言動，若中繩然。卒之夕，神識不憒，楚人蓋稱儒長者云。中丞、守皆名世，仲子某、季子某、孫某某咸飫聞是道。直與中丞同年同志，海内號最能脱形骸相切琢，期翊于道，視公伯叔戚也。中丞自閩侯代不至，毁絶不幾生。病間乃能屬門人建業李君登撰述公行事，冀得直著之篇，又不欲爲揚詡，以庶幾焉睹公之生氣，俾少抒其繚結。某於是上下李君言，著爲傳以傳，又用慰孝子心。嗟乎！某昔者親奉几杖，飫醇炙樸，公亦子姓近之。倘令某有揚詡非所當，非所謂脱形骸相切琢者也。然則公雖未仕官，而實後先宋之程公珦其人。蓋昔者程公二子實産黄陂，黄安乃割陂、麻、黄三邑創成，後世安知不俎豆公配程公爲黄安國故哉？不然，何子嗣之肖，又何地之近也？後之君子盍以是覽公焉？

三才子傳

三才子傳何？傳予邑羅夢傳、陳良敬、羅鵬三子也。三子者予夙友，予悲三子蚤世，又不偶于時，然實軼才，詎當使湮没不少概見耶，故爲述崖畧，傳三才子云。其傳曰：

羅夢傳者，字良弼，世居邑東禪巷，德安同知子理之後。十歲擅舉子業，未弱冠，業已博通經史，搜羅百家，睥睨古作者軌轍。邑令濮陽吕公異之，舉補博士弟子員。是時，學士家方喜模《左傳》文，夢傳曰：「是節短而氣弗鴻鬯。」乃獨喜爲先秦西京體，雅推高賈、晁、子長，曰三代以下大文匠也。爲舉子業，至論策，輒攄所藴，下筆汪洋卓詭，文彩爛郁，迄不爲晉唐以下語。連試，督學使者驚異，僅列高等。分宜令山陰陳公博雅士也，嘉靖庚子，與外簾，得卷二，一爲胡某，一爲夢傅，曰：「是足以方駕古人矣。」並薦，弗録，恚而語曰：「將留爲後來者冠。」夢傅以書謝陳公，其大畧曰：「夫葉公好龍，而真龍至，則震且犇；齊王好音，而《九韶》奏，則倦且睡。誠以二君者好其名，弗好其實，抑靡有名賢魁哲相後先故也，是龍與《韶》未爲失遘也。今也有名賢魁哲先之矣，而見聽者猶若二君之犇且睡，則失遘未有若今日者也。雖然，夢傅測所原矣。且夫純鉤、湛盧，世知其斷蛟剸犀也。矧有薛燭爲之遊談，然韡室夫襓不足屬目，則越王眄眙輕之矣。奔宵逐影，世知其一日千里也。又有造父爲之驂乘，然而轡靶銜勒不見其飾，則穆王中道舍之矣。何則？人情非獨好名，乃又好其名之膚末，則古今所稱希世神物，又曷所借賴以行于世哉？雖然，世之靈修偉夫抱其席珍，有以自腴，不虞失遘，唯虞失所知于名賢之門。今夢傅蒙知于名賢左右者既馮祕矣，則今日雖萬被擯落，終身弗遘于世，奚以戚爲哉？」舅氏都給舍曾公雅謂人曰：「使夢傅得志，則伯仲李、何何有哉？」然竟不舉以死，得年才四十。生平與故通政楊君載鳴同學齊名，既終，載鳴哭曰：「悲哉！世不能外驪黄求千里也。君寧得遘耶？」世搜其遺文，以子宋卿等幼，不能緝藏，竟不可得。傳其業而著者，今蘄州守同邑胡汝礪，其外則今禮部侍郎莆田陳某是也。

陳良敬者，邑珠林江口人也，字仁甫，先世出柳溪。父昌福，舉進士，爲華亭令。良敬生絶敏，十歲讀《五經》，日誦至十又五葉。十七八時從父華亭，聞江左徐迪功媚文辭，祝允明工書，唐伯虎工畫，此三人者稱東南奇雋絶藝也。心慕嚮之，乃時時輟舉子業，竊傚三子者之撰，力能追之，乃自寫蟾宫圖及爲賦贄巡撫秦公。秦公讀之，驚曰：「子異時必獨步文苑矣，丹青曷足從事？」是時，良敬獨喜六朝文，且曰：「六朝精麗莫踰王融、劉勰，若江淹《上建平書》，此特下俚語耳，而世反登諸上選，不既左乎。」既歸，與羅夢傳、胡某一見莫逆。嘗與某同舟約口占爲賦，良敬矢口至數千言不竭，試録之，輒可觀。某大異之，因相勸爲東京以上文。良敬大喜，遽曰：「吾與子當彎臂爲弓，交射于先秦西京矣。」已而屢不舉，則以書抵某曰：「古今人有能有不能，若良敬今日，則可能不能者也。世之祖虚皇氏者，捐家而宅太清，休糗而湌太和，驂駕九陽，税于赤將氏之庭，此謂良敬不能，則誠不能者。若乃抽世儒之末緒，擷時士之落英，醞釀爲舉子業，此近日弁髦童子類多能之，又類以是獵第蜚聲虎視寓内士，此豈良敬誠弗能哉？子知之乎？夫舉子業非必欲囊宇宙、攢萬彙而爲也，而吾以囊宇宙、攢萬彙求之；非必欲濬墳典、攬百家而爲也，而吾以濬墳典、攬百家求之。夫鑽木者不操錐而操龍淵，捕鼠者不策狸而策蒲稍，終必不相爲矣，故曰良敬可能弗能者也。」後某折節，浸爲古人學，以書招良敬。良敬謝曰：「是亦豈予不能哉？顧言者越飛兔，而爲者不蹀跛鱉，則吾亦曰不能可也。」某讓之曰：「是亦所謂可能不能者耶？」良敬竟笑不從。久之，挈其從兄文中登匡廬絶巔，覽彭蠡，退讀書白鹿洞，感李渤、朱文公之遺風，慨然悟曰：「若吾黨，豈盡在科第詞章哉？」嘉靖壬子，始領鄉書，又屢不第。辛酉赴試，道淮心動，悸曰：「吾念老父，得歸侍足矣。」返棹抵儀真，遂寢疾，竟卒，年四十四。良敬生平爲酬應文不自惜，好事者獲短牘寶之，不啻拱璧。族父昌積有海内文名，哭之曰：「才子，才子，天忌才耶？」

羅鵬，字日表，邑浩溪人。其居近歐陽文莊公宅，少學文于公弟昱，昱教讀《五經》、《左氏傳》，通其大義。既長，又讀《荀子》、《老》、《莊》、董、賈、韓、柳、歐陽、三蘇，皆精熟，叩之，可誦終篇。爲舉子業，雖日試十目，一目作千餘字，咸綽如也。少同胡某遊庠，又同舉癸卯，遂爲莫逆。已又友歐陽昌，咸若弟昆。論文貴意勝，客有傳李空同薄韓、蘇不爲者，鵬奮然曰：「是豈知文者之言哉？即如賈生《治安策》爲千古絶特，豈專以辭哉？以其承秦之後，能言教太子，易風俗，禮大臣，偉然有三代遺意。董仲舒《三策》咸流自心腑，可以翊道。晁錯、公孫弘皆傑然非苟言之者。與司馬相如、枚皋、鄒陽等絢爚辭句間者不可同年語矣。故謂西漢人文爲爾雅近古者以是。若韓退之《原道》、《原人》，自今日誦者熟爛，故人多易視。究其先，則賈、董、子長恐亦不能鑿空創説，若斯其當也。蘇子瞻之文章，人尤熟爛，亦尤易視也，然其間如《中庸》、《伊尹》、《留侯》等論，《應詔》、《策畧》、《策别》等篇，其旨皆能推道法，斷國是，後之論治者稽焉，即賈、董、子長復生，不能絶也。何則？以其色象雖若異漢，而其精意則漢雋也。故謂此六七公文足起衰繼漢者以是。它若韓之《送二王秀才》、《送鄭尚書》、《韓重華》等序，蘇之《明正》、《日諭》、《稼説》、《蓮花漏銘》、《清風閣記》，又它如歐陽子之《序廖氏文》、《釋秘演詩》、《送徐無黨》等篇，曾氏之序《戰國策》、《梁書》、《列女傳》、《禮閣新儀》各目録等篇，此文皆發天地之秘，闡六籍之微，詞澹而理腴，言近而指高，凡多漢儒未逮。至如李空同論道與事，要不出晚宋末議，獨變其音節，艱其辭句，模擬秦、漢間俠客狂態、策士口吻，緣飾而張皇之，乃又木彊乏金玉之潤，碎裂非江河之浸。古人有云：『若正言，則人人知之矣。』其間皆韓、蘇所不屑，乃曰薄韓、蘇不爲，豈不誣哉？」于是客不能難，而歐、胡二子聆之大省，退取六七公文讀之，良然，亦始知讀六七公文有味乎其言也。鵬貌不揚，喜詼諧，善謳，引滿謳發，音嘹喨如簫管。士大夫始以貌易之，及浹談謔，爭親狎之。已而病卒短嗣，亦無遺文可採録，識者莫不悲云。

論曰：三子之生，咸在閭左右。跡其少，已敏辨有文采，豈不稱一時才子哉？昔文考、子安咸有著作流後代，以時無經生時義，縶維其奇逸，故能摛藻以傳。若三子，則縶維之者梏矣，寧責著述哉？予邑上世人文不可殫知。明興，劉尚書、王竹亭昆弟，又陳海桑、蕭正固，以逮楊文貞、王文端二公，咸遠爲端緒，爲一代文區，而其間布衣居多。弘、正、嘉靖間，歐陽侍御雲、少宰鐸宗伯、陳尚賓昌積、尚賓族兄工曹德文、曾廣平雲、康漳浦恕、曾靈璧洋、尹合州宗武，次第以文起，而布衣則時有劉公鴻及蕭輝氏。頃者，楊通政載鳴、歐陽工曹紹慶咸踵脩先哲之業，其間天資卓絶則遜三子，而三子又以布衣終。甚哉！才難。而才之出，乃不俾傑然者享爵禄壽考，與鳴國家之盛，上蹀諸大老相映照，豈三子者修短局諸命限，抑一邑之分數固使然哉？悲乎！予負三子，迄皓首固陋，無能有樹，以藉甚斯世，靡足爲三子者表。予慚矣！慚矣！己未，予寓都中，夢陳仁甫癯然麻服杖而拜予乞文。予訊曰：「爲親乞耶，爲自乞耶？」未答，寤而報仁甫已客死。予雅欲爲三子撰述，會病未逮。今聞仁甫子樞又淪逝矣，而良弼子宋卿既長，甚欲得予銘之。予不皇銘，比自懼晚暮，終不逮也，故傳如右。其它若亡友歐陽生昌、曾君于乾，咸有文采彬彬，則别有稱述，兹不載。

太虛軒稿

詩

登擬峴臺

路過金鰲引太華，千山啼鳥更飛花。情知病骨難經世，且别鄉園勝出家。蹣跚何期登擬峴，低迴終自戀滄霞。欣逢魯國開芳宴，應許玄貞理故槎。

初就醫近翁年兄家坐隣雲樓承和前韻賡謝

抱疴久矣謝紛華，春盡何悲對落花。旅館幸依小有洞，高樓如寓大清家。蠅頭書就飛環藻，麟甫筵開醉紫霞。賴遇仙翁能愈疾，餘生那羨理星槎。

近翁再和前韻亦再和爲謝

情高日日枉瑶華，翻喜風飄萬點花。坐挹兩姑成故侣，迴觀八極總吾家。窗臨黎水遥通月，酒出神泉並釀霞。把袂歌吟渾不繫，詎論蓬海放仙槎。

再用韻呈近翁見別意

韶齒交情老鬢華，登堂喜醉碧桃花。忽驚煦日移炎日，那許君家非我家。五岳猶期同杖履，二姑還擬共雲霞。更看雩山連章貢，歲歲雙飛兩釣槎。

予意擬別近翁還家不謂閩臺不允投檄翁因勸予且行欲歸當別徐圖遂拏舟送予新城躬引予訪宿張少卿園居從臾感動予亦忘閩行之可否也因追前韻叙其事再爲別請返棹

閩臺誤擬老爲華，頃別麻池處處花。幾日且離叔夜宅，相携同訪李膺家。故人沈令供新酒，高士鄧公出古霞。賴有諸賢同科理，先生早合返歸槎。

別近翁後入杉關登閩嶺感懷非一仍用前韻

故人乍別想容華，閩嶺初登尚見花。小景可娱忘抱療，塵踪竊計誤離家。天迴海國開千嶂，地啓仙源散萬霞。但得海仙傳具眼，何辭龍虎覓歸槎。

壬午元日坐太虚軒

幾年精舍控衡廬，老更抽身住大虚。乍有和風成燕婉，還憑野馬共居諸。窗中已睹梅花綻，世外無驚鬱壘除。造化小兒頻見戲，主人那復爲拘拘。

夏日思楚侗淮海二君期春暖訪之

苦病深山絶世情，懷人翻覺道心驚。南瞻偉拔山。思孫子，北顧天臺山名，二山乃孫、耿二君書舍。憶耿卿。青眼高歌雲共渺，白頭悵望月同明。尚期春暖鶯花麗，抱療還應訪洞庭。

臘雪同未菴擁爐觀生奥賦贈予書室匾觀生奥。

連年慳見雪，臘日劇霏霏。知是豐亨兆，無嗟寒沍威。老唯驚節邁，孱更喜春歸。正值工猷過，梅香入座微。

除夕二絶句

老後偏驚歲易除，杯盤羅列舊酴酥。當歡莫訝龍鍾甚，却幸年來宅大虚。

兒孫把酒笑相求，皓首衰翁踞上頭。酩酊久輸彭澤醉，逍遥何謝漆園游。

癸未元日微雪二首

歲改齡增轉覺衰，强扶再拜尚艱支。已慚年筭踰先代，還幸遘逢是盛時。自先高曾祖先君俱不滿四十，先祖不滿六十。今余六十七矣。

今歲春遲花未然，却看簷雪報豐年。老臣同是安耕鑿，擊壤還歌帝澤偏。

豐城屠生貽書譏僕不絶二氏作此解之屠乃李見羅門人

吾儒性不遠禪珠，只爲偏全路便殊。出世可裨經世本，盡心那與見心俱。僕常以吾儒爲經世之學，故云盡心盡性。二氏止于出世，故云明心見性。其爲異者，只在盡與不盡，所以有全偏之分也。非將兀兀成居士，何避空空對面夫。眼孔直須通宇宙，孔門還棄老彭無。

甲申元日雷雨

窮冬雪喜春兼至，元旦雷驚雨驟昏。應爲句芒傳號令，急舒陽氣滿乾坤。堯天乍試甘霖澍，舜日徐春麗景暄。却向土膏占歲稔，老農早擬斸前村。

感事〔二〕

學道芺如質駁行，過時還可自礲磨。不遷始得同顔子，自友常須學孟軻。豈謂聖人無喜怒，秖緣吾性有中和。從兹暴濯歸無我，不向殘骸暗起魔。

客有以邸報寄者

中歲狂疏未息機，衰年孱病久知非。坐忘豈暇周公夢，戰勝方追卜子肥。荏苒光陰銷藥裹，逍遥天地老漁磯。半生總爲虚名誤，幾負朝英薦剡飛。

同志中有爭論體用字義甚析且鋭未可與多辯也聊識於此得二絶句

曾溯虞廷到孔門，未將體用著名言。却憐末代分更漏，爝火翻令皎日昏。

纔睹朝曦莅海隙，忽看八表已同光。此中先後叩答擬〔三〕，體用偏勞話大長。

〔二〕原書目録中無此詩。

〔三〕「叩」，底本模糊，疑作「叩」。

送大廷尉曾見臺丈北上兼簡楚侗中丞

幾年同採石蓮花，暇日長隨雪浪槎。正喜鳳麻傳澤國，忽驚鵷首向東華。諸公補衮心如昨，盛世爲霖事不賒。强欲彈冠追故侶，衰殘無奈舊烟霞。

走筆慰穎泉方伯失長子僉憲君

鳳雛一去倍堪嗟，遥想西河悲更賒。始信人生均弱草，好從煩惱出優花。武功不必尋丹竈，石屋應知弄紫霞。浮世茫茫何足問，相期同訪太虚家。辛巳冬作，甲申春録。

除夕同族弟皐甫小集因擬邀諸君爲仁社會遂書代簡

年馳偏覺劇開顔，春到遂忘歲事闌。坐接陽和來几席，喜招群從共盤餐。清歌豈必繁絃奏，大噱還同稚子歡。三四故交環百里，豫期江上采芳蘭。

首夏重遊朱陵觀舊傳爲吉州閻刺史得道處又云先後出六仙因和唐戎昱送閻使君入道韻並懷近里張玉屏水部

五馬旌飛舊宰官，六銖衣就隱瑶壇。群仙並在朱陵洞，千歲名留紫玉丹。乍入莽蒼擬大始，重遊炎暑猋清寒。思玄正憶張平子，曾指天階路不難。

予見順欲別拜師古人豈嫌爲多師哉但此處未可草草也因書以警之

已得真師更覓師，覓師到底是虚馳。步趨只合先收斂，痛癢那能外自知。思孟何曾別立師，憐今東去復回馳。須知孝弟行仁本，堯舜當年只此知。

書

奉許石城太常求文書

老母周氏，敝邑中周、胡居一村，咸巨姓，世好。先外祖家頗豐，及老母歸，先君家故窘。母曰：「若是，將姑舅何以堪？」不月間，盡脱其簪珥給朝暮。先祖謙齋府君雖未他〔一〕，然博識好古，篤志晦翁之學，言動一準諸禮，雖鄉族人咸嚴憚之。時老母爲幼婦，即能閑婦則，蠲賓祭，當舅姑意。先祖驟病卒，時先君遠館，老母治喪，凡附身物皆竭己奩力辦，一一出手製，族人有感嘆至泣下者。先君晴岡府君學陽明之學，生平絲髮不妄取，以故家益落，又多遠館，往往至竟日絶起□□。老母躬紡績，辨作姑膳已，惟嘗其餘，既退，無怨色。尋先君病癧且瘵，老母方抱病已近歲矣。時家止一嫗一僮，皆老病。老母力病供藥膳，至病眩卧煬側乞息，且奄奄不支，人莫知也。及先君没，哀毁瀕死者再。時先伯祖短嗣，相繼卒。母曰：「是吾舅之伯也。」其竭力辦

〔一〕「他」，底本模糊，疑爲「他」。

治如舅喪，姻族稱孝敬婦，必曰周氏，無疏逖咸云。自先君背棄，至不肖某領鄉書，又凡若干年，老母茹貧若千百不可狀，不肖不孝之罪，上通于天。今不得已乞升斗爲養奉，抵衙舍才歲[一]，感念，而舍弟皆産子，且曰：「吾居此若禁圄，不樂也。」又時有隣郡寇警，轉復思歸，不得已如命歸焉。明年春三月，壽六十，不肖若遠違，不得躬觴，徒自隱痛不可嗚。承在門諸君惻然矜念，欲犇求名公鉅篇以爲不肖贖過，此其恩德於某者殆萬萬也。某何以承焉？然鄙心實願欲不可必得，於是畧忝老母生平，庶大人先生或有采焉，則不肖某飲德圖報，何可云喻也。某悚息悚息。

與罗近溪書

真州聚舟之後，忽已歷三秋矣。今春得兄翰教及出塞諸作，何詩之工且雄也。往昔兄譏作詩者心麻，今富哉，又工且雄，豈非出之有本？比諸遊刃運斤，不煩思詣而自合者耶。果何如也？夏杪，始聞出守宣州，因貽書楚侗，謂斯郡斯人，豈將使魯一變而至道耶？慰不可言矣。弟居楚幾二年，近來益覺人己無裨，非敢盡委時勢，良由己之精神未完，日思還田野，從師友，完養精神，然而未即遂也，容當圖之耳。但據臨民接物，了見此心之體本無内外，而自有天則。惟

[一]「衙」，底本作「衛」，據文意改。

其無内外也，故渾然與物同體，而謂之仁；惟其自有天則，故能己復禮而後可以爲仁。然是禮也，又非爲拘拘瑣瑣之所繫縛，蓋炯然天則，照臨自有，不可忽而慢者，雖其時時與物同體，而實不落聲臭者也。弟自謂孔、顔復生，不易斯語。向畧爲兄言，兄於楚侗書内見戲以聲臭俱無，孤露生怖，豈謂弟亦專尚高虚而與物疏違者與？弟不敢然也。弟正恠近時學者不知天則所在，故臨事接物，辭受進退，往往以高虛識見支撑駕馭而謂之妙用，其極至於物不得理，民不得所，其去歸仁之學已遠，而猶曰：「吾學在無聲無臭，事物不足關累。」此可謂心體乎？可謂孔氏之學乎？兄所見教或亦出此，至于任氣機，如程後臺所云，此又知兄所必也。宣州多同志，君子朝夕相切，幸代爲弟商之。併得尊教，仍從沅判魏氏見示，是至願也。外有請教數語，已附在楚侗書中。

奉謝大司寇黄葵翁書

某智不通時，而器不適用，始從外服，以政爲學，民隱官箴，曚乎未有諳也。所幸有大賢人爲之依歸，得以觀磨德猷，嚴憚風教，而禀承其指歸，意者獲千百於什一，以庶幾乎寡過，然願學而未能，欲就而泮涣，瞿瞿焉唯致斥絶之爲虞也。鉅謂明公既不見斥，又録其名以薦，如某何其幸也！恒自誦以爲士之有志當時者，不能自遂於赫奕魁柄之塗，則必能自舒於仁賢秉道之門，故其獲赫奕者九遷之多，不如獲秉道者一言之重。今天下秉道仁賢不輕假借如明公，罕矣。而以某之樸遬，非可與於今之有志者，然誤辱知與，得重語於門墻，此真猶駑馬獲睠于於伯樂，碔砆見題於卞和，則天下皆以良驥、良玉類視之矣，此其非真幸哉？雖然，明公以至公待天下士，非相爲賜，某知之審矣。乃猶云云者，既自以爲幸，而又欲黽勉策磨，求無負明公之許與萬一而已。久欲裁問，緣自去冬到走無遑，澗然不相聞〔二〕，其于事長之道、感舊之誼，其均遠矣。兹者駐沅，乃獲齋沐莊啓馳候，而並布其慶幸策磨之意，以爲知己報。留都暑濕，伏惟憂天下者以時休暢，宣輔神明，爲中外慰幸。

與見麓兄書

久不得兄教，知兄未嘗不以弟爲念也。近得楚侗兄書，頌兄挺特，而他簡論學，又云非是特起丈夫挺立在百千萬萬仞上，一切世俗紛華勢利都看不着眼者，不能及此。弟意兄之挺特，即其人歟，即其人歟！兄自謂何如，亦竟肯讓之他人否也？弟年近知命，尚未能立，正欠此着。惟兄賜之鞭策可焉。薄牒兵旅交冗，風便布此，不復他語。

〔二〕「澗」，底本不清，疑作「澗」。

奉慰座主李閣老書

某匪才，誤荷相公甄録在門，創謁之晨，遽辱寵睠獎借，視衆人之中，踰等矣。而自顧愚野，不適世用，雖以師門親厚，未能時瞻舄履、展掃門之役，私竊皇悸。然當某之南也，相公親抑元相之重，繾綣欵賷之隆，衈衈焉矜嗟其行也，若有加于日伺門墻之人。某常感激殊遇，盟之肺腸，將求以仰報萬一，而未知所出也。迺者聞大老夫人捐館，誼當蒲伏執紼〔一〕，服勤左右，以少致願效之情，而竟縻繫于官守，罔遂其私，其爲愴怳厄塞，豈可竟陳哉？竊惟相公元德茂勛，譽隆華夏，其事大老夫人既極顯揚之至，而又以天子之宰，分神鼎之饌，至尊極褒崇于上，庶位致頌禱于下，皓首高堂，福德豈樂，靡一不隆。此與所謂以天下養者，差一間耳。某嘗遐觀古今，以大位養若相公者，蓋千百年數人而已。若相公大孝，雖抱無已之情，乃亦可無憾矣。某所獨念者，相公方佐皇序以尹天下，而今暫解機務，遠違禁闥，四海正切霖雨之望，主上尤深社稷之倚，其繫之衆、任之重，與庶寮實爲殊絶。伏惟相公抑不可已之情，原無所憾之孝，以天和自愉，以藥餌自輔，蓋相公一身安則四海慰，而主上悦，亦大老夫人遺意也，豈啻區區門弟子之願而

〔一〕「誼」，底本作「詣」，據文意改。

已？萬萬加愛！某猥以下吏，奔走無遑，適迫苗事，馳奠踰期，心神靡措，兹敢專使薄脩下忱，猶希矜宥，俯鑒遠衷，側身東望，其勝嚮往。

與高伯宗書

去冬晤鄒繼甫，道足下抱恙旋愈，時以奔疲道路，竟阻候訊。共天一方，乃至濶絶若此，此某素踈頑之罪不可蓋也。然某與足下知信之深，雖日月書，不爲數；雖累月不一字，不爲疏。顧宿昔與足下相期許，不在世俗常情中。如某今覥居一方，足下必有以督教者，或他有聞，可令脩補。又或某之固陋，亦欲有上愬於足下者，此則吾兩人不可不相通，而非以書之疏數爲薄厚也。古之君子素位而行，謂之行者，則必有可見之事，如扁鵲然，隨所居地必有所濟。蓋扁鵲唯能爲愚，故能爲神，愚所以合，神所以行也。《莊子·人間世》之篇曰：「莫若形就而心和，就不欲入，和不欲出。」惟其就不入而和不出也，故能以愚而神，以合而行。此非古之大人誠有濟天下之心者，不能權之。今日足下處勢之艱，什伯于尋常，某非不知。然足下素悦莊生其所謂形就心和、以期有濟者，恐未及採用，故扁鵲之功亦終于少奏耳。某聞諸人言，亦不能不責備乎賢者，不知足下權之熟矣，足下其必有以也！人言姑置，而某之言計足下不以槩忽，亦願足下有以教某也。高作久不蒙示，不勝側望。某日事奔走，又病軀不欲費思，筆硯蓋久塵矣。行部過貴縣，附此，惟終教之。

與萬履菴書

別公後得翰教凡五，公莅江右後，又荷賜書，知仁人之見念也勤且篤矣。然弟竟逾年未曾奉半墨，豈誠忘情，蓋久候詳裁，而竟未皇也。鄙心殊自鬱坳不可閼。竊又自解，弟之與公相與者，道也；不同于世相通者，神也。不泥于跡，雖吳、楚遼隔，然無一日不心往，亦無一旬不與諸公同誦服也，又烏用以書之疏數過縈其心哉？兄抱濟世實學，而又雅志林泉，比者林泉已償願矣。今世躋清明，賢哲彙征，如當塗必不能捨左右矣。兄又豈得久戀張公、善卷之間哉？弟不足言，但兩年臨事，似見心體自有天則，而本無内外。今之學者不無重内輕外，因仍苟且以參和世態，大爲道真之蠹，以是日兢兢焉，不敢任情踰越。然良友既遐，重苦駁質，將予就之繼尤泮涣。年已近知命矣，尚未臻于有立，尚何言哉？且居湖北未久，雖知奉行門下，宿意殊未浹洽，遽叨今遷，良懷弗懌，已具疏乞仍舊職。祈久任自弟始，但恐格不得上耳。即日暫奉老母還敝里，且圖同念翁師爲石蓮一月之居。披冗附報，不覺累幅。公有教言，仍附雲山公轉寄，至望。

與楊朋石書

弟往得相朝夕，無月無耗，既而別去，連數年不一奉書，豈弟能忘情左右哉？正以丈之於弟，其眷念矚望者，咸踰其涯分，懼觸而成之，無以償塞，不謂丈夫之眷矚〔一〕，有不假于觸而成之不已也。屢得楚侗書，極道丈爲弟雪讒，不獨自出力，又相邀力昌言辯之，丈之至意若此，乃所謂待大賢者，而濫以逮弟，丈豈以羊棗之嗜爲足通諸人人之口哉？去秋領翰教，益知顛末，感惕彌難言矣。久擬圖復，以榮轉未定。夏間得撫楚之報時，弟已抱病在告矣。計至楚近，故竟未顓脩以賀。同志二三君子，非不以經世爲學，然難其才，丈可謂誠與才合者矣。丈得留京，善類所爲腓依，其陰功隱績在國家，帝寔鑑之，而丈必於外出，何哉？嗟嗟！楚人之福何其殷也。竊惟丈既抱濟世之才，而主以經世之學，今居可致之位，如近日望湖吳公、芳洲洪公不過一時賢，撫臺揆之，斯文猶有徑庭，此不足以語丈。弟所望於丈者，以宇宙爲身，以天地萬物得所爲日履，以楚之士士知學、民民興善爲發軔。計丈之夙教，當必與救荒之政並施不緩矣。陸子言：「伊洛猶爲草創。」今日若不大段光明，更幹當甚事？所欲大段光明，非有位亦不尊不信，今諸先達已往矣。所幸上有存翁爲之主宰，繼有石鹿翁，下有二三君子布列在位，中得誠與才合如吾丈，今不以宇宙之業望丈，又誰望哉？弟頗悔往年相與時，猶帶挨旁，今亦赤身承當，乃苦病侵，蓋素養不充，而福德劣薄故也。病根起于濕痛，尤可強支，近考順慶時，各病偕作，萬萬

〔一〕底本「丈」下原有「夫」字，據文意刪。

不堪。故弟決意棄去。弟自知重負本志，重負明時，重負吾丈，豈得已哉？若謂以此爲高，是小之乎觀弟矣。雖然，吾人所以終宇宙之業者，不以隱顯殊也。其所與丈相期相稽者，亦豈隱顯殊哉？惟丈不惜乘時抹撥大爲之，丈爲之，即弟爲也，豈勝引頸？初擬專走江夏謁晤，傾此耿耿，然聞丈留承天，且弟病軀，畏人事，故從長沙，不得奉丈面教，亦割情之至也。先期後年方出衡嶽，昨因劉小魯之約，刻以明秋往焉。至時得丈巡行一晤，是至願也，不知可圖否？右轄孫淮海兄，同志得力者也。但渠亦有歸意，願丈須力催之。外惟爲道爲國，萬倍珍攝，非獨慰故人懷念而已。

復劉仁山主政書[一]

舍人回，辱教勤勤，且傳師門意旨。良以今之君子咸不能無欲，而遂自附於一體，反有秦、越其骨肉之間者，此篤論也。領益多矣，獨憾不得更面承，殊耿耿也。學問、工夫、頭腦，亦只一語而已。能無欲，即能一體，非謂先已無欲，而後能一體。若只先作無欲一段工夫，則當時豈盡離人倫事物而爲雪山、少林之事，止于一身而已耶？況吾輩已臨民施政矣，此心之體本時時與

[一] 此書與《衡廬精舍藏稿》卷十九《復劉朝重》重出，文字略有差異。

物相通，故謂之一體。時時與物相通，而不以形骸世累之故二三其念也，故謂之無欲一體，即仁也，而非有内外也。無欲所以爲仁也，而非有先後也。聖門之學，以求仁爲宗，故一日復禮，天下歸仁，其與二氏之學絶異在此。若語意之間，先後大重，則用功亦有拘礙，不獨遠仁也。願兄再教之。前聞幼郎變故，今又有内子之憂，殊爲愴悅。然觀兄柬中語，似近得此學作主，故於哀戚自有天則，弟復何言？夫以兄之哀戚而自能中節，此正見無欲一體之非有先後也。弟與兄皆長矣，弟今獨學，幸望時惠數語督教，彼此不文可也。

與蔡汝聘書

別違倏及數載，寒暄常談，固不必施於左右。何者？以其遠邇久近，皆一心也。弟素不力學，冒居此地，人己無裨。比來臨民應務，始覺聖人之學與二氏迥異，故陽明先生提其旨曰「致良知」。謂之致者，如人致意之致，内外俱到，然後爲滿其量。今之聰悟之士，或但任一時覺照，所以遂以爲良知之流行，然内不免欲之未淨，外不免處之未當。故其君臣、父子、進退、取與之間，不能無不盡分之過，謂之致，未也。以是知近日之學所以不得力者，其或在此。直近方惕然欲求實致之功，而質駁習深，良朋攸遠，將予就之，繼猶泮渙，吾丈當何以教之？風便謹此請質，並負起處，不罄瞻望。

奉歐陽鑑齋先生書

去冬北歸，幸奉欬教，倏忽別去，若夢中境。自二月抵楚城，到今更無暖席期矣。蓋初不知楚地遼濶，及各分司奔頓若此，以是倥傯不得脩訊展壽，殊缺周戚之誼，幸惟長者一體相悉，知非爲簡也。吾鄉號稱文獻樂土，今一旦蒙寇變，荼毒至不忍言，所賴城堅可守，第不免戒心及經畫防禦，晨夕爲勞。傳聞昨八月寇有幾萬，繼得林守備及葉氏兵尅捷驅逐，境内暫寧。至今未獲實耗，不知吾邑被殘，復爲誰氏也？此寇某久已驗之人事，占諸夢兆，屢與相知者言，未信，今果然矣。時世之變不謂卒及吾鄉，某與公皆目擊身履之，竟莫爲之援，奈何？新父母官未知將到否？節浮費以練鄉兵，似未可以爲緩圖，不然，則異日專藉調兵，爲害不減寇耳。某素不力學，冒居此地，所可能者唯無積案滯獄與屬吏不敢爲墨耳。其更置一方大利害，及使斯民囮然樂業而向風，尚未及也。尤冀門下有以教之。僮歸附候啓處，辰不多故，仰惟加意葆嗇，至望。

答文朝書

舍弟褒及文溪兄來，得兄手教，剖心指過，剴切懇到，真見同志，真見生平也。弟質駁而習深，早年幸遇兄。雖在嬉遊之時，已荷箴規之誼。及辱南都僧舍連床教語，至今耿耿。故弟雖萬不肖，猶幸得少知補過者，皆兄力也。兹將白首，而吾二人者相箴相期，益復深切，則弟平生惡業其自卜有瘳矣。桑榆之收不在兹乎？弟近無他進，唯見近時人皆有善，唯己獨有惡多過，唯恐人見棄，不我箴規，不我救藥，此實肝膈之圖，至契如兄，當不俟其懇求而援之矣。承差回領教示，兄已灼然見萬物一體，當下便是無我無物。弟復何言？吾輩只當於此處時時不昧，時時盡分，即是與天地立心、萬物立命，是乃孔門所謂求仁是也。弟又何幸得兄剖露至此！若兄能提挈，始終不棄，俾弟漸積充補，此生還救得三分之一，則成我生我其真等也已矣。望之，望之。弟近因濕病屢發，止有思歸一念最切。兹舍弟褒回，方有兵事，不能共飛，對之泫然。病冗交勞，不皇多叙，然亦不必多也。

謝姜晉齋侍講書

曩因楚地便差具短狀，知己浮沉，殊自憾托匪其人，他何咎哉？憶在都中，荷不鄙斥，引置斯文之末，教督而提掖之，而先人以庠序之末品、草莽之沈行，重荷門下口代天言，寵借寵嘉，俾得上徼君惠而下貽親榮，是不肖某所蒙藉於門下者，其恩德崇厚加山海矣。然竟以遼邈之跡，未展一言之候，雖踈違於知己，實濶略於君父。其積戾崇厚，則亦加山海矣。不肖某媿汗罪死，雖門下欲貸之不可得也。仰惟門下識困而器宏，養邃而色不怒，其晉陟鼎鉉，霖雨天下，特舉足耳。至於文藻餘緒，亦猶松桂芳葩，自非他材所可班也。某不任翹首。某近病濕，欲棄而東，懼以逃譴而瘝曠，則益甚矣。門下何以教之？風便肅申，匪敢道謝，外惟崇護以膺特簡，以答輿望，臨翰篤切。

貽劉少衡書

向假道得登堂托宿，領教督爲慰。獨憾兄行迫，不得携手衡嶽，少發未盡請益耳。萬西原來，復得手教。又幸兄今居南曹，往弟所欲請者，楚侗當能言之矣。兄之學實有見於仁體，即所措設，咸欲使物得其理，人得其所，庶幾乎孔孟之正路。然或者不知，謂兄止在人情上調停做工夫，似非盡知兄也。楚侗之意惟欲置身在萬仞上，一切世俗紛華勢利皆不着眼，得此根本，其於事物自有條理。弟謂如二兄皆真有志乎聖人之學者也。非兄之學則趍不端，非楚侗之學則門不入，煩二兄日相取以相成，弟願取法焉。弟亦尚未入門者，且念念菴師兩年間多病，蜀中苦遠甚。今冬，弟必欲歸衡廬之間，從師門求自了也。恃知己及之。今來楊廷評從吾文武志節，有意此學。兄幸與之切劘，勿忽視之可也。兄有見教，可轉於師門，見及當徐到弟矣。書不盡言。

復李源野方伯書

近過貴邑，以暮夜未逮相聞，既歸闕然。忽拜長翰，諭及夫馬調停之方，又顧役、裁驛、收屯、清糧四事俱重務。甚幸，甚幸。今之君子方出身臨事，亦或有秦越其民之心者，況公已矯然出於埃壒，娛於林泉，然而猶云爾者，固知仁人視物一體，而桑梓疾苦乃其干耳目、瘝心膂之尤素者，非將爲窾言相漫而已。以某之矇鄙，得聞所欲聞，其不謂誠幸乎？自桃源至馬底相去百餘里，役者固大不便，而行者亦不便。所云設縣誠善，但某嘗相視其地頗廣，獨苦居民寡耳。至欲新店設屯接濟，議給田地耕住，亦某一時之繆論，第不知相近有田地可買否？若有之，則措買可能也。此又在鄉大夫鄉老熟較，以見諭可否之實，乃敢決耳。某不敢不虛心待之。協濟銀浪費，誠然誠然。來諭顧役一策斷可行，某亦諳之矣。收屯付之民官，此在軍門主持，且恐民官弊亦不少也。慈利石門侵占，某屢欲與二院論之〔一〕，坐貴邑無正官，無爲查勘呈告者，今有新令，當令之呈詳可也。且貴邑田糧科則欠明，詭寄混占，告訐紛紛，亦細民一大蠹，若不丈量，似終無瘳。第今荒歲，若難以動衆，何如裁驛？便否俟再議另報。然公來教，某已揭之座右，雖

〔一〕「二」，底本不清，「二」上多一黑點，似爲「三」。

萬不肖，當勉圖其一二。如公高誼篤愛，功德於某者至矣。過此尤希不彼，時時飛片紙嗣教之也，引頸以聽。

寄何吉陽亞卿書

夏杪奉短啓薄幣，未審達左右否？比者赴夏口，擬候歸旌，以遂面請。既晤朋石兄，乃知已久寧宅上矣，瞻望何可言？自周公以後，聖賢繼作，能究所用者鮮矣。明公希聖篤切，雖不得盡究所用，然退而深造以興起四方，承學相與戮力，共成聖果，則其爲用豈必自己出哉？「遯世無悶，不見是而無悶。」此正潛龍之學而成聖之捷功也。明公今日正得之矣。故今日之歸，當爲明公喜，而不當爲嘆，雖然，竊有請焉。孔子曰：「君子依乎中庸，遁世不見，知而不悔。」今之君子似止以遯世不悔爲訓，而未及依乎中庸之義，豈以遁世不悔即中庸耶？抑尚有中庸可依耶？明公身有之，其必有以見詔者矣。某荒惰不學，邇繆轉蜀地，即晨欲送老母歸宅，叩趨無期，曷勝悵怛，伏惟明公不金玉其教，俾共興于承學之末，是大惠也。某不任惓惓。

答奕侍御

某疎鈍人，往幸奉教，具服軼材雅誼，歷歷廓廓，名世之器。邇聚都中，復辱愛顧之隆，鄉往感戢，愈不覺肝腸之傾激也。兩鎮之巡，誠出當宁特簡，乃者三四奏章，不獨爲邊隅盡剔積弊，所薦將佐寔當時用，邊閫上下無復規避，以是得解右衛之圍，而拯將壓之勢。正所謂支傾之棟材，續命之國手。今日社稷之倚如公，豈多睹哉？齎奏人來復荷翰教，又覘弘豫不遐遺亡，感不俟言也。承喻邊事弊胎誠多，然語今日之勢，則莫若得將而重其權。今總督大將喜自虞，翁出本兵臨邊強，其魁柄之專不假論矣。但武臣如所薦，尚、馬二君權當何如也？自祖宗來無有撫臣，後乃設之。夫總兵乏專割之權，而撫臣無臨陳之責，以之相制，未有不羈縻牽掣、力分財耗而建事之難也。昔漢、唐衰季，武臣猶樹瑰磊之績。而南宋最弱，尚有傑將名勛，赫奕可紀。豈謂今際盛時，乃獨寥闃若近日者，此其故可推也。意今日當倣漢、唐分任武臣之制，若果得殊才忠廉，如周尚文之徒，即令總兵行巡撫之權，何不可也？然今幸聖明殷念，簡信在公。公以命世之才建白不難，不知斯意可稱一得否與？某樗腐卑遜，以公欲採聽于方域之外，輒僭及此，誠不計其可不可也。幸終貸之。經略勞思，百望珍攝。悚息悚息。

答淮海書

歸來已全成白髭瘺叟矣。喜聞吾丈起鄖臺，正欲得仕楚者，附數字相問訊，忽拜遠使，累緘長篇短語，又思及老母，一時真若覿面承音，傾領不盡。來諭别已十年，弟屈指計，誠十年矣。念之不啻懷丈之篤，且增過時不學之懼，讀至末，有「握手造膝不可再期，至爲下涕」，弟亦不能不踟躕濕裳也。蓋弟往日見先師羅文恭，常命千里之駕，獲遂四方之遊。初欲效之，謂與海内知己如丈必有晤，不自意前度告休，以病阻遊。及起補楚，亦無由與丈覿。今歸，爲老母足病。至今歲，弟亦病足病泄，近病痔，不能坐卧，其衰態可想見。此心雖未已，然其勢不得相從左右如往昔，恐當如來諭矣。嗟嗟！豈不可念哉？雖然，弟與丈所求不相負者，必有在矣。彼世俗之交不足論，嘗見紫陽與象山因議論不一，即有斷來章之説，如此亦未可與同心之交也。今弟與丈從事此學，弟數年前雖名學孔，然舉孔子不能無悖意，向得丈委記，甚有激發之益。是與丈相期在孔子，相見在發憤皜皜之中。古人所謂不約而同者，不在兹與？弟前者起，亦非敢漫然，蓋弟實見一體之真，不以隱顯、家國殊致，隱非離群，而顯非爲邪，家非在内，而國非在外。故濂溪云：「古人束髮爲學，將以有爲，必不得已，止未晚也。」所謂不得已，顧自觀精力與事勢何如耳。今弟之精力憊矣，止可收拾作全歸計。將來苟真有得，傳一二人足矣。丈少我十年，精力尚健，才識過之，今方出事，勢正可爲，即有微恙，居鄖臺調理似較便。而來諭乃又有行且告之語，似有以隱顯異觀，恐終壓意必耳。夫一體而無意必，乃真以血髓學孔，而非以膚甲學孔也。不然，則弟記内所謂蔀其賁者，其能免乎？丈可一笑得矣。拙記謹如命。因稽來使疾成之，而自顧功不副文，詞不達意，幸丈正之。然所以報丈一二者，亦不出此外。惟爲時爲道，百倍珍調，則非言語可能既也。不備。

與孫淮海書

前者寓朗兩書，皆出倉卒，聊與丈相聞而已。蓋賤體濕症自出峽時已稍愈，至澧以遊山，觸風雪，遂病寒，咳血凡九日，轉爲喘，至今喘尚間發。先擬今夏疾愈居衡，已約劉仁山矣。不謂季弟長逝，割老母愛腸，相繼又殞一同心友，向所言歐陽昌者是也。病軀不能多哀，蘊蓄愈痛，日惟嗒然塊居，而衡嶽之約遂成幻語。以是竟不得與丈相聞，竟不知佳況所似，懷思寔夢寐見之。忽荷遠使教翰，若自天降，欣慰何言？又荷多惠賁及老母，海内道義肉骨如丈，屈指止數人，弟當何以爲復？惟相感奮，期不𢥞同心，死生以之而已。弟尤𢥞在蜀時坐病，未嘗與丈傾所未盡。聖人之學自堯、舜以來相傳唯仁體，故孔門惟程伯子言之尤詳，越是則二氏矣。二氏未可謂無得於道，第於天地倫物終成窒隔。故弟嘗謂吾儒能兼二氏，二氏不能兼吾儒，此非身體不能知，尤不能以楮筆盡也。弟方自憾不得盡於丈，今得來封《教秦録》讀之，其中言言與鄙心協甚，即如所駁博施濟衆及康齋第一着之説，見丈於仁體蓋初有得而後或陵遲矣。且念丈向相晤時，何不以是誨弟，豈以弟躭靜退之僻，遂棄之耶？何者？人心本通於天地倫物，如弟病骨，決從靜退，非得已也。苟當可行，而自顧強壯，又以嚴君督迫，乃固欲卷藏去之，此其於仁體何如也。來教云，即日疏上不俞，則欲固請，此意似着之重矣。蓋丈雖有小恙，猶尚可勉，今請之而俞，可成其願，如必不俞，則順吾仁體應之。但既出後，當自調停，可久可速，惟因時變易，奈何即欲固請而不出乎？弟非恕己而獨責丈，緣弟實病而丈猶可勉。近日聞林屏泉公以固請不出，亦致當事者之議，此則事體固不可不省也，願更詳之。聞楚侗已就，告弟明春的赴廬嶽，遂約過衡，或可至大和。至是，猶望丈作主人耳。前鳳阿書謂在仕途同志猶可合併，此語亦不可不省也。吏歸，迫歲暮，有言不既，録序容後成之。外近稿一二篇見意。

答陳蒙山憲使書

弟所欲告歸，非獨身病，又爲心病。蓋弟禀氣素薄，脾胃素弱，少嬰多疾，私憂不長。比近強年，苦爲竊禄，勉從仕途，寔非所堪。今至中年，則百病種種復出，不可復支矣。每臨一事，輒覺費力，過後疲憊尤爲最苦。自覺必靜養數年方克完復，而返顧已老矣。此弟之身病，非歸不可料也。至于心病，尤不可言，其大者不敢語，生平忿戾之氣，固滯之性，猶復間作，其妨人病物，益以東望之悲撓之，則猶之苦渴而又飲海也。願丈姑寬以自居，何如？弟賤病正苦，向用三黄百餘服，脾胃益傷。今丈亦未可純用涼劑也。丈體重在痰火，似坐功仍可用。弟痰火一症粗得坐功護持，不至重發。僉言面上火氣稍息，獨風濕痛，所係不小，無以治也。劉判行奮筆吐肝作復，非丈不敢如此縷縷也。唯同心者憐察以相成，無以弟之固滯而遠之可也。

與鄧默成

舍弟僑回，知鈍翁先生已仙逝矣。痛哉！某已失龜蔡矣。復何言哉？今秋苦季弟之變，未能即遠出，猶期明秋過衡嶽，必走貴邑侍翁，計以半年，庶末路依歸得所底宿，此衷聞已見諒於翁矣。詎謂翁以今冬遂遄往耶，豈果翁之厭予而去耶，抑予終無能求所底宿者耶？不然，何天奪翁於某甫歸之年也。痛哉！胡可云喻？某今歲内罹憂患，又殞一同心友，向所言歐陽昌者是也。海内有志故人去一二人，今又去翁，其何恃有成乎？抑其能獨久乎？第道翁逝時灑然生死之間，可徵實得，亦足慰其生平。古人謂就其所至，可謂安其成者。於翁亦云。墓銘何敢辭？弟恐不足以發翁之精邃，俟行狀至，當成之。病中容别脩奠辭，意遲之明秋仍欲躬拜也。薄幣粗香先致意，不既哀悰。

與徐魯源憲副書

某曩侍諸同志，知有門下卓志篤行，特立頹風之表，亟欲追趨，誠不啻口出矣。比者獲炙青原，沃聆緒論，可謂厚幸。然時當面承，未能虛心傾領，以盡教旨。是即某之不善學明矣。別後悔何可喻？近荷臨教萃和，而某適病，又何其寡緣若是也。夫學以孔子爲至，蓋某自甲寅因感博文約禮，始知從事。弟以孔子皜皜莫尚，必自江漢之濯，秋陽之暴，乃爲有入，故學孔子者貴得其本，不然，俾枝枝以合、葉葉以肖，竊恐模擬裝綴，而聖神之内髓均莫能強似矣。故有十五年學恭而安不成者，亦其勢然也。而程子規曰：「是尚有多少病在。」蓋謂妄未除也。每持此，以印諸精一執中及文王之無然畔援、歆羨而後能登于道岸者，必實□焉，而亦未知其果當否也。載讀孟子君親之外出處取予，靡不有綱條焉。蓋嘗屢屢從事，則每自無欲不欲，無爲不爲以有入。又讀程伯子「仁者渾然與物同體」，亦似早有契悟，則亦從「存久可奪舊習」一語有入，然皆未知其果當否也？是知學孔子之本有在，然苦質駁習深，今老且衰矣，尚未是實有諸己，因自扁其齋曰「困學」。正欲求高賢重鞭細琢之功，曷敢復以口說相異同？近乃獲讀門下《致學四戒》，其中曰：「漸習此心，行所無事。」又曰：「無滯情念，而語惺惺。」知門下將大德敦化、正本而事理矣。某亦若有契焉，又何異同之有？辰下尚滯多病，兼侍老母，不得躬趨，殊倍悵瞻，敢先此道誠，謹質所從，顒希垂示。不宣。

復曾見臺書

別後凡三領遠教，感悉感悉。去冬，臬司周經歷赴覲，弟擬作書，又中止。此弟鄙隘故態，今已盡覺其非矣。比承吾兄及張丹稜手翰誨，益見任道真誠，有己立立人、己達達人之志。哀楚中，得此慰甚。先師以去年中秋棄去，弟至昨二月十二之晨得高鰲石公訃報，至暮得兄書，豈其時相感而至者與？弟痛苦不可訴。蓋弟去年六月得師書，書語似相爲永訣者徵，覺之，即告兩臺求去，意得相從終身以畢此生，不謂事體稍艱，告行欠勇，竟不相逮。弟雖痛且死，何裨也？兄書見勉以出頭擔當，弟非敢退避。自念少負不羈，壯乃聞教，中間作輟於嗜欲，牽縻於辭章，未見實有諸己，老子所謂：「中士聞道，若存若亡。」今學未進而病日增，又忽忽四九矣。去師之終止十有二年耳。即從此少獲成章，何能爲斯道光？蚤夜竊思，惟有卷懷退藏，將從事泯泯嘿嘿，終於雪浪、石蓮之間，以還造化庶幾全歸之旨而已。第比來告退艱甚，昨大計苦漏網，辰下唯有力告而東。倘不遂，則終自由耳。所望爲斯道中興，惟在吾兄荷天柱地維之責，握古往來今之樞，弟輩固不能捨兄，而兄亦不得辭矣。《記》曰：「人者，天地之心。」而兄又吾人之心也。兄其勉之勉之。去年書中曾示以令弟健齋兄精進可慰，弟又且爲兄慰。同事中如蒼麓、小渠兄弘毅之教，年來想已登斯岸矣。不知可再有指示否？唯二三丈俱一體也。病夫不能另啓。不既。

復曾健齋書

某也忽臻耳順之年，曾無不惑之實，久避深山，暫勉靦顔，乃荷顓使遠錫，慨然有憐老激懦之悰，一時□忍例卻，惟增慚死，如何，如何。外諭恭慢贊毁，猷能動伐，在大覺者一啜備覘。足下直達性體，不著膚肉，讀之感發，亦復超然，若去一膜，快可知也。至于了心了性之辨，精極杪忽，彌徽邃功，彌感篤□，復何言哉？嗟乎！世之知心性者且希，矧曰了心性者乎？此兄之所爲獨得，而某之領益者深也。然了心之説自禪家者言之，彼固以爲今之大閻浮世界，山河大地，塵塵刹刹，皆吾心之非有非無者也。惟有悟于心，則一無所著，一齊俱徹。此外焉復有性之可了者哉？又焉有所謂流轉寂静之分？至于恭慢贊毁，猷能動伐，且不假一啜矣。來諭又有了四界心云者，則固無二了，而彼又謂之無了無不了者也。在彼言了心而性無不了，在兄言了性而心無不徹，其義者無不可。然某言□又稍異。蓋某近年益見吾儒盡性之旨，爲中爲全，然盡心即是盡性，故孟子曰：「盡其心者知其性也。」可見心之外無性矣。但盡之爲義，即「親喪自盡」之盡，而盡之爲功，雖千變萬化，千經萬綸，近而一家之内，遠而四海之外，前則千萬世之上，後而千萬世之下，皆吾性之無不該，則皆吾心之無不當盡者。其間輕重、多寡、緩急、行止，又皆不作于念而自有其則，何者？□吾體固博于物，而約于則也。此亦非可以有無、先後言，非可以動靜、寂感言，非可以貪而取之爲得，非可以棄而捨之爲失。極其至，非可以生死存亡言。至于光顯不光顯，通徹不通徹，世之病學不病學，焉足言哉？蓋惟盡吾心已矣，而他何知？至此則謂了心即了性，了性兼了心，其詞雖似，而其旨不可同矣。雖然，其入門則在於知止、無欲。來諭大覺一咉之功，蓋得之矣，蓋得之矣。某能言未逮，感兄決意聖途，故不敢不備，嗣有便翼，猶希裁教。凡我同志君子，併惟轉致，必有復我。

簡劉魯橋

教範莫由炙侍，又幾何年？往辱遠誨，且聆政聲，欽挹足下有本之學自得之應，誠若原泉之出，或爲潤□，或爲江河，均可不匱。今之任情恣放，自冒爲有得者，曷爲不觀省門下而反轡周道哉？不穀衰病如昨，曩年曾以所趨爲少虞君誦之曰：「以盡性至命爲宗旨，以存神過化爲工夫。」少虞請卑之，不穀曰：「是乃徹上徹下語也。夫性也者，神也，不作於意念者也，故神則無不化矣。吾儒以盡言性，固異二氏。然非神化則滯意念，而竊恐其盡者非真性也。」敬以請質門下，幸□衷焉。久負諾令先公墓表，乃茲勉撰以上，伏希斧裁，不備。

答李見羅

原擬去秋謁蓮花寺，爲足病蹔止，繼又溲血，空存皮骨。比爲客冗文債莫支，乃復命舟石蓮，圖遂相聞，未解纜，而兄教下矣。甚慰甚幸。弟病苦中，近始稍得知止下落。頃移友人云朝聞夕死，雖未敢遽任，乃直信濯江暴陽，從此睹皜皜面目，決不錯路。心念知契如丈，安得面傾，着我一鞭。豈謂即得來教，若是明且切耶？夫脩身爲本，弟豈不與丈同？第所以脩，則孰主張哉？乃天命之性，帝降之衷，寔主之也。性衷非知體而何，故《大學》以脩身爲本，而叙其所以脩身着落處，則在致知。夫莫非吾良知也，而人易泛泛，則或專於檢飭，或流於訓辯，皆未可言真脩立本也。故致知在格物，言欲致吾良知者，必在通物之本末，而恒歸着於其身，不至泛用焉可也，是爲格物。格物者，格其本而已。故曰：「此謂知本，此謂知之至也。」故言《大學》之統曰脩身，言脩身之實曰致知，非舍脩身而別有致知，亦非有不致知而能脩身者也。但人看得知體不同，多作曉了字義訓之，不知此知即性衷、天聰明者也，即上文明德是也。《易》曰「神明其德」，《詩》曰「有覺德行」，《書》曰「天之明命」，皆是也。豈徒曉了已耶，亦豈泥洹氏之最上乘能盡之耶？苟非此知，則一身皆血肉死物耳，從何脩之？且不知檢飭訓辨亦是此知爲之，而泛用於檢飭訓辨，則與身脩反遠。何者？失其本故也，正所謂不格物者也。今日之學，莫若在性衷上不雜不二，即能執中，即是致知以脩身，即是知本，即是知止，即是濯江暴陽以達皜皜，更無兩路。堯、孔相傳明學淑人，似不越此。吾丈試謂性衷是何物，弟亦不敢自謂是也。來諭責弟有相外意，若有外，則非性矣，非脩身矣。況敢外丈乎？但弟苦病艱言，又對丈似無假於辭說。不然，則彼此或流訓辯，徒增門户而滋多口，失來教立本正意矣，力疾仰答，莫盡。

再簡見羅

去冬會後，諸公疑丈所示必欲求異先哲，弟因思丈聰明力量什伯常人，在今日所見，雖稍異同，安知它日不爲大舜之舍己而樂取者耶？昔横渠勇撤皐比，古今稱之。今雖有横渠，特無明道，不足以服其心，何責横渠哉？且訓解異同，古今亦有之，亦何所妨？第在大頭腦則不可以不同。所謂大頭腦者，性是已。《書》曰：「惟皇降衷，下民若有恒性。」可知恒性在人之衷，而此衷非冥頑物，即吾性靈良知是也。其後曰明德，曰天之明命，而朱子亦曰本體之明，自漢晉以來，儒者類曰性靈，其在孟子所謂惻隱、羞惡、辭讓、是非，條分臚列，皆是衷也。惟伊川、晦翁二先生懼其近禪，故遂求之物理，既曰性即理，又曰在物爲理，則以此性依稀乎心物之間，至今莫適所從。横渠雖知天德良知，實亦未明。其曰：「合虚與氣，有性之名。」夫虚與氣，皆冥頑無覺者也。若是，則此性亦爲冥頑無覺之物，而夫人惻隱、羞惡、辭讓、是非，又曷從生哉？且未合之先，其虚與氣，置之何所？其後則又孰爲之作合以爲性耶？又曰：「合性與知覺，有心之名。」然則虚與氣與知覺爲三物，此知覺又曷從生？又曷從而作合之哉？此皆未可通。此在老丈聰明，豈不昭然睹見其弊，而何俟言？然記會時論性，丈不免專主横渠之説，此則大頭腦有不盡同處，此不可不同者也。夫性無不善，即知無不良。此知在人有指體而言，則不識不知者是也；有指用而言，則常明常覺者是也。體用亦只是一件。弟向以燈喻之，明爲體，光爲用，光不在明之後，明不在光之先，承丈與屠友皆是之。今學者未達此，一泥其體，則謂此不識不知，即同於冥頑之物；一泥其用，則謂此常明常覺者，即疑於作用之偏。此皆以文義拘牽、意見想象言之，非有得於性之一貫者也。故孟子言良知良能，既曰不學不慮，又曰而知而能，此豈有二物哉？是故悟此則性理不在降衷之外，而不必外求諸物理；良知不是作用之偏，而不必别擬諸冥頑，此則上合千聖，下切日用。大頭腦一同，其它訓解小異，何足計哉？嗟乎！此學自先聖傳之，先哲明之，學者如解桎梏，獲睹天日，海内得力者，視昔不少。其間有進鋭退速，静言庸違，或至於濫竽假道者，此則無志而不致知者之罪，非良知之罪也。即在聖門諸徒，亦豈能盡肖？又曷可因此擬良知爲未足哉？且夫斯人之生也，林林芸芸，不至褻天地、棄君父，三綱九法賴以立者，惟此殄滅不得一竅天知而已。今若詆而違之，縱有修持，亦不免外强中乾，迄無生生之機，孰若反求大覺，神明其德，根心生色，睟四肢，發事業，身脩而家國天下舉矣，此之謂吾儒盡性之學。彼二氏者惟齗齗爲死生一大事，則不免偏而不盡，與吾儒自不相混，故弟謂吾儒與二氏性一也，其相别者只在盡與不盡之間，又何必如漢末無鬚之臣，私恐混中常侍，乃至畫鬚以自别也，豈不過甚矣哉！此在吾丈力量，又豈不爽然，即舍己而從人也，而又何言？或者謂丈之教已大書深刻，傳示天下，又奚肯易此？亦淺之待丈矣。夫丈欲爲舜，吾人皆望丈爲舜者也，又豈以大書深刻爲嫌也哉？弟辱宿盟，無以竟之。因丈之大行有日也，故忘其身病，不計喋喋，即以爲贈。

與唐仁卿書

去冬承寄《白沙先生文編》，因思足下素不喜言心學，今一旦取白沙文表章之，豈非學漸歸源，不欲以一善名，其志力不大且遠哉！不穀昔嘗相期至再三之瀆者，固知有今日也，甚慰，甚賀！第令其間不共相究竟，則徒負平日。蓋先此有睹見是編者，謂此書題評，雖揚白沙，其實抑陽明，即語不干處，必宛轉詆及陽明，近於文致。不穀不肯信，已而將來編讀之，良然。如云「近儒疑先生引進後學，頗不惓惓」，嘗適觀陽明語意，並無是說，不知足下何從得之？夫陽明不語及白沙，亦猶白沙不語及薛敬軒，此在二先生自知之，而吾輩未臻其地，未可代爲之説，又代爲之爭勝負，則鑿矣。歷觀其評中，似不免爲白沙立赤幟，恐亦非白沙之心也。古人之學，皆求以復性，非欲以習聞虚見立言相雄長。故必從自身磨練，虚心參究，由壯逮老，不知用多少功力，寔有諸己，然後敢自信以號於人，是之謂言行相顧而道可明。若周子則從無欲以入，明道則從識仁以入，既咸有得，而後出之。孟子亦在不動心以後，乃筆之書。白沙先生一坐碧玉樓十二年，久之有得，始主張致虚立本之學，一毫不徇於聞見，彼豈謾而云哉？陽明先生抱命世之才，挺致身之節，亦可以自樹矣，然不肯已，亦其天性嚮道故也。過嶽麓時，謁紫陽祠，賦詩景仰，豈有意於異同？及至龍場處困，動忍刮磨，已乃豁然悟道，原本不在外物，而在吾心，始與紫陽傳註稍異。及居滁陽，多教學者靜坐，要在存天理、去人欲。至虔臺，始提致良知一體爲訓，其意以《大學》致知乃致吾良知，非窮索諸物也。良知者，乃吾性靈之出於天也，有天然之條理焉，是即明德，即天理。蓋其學三變，而教亦三變，則其平日良工心苦可從知矣，亦豈謾而云哉？不穀輩非私陽明也，亦嘗平心較之矣。曾聞陽明居龍場時，歷試諸艱，惟死生心未了，遂製石棺，卧以自鍊。既歸遭謗，則以其語置諸《中庸·中和章》，並觀以克化之。今之學者，非不有美行也，其處困亨毁譽之間有是乎？不穀有一族祖贑歸者，每歸，語陽明事頗悉。今不暇細述〔一〕，但言渠童時赴塾學，見軍門輿從至，咸奔避，軍門即令吏呼無奔，教俱叉手旁立。有酒徒

〔一〕「不」、「述」，底本無，據《明儒學案》補。

唱於市肆，則貸其撲，令教從讀者習歌詩，卒爲善士。又有啞子叩之，則書字爲訓，亦令有省。今之學者，非不有美政也，其都尊位能勤勤於童子，於市人，於啞子有是乎？夜分方與諸士講論，少入噓噏間，即遣將出征，已行復出，氣色如常，坐者不知其發兵也。方督征濠也，日坐中堂，開門延士友講學，無異平時。有言伍公焚鬚小却，暫如側席，遣牌取伍首，座中惴惴，而先生略不見顔色。後聞濠就擒，詢實給賞，還坐，徐曰：「聞濠已擒，當不僞，第傷死者多爾。」已而武皇遣威武大將軍牌追取濠，先生不肯出迎，且曰：「此父母亂命，忍從臾乎？」其後江彬等讒以大逆，事叵測，先生特爲老親加念，其他迄不動心。異時又與張忠輩爭席，卒不爲屈，未嘗一動氣。臨終，家人問後事，不答。門人周積問遺言，微哂曰：「此心光明，亦復何言？」今之學者，平居非不侃侃，其臨艱大之境，處非常之變，能不動心有是乎？若非真能致其良知而有萬物一體之實者，未易臻也。先師羅文恭至晚年，始歎服，先生雖未聖，而其學聖學也。然則陽明不爲充實光輝之大賢矣乎！獨當時桂文襄以私憾謗之，又有以紫陽異同，且不襲後儒硬格，故致多口，迄無證據，識者寃之。昔在大舜尚有臣父之譏，伊尹亦有要君之誚，李太伯詆孟子之欲爲佐命。大聖賢則有大謗議，蓋自古已然矣。足下豈亦緣是遂詆之耶？抑未以身體而參究之故耶？夫吾黨虛心求道，則雖一畸士，未忍以無影相加，而況於大賢乎？恐明眼者不議陽明，而反譏議者也〔一〕。《編》中云：「良知醒而蕩。」夫醒則無蕩，蕩則非醒，謂醒而蕩，恐未見良知真面目也。又詆其「張皇一體」，吾人分也。觀今學者，只見爾我藩籬，一語不合，輒起戈矛，幾曾有真見一體而肯張皇示人者哉！斯語寧無亦自左耶？雖然，足下今之高明者也，昔不喜心學，今表章之，安知異日不並契陽明，將如文恭之晚年篤信耶？近百年内，海内得此學，表表裨於世者不鮮，屢當權奸，亦惟知此學者能自屹立，今居然可數矣。其間雖有静言庸違者，此在孔門程門亦有之，於斯學何貶焉？不穀辱公提攜斯道，如疇昔小有過誤，相咎不言。今關學術不小，曷忍嘿嘿！固知希聖者舍己從人，又安知不如往昔不假言而自易耶？且知足下必從事致虚立本，是日親得，仍冀指示，益隆久要，豈謂唐突耶？

又

前論白沙文編，嚬答想未達，復承《石經大學》刻本之寄。讀刻後考辯諸篇，知足下論議勤矣。締觀之，嘻其甚矣。僕本欲忘言，猶不忍於坐視，聊復言其概。夫考辯諸作，類以經語翦綴，頓挫鼓舞，見於筆端。其大略曰「脩身爲本，格物爲知本」，曰「崇禮」，曰「謹獨」，若亦可以

〔一〕「譏」，原作「議」，據《明儒學案》改。

不畔矣。及竟其終篇，繹其旨歸，則與孔子、孟子之學，一何其霄淵相絶也。夫《大學》脩身爲本，格物爲知本，足下雖能言之，然止求之動作威儀之間，則皆末而已矣。夫脩身者，非脩其血肉之軀，亦非血肉能自脩也。故正心、誠意、致知，乃所以脩動作威儀之身，而立國家天下之本也。格物者，正在於知此本而不泛求於末也。今足下必欲截去正心誠意致知以言脩身，抹殺定靜安慮而飭末節，則是以血肉脩血肉，而卒何以爲之脩哉？譬之瞽者，以暮夜行于歧路，鮮有不顛蹶而迷繆者。是足下未始在脩身，亦未始知本也。孟氏所謂「行之不著，習矣不察，終身由之而不知道者」，正謂此耳。將謂足下真能從事《大學》可乎？禮也者，雖脩身之事，然禮有本有文，此合内外之道，蓋孔子言之也。今足下言禮，乃專在於動作威儀之間，凡涉威儀，則諄切而不已，一及心性，則裁削而不録，獨詳其文而重違其本，乃不知無本不可以成文。姑不他言，即孔子論孝曰「不敬何以别乎」，曰「色難」。豈非有吾心之敬，而後有能養之文，不敬則近獸畜；有吾心之愛，而後有婾婉之文，不愛則爲貌敬。若足下所言，似但取於手足貌敬〔二〕，而不顧中心敬愛何如也。此可爲孝，亦可爲禮乎？《易·繫》言「美在其中，而後能暢于四肢」，孟氏言「所性根心，而後能睟面盎背」。今足下但知詳於威儀，而不知威儀從出者由「美在其中」、「所

〔二〕「手足」，原作「獸畜」，據《明儒學案》改。

性根心」也。《大學》言「恂慄威儀」，蓋由恂慄而後有威儀，威儀豈可以聲音笑貌爲哉？足下又曰：「言語必信，容貌必莊，論必準諸古者，不論所得淺深，而皆謂之誠。」若是，則後世之不侵然諾與夫色莊象恭之徒，皆可爲誠矣。又如王莽，厚履高冠，色厲言方，恭儉下士，曲有禮意。及其居位，一令一政，皆準諸《虞典》、《周禮》。據其文，未可謂非古也，其如心之不古何哉！此亦可爲誠耶？況今昔之語心學者，以僕所事所與，言語曷嘗不信，容貌曷嘗不莊，動止曷嘗不準諸古？且見其中美外暢，根心生色，優優乎有道氣象，曷嘗不可畏可象？而足下必欲以無禮坐誣之，僕誠不知足下之所謂禮也。《記》曰：「君子撙節退讓以明禮。」《傳》曰：「讓者禮之實。」今豈以攘臂作色、詆訶他人者遂爲禮耶？慎獨者，慎其獨知，朱子固言之矣。惟出於獨知，始有十目所視、十手所指之嚴，始有莫見乎隱、莫顯乎微之幾，夫是以不得不慎也。今足下必以獨處訓之，吾恐獨處之時，雖或能禁伏麄迹，然此中之憧憧朋從，且有健於詛盟、慘於劍鋩者矣，足下又不知何以用其功也？蓋足下惟恐其近於心，不知「慎」之字義從「心」從「真」，非心，則又誰獨而誰慎耶？末又言「聖人諱言心」，甚哉，始言之敢也！夫堯、舜始言「道心」，此不假論，至伊尹言「一哉王心」。周公言「殫厥心」，《書》又曰：「雖收放心，閑之惟艱。」曰「乃心罔不在王室」，曰「不二心之臣」，孔子則明指曰「心之精神是謂聖」，此皆非聖人之言乎？夫聖人語心若是詳也，而足下獨謂之諱言，是固謂有稽乎？無稽乎？於聖言爲侮乎？非侮乎？

且曾、孟語心，亦不假論〔一〕，即《論語》一書，其言悦樂，言主忠信，言仁，言敬恕，言内省不疚，言忠信篤敬，參前倚衡，疇非心乎？聖人之語心，恐非足下一手能盡掩也。又謂「聖人不語心，不得已言思」。思果非心乎？此猶知人之數二五，而不知二五即十也。約禮之約，本對博而言，乃不謂之要約，而謂之「約束」；先立其大，本對小體而言，乃不謂之立心，而謂之「强立」，則欲必異于孔、孟也。是皆有稽乎？無稽乎？于聖人爲侮乎？非侮乎？又以「求放心，立其大，見大心泰，内重外輕，皆非下學者事」。天下學子十五入大學，凡皆責之以明德親民正心誠意致知之事，寧有既登仕籍，臨民久矣，而猶謂不當求放心立大者，聖門有是訓乎？且今不教學者以見大重内，則當教之以見小重外，可乎？此皆僕未之前聞也。竊詳足下著書旨歸，專在尊稱韓愈，闖于諸儒之上，故首序中屢屢見之。夫韓之文詞氣節，及其功在潮，非不偉也，至其言道，則以爲孟軻、揚雄之道，又以臧孫辰與孟子並稱，及登華嶽，則震悼呼號，若嬰兒狀，淹潮陽，則疏請封禪，甘爲相如，良由未有心性存養之功，故致然耳，安得謂之知道？賈逵以獻頌爲郎，附會圖讖，遂致貴顯；徐幹爲魏曹氏賓客，名在七子之列，二子尤不可以言道。足下悦其外，便其

〔一〕「假」，《明儒學案》作「暇」。

文，以爲是亦足儒矣？則其視存養自得掘井及泉者，寧不迂而笑之，且拒之矣〔一〕。乃不知飾土偶獵馬捶者，正中足下之説，足下亦何樂以是導天下而禍之也！且夫古今學者，不出於心性，而獨逞其意見，如荀卿好言禮，乃非及子思、孟子，詆子張、子夏爲飲食賤儒，况其他乎？近時舒梓溪，賢士也，亦疑白沙之學，將爲王莽，爲馮道。以今觀之，白沙果可以是疑乎？皆意見過也。聞足下近上當路書，極訾陽明，加以醜詆。又詆先師羅文恭，以爲雜於新學。是皆可忍乎？僕不能不自疚心，以曩日精誠，不足回足下之左轅故也。雖然，猶幸人心之良知，雖萬世不可殄滅，子思、孟子之道，終不以荀氏貶。至白沙、陽明，乃蒙聖天子昭察，如日月之明，豈非天定終能勝人也哉！矧天下學者，其日見之行存養自得者不鮮。而在足下，既負高明，自不當操戈以阻善，自當虚己求相益爲當也。僕不難於默，然心實不忍，一恃疇昔之誼，一恐真阻天下之善，故不辭多言，亦自既厥心爾。程子有言：「若不能存養，終是説話。」今望足下姑自養，積而後章，審而後發，有言逆心，必求諸道。僕自是言不再也，不次。

〔一〕「則其視存養」至「且拒之矣」，底本無，據《明儒學案》補。

復許敬庵

不穀素有濕症，近因山中觸濕作腫，幾遍體成瘘矣。得遠教逾千言，令人如瘘者欲興，忻慰可知，雖禁語不容不免以復。心性本一，見者成二，孟氏言惻隱之心仁、羞惡之心義。又曰：「人皆有不忍人之心」，此皆以人之本心言也，初非以形氣參言之者也。此本心即是性，乃又有人心、私心、妄心，而雜乎形氣者，則蔽昧其本心者之過也，非心之本然也。談者自不得執人心、私心、妄心而槩謂之心也。此猶孔子言道二，仁與不仁，談者亦自不得執不仁而槩謂之道也。要之，言各有當，而辭不可執。後儒不揣其本而執其辭，故有心與性異之辨，此曷怪哉？來教以心辟水火，以性譬火之光明，水之潤濕，此爲近之。然云火有體，水有質，則謂心有體質，得乎？謂火與光明，水與潤濕有絲髮之分，得乎？是譬亦似難定執也。大抵人之本心，即靈覺是已，此覺寓乎形氣，而實宰乎形氣。孟氏又謂之大體，貴於先立乎其大者，以是焉爾。故凡人之私妄心，惟蔽昧其靈覺焉故也。聖人之至誠無妄，盡其性以盡人物天地之性，惟不蔽昧其靈覺，而善充其分量焉故也。夫豈靈覺之外别而有性哉？詳觀見羅兄之意，似以靈覺之外别有一至善者爲性，又似以靈覺專屬心，而性别爲不靈不覺之體，斯不免于意之矣。門下兩解其間，又有合靈與氣爲心之説，恐皆非孟子之所謂心也，亦恐淺之乎求靈覺也。唯是靈覺出於天命，故曰明命；成于帝降，故曰帝則；本無纖惡，故曰至善。此非難明也。今人語道，至中焉止矣，中曷取則哉？以吾靈覺知其過而損之，知其不及而就之，則無過不及而中道備矣。然則靈覺非天下之至中者乎？知中則知明命、帝則、至善矣。不然，則如昏夜冥行，不顛則蹶，又安所得中哉？安所稱明命、帝則、至善哉？第紫陽以來，惟懼靈覺之近禪，故必外心求性，外覺求理，自信辯析之精，不知與本心已隔幾許層數，則文義意見之爲害深也。何以盡超文義、盡捐意見，直求本心，一貫無餘，不爲靦面之真乎哉？門下試一反觀，即冗暇二時苟不蔽昧，則覺體周徹，天則顯然，復有何物可爲增減？乃亦謂靈覺爲未盡，即不縠前體用二語果未瑩。來教常覺常明即是不識不知，此語甚確，又可知體用無二也。來教又云性無内外，心亦無内外，無先後，無人我，此皆聖門的旨，何事爭論？所期門下不以不縠衰病，時賜裁策，俾獲全歸，是爲上願，餘不暇言。

與耿楚侗書〔一〕

去秋周生歸，奉啓，嗣是不得相通。近閲邸報，知膺特簡，計丈當一出，已而聞過汴，甚慰。

〔一〕　底本後有「二」，當指此書信及下文《再簡楚侗》。

弟今夏一病，又幾殆。近稍愈，然精力尚不充。若此，又安能復有彈冠相從之念哉？夫家國一體，朝市山林無二致。近雖實見之，其如多病之相纏，亦豈當強所不能者哉？惟老丈幸爲明時崇護，次第出力可也。古人云：「存我所以存天下。」此非真有天下之心者不知此語之確。老丈抱則，有之何能？有濟以分毫，自顧尚足。凡近乃又曰談性命以疑誤後學，罪益甚矣。老母霜居三十餘年，妻孥弟姪輩咸不知所事，至今七十，尚未盡一日之歡。每念至此，夜不安枕，汗未嘗不發背濕衣也。弟稟受之資遠不敢望丈，而遭際事勢亦不能同，且不幸先師念翁逝矣。弟今去先師逝期止十有三年耳，即以日爲年，尚不足也。乃復能置其身於洪波滔天不可收拾之地哉！程子曰：「己立後方能了得天地萬物。」今弟以何者爲立，何者爲了乎？此必丈所心知而未忍以見語者也。所幸吾鄉多賢，若歸，則得日受爐錘，月承砥礪，或少收桑榆之功，未可知也。過此，則弟與同鄉之賢均老矣，又何所以爲賴？此弟之心病，非歸不可料也。弟以此決之，審矣。向者猶思得還齊可謁孔林，遜浙可晤同志，今此意亦已之。病呈前月已行過，承吾丈專官布腮，凡皆審時識務之言，弟非不知，然鄙意已決，何以爲謝？辱丈惓惓，弟夜亦思之，此身孱朽，必不能從事重望。吾丈於兩臺前爲弟贊決必遂爲慰，若兩臺萬萬不允，弟又當别圖耳。弟所慨者自此不得與丈相朝夕，敝道事正相煩，柰虹岡丈亦已出兵道事，又復加煩矣。丈貴體亦抱恙，值此多煩，若天下之心久矣[二]。神龍變化，豈侯井觀者爲之言耶。因見臺丈行，力疾相聞，不備。

再簡楚侗

弟意凡賢者既出，未當柄，莫若嘿嘿轉移人心，亹亹興發人才，似有真益於世。在近時文藻紛華彌甚，識者謂當矯之以質，吾輩似宜專以澹泊簡樸爲務，如唐時楊綰之清簡，即郭令公黎幹亦咸感動，此轉移人心之一端也。興發人才則莫踰此學，即日丈處總憲之地，不知事體可得出會否。不然，即爲臺中朝夕講磨，則各繡斧直指出外，其益於百僚，益於生民，蓋百倍尋常也。此自丈恢恢有餘地矣。弟奚能盡之？更喜大總臺麟翁素同志，近讀其奏疏，見養深氣厚，得蕩蕩平平之道，又深慰老丈得侶。頃，穎泉丈見示丈所寄汝光書，其間爲近學救正，甚當甚幸。第前段着語大重，弟意今日大弊正在聲利，毒入肌髓，寔爲亂源，如昨江陵一班，亦只是看聲利不破，世又有講心齋之學及二氏家，至或助欲長亂者，亦不能脫聲利之爲害也，非盡心齋與二氏之

〔二〕「則，有之何能」至「値此多煩，若」疑底稿錯亂，此段文字當接本章《答陳蒙山憲使書》一文「猶復間作，其妨人病物」後。录此以存疑。

過也。心齋之學，弟恒謂淺大。昔信之大重，今反之又似更重矣，恐後亦有妨也。大抵初見本心者，如半夜之睹海日，詫爲異，而習氣未脱，或至於狂，安識日中之天則也。其未見本心者不免仍依違晚宋議論，終成兩可，又不知真儒知本之學與禪家只在盡與不盡，幾微之辨，乃反摻戈内指，阻善害道益甚。故弟不得已收拾舊文，勒爲《衡齊》一書，意在八字打開，兩俱説破，不必復含糊調停，知我罪我，其在兹乎？今奉往一部，惟教正之。餘姑不逮。

答耿楚侗書

近時夢兄與近溪兄居多，豈於二兄獨别久念切故耶。忽得來教，亦如天降，披讀滿紙無非教望憂我之深，慰感奚俟鳴言？向年與賢兄弟語話，今視之皆夢，若復追論，不免纏繞已盡化之。至謂我精神不長，恐多浪費。斯言中我骨髓，弟因自觀今日猶我也。諺云：「獅子一吼，野犴腦裂。」良由欠此決烈，故至悠悠漫漫，未見長進。年近知命，尚未少立，慚負豈忍言哉？讀兄别册，真見千里面談，其他種種論議作用，真見學力到處。又見示得人報明天子，尤爲仰服欣悦。但不知果得一二人慰心否？便中尤望指其姓名。楊希淳，弟素知其氣節行誼，不知近何如也？至謂一味固滯，不少假借，爲國家守此衡，則又專在守衡而不在學問，似亦終有二見。象山先生管庫盡心，自謂是執事敬。弟向與兄言者，亦不過以此意相補而已，非謂專以執法任事爲學也。乃蒙指弟爲隨事精察，不無見枉。蓋兄愛弟憂弟之深，故不暇以弟之奉報者見詳也。如何性命解，兄已得莊釋立心，槩處之孟子立言處，似猶未徹。孟子正言性命爲一件，語甚簡直，兄不免層疊轉折，恐多出思索，非真得也。別簡聊且發難請益，萬里相求，不敢虛負，知兄不忽也。兄得近溪、見麓二丈及多賢相切，弟獨孤陋，奈何所僅可驗者利害、毁譽，磨鍊稍堅而已。至於天則，今尤未敢言也。方值兵事，冗病交奪。稽留來使，正不欲草草耳。老伯既得貤典，知兄心事已稍慰矣。先師文莊公祠篤念作新記文，弟願執筆，容暇圖之。

與鄒汝瞻書

別後得汝瞻書二，知篤念山中人也。頃，又聞以言事蒙斥，竊爲嘆悵久之。談者羨汝瞻剛決，前後不回易，此非溢語也。僕意稍不然，僕以汝瞻地望，正當與主人浸漼治浹，先有見信嚮之意，則或泛論，而令自擇自興，得之反深。若或因事特論，亦貴和婉，可俾樂從，此則實能上格君心，下可裨天下利害矣。蓋人情父子友朋間亦有不易入者，況人主乎？傳聞汝瞻昨所言似尚稍激，此在它人爲難事，在吾汝瞻自居大人之學，恐未盡也。夫剛決，丈夫分也。然古人貴于知柔知剛。夫剛柔者，質也，有方者也；知也者，性也，無方者也。故能以無方者而陶乎有方，則三德可爲六德，六德可爲九德，此真虞廷之學，非汝瞻孰勝哉？老夫人至南，想亦已便安矣。

娱侍餘暇，日與留京良朋切琢，則汝瞻又未始不樂也。久乏便羽，兹來者五雲郭君，僕舊同舍友也。附訊啓處，不既。

與蘇誠齋書

某自春來，益不聞外事，日者乃聞門下政治奏課第一，而仙舄已返文江之上矣。亟擬候訊，且爲先師致謝，以潦倒，即未之逮，乃辱教惠先之，感何可言？紬讀來教，益知門下篤意斯學，其所謂政本者，故有在也。而又惓惓下問，豈奔饑渴，豈亦以能問於不能者非耶。來教云悠悠之病，皆由欲根不斷。欲根不但聲色貨利，而官中喜怒、榮辱、利害，其在毁譽尤最微也。某平日折肱於此數者，嘗反自求之，則惟立志之爲難。蓋平日非不知此數者之爲祟，而不能終斷者，此豈真難也哉？其至病也。濂溪無欲之旨與先師所謂收斂，來教所謂斷欲根，咸無異撰。第無真志，則難其所易；有真志，則易其所難。故孔子從心不踰者始於志，而程子有「志立學半」之語，豈欺我哉？先師卷中謂某疑濂溪者，此出先師一時行文之簡，非謂某敢疑濂溪也。某嘗疑《太極圖說》非濂溪所作，嘗著論辨之，今往一通奉覽，即知某非疑濂溪也。「克己」訓曰「勝私」，用之誠亦得力，但勝私終不能無私，且展轉交戰，與顔子庶幾之學亦不相協，不如訓克爲克明」之克，訓己爲「爲仁由己」之己，則與本文及下文條目辭意不背，亦與顔子地位相協。第不知果是否？不貳過，乃心無疑二，此非高明不能睹之，蓋心無疑貳，必有得於幾者而後能也。故曰：「幾者，動之微，吉之先見者也。」所謂「有不善未嘗不知，知之未嘗復行」，皆自心體幾微、念慮未形者言之。觀未嘗不三字，則顔子決幾之早可知矣，故稱顔子爲庶幾，非若後之學者非禮之既交與怒之既遷、過之既二，猶復展轉念慮者之可擬也。雖然，非有真志則不能斷欲根，非斷欲根則不可以與幾，幾豈易言哉？某愧此久矣。辱來教，敬以請正。先師祠事猶希終愛，《外》、《別集》，值某今歲病加，遂未卒業。今先奉《外集》二册，幸覽正入録，餘俟續上也。馬鍾陽、朱鎮山二公所付詩及圓通寺詩，今來封内未有計，或遺之，幸一查過。力疾，先復謝。不日另布，以終來教。

與姜鳳阿書

前年去蜀時，復勒書附茂州令兄處，不知終達否？是後兩夢兄，不知果夢耶，抑非夢耶？雖然，終不若夙昔面承也。連歲敝鄉北使亦便，然弟素少通北書，況今乃林端病骨乎？近閲報，知兄已南出爲國子師，不知近況復何似？往與兄握手時，雖荷知與，然猶未嘗深言學，觀兄意，以今時學者未有真脩，故姑聽其説爲文字謀，弟於其時亦尚愧真脩，故不敢爲兄深言，非避而不言也。自堯、舜、孔門以仁爲學，仁道之不講，故或參入它學，浸淫爲空談，爲無忌憚。今欲真脩，其惟仁爲己任、敬而無失者乎？此程伯子《識仁章》所爲惓惓也。夫以仁爲任，能敬而無失，則自不忍苟己而慢物，亦自不至空談無忌憚者。故孔門又有脩己安百姓之訓，其爲道至周，爲教至明也。然能任之者至鮮。以兄間世之英，經世之志，而宅國師之尊，天子所從，酳爵而問道者也。俾當仁不任，緩堯、舜、孔子之業，而獨睢睢文字之間，恐非兄之所素甘而安焉者也。計兄别後，必已邁種有反身而誠之樂，則非弟之愚柔者能測識矣。楚侗近相處及此否？弟病如昨，閉户索居，别無長進。正欲奉書，忽聞有舍親劉生之便，援筆以請，兄其有意終教之乎？力疾，不既所可言者。

告休稟帖

稟爲乞休事。職病狀苦衷已具前文，並陳近揭，顒惟本院哀察俯允。不謂三學具呈，誤析批留，不勝惶悚。職非不知本院盛心及三學留往之意，但病與事違，力與心違，揔緣本職素養薄劣，福緣短淺，不得乘此以報朝廷，以慰知己，重負初心，莫之何。若令職草草了事，遷延尸曠以需轉，寧斃不能爲此也。又聞本院欲先威茂道，後及本職，如此則愈遲時日，職病日深，而殘喘益難支矣。竊意創病雖重，一愈則復其元；積病似輕，失養則至于斃。今威茂道創病可愈者也〔一〕，本職積病難療者也。近如安綿道李僉憲乃亦積病所致。伏乞本院將威茂道少需其愈，將

〔一〕「威茂道」，原作「盛茂道」，據上下文改。

本道先委帶管，早放東歸，題請另補，保全殘生，則本院一物得所之仁，至本職而完矣。職將百生感德，九死圖報，曷有窮已。職自計若遣人具奏，又恐部中不肯相信，且孤劣無可恃，托書問之，尤病骨所難勝者，回生之祈，惟在本院。今已將吏印関回本司，私擬得代，即赴川東叩辭。伏乞早批帶管，恐至遲延，則明年科場期迫，其代考者益難爲矣。爲此。

稟爲乞休事。職病狀苦衷已具前文，並陳近揭，顒惟本院哀察俯允，蓋本職非慕爲高，實以前恙困苦，精神短損，目力昏倦，所最艱者閲卷一事。若今草草了事，遷延時日，以需遷轉，又性所不能。今之告行，雖未敢云合道，然亦自附量力之義。且少不知學，斲伐已多，遲暮從事，獨立尤難。所謂順事無情，即於天地萬物上常常應了，職非不事此，其如力量未充何哉？此私竊所以獨羨於本院也。向年遠違，有疑欲請，自憾無由，近聞鎮臨，五内俱躍，邇荷鈞示，許令回叩，已擬於旬前摳趨矣。不謂前恙轉熾，近加腸風下血，益至昏暈。若復回省，則不獨勞煩難勝，恐致病症益增。所諭教外别傳，若本院能哀憫朽物，賜之生機，可得垂示于筆札之間乎？職雅以日用常知，若不惰情識，即能通晝夜，徹死生，長上古不老，後天地常存。非獨二氏，孔子知天命，即是主張天命正此境界，豈云知識而已？此則人人可勉，至于才智大小，精力厚薄，則有不能強者，不知本院肯印證此意否？懇望不彼，外乞本院諒察于常情之表，生全於苦病之餘，犬馬之報，期在異日。今已將吏印関回本司，私擬得代，即赴川東候命。伏乞早批帶管，恐至遲延，則明年科場期迫，其代考者益難爲矣。爲此。

告休揭帖

爲患病危篤，不能供職，懇乞矜察，容令休致調理事。本職年五十歲，江西吉安府泰和縣人。由進士，嘉靖三十六年四月内除授刑部河南司主事。三十九年四月内陞本部雲南司署員外郎主事。本年五月内陞湖廣按察司僉事。四十一年九月内陞四川布政司右參議，四十四年四月内陞今職。伏念本職幼賦弱質，長亦多病。先任湖廣爲景府，初至劉家隔地方，在彼祇役，得染濕疾，手足黄腫，小腹脹痛，不時舉發。後轉四川，分守上川南，住劄雅州，萬山叢欝，盡鮮見日，濕氣薰蒸，小腹復脹，痛苦呻吟越十五日，晝夜不得合眼。當雖暫愈，致加濕瘡，及後以臘月查盤松潘，復感傷寒，幾至不料。乙丑三四月，在雅州又感瘴病，每日寒戰。兩呈院臺乞歸，未允，旋叨督學之命，比蒙諭，以新命催促赴任，本職只得暫任，勉支供事。今春於貢院考校成都所屬生員，前疾復作，卧枕數日，比因關防，不但薪水難通，抑且醫藥不便，又患腸風下血，屢至昏暈。目倦生花，閲卷尤艱。事竣，强於四月巡歷潼川、順慶等處考校，濕痛濕瘡一時並舉，兼以脾瀉延綿，飲食全減。甚至踰月不嘗葷味，負痛從事，力苦供職，困憊日甚，羸弱日增，兩目生翳，四肢無力，痰火復熾。每至昏仆，不能前事。前有明醫，謂職之病非從林下閉門灸治，斷亦難愈。查得近日湖廣參議潘清亶亦以患病，蒙兩院題准回籍休致。本職患病既劇，而學事尤非輿疾可理，伏望本院矜察疾苦，容乞休致回藉，以便調理。及早爲題奏，别補賢能，庶殘喘少延，首丘得遂，則本院恩德真與父母生成同一等也。職不勝感戴之至，豈忘銜結之報，爲此具由。

又

稟爲乞休事。職病狀百千畧具公文，不敢復嘖，緣自去春具呈兩院乞休，荷蒙批留。比時新承勑命，上思主恩未報，下思事勢未便，故復勉就，意得少效一二，以罄此心。不謂宿病纏綿，展轉莫支。今春腸風下血，屢至昏暈。加以閲卷試士，查理發落，俱非書吏可代，勞憊莫堪，痛苦自知。比時幾欲呈休，又思本院初臨，豈忍即言求去？今又復半年矣。適值寓此，前恙復發，痛脹、瘡疥、嘔泄、痰火，一夜數起，人已兩疲，自知元氣已隳，故致百病交攻，踰月不沾肉味。每日勉支供事，自非鐵石，其何能久？竊幸本院西鎮，夙懷萬物一體之忱，實行一物得所之政，本職叨荷宿矜，濫荷屬末，此正所謂千載一時，不時奇遇者也。若不乘此懇乞矜憐，容令休致，則誰復有良而全之者矣。職自欲具疏陳情，但廷部中不肯遽復，徒費往返。如職眇劣，何能托？則舍本院哀全之外，更奚望哉？職相知友人貽書見責，謂當竣明年科場事，且未得真才，何以上報？職反覆思惟連數日夜。如職結髮誦書，已知許國。壯後聞學，繆思經世。況承簡命，果未得人。然又竊念職本駑質，又無堅志，躬行未逮，粗氣尚存。明道有云：「君子不以天地萬物撓己，己立後方能了得天地萬物。」今職己尚未立，何以立人？身且不理，何以理物？況因病軀，益增駑鈍，若不早自引退以俟賢哲，則其罪盭尤不可贖也矣。《抱朴子》云：「自卜者審，不能者止。」此又職反己量力而得者也。伏乞本院曲推，職上無所驅，下無所迫，兩年之間，亟欲求去，非有大不得已，豈敢舍明時及本院知遇乎？如蒙詳允，即日別委代管，准爲題補，則職不獨保全病軀，亦免瘝曠職業，此誠本院一物得所之至仁也。職得全歸，尚獲調理無恙，靜修有得，則就林下，或能成一二人，亦未必非所以報國家、慰知己者也。職爲此具稟，不覺縷瀆。若有一語非衷，鬼神殛之。臨稟不任悚息，瞻望之至。

乞休揭帖

呈爲公務事，某於八月十三日奉到本院鈞札，惓惓諭止，語温而意弘。仰見盛心，無非爲國家，爲人才，而職實非其人也。反躬内循，感悚何極？職之求歸，非敢慕高，實以濕病爲根，不時脹痛，又濕瘡脾泄，恒苦夜起，以此精神日耗，飲食全減，不能當事。昨伍知府行時，曾托代稟本院。一詢病狀，知非誣也。數日間脹痛益近胸膈，至今未已，濕痛癢痛，廢寢益多，度日猶可，度夜如年。又此地無醫可托。緣去春在松潘，病後元氣頓弱，俾夙昔有爲之志，盡已消蝕，兩年之間，展轉相尋，其何能堪？白沙先生云：「年未暮而氣已衰，志欲前而力不逮。」此惟職自知而難以盡訢也〔二〕。重荷本院開諭，本職歸省城，面定行止。職初意本院垂允後，亦須一圖面辭。蓋十年懷積，所欲請質，恨不親炙，矧蒙本院有意教之者乎？第此日足尚難履，俟稍勝履，當蒲伏叩請也。至于放職東歸一節，懇望本院垂仁生全，古人有不必居官而所成尤大者，雖非職敢望，然望本院以此爲愛，尤愛之大也。爲此具揭續申。

〔二〕「訢」，疑當爲「訴」。

困學記

困學記〔一〕

予童頗質任，嘗聞先府君論學，而不知從事。年十七，遊學邑城，讀書學舍，遂致駘蕩喜放。是歲臘，先府君卒，愈自放。然慕奇名，好談孔文舉、郭元振、李太白、蘇子瞻、文信國之爲人，如文舉、太白，夢寐見之。酷嗜詞章，時傳李、何詩文，輒自倣效。又多忿慾，躁動不知檢。嘗著《格物論》駁陽明先生之說。年十九，與歐陽文朝同硯席，最契。時或覺非，忽自奮爲學，要文朝諱昌，號蜀南，庠生，南野先生族孫。共爲之。勉修一二月，不知方，遂仍墮舊習。嘉靖壬寅，予年二十六，方買居白鶴觀下。適歐陽南野先生諱德，字崇一，號南野，仕至禮部尚書，謚文莊，爲陽明先生高弟子。自鄉出邑城，會友講學，傾城士友往會，而予獨否。既數日，文朝則語予曰：「汝獨不可行造訪禮耶？」予乃隨文朝往訪先生於普覺寺。先生一見，輒呼予舊字，曰：「宜舉來何晚？」又問齒，對若干。先生曰：「以汝齒，當坐某人下。」予時見先生辭禮簡當，不爲時態，遽歸心焉。先生因講《惟仁者能好人》一章，言：「惟仁者有生生之心，故見人有善，若己有之，而未嘗有作好之意，故

〔一〕底本據《衡廬精舍藏稿》清刻本最後一册附録，以《明儒學案》參校。

能好人；見人有惡，若瘝厥躬，而未嘗有作惡之意，故能惡人。今之人作好作惡，則多爲好惡累，未可謂能好惡也。」予素有疾惡之病，聞其言憮然，若爲予設者。已乃走拜先生家，從遊海智寺月餘，自憂好放之習何能入道〔一〕。一日，先生語以立志，曰：「明明德於天下，是吾人立志處，而其功在致吾之良知。」又曰：「唯志真，則吾良知自無蔽虧。」語若有契。一日，先生歌文公「欸乃聲中萬古心」之句，予一時豁然，若覺平日習氣可除，始定嚮往真意。次年癸卯春，爲小試之迫，此意雖未寢，而志則馳矣。秋舉於鄉，歸見先生。又北行赴辭，而先生屬望殷甚，予亦頗承當。及甲辰會試下第，歸途與同侶者撓亂。既歸，雖復見先生，然屢興屢仆，第其中耿耿有不甘自已之念。乙巳秋，丁祖母承重憂。丙午，復同文朝及羅日表名鵬，癸卯同鄉舉。讀書龍洲。因與康東沔公諱恕，字求仁，縣令。倡和自遣，而嚮學功愈弛。至丁未，爲先祖母卜兆致訟。適先生起少宗伯，予送至省城。既歸，復畢訟事。自覺學無力，因悔時日之過，大病在好詞章，又多忿欲，三者交剰於胸中，雖時有戰勝，不能持久，此予志不立之罪，無可言也。時年已三十一矣。

丁未冬，予忽有飄然遐舉離世之興。及就友人王有訓名託，號未菴，一號石壁病農。語〔二〕，有訓

〔一〕《明儒學案》中缺「先生家，從游海智寺月餘，自憂好放之習何能入道」數語。

〔二〕「語」字原在注文之上，據文意乙。

曰：「遐舉不如力學。」因偕予往訪羅念菴先生，諱洪先，字達夫，吉水人，官贊善，謚文恭。居石蓮洞，既一月，日聞先生語，感發，乃北面稟學焉。先生初不甚喜良知，亦不盡信陽明先生之學，訓吾黨專在主靜無欲。予雖未甚契，然日承無欲之訓，熟矣，其精神日履，因是知嚴取與之義。戊申春，予遊韶，太守陳公諱大倫〔一〕，南寧人，仕至太守。闢明經書院，延教六邑諸俊。又先延鄉縉紳鄧鈍峯諱魯，樂昌人，官學正。居書院中爲侶。陳公嘗從陽明先生學，後專意玄門〔二〕。予少病肺，咳血怔忡，夜多不寐，則就拜陳公學玄〔三〕，未有入。鈍峯始爲魏莊渠公諱校，官至祭酒，崑山人。弟子，亦遊南野先生門，後專意禪宗。予亦就鈍峯問禪，鈍峯曰：「汝病乃火症，當以禪治。」每日見予與諸生講業畢，則要共坐，或踞牀，或席地，常坐夜分。少就寢，鷄鳴復坐。其功以休心無雜念爲主，其究在見性。予以奔馳之久，初坐至一二月，寤寐間見諸異相。鈍峯曰：「是二氏家所謂魔境者也。汝平日忿欲利名種種念慮，變爲玆相，《易》所謂『遊魂爲變』是也。汝勿異，功久當自息。」四五月果漸息，至六月遂寂然。一日，心忽開悟，自無雜念，洞見天地萬物皆吾心體，喟然歎曰：「予乃知天地萬物非外也！」自是事至亦不甚起念，似稍能順應，四體咸鬯泰，而十餘年

〔一〕「倫」，原作「論」，據《明儒學案》改。
〔二〕〔三〕「玄」，底本作「元」，當避康熙諱，徑改。

之火症嚮愈，夜寢能寐。予心竊喜，以告鈍峯。鈍峯曰：「子之性露矣！」久之，雖寐猶覺，凡寐時聞人一語一步，皆了了。鈍峯曰：「是乃通晝夜之漸也，子勉進之，可以出死生矣。」予乃問：「出死生何謂也？」鈍峯言：「不出死生，則前病猶在。」予因是從鈍峯究出死生之旨，若日有所悟。又偕遊曹溪，瞻六祖塔，感異夢，遂又有忘世意。至秋，越錢緒山公名德洪，餘姚人。陽明先生弟子。至韶，陳公延留書院中。予甚喜，請益。然見錢公以憂制未大祥，遽遠遊，又乘青幃，張皂蓋，前呼導，予心私計曰：「予雖學出世事，亦未敢謂然也。」亡何，冬盡，予方圖歸，因起念，遂失初悟。忽若痞悶，雖極尋繹，宿見意象俱似，而真體昏塞，甚不自得。述其故，質於錢公。錢公發明頗詳，迄不當予意。一日同諸君遊九成臺，坐地方欠身起，忽復悟天地萬物果非在外，印諸子思「上下察」、孟子「萬物皆備」、程明道「渾然與物同體」、陸子「宇宙即是吾心」，靡不合旨，觀前所見〔一〕，洒然徹矣。因自審曰：「吾幸減宿障，從此了事，又何可更纏世網，從事殘蠹，致汩吾真耶！」既歸，見先君方待吉淺土，卜葬不果，此中不自安。又家人輩不善事老母，致有不懌意，予衷亦常怏怏無以遣。已隱隱有儒釋旨歸之辨，而猶未決也。己酉家居，因結邑中曾思健、諱于乾，號月塘。羅東之、諱潮。俱庠生。蕭天寵名隆佑，吏員，官縣丞。及王有訓、歐文朝爲會，頗有興發。至

〔一〕「觀」，《明儒學案》作「視」。

冬，予赴會試，與王武陽諱翥，有訓叔，教諭。同舟，昕夕唯論學。方浮彭蠡，值風濤夜作，不能泊岸，舟顛幾覆數矣。同舟人士，皆號達旦，予獨命酒痛飲，浩歌熟寢。天明，風稍定，始醒，同侣有詈予不情者，予自若也。庚戌落第後，舍南翁先生宅。一日，以舟顛熟寢事請正，先生曰：「此固甚難，然謂仁體未也。」予曰：「仁體當何如？」曰：「臨危不動心，而又能措畫救援，乃仁體也。」予雖聆服，然未繹其旨。仲夏，李石鹿公名春芳，字子實，興化人，官元輔。延予過其家訓諸子，因盡聞王心齋公諱艮，字汝止，安豐場人，陽明先生高弟。之學，誠一時傑出。獨其徒傳失真，往往放達自恣，興化士以是不信學。久之熟予履，乃偕來問學立會。冬杪，予歸自儀真，發舟三日，皆遇劇盜，以風猛得脱。同舟亦有泣者，予獨計寇入則當倒槖輸，他無虞也，以是亦不爲動。辛亥，予挈家歸義和滄洲故居，獨學寡侣，力有少弛。又明年壬子，館虔，舊習大作，幾自墮。至冬，同歐陽曰穡諱紹慶，號乾江，南野先生仲子，官工部主事。赴會試。時曰穡延思健赴京訓諸子，亦在舟，雖日常切琢，而予放未瘳。

癸丑落第，初擬就選學職，至期悔止。友人周仲含名賢宣，號洞岩，萬安人，官至右布政使。及思健、曰穡咸勸予選，而思健至拍案作色，奮曰：「子母老，不及時禄養，非孝。」予勉從謁選，得教句容。既至，方牽業舉，日課諸士文，而自以出世之學難語人，又負高氣，處上下多窒，每自疚。已乃疑曰：「豈吾昔所悟者有未盡耶？」時甲寅二月，聞南野先生訃，已爲位痛哭，因念師資既遠，學業無就，始自悔數年弛放，自負生平，又負師門爲痛恨。尋因作「博文約禮」題，遂舍而思曰：「孔、顔授受，莫此爲切，故必出此，乃爲聖人之學，而非此，必非聖人之學者也。」於是反覆而思之，平心而求之，不敢徇近儒，亦不敢參己見。久之，於先儒終不能强合，其疑有四；於近儒亦不能盡合，其疑有三。蓋先儒以「窮理」訓「博文」，其説要推極吾心之知，窮至事物之理。予所最不能無疑者，以先儒語理，專在物而不在人。蓋理莫大乎五常之性，曰仁義禮智信是也。今以理爲在物而窮之，此則五常之性亦在物不在人矣。是人皆爲虚器，無一理之相屬，恐必不然，此一疑也。先儒訓「復禮」之「禮」曰「人事之儀則，天理之節文」，不知此天理仍在物耶，抑在身耶？如其在身，則是先窮在物之理，後復在身之理，是果有二理矣？恐亦不然，此二疑也。《大學》之道貴知本，故曰「知所先後，則近道矣」。今語《大學》，則反後身心而先物理，竊恐聖門格物之旨、《易傳》窮理之義不如此。且此學通天子庶人，若必欲窮盡物理，吾恐天子一日二日萬幾，庶人耕田鑿井，皆有所不暇。故孔子又曰：「周其所察，聖人病諸。」孔子恒教弟子先孝弟，「行有餘力，則以學文」，未聞先教人以窮盡物理者也，此三疑也。先儒所謂窮理，則專以多聞多見爲事，以讀書爲功。然孔子則嘗以多聞多見爲知之次，今乃獨舉其次者語顔子，而其所語曾子、子貢一貫之旨，顔子不得與焉。何其厚曾子、子貢而薄顔子也？恐亦不然。况其對哀公，並不言顔子聞見之多、讀書之富，唯獨稱曰「不遷怒，不貳過」，以此爲好學之實而已。則顔子之所學者可知，而博文亦必有在矣，此四疑也。凡此四疑，予未敢一徇人，己但反諸心，誠有不能解者。至若近儒訓致吾心良知於事事物物之間，此雖孔、曾復生，無以易也。但訓在格物曰：「物者意之物，格者正也，正其不正以歸其正。」則似與正心之義微有相涉。惟達者用功，知所歸一，若初學未達者用之，恐不免增繳繞之病，此一疑也。嘗觀先儒言事事物物皆有至當不易之理，先儒豈敢謾哉？彼見學者多太過不及之弊，故必求至當、天則所在，是欲爲堯、舜之中，箕子之極，文王之則，孔子之矩，曾子之至善，子思之中庸，程伯子之停停當當者是也。是其所疑者未可非，但不知此至當、此中、此則、此極、此矩、此至善、此中庸、此停停當當者，固出於心而通於物也，非物有之也。出於心者，一致而百慮，亦非必能應一物而膠定一則也。此先儒之未達也，今近儒懲而過之，第云致其良知，而未言良知之有天則。以故承學之士惟求良知之變化圓通不可爲典要者，而不復知有至當、中、極、則、矩、至善、中庸、停停當當之所歸，一切太過不及，皆抹殺而不顧，以致出處取予多不中節，一種猖狂自恣，妨人病物，視先儒質行反有不逮。可見近儒之訓亦不能無弊。竊意顏子之約禮者，必約諸此心之天則，而非止變化圓融已耳，此二疑也。近儒又曰：「文者，禮之見於外者也；禮者，文之存於中者也。」予則以文不專在外，禮不專在中。專以文在外，則舍吾心，又焉有天地萬物？專以禮在中，則舍天地萬物，又焉有吾心？是文與禮均不可内外言也。今之語良知者，皆不免涉於重内輕外，其言亦專在内。

不知夫子言禮而不言理者，正恐人專求之内耳。是近儒之訓，亦似於孔、顔宗旨未悉，此三疑也。予既有是疑，因日夜嘿求孔、顔宗旨，麄若有明。蓋夫子因顔子求之高堅前後，不免探索測度而無所歸著，不知日用應酬即文也，文至不一者也，而學之事在焉，故博之以文，俾知日用應酬可見之行者皆所學之事，而不必探索於高深；日用應酬，凖諸吾心之天則者，禮也，禮至一者也，而學之功在焉，故約之以禮，俾知日用應酬必凖諸吾心之天則而不可損益者，乃爲學之功，而不必測度於渺茫。是無往非文，則無往非禮，無地可間，而未可以内外言也。無往非博，則無往非約，無時可息，而未可以先後言也。夫子教之如此，故顔子學之，亦無地可間，無時可息，無有内外先後，其爲功非不欲罷，不可得而罷也。已而，既竭吾才，所立卓爾，此天則者昭然常存，不復有探索測度之勞，至是，顔子之學如有歸著。則凡學孔、顔者，舍此必非正脈。予又悟「克己復禮」章即「博文約禮」之實。何則？夫子教顔子從事於視聽言動，即博文也；勿非禮視聽言動，即約禮也。視聽言動不在禮之外，勿非禮不在視聽言動之後，是可見先儒言内外先後者固非，而近儒涉於重内輕外者亦未盡。乃若出世之學，一切在内，則尤非也。繇是用功，似不落空，日用應酬似稍得其理，處上下亦似稍安，浸悟南野先生所論仁體之旨。始嘗出赴南都會友，與何吉陽、諱遷，德安人，官至刑部侍郎。譚二華名綸，宜黄人，今大司馬。二公遊，又因唐荆川公諱順之，武進人。官都御史，念菴先生執友。枉顧衙舍，遂偕晤趙大洲公。名貞吉，内江人，官至大學士。時見諸公論學，似於博學之旨多有異同。予雖未敢辨難，然因是自信者多矣。又二年丙辰，予登第。始得盡友海内諸學士，相與劘切商訂，要不能外此天則，而迄不可以内外先後言之。得此，則顔氏之卓爾在我矣。苟非此而謂之孔門正脈，恐俱北指而南轅也。異時歸，以質諸念菴先生，先生初恐予求諸意象，則詰之曰：「今滿眼是事，則滿眼是天則，可乎？」予未敢悉也。又數歲壬戌，予在楚，先生則移書示曰：「吾於執事博約之説洞然無疑，斯學其有興乎！」已而再歸，再請質於先生。先生曰：「所貴足目俱到耳〔二〕。」蓋恐予墮目長足短之弊也。予既自蜀乞休，三年復起，督楚學，遷西粤，又東粤。二十年間，倏忽老矣，尚自慚未有真得，豈亦終墮足短之弊也與？於今萬曆癸酉，復乞休爲養，益懼悠悠，以爲古今莫予困也。予曰：「及其知之一也，及其成功一也，則果何時耶？」遂記以自飭。

〔二〕「俱到耳」，原作「俱耳」，據《明儒學案》改。

附録

佚文

宿白水寺

春深傳道路開山，獨往飄然歷九關。齋閣只同雲坐卧，祇林唯趨鳥飛還。

（《西昌志》）

通譜記

往先祖謙齋先生與社溪東園翁俱續編胡氏譜，凡手書者數册，欲合梓，未及，而先祖遂背棄去。迨嘉靖癸卯，東園翁亦逝。化之先日，告諸長行曰：「譜未梓，吾目弗瞑。」聞者傷焉。又踰年，諸長行勉齋公尚立、可軒公騰霄、一江公仰儲等，乃勑諸子弟曰：「此謙齋、東園手録也，今將緝而梓之，以卒其志。」是時，直方欲效李獻吉譜例，請少增損，而諸長者不可。於是譜梓，遂竣。既竣，諸長行立群子弟於堂教戒之，更端弗可紀。最後有尊而達者出，曰：「吾耄矣，頗更嘗世故，又于世無所希。今不辭盡言，以告若等。夫譜之本指宜無他，譬如古者弗記，則結以繩；弗警，則響以鐸。故譜者，所以勸愛敬之繩鐸也。向有未見譜者，則祖宗世次或未悉。今一覽，數十世儼然臨一堂也。嚮族人名行多未了。今一覽，則族屬雖衆，恍然如同居也。儼然臨一堂，則歲時祀必嚴、墓必拜者，弗敢後也。恍然若同居，則冠娶必慶，死葬必送，孤煢必周，急難必相援，士必聚論，農必合耕，旅於千萬里，必相左右，徙於他邦，必相問訊，亦弗敢後也，是愛敬之道也。今之人，其歲弗祀、墓弗拜者固鮮，即有是，人亦無論。然吾見強衆之於弱寡，富貴之於貧賤，多至眇忽以自抗，（圍）〔圉〕奪以自肥，楫弗爲折也，言弗爲盡也，出王弗爲偕也，輿馬弗爲下也。少名其長上曰：『其人鄙也。』姪並其叔席曰：『其年後也。』其極則同産以戈相指，此則絶不有愛敬之意。蓋雖有譜也，與無者何辨？然吾以爲此習尚之壞，雖衆人爲甚，而其過則在于顯者。何以言之？吾壯而走四方，睹小邑窮陬，寡有名貴之人，亦罕知其榮，時其俗猶可觀。中年過之，顯者間作，而俗易矣。（墓）〔暮〕年則益遠矣。斯其過不有所歸邪？嗟乎！夫顯之人，豈易有哉？吾每觀若人之先世多起於圭竇鶉衣，或至無一畝之宫，窮毒蓋萬狀，故其先世能約己砥德，以善其族，以及其鄉人，而復顯其後嗣者，固不少。然其間不然者，盛其服食，都其騶輿，崇大其甲第，其陵粟、穴金、頑童、長姣，皆足以希艷庸人之耳目而震撼其心，於是僮之聲氣奪其世父之聲氣也，婢之容飾淩其嬸姆之容飾也。勢盛而分斯移，地高而親斯遠，則向所謂眇忽圉奪云者，豈不亦有之？若人既身有是過矣，而族之人視之曰：『若人且然，矧惟我？』鄉之人視之曰：『若人且然，矧惟我？』是鄉族人之過，皆若人益而賊之也。若人徒以其身賊乎鄉族之人，而吾嘗從觀其身後，亦斷乎其可知。然則吾宗之仕官隱約者，寧無鑒於斯？鑒之而約己砥德，以相勸於愛敬，斯與譜之本指，或者其無繆。不然，吾無取於譜也。」維時，聞者感嘆相戒，而直尤懍化，髮欲竦，且念吾祖與東園之勤，咸不得一睹厥成，乃泣而記諸譜末。

嘉靖二十八年己酉菊月吉旦

二十三世孫直頓首百拜書

（《南岡義禾胡氏季祥公族譜》，民國三十二年）

河南鄉試録後序

嘉靖乙卯，河南鄉試事竣，直以執事，當告成於末簡，乃作而颺言曰：人材之興，裨乎治道；而其生也，關乎氣運之盛、道化之隆。蓋自昔然矣。豫當寰宇中央，陰陽沖會，固天地之中，果無伊、傅、申、甫諸賢其人焉，豈理也哉？爾多士進矣，不可必者，遇也；不可負者，時也。士生斯時，孰無帝臣之願，而皓首窮經，不沾一命者，何限也？多士拔茅彙征，登名兹選，既遇而獲時矣，盍思所以報稱者哉？以用世，則思爲四輔；以明道，則思爲二賢。功業未必同，而同其志；道德未必同，而同其學。則本諸身而達諸政，矢其心以圖報於國者，當無愧於爾鄉之先聞人。雖山川，且藉以增重，賓興大漢，即遐方萬里之外，罔不風動影從，雲蒸豹變，矧茲髦士密邇神化，涵濡漸摩，獨深且久者乎？固宜濟濟彬彬若是乎盛也。直竊自幸茲得縱觀多士之文，見其據經協度，茂實振華，闡明道術，則悟旨於羲畫；敷陳化理，則取裁於箕範。渾乎大河之涵泓，而巍乎嵩行之具瞻。允矣，其爲豫之良矣。世際休明，川嶽效祉，理不可誣，而久道化成，人文宣朗，信非坤靈所獨擅者爾。若是，而曰多士中興，申、甫降嶽，至宋伊洛真儒倡明道學，斯文賴以不墜。往牒昭然，休哉遐矣。國朝奄有四海，祖宗列聖統一聖真，湛恩汪濊，聲教旁乎。茲惟近藩漸被，獨先焉至。我皇上道契先天，德侔祇台，臨宇以來，建極錫福，籲俊右文。皇極敷言之訓，布列黌宮，昭回雲典，不亦休有烈光耶。是舉也，巡按御史李初元殫精瘁力，務獲真材，以對揚明命，而直謬叨斯役，敢攄御史之意，用申茲告，多士其懋敬之哉。

應天府句容縣儒學教諭胡直謹序

（《嘉靖三十四年河南鄉試録》，《天一閣藏明代科舉録選刊·鄉試録》（十九））

明故譚處士小溪墓誌銘

賜進士第奉政大夫湖廣等處提刑按察司僉事邑姻胡直撰文

中順大夫知廣西慶遠府前南京刑部郎中兩江劉一中篆額
賜進士第文林郎知直隸蘇州府崑山縣事致仕邑姻曾梅書丹

處士姓譚，諱遷，字萬喬，別號小溪。是歲春三月望日遘疾，卒于正寢，享年六十有八。鄉閭之人，無愚良疏戚，咸嗟悼之，至爲出涕。余聞，則亦爲之悲而歎息不已。處士一布衣耳，非有政令聲勢足以動夫人，然則何所修爲而感人若是之甚乎？得非善之在己者，積之厚而施之以誠耶？處士少有志弗群，綜理家政，日慎條密，以故貲産益饒裕。性鈍拙退讓，不與世俗機巧者角負勝。嘗曰：「退不爲弱，讓乃有餘。」每見訟曲直，必勸釋之。且廉取予，不苟阿隨。凡公務彖舉，歲供賦役，輒勇往，率以身爲先。雖勞不怨，費不吝。邑侯山石野吕、東洲繆、脩吾馮迭加旌奬，鄉大夫玉齋蕭先生爲傳，謂其隆孝友，篤信義，尚儉樸，樂賑貸，不失古君子長者之風，有光于先世焉。家雖邇城市，未嘗汲汲營末利以治生，惟以田園之入自給。尤不嗜酒，至奉祭祀，欵賓朋，則豐潔傾倒以盡情。晚拓基搆燕翼之堂，扁曰「種德」，以示子姓相繼爲善。蓋處士所存所爲如此，自少垂老，終始一致，謂之善人君子，奚媿哉？娶張氏、范氏，柔順貞淑。子男一，良儲，字汝實，范出，讀書通大義，尤振古風之卓卓然者，且諳熟韜略，爲明齋楊侯所重，僉長團堡，領兵數百以禦寇。寇不敢犯，城賴以完。女一，名清玉，張出，適上模曾曰戢。孫男二，士章，士翬。外孫男一，崇懋。其上世繇金陵徙家吉之泰和城西，自宋大庾令傳及，科甲代不匱人。國朝有諱□□，歷官知平陽府。曾大父敏，大父諒，遊邑庠。父淳，字德厚，號朴齋，壽膺冠帶。母彭氏。處士兄弟二，伯逸，字萬謙，號西廓。仲即處士，弘治甲寅十月廿日其誕辰也。儲以卒之歲臘月十有一日，奉柩千秋鄉五十八都蜈蚣嶺祖塋之側，子山午向。余從祖確齋堅與儲敦至戚誼，先期具狀來徵余銘。儲欲著親行以永世，可謂能子，而譚之世德由是益可知矣，銘奚辭？銘曰：維譚之先，族大以蕃。蟬聯科名，金石以宣。猗歟處士，望重鄉閭。不營末利，資用裕如。世德種植，厥培益力。柢幹發榮，天報可必。兹窆高岡，首陰趾陽。勒銘于宅，彌久彌光。時皇運嘉靖四十年辛酉歲冬十二月丙寅，孤子譚良儲泣血立石。七十一翁劉景祚鐫。

（泰和縣博物館蕭用桁提供。）

序

衡廬精舍藏稿序

郭子章

先王之所謂策府也，阿平無險，四徹中繩，寡草木而無鳥獸，悉其所制作，可掩古，可昭來者，舉而藏焉。荆揚之間，語無險而中繩者，孰逾衡廬？蓋神禹經之矣。《尚書》：「惟揚州。彭蠡既豬」，「惟荆州。荆及衡陽。」《山海經》載：南海之内有衡山，有三天子之都，一名天子鄣，即廬山也。而禹各有藏：衡之藏在岣嶁，雲密嶽麓，凡七十七字。廬之藏在紫霄石室中，百餘字，不可辨。堇識所謂「洪荒漾，余乃撵」是已。廬陵湊二山中，北距廬，東距衡，俱不能千里。予師胡正甫先生生於其間，自號廬山，名其居曰「衡廬精舍」。先生少讀古人書，長學於歐陽文莊、羅文恭二公。契餘姚之旨，以上窺孔孟之際。所著書若干卷，其宗鄒魯，其文《洪範》、《國》、《雅》，其詩賦建安、大曆。修胸中之誠，以攄之書，棄知棄意，以明道而畧物。閎而盧牟六合，歛而綜攝一貫；鉅而敷陳皇王，纖而箴縷醫筮，靡不蹠其玄閫，協厥《六經》。子章自少從先生游，得而卒業焉。間請付之剞劂，先生曰：「非吾志也。吾名吾書曰『藏之衡廬』耳。」子章曰：「有藏則有副，以俟後世聖人君子。」乃謀之二三子而刻之。嗟乎！衡廬之藏，侁自神禹，文不盡解，大都紀決排，叙疆理。至其見知堯舜，爲萬世文命之祖，說在「人心惟危，道心惟微，精一執中」數語。予觀先生所藏，不禹之績而禹之心，其教子章曰：聖學始於仁，而要在無欲。語學至於無，至矣。克伐怨欲不行，不得爲仁。有所恐懼、憂患、忿懥、好樂，則心不在。「有所」未無，「不行」未盡無，而何以名仁？孟子論養心在寡欲，養浩然之氣在無害。故曰：無適無莫，君子也。無意、無必、無固、無我，聖人也。無聲無臭，天也。至於無，則道心微而中執，是乃所謂仁。是先生藏稿之大都也。楚周元公論聖學，以一爲要，而直以「無欲」當一。先生之教怳若券合，而說者謂元公產於衡，止於廬，先生宅於廬，綈於衡，其跡亦若片合，豈二山之靈侁於禹，嬰薄於元公而凝翕於先生耶？嗟乎！禹之學以柏翳光，元公之學以洛陽衍，今所爲先生柏翳、洛陽者屬之誰乎？子章不敏，敬告吾黨，諸君子相與共淬礪焉。

萬曆甲申秋仲門人郭子章頓首撰

（據北大本《衡廬精舍藏稿》）

補刻衡廬精舍藏稿序

莊誠

廬山先生之文，豈止立言已哉？誠嘗遵所聞而領其槩矣。精一微危十六言，啓萬世心學之要，即孔、孟而下，亦後聖人而生，得聖人之中者，精以擇，一以守，守非外於擇也，恆其所擇者耳。聖人恐其精而無的，一而或偏也，故示之以中執而以中是，又化其所以執，使精者常照，一者常融。陽明先生直指良知，又在精一上説出一頭地來。蓋所以擇而守者，賴有此良知常照而未嘗昧也。良知渾自其繼善而受衷者，單言之，蓋人性之根柢也〔一〕，而非同體異用之説也。及乎形生神發，則合虛與氣，而人心自是道心中合下帶來者，故上知不能無人心，下愚不能無道心。惟陽明勝則血氣清，而人心不甚駁雜；陰濁勝則血氣熾，而道心常爲其所掩。上知則氣極其清發出，人心亦是道心，蓋所謂從其大體者也。若中人則頻失頻復，終或無咎。至於下愚，則發出機械變詐，亦非人之所易及者，却都是血氣用事，如受辛之抑戮三仁，正卯之備具五惡。即聖人有不能化而入者，孰非人心危，縱而墮落於耳目口體之欲乎？所謂從其小體者也。道心微而難見，人心危而易恣，二

〔一〕「柢」，原作「祗」，據文意改。

者在毫芒之間，苟察之不精，則必有以人心爲道心者，如日用、動静、飲食、男女之間，雖聖賢所不能免者，但當即合於天理之公，不當即歸於人欲之私，此發用之際，亦要點檢約中而後身可脩也。此脩身又爲精一中形著之實跡，而變化之本基此矣。我廬山先生妙契曾、孔之真詮，遠徹堯、舜之心法，究極乎精一微危之義，而直指「獨知」二字爲學者入德慎脩之地，格也，致也，皆吾人心上之事，而精之之功也。自此而誠，而正，而脩身，又自此而齊，而治，而均平，雖各有作用，而莫非精者一以貫之，其與克明峻德以及時雍風動者不曠世而一原矣乎？此聖經條目功夫，所以直言明明德於天下，蓋明即精一之至耳。廬山先生之學誠有通性命、貫天人，而一體之仁不外乎一掬者。至於博極古今，表裏人物，探賾索微，闡幽潛顯，尤非後學之所能肩。誠於嘉靖丙寅間領署先生之教，嘗試誠以立命之學，擢誠爲青衿一人，自是益親而益密，其所領畧者益深而益微。數年以來，塵溷於隱吏中，賴有此以立定根脚耳。兹泰和龍子來潮探迺翁門人舊攜，得通家胡長公之書，並寄老師寫補全集以示。是集也，刊於青螺郭公守潮之日，今其板攜至泰和，而蠹者幾半矣。語誠續而補之，誠承是，遂歡然命匠，不兩旬而工竣。因遣役齎之泰和以成全書。先生集中所并載詩歌序銘頌箴辭賦，雖云正學之緒餘，然成象成形，莫非二儀之精也。今亦幸而不泯焉。

萬曆二十三年乙未歲三月朔日潮州府同知蜀成都後學門生莊誠謹識

（據明刻本《衡廬精舍藏稿》）

衡廬精舍詩稿序

謝東山

夫詩之興也，蘊於中而爲志，發於聲而爲文，蓋本末兼之者也。故作者非強爲之言，而諷者亦有所感創而趨於正。《詩》至三百篇，其體備，其辭婉而麗，後世無以復加矣。故聖賢如孔、孟不自爲詩，而但示人以學《詩》之法，以三百篇之多，蔽之以「思無邪」之一言。憫説詩者之泥於文辭，而教之以意逆志，凡欲學者之先其本也。後世之學爲詩者，不求之志而求之文辭，若以三百篇之體猶爲未備，辭猶爲未工者，往往蒐奇抉異、字鍊而句琢之，古變爲律，惟主屬對；賦變爲歌行，率多浮淺；比興變爲詠物，不免於認客作主；賡和變爲次韻，一韻至累數百首，何取於多？作者不本於性情，諷者無由而感創，詩之弊至此極矣。俗習既久，雖有豪傑之士亦陷溺其中而不自知，即有始而迷、終而有悟者，卒亦未有能超乎翰墨之外者也。杜子美云：「老去詩篇渾漫興，春來花鳥莫深愁。」一似晚而能悟者，然猶欲得思如陶、謝者與之遊，是其志不過欲爲陶、謝之詩而已耳。昔之有志於道者曰「删後無詩」，斯言固未爲過，而世之狃於俗習者乃反笑以爲迂闊，何耶？泰和廬山胡公在蜀中，出平日所爲《衡廬精舍詩稿》視淮海孫公。孫公敬嘆，以爲必傳，而以署潼川州事三潭戴君謁予序。予惟近世言理學者歸江西，而吉安爲盛。胡公之先大夫晴岡贈公私淑於陽明先生，學先存省而緩窮索，語在《胡氏世叙》中，而復古鄒公、文莊歐陽公則陽明先生之高第弟子，念菴羅公則二公之所畏也。公入則承家庭之訓，出則從諸先生長者游，得諸天者既粹，而父兄師友淵源之自又如此，宜乎涵養之深，踐履之篤，作爲文辭以宣寄情志者，彬彬乎兼該本末而上薄《風》《雅》也。公自序云：予捉髮好攻文辭，類多靡冶。既壯，始有子雲悔少之嗟。噫！公何悟之早也。夫子雲以賦爲童子之技，悔而不爲，其志誠大。然說者謂其沉靜少嗜欲，恬於勢利，言不詭於聖人，雖若庶幾於道，而栖栖危亂之世，其所當悔又有甚於俳辭者，況其悔而進之者，又不過欲求文章成名於後世而已。非苟知之，亦允蹈之，視孟氏何如？公當聖明之朝，猶以介特不能安於省署，而流離江海，漠然不以爲意，反以爲樂，故園某水某丘，時往來於懷。吾觀其志，直欲掃迹山林，毁棄筆硯，嗒爾忘言，於埃壒之外者。視既少嗜欲，恬於勢利，猶欲求文章成名於後世者，公之志或不止此也。故予竊以爲子雲之悔爲文也，公之悔爲道也。爲道則身不必仕，不必不仕；詩不必作，不必不作；要以不妨於學，不背於道而已。予不敏，自少有耽句之僻，後雖有所聞於先生長者，而自視所有如雞肋，至今未能舍也。三復《大雅》，不覺爽然自失。此序之作，是亦徒知而未能蹈者，然公既有以教我，亦相與勉之而已矣。

明嘉靖四十四年春三月吉日近譬山人謝東山頓首譔

（據明刻本《衡廬精舍藏稿》）

又序

孫應鰲

廬山胡子，江西泰和人也。自少工詩，師事念菴羅先生，篤志於道。往者予兩官江西，得締交廬山子。已又數會芷㕓蘭水之間，今又同官於蜀。楚侗耿子自南都寓書余曰：「子今得爲仁之依，舍廬山子莫可究竟者。」又寓書廬山子曰：「淮海子入蜀，其爲子賀得良朋。」以余二人合併之益，即楚侗子在數千里外猶相爲慰藉，則余二人之情可知已。廬山子博詣玄解，爲人繩墨嶄然，故其詩甚精，不詭於法；其胷次洞然無蔕薊，有物我同體之懷，故其詩暢而鬱，直而宛；究厥品流，獨立物表，埃壒者不得睨焉，故其詩天趣最深，非追琢可及。余素亦喜爲詩，年來自愧未有萬分之一得處於道，乃漸次離去不爲理，將無亦偶同廬山子悔少之嗟耶。然廬山子則固得處於道，斯高泉謝公所謂「不必作，不必不作」者，故余不敢望而同也。集既得高泉公序諸首，乃付戴別駕、謝郡守梓行之。

嘉靖乙丑春中淮海道吾山人友弟孫應鰲書

（據明刻本《衡廬精舍藏稿》）

太虛軒稿序

曠驥

《太虛軒稿》者，先師胡廬山公近年手筆也。先生少負豪邁，輟頓轡詞壇，睥睨諸人士。諸人士爲其學窮二酉，嵇焉斂衽，以故文名擅一時云。亡何，謂訢跎宕逸之不足以養性也，謂記問詞章之不足以縠學也，遂從遊歐南野、羅念菴二先生之門，講究心學。時且厭志塵鞅，遊神清淨，則捃摭三乘諦藏，飄飄乎幾忘世矣。已而隨時凝注，隨處體驗，忽翻然悟曰：「聖道不偏於內，不偏於外，其爲學也，遺內而荃蹄。夫外者，迹也。捐外而繩鑰夫內者，空也。吾囊物於迹矣，今又躭之空，得無盭道夥乎。」自是領絶四於藏六，覺屢空於了色。擢胥一貫，殫修良知，搰數千禩而莫之止，蓋得道深矣。桑景嘗著《衡齊》，昭晰靈則，證鼎物理，靳聖道炳若日星，亶後學指南，當垂不朽。余夙北面受益，媿遊於藩，數稔以來，諭沔宰興，日揭師說，迪多士，欲續梓《衡齊》以印之。越萬里索之令子順，順迺挈《太虛軒稿》授，謂是刻當余任也。夫余方明道是圖，渠猶局攣文墨，不與吾指相刺謬耶？雖然，道非他也，即文之根也；文非他也，即道之歧也。棹文之士，縱敷膏揬靈，甘菽粟，衣布帛，祗爲才府之韞輝，是道亦文也。柄之道之儒，縱擷英摛藻，繡鞶悅飾銀黃，要亦性海之揚波，文亦道也。且閱諸帙，詩文往往洸瀇漫而澤醇雅，則一斑有餘彩，寸臠有深味，如是者可已於鐫梨也與哉，爰付梓人。竊懼覽者不察其指，猥以一斑寸臠弁髦之致文豹大鼎，因不可見，則余之諐甚也。故囁嚅數語，用誥諸君子毋忽。

萬曆癸巳春仲門人曠驥頓首撰

（據明刻本《太虛軒稿》）

胡子衡齊序

許孚遠

《衡齊》何爲而作也？胡廬山先生憂世之儒者論説多端，而持衡以齊之也。夫言惡乎齊？道惡乎衡？揚子有云：「衆言淆亂折諸聖，在則人，亡則書。」聖人者，固後學之所折衷也。先儒有云：「存文王，則知天載之神。」又云：「識得朱濟道，便是文王。」吾心者，又斯道之所取則也。蓋自仲尼沒而微言絶，諸子百家議論繁興。漢溺於訓詁，唐濫於詞章，心性之傳不絶如綫。迨於宋室，真儒輩出，理學始明。其一二鉅賢力攻著述，以開來學，精神力量可謂收儒者之大全，然而議論訓釋稍有矛盾於孔氏。我朝王文成先生揭「致良知」三字，直透本心，厥旨弘暢矣。乃其末流侈虛談而尠實行，世之君子猶惑焉。嗟夫！道之不明，則胡不折衷於聖人，又胡不求端於吾心也？昔者堯、舜、禹更相授受，惟曰「允執厥中」。孔子明《大學》之道必曰「止於至善」，此曷以故哉？嘗試觀之：人生於天地之間，視而不明，聽而不聰，動作進退而不得其理，則威儀亂；有父子而不相親，有君臣而不相事，有夫婦、長幼、朋友而不相别、相序、相信，則人紀滅；養其身不以爲天下則私，役于物反以遺其身則悖，探索於刑名、度數、禮樂、名物之煩而日亦不足則支，馳騖於高虚、玄遠、簡曠、自便之域而實之不存則罔。亂也，滅也，私也，悖也，支也，罔也，有一於此，皆心之所不能自安者也。心之所不能自安者，非性之本然故也。亂而治之，滅而脩之，私而擴之，悖而反之，支而約之，罔而誠之，則性順而心安。「天生烝民，有物有則。」過之不可，不及不可。堯、舜之所謂執中，孔子之所謂止至善，由此其選也。嗚呼！豈非萬世學者之準的也哉？先生《衡齊》九篇，其大要闡人心之靈則，辨物理之非外，而折衷於孔子之訓，反覆論證，既已深切著明。其謂釋氏本心未嘗非是，而特不能盡心之過，一言足以訂千古之是非。學者苟知此意，雖以釋氏之明心見性，其究至於出離生死，猶於此心此理未盡，而況其揣摩測度、視大道猶逕庭者乎？《傳》曰：「祭川者先河而後海。」貴知其本也。又曰：「升東嶽而知衆山之峛崺，浮滄海而知江河之惡沱。」貴睹其全也。又曰：「道若塗，若以車航，混混不舍晝夜，貴於自強而不息也。」學者苟知其本，又睹其全，而能自強不息，則道在我，而可以權衡乎天下之言矣。其不齊也，無所加損於道也。先生不遠千里緘書遺孚遠，屬之以序，遂不辭固陋，而敬識其大端云。

萬曆癸未孟冬建昌守德清許孚遠謹序

（據明萬曆曾鳳儀刻本《胡子衡齊》）[一]

胡子衡齊序

王世貞

胡子之書曰《衡齊》，既成，而長洲令曾鳳儀氏刻之，屬不佞貞序焉。夫胡子何以稱「衡齊」也？衡者，平也，所以平低昂而使之當也；齊者，和也，所以和諸味而使之成也。胡子之所爲《衡齊》也，其大指曰：吾儒與他道角，吾處吾勝而求彼負，以爲異端，彼亦處其勝以求吾負，而譏吾之未至。不平而後有爭，爭而不能和則害。彼所謂佛也，老也，揚也，墨也，申、韓也，彼皆有以自持之。吾衡而平之，然後劑而和之，則皆爲我用也。洙、泗之後而有濂、洛，濂、洛之後則吾儒與吾儒角，彼此不求是而求相勝，曰尊德性也，道問學也，主静也，致良知也，隨處體認也，體仁也，源一而流漸異。吾衡而平之，然後劑而和之，而其源湛如也，故曰「衡齊」。孔子之言，

[一] 此序又見於萬曆甲午葉向高序明刻本《敬和堂集》卷二。

純者爲《魯論》，而小雜者爲《家語》，有問答，有自言，皆門人紀之者也。孟子之言，有問答，有自言，皆身著之者也。荀子、揚子、文中子亦身著之者也。莊子、列子身著之而間託之問答者也。其後而爲周子、張子，至明而爲薛子，皆身著之者也。爲二程子、朱子，至明而爲陽明子，皆門人紀之者也。胡子之爲《衡齊》也，身著之而間託之問答者也。身著之得無有意乎哉？聖人立象以盡意，意不盡則繫辭焉以盡其言。夫大者以道立言，次者以言明道。以道立言曰經，以言明道曰傳。胡子之《衡齊》，傳也。其所以衡齊之意，則明道，其明道將以淑人而執世也。意在明道，何害於意？意不在名〔一〕，何損於道？甚矣，胡子之意之審也。雖然，其辭得無過脩乎哉？孔子之繫《易》曰「脩辭立其誠」，誠立矣，何脩辭之足病？且胡子之學，心學也。反之心而苟有協耶？即葱嶺、苦縣不諱同也。其猶有扞耶，即關、洛、閩、越不憚異也。如其羽翼乎？即稗史、巷議不辭采也。可借而彈射乎？即《齊諧》、《虞初》不虞詭也。是故辯若儀、秦而非爲強，工若丘、非而非爲刻，逞若蒙莊而非爲縱，博若僑、向而非爲淫。故曰：其旨遠，其辭文，其言曲而中，其事肆而隱，胡子其將庶幾乎哉！余與胡子先後仕于朝而不相值。第聞胡子倡道于東南，天下有志者慕而趨之若流水，而胡子顧不立門户，惟道之是明而已。雖然，吾終以胡子之辭

〔一〕「名」，《弇州續稿》作「明」。明萬曆曾鳳儀刻本，此序題爲「六止居士周天球書」。此字疑爲周氏筆誤。

脩，懼天下後世之以辭求之也。然則治胡子者當如何？反之心而協，如胡子之於先喆可也。是所謂《衡齊》之衡齊也。

弇州山人吴郡王世貞撰

（據明萬曆曾鳳儀刻本《胡子衡齊》）

胡子衡齊序

張位

胡廬山先生講道螺水之上，四方考德問業其門者，履恒滿焉。余從鄉邦後，雅慕先生有年，昨遊吉之桐江，思造請函丈，先生聆余至，翻然就之。會余以親病返舍，尋爲時迫出山，至人難遇，大道難聞，「瞻彼日月，悠悠我思」矣。頃，友人來自長洲，傳曾明府手書，示余新刻《胡子衡齊》，且委之序。初讀之，洋洋乎，纚纚乎，何其工而則，辨而不肆也。歎曰：「富哉，言乎！」再讀之，雍雍乎，井井乎，又何其平中不偏，極於變而不離乎宗也。復歎曰：「至哉，言矣！」昔謂「孔子没，微言絶，七十子卒而大義乖。」言曷稱微？天下隱然而莫測其指是也。義曷云大？天下曉然而咸通其故是也。揭大而涵微者，聖也；闡微而遡大者，賢也。試取《魯論》、《中庸》二書覆誦之，而尼、思之所繇，判可識矣。夫大道甚夷，至理無二。聖人懷之，斯欲忘言。衆人辨之以相示，卒莫能定。彼局見拘方者，人置一喙，妄生分别，秦、漢以來，何其嘵嘵也。今天下之論滋矣，胡先生安能以己之説爲天下司平，而斬然齊一之乎？蓋胡先生不能以其説均齊天下，凡天下譚名理指歸，卒不能外先生之言爲言，是則所謂「衡齊」云爾。今夫臆斷輕重，誰能自信？惟誠設而低昂不爽者當也。意料長短，未免有差，度誠設而尺寸不欺者，亦當也。在我權度，惟兹惟靈，不墮封畛，不囿象數，精入無倫，大至不可圍。知止斯定，定斯徹，徹斯融，達乎巨細之倪，而洞乎修短之故。由是百家淆亂，庶幾哉其可折衷乎？處窈奥者，陵藪蒙翳，分町析畦，引而登諸泰山之巔，則萬里曠然，何閡之有？井鼃谷鮒，擅耳目以相娱，莫吾能若。試遊乎溟渤之區，望洋東視，異派同歸，始足以語大方之家矣。蓋見大則罔弗平，冥會則罔弗一。胡先生之學，以盡性至命爲宗，存神過化爲功，固已見大而窺源。由是千古之輕重長短，疇能越焉？昔王充《論衡》之著，扶踈二十餘萬言，闢摘詭譎，取尚理實，蔡邕秘之以爲談助，乃其書猥襍無關，奚足觀也？莊生《齊物論》，非舉物論之不齊而齊之也。蓋謂未有物先，本無可齊；既有物後，自不能齊。始喻風竅，卒歸之虚景幻夢，爲説汪洋自恣，范無畔涯。以余觀於《衡齊》，懸衆説而歸宿於道，二子空有喙三尺矣，斯其可傳也奚疑？會心人遠，合并何期？日手兹編，面譚千里。是書藏諸名山，知其解者旦暮遇之，又何有於余哉？曾明府昔受學胡先生門，一嘗訪余山中，高朗士也。甫宰巖邑，席未遑暖，孜孜首此以付剞劂，豈特侯芭之嗜玄哉？夫亦漆雕之志大矣。

豫章張位序

（據明萬曆曾鳳儀刻本《胡子衡齊》）

胡子衡齊序

羅汝芳

廬山胡子，與余爲同年友，交也最久，知也最深。近别三載，思也方切。乃樂安尹王君，其門人也，爲刻所著《衡齊》，授余。讀之，敬作而嘆曰：「辯哉言乎！博而醇，密而遠，雖求之古先，亦未能幾也，是寧不足以傳也哉！」王君欲余言爲序，余又何言耶？余惟《衡齊》云者，謂定吾衡之平，以齊夫天下之多寡輕重，猶精吾心之理，以齊夫天下之是非美惡云者也。此一恒人足以辨之，乃《理問》上下，致勤千百言而不置者何哉？則以儒先之説未詳焉爾。儒先云：「理在於物，必即物以求之。」夫物與我類也，理在於物，而獨不在於我耶？物之理與我之理亦類也，理在物，則知所以求之；理在我，獨不思所以求之也耶？兹就其説詳之。夫吾儕之學，學孔氏也。孔氏之門，賜稱穎悟，乃多識致問，應遽如響，一貫諄示，聽若藐然，他則更奚尤哉？夫理一而已矣，夫一亦理而已矣。是故亘亙霄壤，孰從而一之？則理以一之也。亦孰從而理之？則一以理之也。盎然充盛而湛然流通，一也，而莫非理也；森然具布而渾然生化，理也，而莫非一也。是則天地人之所以爲心也，是則天地人之心之所以爲神且靈也。夫神則無方矣，靈則無眩矣。無眩、無方，而謂其心之有弗理，理之有弗一也哉？故以吾而等諸天地萬物，則謂天地萬物之心悉統乎吾之理，無不可也；以天地萬物等諸吾，則謂吾心之中悉統乎天地萬物之理，亦無不可也。何者？天、地、物、我，形有不一，而心之所以神、所以靈，無不一也。夫即吾心之神靈，而天地萬物可以統而一之，則即吾心之神靈，而天地萬物自足以貫而通之。是不惟善求夫吾心，而所以善求夫天地萬物之心也；不惟善盡夫吾心，即所以善盡夫天地萬物之心也。否則，不以我體乎物，而爲物所體，不以我用乎物，而爲物所用，將何以尊崇德性，柄運經綸，而立本知化也哉？《易》謂易簡，而天下之理得；天下之理得，而成位乎其中矣。吾夫子爲後學之意，不益深切而著明也耶？敬以是而足《衡齊》之説云。

（《羅明德公文集》卷一，據鳳凰出版社《羅汝芳集》）

胡廬山先生全歸稿序

鄒元標

先生既没之明年，同門督學郭相奎氏與令子順搜秘牘中，得所爲《閉關小録》及《補過》、

《困學》、《翊全》諸録、寢室警語，總名曰《全歸稿》。珠璧錯陳，隨地流輝。順等不忍捐置，謀鐫之以傳。或問余曰：「先生以盡性至命爲宗，以存神過化爲功，學已闖聖窔矣，諸録得無贅乎？」余曰：「學以悟爲入門，以脩爲實際。悟而不脩是爲虚見，脩而不悟是爲罔脩。先生已洞然聖學之大，而復與困學同功，兹所以全而歸也。」曰：「《日録》揭稿諸家報何？」曰：「灑掃應對，罔非精義；出處進退，人道大端。先生雖倦遊，聞君命則懇辭，中途不得請，則單車赴任，委曲懇惻，用意忠厚，其仕進亦何以禮也。」曰：「先生臨終也，而手筆謂何？」曰：「昔曾子臨終，啓手足以示門人，庶幾無忝所生。先生生平戰兢，而終猶惓惓三極之真，百聖之宗，則易簀之志也，披卷者可以興矣。余嘗觀良農之畊也，播之美種矣，然必深畊易耨，然後莨稗不生。乃惰農復從而姍之。先生銖銖而積，寸寸而累，其心良苦。迺世之學者馮其荒唐揣摩之私，漫無所用心，過計先生之苦難，豈不左歟？《詩》曰：『是穮是蓘，必有豐年。』〔二〕凡我同志共勗之。」

（《願學集》卷四，焦竑序刻本）

〔二〕此句所引乃《左傳・昭公元年》中語，原文作「譬如農夫，是穮是蓘。雖有饑饉，必有豐年」。蓋元標誤記也。

衡廬精舍藏稿

《四庫全書總目提要》

《衡廬精舍藏稿》三十卷，《續稿》十一卷。江西巡撫採進本。

明胡直撰。直有《胡子衡齊》，已著録。是集爲其門人郭子章所刻。凡賦一卷，樂府一卷，古近體詩四卷，文十九卷，雜著四卷，又續集詩賦一卷，文十卷。不知何人所編。卷首《盛才賦》下注「少作」二字，殆其後人取初集簡汰之餘，與晚年未刻之作裒爲一帙也。直家泰和，東距衡山不千里，北距廬山亦不千里，故取二山之名名其書室，因以名集。直從歐陽德游，又從羅洪先游，其學一以姚江爲宗，故所作《胡子衡齊》八卷，大抵闡明心學。然《明儒學案》稱其少駘宕，好攻古文詞，年二十六始講學，故其文章頗雅健有格，無抄撮語録之習。又其宗旨謂釋氏主于出世，故其學止于明心，明心則雖照乎天地萬物，而終歸于無有；儒者主于經世，故其學在于盡心，盡心則能察乎天地萬物，而常處于有。故其文章亦頗篤實近理，未至王學末流之誕放。至于《雜著》諸篇，如設罝獵人之類，詆諆薄俗，未免少傷忠厚。直初見歐陽德時，德病其疾惡太嚴，一切憤憤不平，是已先失仁體，殆亦其夙見未融，故嬉笑怒駡不覺言之過歟。

（《四庫全書總目》卷一百七十二）

胡子衡齊

《四庫全書總目提要》

《胡子衡齊》八卷。浙江鄭大節家藏本。

明胡直撰。直字正甫，泰和人，嘉靖丙辰進士，官至福建按察使。直之學出于歐陽德及羅洪先，故以王守仁爲宗。嘗與門人講學螺水上，輯其問答之語爲是書，分《言末》、《理問》、《六錮》、《博辨》、《明中》、《徵孔》、《談言》、《續問》、《申言》九篇，篇有上、下。其名「衡齊」者，意謂談理者視此爲均平云爾。其大要以理在心，不在天地萬物，意在疏通守仁之旨。然守仁本謂我與天地萬物一氣流通，無有礙隔，故人心之理即天地萬物之理。而直乃謂吾心所以造天地萬物，匪是則黝没荒忽，而天地萬物熄矣。是竟指天地萬物爲無理，與守仁亦不相合，未免太失之高遠。其文章則縱横恢詭，頗近子書，與他家語録稍異。葢直少攻古文詞，年二十餘始變而講學，故頗能修飾章句，無諸家語録弇陋粗鄙之狀云。

（《四庫全書總目》卷九十六）

衡廬精舍藏稿跋

胡承鎬

先按察公《衡廬精舍藏稿》三十卷，公門人郭青螺尚書所刻。公以正德丁丑歲生，至尚書作序時，公年已六十八。踰年，公卒於福建。《續稿》十一卷之刻，公蓋不及見矣。乾隆間，兩稿俱得入《四庫》，顧原板竟失，族人屢謀重刻，不果，僅於同治間用活字板印若干部，迄今又三十年。承鎬方偕諸父老子弟重建六經堂，因念此兩稿不可無板，乃復捐貲開雕。公爲有明大儒，兩稿久奉聖朝論定，何容更贊一詞，特誌緣起，俾後之人有所考云。

光緒二十九年癸卯八世姪孫承鎬謹跋

（《衡廬精舍藏稿》，含《續稿》，光緒癸卯冬重刊於齊思齋書塾）

胡子衡齊序跋

胡思敬

前明吉郡講學諸賢，約分二派。泰和羅整庵（欽順）。廬陵劉卧廬（觀）。孫宜鉉（鼎）。永豐羅一峰（倫）。吉水羅東川（僑）。李谷平（中）。永新尹洞麓（臺）。安福王莘民（尹）。皆篤守程朱塗轍。安福鄒東廓、守益。劉兩峰、文敏。王塘南、時槐。劉調文、元卿。鄒南皋、元標。泰和歐陽南野、德。永豐聶雙江、豹。吉水羅念庵，洪先。則私淑陽明者也。正甫初攻古文詞，以太白、東坡自負。年二十六，遇南野於普覺寺，聽講「唯仁者能好人」一章，始折節事之。三十以後，兼師念庵。此《衡齊》九篇，設爲問答之詞，力伸師説。文辭瑰瑋，可謂青勝於藍。惜刻本世不恒見，《明儒學案》只收十餘條，且多割裂字句。予家舊藏萬曆本，前有王弇州序，尚完好，因取以付梓，並歷叙前輩學派異同，俾後人知所嚮往。爲學而求聖人之道，如入王都，但期必達而止，其所從入之途各有遲速，不必紛紛聚訟也。

丁巳端午日胡思敬跋

（《胡子衡齊跋》，《豫章叢書·胡子衡齊》）

書信

與胡正甫[一]

羅洪先

聞春榜報，如酌春酒，融融洩洩可知。是時方經大水後，卧疾野舍，蓬跣一榻，而有訓諸弟索所寄詩，漫爲書數語代賀，不識即達否？惠州有葉絅齋北來，謂吾弟精神收斂，喜甚，喜甚！又過于聞春榜時也。萬里長途，始于發軔。吾弟聰明，能闡發道理，縱不肖極力撰言，何以裨其一二？獨自心自斷處，不識勘得如何？千古真正英雄，從此起手，千古不多見真正英雄，亦只在此倒手[二]，吾弟勉之。吾見亦罕矣，奈何奈何？少衡見報，已除南昌，恐精神不足，頗爲之慮。吾弟與穎泉必同選，旦夕切磋，何樂如之？月初侍廓翁、雙翁聚玄潭，二翁精力勝常，而不

[一] 光緒十三年刻本《羅念菴先生文録》目録有「丙辰」二字，胡直此年中進士。

[二] 「倒」，光緒十三年刻本《羅念菴先生文録》作「到」。

肖則已頹然如翁。散會復病，後來日月可知也。問及者，以是語之。

（《石蓮洞羅先生文集》卷九，萬曆丁巳鄒元標序本）

與胡正甫

羅洪先

《大學》工夫始於致知格物，然皆爲絜矩。絜矩是「明明德」，天下實事，第絲毫此間尺寸不真，便絜矩不得。縱云與物一體，終然向外馳逐，未是聖賢有天下不與法度，此處倒一邊不得。學脈從來非一句便盡得，要人承領如何耳。故堯舜事業只如一點浮雲過空，此與胼手胝足非是兩事。執事謂此如何？若自家未是絲毫不染，一切學脈皆拈不起也。風便，示一言證果之〔一〕。

（《石蓮洞羅先生文集》卷九，萬曆丁巳鄒元標序本）

〔一〕「證果」，光緒十三年刻本《羅念菴先生文録》作「果證」。

又

羅洪先

一次書來，一次警惕，常如此，惟恐吾弟書來之不數數，又敢有所限而不數數相答且請益哉！昨歲寇警，聞其慘酷，如傷吾子女，真不忍聞，不能少寧耐，始悟古之被髮纓冠、捐軀赴難，皆有大不容已者存。所謂天之與我，非人所能爲也。從此始悟除却講學培養，更無善政；除此真心作用，更無才力智巧。從此破除閒路徑。只是平日氣質柔弱，兼之怠緩，未有必爲聖人之志，漫過時日，侵尋老境，徒有悔嘆。今得吾弟切磋提撕，當不敢虛一息之存，所謂無巨細尊卑，不敢忽畧，却是終身當然也。受言受言。一泓之喻，極感相諷。生却不敢守一泓爲足，只是愛養精力有當然。耄期倦勤，堯且然，況他人乎？此中正有節奏，倒一邊不得。即使子女有疾，自身有不可強者，此何損於一體哉？聖人之學與二氏斷斷不同，近已分曉不混。此心果一體，更何内外去取之别？大段但不屬見，都是實用，便自條理。只爲尚是見中人，始有倒一邊病耳。幸數數教之。前曾往一書，不謂令即至今未行，不識達否？不妨更指其疵也，千萬！桐江之守，出一時不得已，若云練兵，則全無之。蓋區區從來未出門，安能了此？只小兒六月將家入郡，十一月方歸。此身留松原爲一鄉之耳目，若後此寇不息，又當別計也。

（《石蓮洞羅先生文集》卷九，萬曆丁巳鄒元標序本）

與胡正甫

羅洪先

學問能即事煅煉，不自止息，隨處斷當有遇。有諸己一步誠未易至，只用力有常，會當有漸入處。區區拙弱最甚，深負夾持之力。自入夏來，里人以版籍事來告，求爲出力。因念團局于縣，非高皇舊制，思開局各都監以士友，使孤兒寡婦咸得至局爭辨，方爲便益。當道從之，已而爲之評議里甲，自六月至歲暮，更無一刻休暇。身雖一室，每日相對百十人。同水一鄉，呼吸相應，皆由督册道六亭公相信不疑，行之一邑。富者不免怨謗，而貧弱者則歡若更生矣。自臨此事以來，未嘗有厭惡心，未嘗有怠弛心，亦未嘗有勞倦，緣不見有動静二境。自度此箇路徑，或者不甚錯誤，第無由與執事面證之。至於所言天則，所言敬，所言無内外將迎，所言静時分曉，亦只在此處自能得之真，非言句中可盡也。得此一步，不患閉户不穩。計執事用力不懈，即遠宦且久，何處不是煅煉？卷跡二字，又不知從何動念？幸勿言。淡之一字，亦只是此處穩實，自然與世不甚粘濡，不求淡自淡。不然，又是瞿曇見

（《石蓮洞羅先生文集》卷九，萬曆丁巳鄒元標序本）

解矣。

答胡正甫

羅洪先

憶與正甫别，忽已三年，兩年得遠書，時豪放，時謙約，何善進也！此學不論破口與不破口，只是論上肩與不上肩。譬之説食不飽與含哺鼓腹者，豈論破口與否耶？此學是大丈夫事，一切世情道理，兼搭遮飾不得，直心直意，是非一毫自欺不得。果真上肩，即終日默默，却是真破口人，人人可得見之。不然，縱不破口，無益於不學一也。正甫聰明，豈不辨此？只爲伎倆尚多，前面路徑尚雜，以此未曾畢志。古人畊稼，皆是與人爲善，何啻舉業與官府事？此間只是認性命不真，譬之識得七日不食則死，一日不食則饑，縱饒他人枵腹，自當炊爨。時勢格套一毫，便易掛帶。正甫有氣力，與他輩脆弱者不倫，固可以嘿嘿領悟矣。區區别後，於性命處比昔稍切。一二年間，有畢力從事之誓。即不知日月果如何？掛帶處猶未能盡脱，向正甫云云，正是經過熟路，非億度也。幸勉之！同輩凋謝，此時最甚，又何忍言？佳作值病中絶未覽，後當有商量。纓冠之論，孟子以時位言，區區以力量言。如卧病枕席間，即同室鬬，未有力疾而往者，又一意也。前書連領切磋，正所望於吾黨，幸勿謙抑是崇，以虛友誼。

（《石蓮洞羅先生文集》卷八，萬曆丁巳鄒元標序本）

書胡正甫册

羅洪先

泰和胡子正甫之在山也，與王子有訓、歐子文朝爲莫逆。既自常德僉憲擢四川參議，奉母南歸，將獨身以往，則約有訓、文朝聚松原證所學。至則與居蓮洞，盡出所長相正。將别，復聚松原，共求爲久要者。是時，正甫見《松原志晤》有收斂靜定語〔一〕，稍有難色。予曰：「予之收斂靜定非外事物酬應也。自身驗之，愈收斂愈周徧，稍不靜定，即作用不切。蓋直信此路，時時可用，蓋實說也。」正甫唯之。已而正甫曰：「《志晤》中今人乍見孺子入井心即堯舜心，必指無三念者言之，未可盡廢言也。」予曰：「予謂堯舜有是心而不起三念者，兢業爲之也。但言心體，而不言工夫，將工夫何在乎？」正甫嘿然。蓋言有未盡也。未幾，正甫將如蜀，有訓、文朝與王子

〔一〕「收斂靜定」，亦作「收斂安靜」。《松原志晤》羅洪先語龍溪：「誠不可以平日良知虛見，附和習氣，順其安便，以爲得手。須是終日應酬，終日收斂安靜，無少奔放馳逐之病，不使習氣乘機潛發，始不負一生談學耳。」

信卿持一册，願書之以益正甫。予惟正甫所見甚至，與論宋學，則守明道而疑濂溪〔一〕；論良知，則謂學者過自信而輕外物。居今之世，求此語無聞，此語信之不疑，尤不易也。有訓思所以益，何哉？亦曰：正甫所言者，見也，非盡實也。自朝至暮，不慢不執〔二〕，無一刻之間〔三〕，時時覿體相對，是謂之實；知有餘而行不足，嘗若有歉于中，而絲毫未盡，是謂之見。見與實，非實用力者不能辨，在余皆所不免。然非正甫，莫可語進也。于是，即所言書之以贈正甫。正甫自蜀歸，尚以實修者盡言之。

（《石蓮洞羅先生文集》卷十四，萬曆丁巳鄒元標序本）

書胡正甫扇 二條

羅洪先

區區初及第，謁見吳之莊渠魏先生，先生曰：「達夫有志，必不以一第爲榮。」嘿坐終日，絶

〔一〕「守」，卷十八《書松原別語册後》作「首」。
〔二〕「慢」，卷三十《續問下》作「漫」。
〔三〕「間」，卷三十《續問下》作「暇」。

口不言利達事，私心爲之悚然。此生雖未敢汲汲於名位〔一〕，以負知己，今回視之，此身承當此言，煞不容易。蓋不榮進取即忘名位，忘名位即忘世界，能忘世界，始是千古真正英雄，始作得千古真正事業。炫才能技藝，以規時好，視此路，蓋背馳也。不知吾正甫自謂如何？

（《石蓮洞羅先生文集》卷十四，萬曆丁巳鄒元標序本）

始聞正甫進士報，喜甚。意正甫耿耿欲有爲，得此階級，將來可展布。若夫世俗所競，皆在身家起念，區區不以此自待，亦不以此待正甫，正甫亦不以此自待也。然在身家起念，真爲世道與不爲世道，此却即正甫亦未易辨。吾見談學者矣，往往藉口於道理，而誠心實意各有所在，他人如見肺肝，而終身不悟，何哉？正甫其免夫。

（《念菴文集》卷八，《四庫全書》本）

答胡正甫 辛酉

羅洪先

今春盡，永豐謝友傳來問雙翁書，知足下慮其守寂而忽於事物之天則。比盛使遠回，承手

〔一〕「生」，原作「非」，據鳳凰出版社《羅洪先集》改。

書遠惠，又得讀與吉陽書，於足下論學宗旨洞然無疑，亦無有異同，受提撕切磋之益不少。蓋此件恍恍見破如此，只日用間常若不能彀足，往往有或過或不及之病，實際常不湊見若此，以此愜意處又常有歉心處，安得時時相聚爲樂耶？天則分曉得，不獨應事接物之時則然，即閒居獨處、卧病偃息，何處不是此件森列？牽己從物，病物適己，總是此件未覿面，果覿面，即静寂乃是更分曉處也。足下謂如何？冒毁直造性命之真，此論害人頗久。得來抄，如煩瞀中飲清泠，其快可知。認瞿曇蒙莊精魄爲堯舜孔顔性命，斷語極確，與鄙論合，將來斯學其有賴乎。

（同上卷二。《羅洪先集補編》，臺灣「中研院」中國文哲研究所編）

與胡正甫（一）癸亥

羅洪先

今歲多疾，前正五有奇驗，而九月三日所感甚於前番，迄今四五月，猶不復常。右手不能執筆，鄙人當之，殊覺相安，雖以此終身，不謂之怪，但覺在世間成一蠢人耳。占小便宜誠可笑，若有志決不走此路，放身大虚，一歸性命，真討便宜，真是省事。世人不向此路，可爲錯過也！

（同上卷二。《羅洪先集補編》，臺灣「中研院」中國文哲研究所編）

與胡正甫（二）癸亥

羅洪先

近於此學得執事夾持，頗有安頓，不似數年前孟浪。即還造化，不甚支吾，惟未終此意志爲懼，此外卻無一足上心者。煩碎之戒，受切磋之益，然大段不係於此，所指天則，正爲有正耳，不漫不執，實修實歉，不棄鄙言，見取善之切。暑中因錢緒山公以陽明先生年譜見委，遂爲考訂改正，頗有感觸。吾輩一心一意煅煉此學，不入絲毫世情，定有出脫處，陽明先生是也。舍此一著，此外盡屬閒話閒務。所望於執事者不小，幸不懈以秉前麾，拙者至願也。别來有訓與文朝諸友留後園月餘，今雖暫歸，而相繼者不絶。如此數年亦庶幾漸有尋向，不徒陋質，在諸友亦不孤矣！覽别本會語，儒釋之辨明甚。自家未有實得，未能深入，不免向人乞討涎唾，恃爲知解。若有所得有所入，日間精審，尚恐錯過，何暇播弄口語耶？嘗玩明道先生有云「有多少不盡分處」，此便是在官在家，日間精審，恐錯過者，處處此學，時時此學，不言而信，終身後已，執事豈不然乎？

（同上卷二。《羅洪先集補編》，臺灣「中研院」中國文哲研究所編）

與胡正甫（一）甲子

羅洪先

病中數月，於此學頗有得力，只是一切不染爲上。日間隨事順應，無有可否，便覺容易度日，一涉是非，支離多矣！此學於人無干，只在自身省改，執事日進不已，不知於此有合否？

（同上卷二。《羅洪先集補編》，臺灣「中研院」中國文哲研究所編）

與胡正甫（二）甲子

羅洪先

去歲病中似兩附書，其記憶真者，爲四川百户郭某曾往，某不能候少方公歸使，然區區之書則久附矣！今來書乃不之及，何耶？病中賴天之靈，頗知直受，無絲毫愛惜意，古人所謂朝聞夕死，雖不能爾，喜爲近之。近來與友人商量此學，似有逼近處，只是絲毫放過不得，時時與物無對，便是區區收斂功也。自病至今已十月，身體大約似舊，而右手不能揮洒，豈所謂天刑人耶？山中無他，長養後輩爲工課，曾于健、劉汝周近知向上，此足快意也。千里數字，不盡拳拳，惟各勉學是望！

（同上卷二。《羅洪先集補編》，臺灣「中研院」中國文哲研究所編）

與胡正甫 辛酉

羅洪先

别來聞賢勞四馳，席常不暇及煖，果齋兄能言之。然今世以此爲盡職，惟君子耿耿有在耳。夏來寇亂忽起，遠近糜潰，慘毒誠不忍聞。敝鄉幸限一水，空言號召，鄉人鮮有應者，近秋始聯結聲援，暫恃無恐。經此變故，側目當途，於是深信學之不可不講，心事稍有誠實，才識自出，一切他無所倚，舍講學而爲政者，偽而已！生民利害關係，吾輩心事誠偽，落落宇宙，誰則惻之？知執事平生拳拳，故鬼神若或相之者，是以夢兆。區區去臘亦夢詩云：「試問干戈客，何如子貢牆？」與今秋相應。蓋七月望，賊至水東，遣人窺河，不得渡，遂入銀村，敗於何君，不知將來若何耳？虔中終有向進意，幸陳海洲頗任事，漸可無慮。柏泉公意甚鋭，至則連捷，聲威且著，留此數年，必有可觀。萬履菴公近始抵任，書來託謝執事，受益不淺。仁山書昨亦來，所論絜矩，當時漫答之，不謂分析太過也，録往求正。來書言止處不可以言語承接，甚切要，不然言一言二，俱屬意想，與己何干？目前多事，全賴斯人維持，得執事以身倡率，爲助不小，拙者雖閉户，不敢不勉於末路也。穎泉兄何日可聚？相見爲致相懷，不次。

（同上外卷一。《羅洪先集補編》，臺灣「中研院」中國文哲研究所編）

與胡廬山書

耿定向

自聞兄膺新命，即嘗朝度暮思，擬效忠於左右者種種，臨楮忽多遺。謹畧抒一得如左，非敢自謂已驗之良方，實遭蹶之後鞭也。惟兄覽教之。

一曰慎與。嘗玩《易》之《同人》，以于宗爲吝，于野爲亨，乃《大象》又曰「君子以類族辨物」，蓋知人之智固所以成愛人之仁也。學不知人，其患誠不淺小。吾儕居常爲學，即禪伯方士，一言片善，俱當收蓄于人，何可揀擇？今既柄斯文，即一嚬笑未可輕假。我兄同體之仁，樂取之虛，弟素所師法，顧此一節，願兄慎之慎之也。

一曰慎察。夫不怒之威，不賞之勸，乃是脩道之教作用。邇來典學考行之舉，在俗調人行之，固爲盛事。吾輩行之，似尚涉色聲。即一一允當，滋味亦淺。夫真志爲善者，奚待賞勸？待賞爲善者，即賞之未足勸矣。惡跡昭著者自犯于有司，自有典刑，奚待伺察？伺察而知者，必微曖難明之隱慝也。君子以善養人，以微曖難明之跡而棄人于惡，施之細民且不忍，況在衿佩列者耶？兄第以高明臨照，真意感通，聲氣自相求應矣。

一曰慎度。明道云：「居今之時，不安今之法令，非義也。」即今世套俗格中亦有自然天則不可易者，吾黨往多過于自信，耻于諧俗，凡體統關節所在多至踈脱。物議之起，實由此。昔莊渠之在嶺南，道林之在貴陽，其功與謗止足相準矣。願兄重鑒而慎之。

一曰慎防。吏書之弊自來在在有之，不知吾省近日如何？至於此，極難言之矣。此不獨吾輩之官箴有礙，士習之污下亦實由此。此風蠱壞既成，非曰我能謹密即能杜絶，更須萬分加意慎之也。

一曰慎莅。《中庸》以居上不驕爲尊德性，證驗有味哉。吾儕臨莅庶官士人多疾言遽色，此是學問走作處。即《書》教胄子直而温，寬而栗，簡而無傲，氣象便可想見師人模範矣。弟自省向來殊多戾此，故願兄今爲弟補足。

凡此皆急則治標云耳。至其原本處，兄自得之，弟復何言？顧弟近少有所省，因以質之，大要曰慎術。夫近日號稱知學者，高明一行多疏脱，愿謹一行多迂滯，天下可倚靠者少，其學術病症居然可見矣。大端學術之弊，無論近日，即宋學似亦少失孔孟宗本。宋儒終日闢佛闢仙，實落未脱二家蹊徑，如何成德？如何達材？所謂議論多、成功少，無怪也。試看孔門人物多有用成材，便知當時教術矣。竊謂孔孟之學真實費而隱，宋學未脱二氏蹊徑者，以其隱而隱也。

嘗謂惠能云「本來無一物」，近高明者咸謂見得極透，不知此是又有無一物者在。如孔子云「泛愛衆而親仁」，如顏子若虚若無，犯而不校，如此方是無一物。此類何等顯！其實何等微！宋儒多只説向入微處，終是未脱見耳。就是明道云「學者先須識仁」，「仁者以萬物爲一體」，此語極粹矣。由孔孟之語觀之，尚是二見。有痴人早起，向人云夜來想起爺娘，原是至親識仁之説，大亦類此。孟子云「一夫不獲，若己推而納之溝中」，此便是伊尹覺處，今人視民物痛痒全不相關，視士習卑汙全不介意，便是良心死却不覺耳。識仁之説，只好爲此等人發。譬之人有忤逆者，則告之曰：「爾父母生爾，爾兄弟與爾同胞云耳。」若見得萬物一體而體之，其體之必不切，猶想得父母爲至親而後孝，其孝必不至。禹稷思天下饑溺者猶己饑溺，豈是先識得箇萬物一體意思乃如此耶？根不知何來，機不知何使，何處着得一識？故曰識仁之説尚是二見。但程子見得如此，其氣象亦如此，觀其接人渾是一團和氣，才是見得真處。今學者説到入微處，都能領得，即其行事，便自相左。奈何？此道術所關、宇宙民物命脈所係，故敢爲兄切切就正。兄以爲何如？

又

某往遇時事繆盭，生民疾苦，觸之即動，惻然苦傷心焉。而自省才智權力又不足以濟之，徒自苦楚，是俗所謂操閑心者耳，豈敢自附於萬物一體之學哉？頃解紐入山，子弟時時以此規弟，謂退藏自有退藏之道，應閉户而纓冠，是爲大惑。弟深領之。始勉自灰心降意，即親舊朋輩間，或言及時事與生民利弊，則即閉目搖首爲弗聞者，漸漸學作一如聾如痴，如麻木不知痛痒人矣。乃自兄之督學吾楚也，舊病復發，日翹翹焉跂望兄之聲問休慼以爲欣戚，即纖小舉動，亦甚關切，不能一日去心，視弟身自當局時，更覺倍切。此等微處不解所自來，兄然乎不然？前諸種種塵瀆似尚未經省覽，想校務勞冗無暇之故矣。兹不復欲喋喋，惟兄俯鑒。弟此腸，百凡珍重，以幸斯文。

又

比來跧伏巖中，昕夕念兄不置，所欲陳效于兄者亦種種。近日自反之身，上全無有證之事，上又無一慊。徒恃虛知見，作口孽障，是大媿耻耳，以是近日口噤噤不能一談及此學也。承見教《答未菴兄書》「志一」一語[一]，真是千古真詮，根極本原至論，更復何說？弟聆此語，亦煞有深味，非是漫然承應，不敢不勉。但願我兄由微之顯，由顯之微，放大光明，一齊勘破，方是大

[一] 民國本《耿天臺先生全書》(武昌正信印書館)後有「胡廬山答未菴書」。

通，方是一貫。此弟山中年年月月積集血誠所欲效于兄，口悛悛不能道詞者。不然，所謂明得盡，亦只是見之精深者耳。此見不脫化，終在世儒套中盤桓，於吾孔孟至大至正、至玄至實宗旨終隔一層也。望之望之。

又

覆誦「志一」一語，甚是啓然。念惟此歸一，即語柄百千萬般亦不是支離矣。頃教云盡性至命是宗旨，存神過化是工夫，就謂道爲宗旨，學爲工夫，有何不可？就謂神化性命，原通一無二，更無宗旨工夫可分，亦何不可？玩《易》本文原云「窮理盡性以至于命」，是以至命爲宗旨，窮理盡性爲工夫，若泥其詞而已。即兄見教云云，亦不無語病。但以意會教旨，兄學是欲了天地萬物，而不以天地萬物撓吾心。想理會及此，近於情景應用決是輕脫幾分，自有受用，即語病何妨？祇用服膺共勉，不敢復角口業也。來教云：吾儒與二氏異者非異性也，只在盡與不盡之間。近是至謂神性存存，當下便能盡人物天地之性，此非究竟語，不知不覺又落見想窠臼，又墮二氏蹊徑。於此不大決裂勘破，終身在霧露中行耳。兄必謂此意本之程子識仁，世學人更無臻此理者，不知程子識仁數語止就横渠《西銘》説。細玩横渠《西銘》、《正蒙》諸篇，渠學原從苦心極力想像中來説，逊佛老尚逊未盡，證之孔孟之學，尚隔幾層。程子姑就所至言之云：學者先須識此耳。初機淺學須以見入，未應以見了也。即廓然大公語，亦是程子二十時語。比時程子亦脱佛氏未盡也，兄奈何即以此爲究竟語耶？《六經》、《語》、《孟》具在，孔孟宗旨燦然，如日中天。第恨智者過之，愚者不及，致令二氏之學充塞流衍，許大豪傑亦自沉困顛迷于中而不自覺也。弟年來潦倒甚甚，顛毛且種種矣。自矢更不敢以虚知見誑己誑人，謹守孔孟門户待後而已。兄以爲如何？

又

讀集中答唐令書，仰見兄苦心。顧言之詳，道之晦也。兄此幾千餘言似輸卻曾子「心不在焉，則視不見，聽不聞，食不知味」，數語若更易省人也。雖然，此語孰不聞之？此心孰不用之？顧實識心者何少也，弟往聞兄稱唐令泰和治行爲天下第一〔一〕，夫即其發於政，便可信其生於心者矣。兄又何必欲識其心以出政耶？毋亦欲進之慈湖之悟與？昔象山指慈湖扇訟一語，而慈湖即悟本心，則因其憤悱之機也，慈湖之默自反觀也久矣。唐令方惡言心學，而兄又言之縷縷，是猶人方惡醉而又強之多飲，兄之心則熱，機則未審也。夫慈湖之剖扇訟，固由本心剖

〔一〕「泰和」，原作「大和」，據文意改。

之也。即前未悟，故未常别用一心也。由象山之提指而一悟，則又迥是一胎骨矣。唐令以篤修爲學，或亦薄慈湖不取也，且甘泉《折衷》之論或先入矣。弟近亦厭談心、求心，依舊落迷途。此言殊大有理，弟惟篤信孟子「慎術」一言，因術了心更爲直截也。如何？

又

弟每得兄一書，便若加番鞭策。其中省發有不能言者，第末後一着之説，不能無疑。夫吾人完全此物，終還大虚。來去分明，此是自然常理。如兄終日朝朝，如是幹甚勾當，又待歸求之也。細玩兄與大洲書中語，此等解説似亦不須言者，兄以性命之復爲全歸，是矣。不知若何而後謂之復？如兄祭念菴文中意，若謂念菴臨終時有許多異人處，時穎泉兄亦在此，弟詳叩之，謂亦尋常猶人耳。就使如兄所云，而今鄉間老人與禪伯方士，如此死者不知多少，可當曾子之全歸耶？弟未及遊令師先生之門，而私心獨嚮往歸依者，只是信得此老一生精神孜孜汲汲爲此學，爲世道，更無他一縫一時滲漏，此便是此老全歸，不待他死際分明而後信也。吾輩不求當下了，而懸想末後，着是惑矣。孔子曰：「未知生，焉知死？」此語已大分明，願兄更熟思之。夫佛老謂之異端者，非其本體性命異也，亦非其工夫作用異也，只是發端處微有差耳。若吾孔孟之端，合下便是爲萬世生民而發，今其言論俱在，究竟脈路明明白白，如日中天，高明如兄，自能辯之矣。吾儒家自有常中妙、費中隱，自合體察，而高明者往往又入一種高明之魔，竟使眼前中庸之道擲爲蕪芥。子曰：「道之不行也，智者過之。」非謂是耶？俯念及此，良用痛心。顧斯世斯道主持無人，非兄絶利一源，挺出擔當，更無倚靠矣。弟日用持循，纖悉惟兄矩矱是遵，不敢悖棄也。願兄更質之天地，參之孔孟，光陰有恨，毋躭閣歲月也。臨書不勝懇切。

又

辛酉之秋，與兄江滸一會，出自意外。舟中對牀時，誠一刻千金不啻也。兄爲弟籌畫行程，躭延數晷。又兄曾亟稱念菴先生爲兄諏襄事日，使者往反七次事。別後因語仲子曰：「予觀廬山兄學，意在隨事精察，莫傷煩瑣否？」仲子曰：「何以見之？」弟曰：「世間豈見御史行路喫苦耶？而廬山亦爲嬰慮如是，此固是愛我無已處，不已過乎？即稱念菴先生諏日事，念菴長處，恐不在此。」仲子隨應曰：「胡丈豈不知此？彼見兄往多踈脱，今且秉憲任事，未可仍然，借此示箴規意爾。兄第效法可也。」弟頷之，前程果皆如兄籌所指，因得邂逅峨山翁，悉所案事宜，以此益感兄教，至今佩之勿斁矣。然區區常常念兄精神強弟不甚，恐多浪費用欠輕省，故又云云，此念猶未置也。昨歲舍弟傳兄拳拳慮弟尚未識性，弟笑曰：「廬山慮我，我慮廬山，非識性而何？」想兄之慮弟，如仁人長者，遥見瞽者徑趨險途，惻然而憫，懼其顛也。弟慮兄者，如有膚大者盛暑負重，方欲至千里，其親戚骨肉憐其憊苦，勸令減去旅橐中瑣屑者爾。即察此意於語言外，雖謂之皆識性可也。如何？別來弟所履俱忝重任，兢兢恐負知己。逐事磨煉，亦少有省發，兄所見處，頗能領畧，猶妄謂或容有啓助處，顧反躬循省，惡於志者猶多。歲月如流，年至不惑，職業勞形，鬅鬙班班有素絲矣。尚爾悠悠教及，不益媿奮耶。此中校事，視它獨煩難，弟頗竭心力，且一味固滯，爲國家謹守此衡，不敢毫髮假借。識者多心許可，而貴室冠族每見拂抑，中間事情難言，此亦任之矣。安慶事弟不必辯，兄第看弟識性不識性可知矣。

又

前巫山事爲陳道已。頃，在太湖道中遇高徒王吉水，云兄前過夷陵，從者以私詭言庖不具薪，致兄譴訶州倅，倅故抗對不屈。兄時怒未怠，嗣起視庖有積薪乃已。弟聞之大笑。笑者謂其得間以報兄，且喜吾輩之所得於世間者多也。夫以兄之明，必非左右人能以私得譖。即實供具不虔，料兄亦不怒，意倅必有他失，或兄時譙訶之辭氣稍欠平耳。夫吾儕無論有他，即此淺鮮事，世人即得而議之，卑官下吏即得而抗辨之，門人弟子即得而間之，朋友即得而規之，其所得於世，以爲省身之資者何多耶！若世人此類，不知放過多少，即有背噂之者，亦不復聞於耳矣。昔年有人謂陽明先生過貴省，以三司失庭見禮，曾怒見辭色。弟謂容有之，意謂先生以軍旅行，等威當振然耳，是亦怒以物也。憶兄時執以爲絶無，即此兄之所自處可知。顧弟臨莅各屬時，亦嘗動嗔怒，大端俱恨世之承趨大過。而下官初或謬誤，反以爲慢取罪，殊可歎矣。此蓋緣弟欠養辭氣不平之故，時亦自省也。然遍觀斯世，靡然成風，更無有一人肯以簡慢人者。若有之，非是才弱可憐，則是有主意爲節愛行簡矣。此當作上品相看，可復嗔怒耶？區區一種矯激議論，常謂上官須是個個能容人簡，下官須是個個敢於簡，而斯世斯民方有生意。不然，恐無了日也。想兄之心亦如是也，何如？外聒弟有一敝同窗陶者，其人有雅志，少有才名，弱冠即得舉，識弟於髫年，爲莫逆交，時擬結廬山中以終餘生，蓋亦弟之潘興嗣也。其家衣食頗饒，而尚鮮子息，邇筮仕爲泌陽令，攜家貲爲資，秋毫不染於民。此其志節可保終始者，在彼聲稱頗著，計得一内補，先後無力，時僅得陞貴屬威州守。渠意厭遠懶出，止以弟尚未得歸，入山無侶，親黨更勸之來。倘來，望兄即以待弟者待之。凡當道者一爲先容，俾得行其志。倘此子有他俗念，不能如教令者，弟可以身任之矣。懇懇。

又

弟非能文者，常臆言之，凡爲文須有血脈方傳。顧所謂血脈者，難言矣。非學道識仁者未易語此也。近世號文章家者，看來都是泥塑粉塗人物耳。止可暫誇無識市兒，久之風雨淋漓，便成泥團填溝壑矣。弟所以獨敬服兄文者，只是篇篇有血脈也。近日若荆川先生文爽朗愷切，可以激頑懦；令師念菴文沉着渾厚，讀之有餘味，誠可以消鄙薄，此其所養之厚致然。兄於此亦可相方，至其風格奇拔，則竊有子貢賢仲尼之評焉。大端二先生之文皆必傳無疑，而兄與之翱翔上下矣。弟妄謂兄之文似輸却陽明先生一着，何也？大若陽明把筆時，却似不曾要好，而兄臨文時，似尚有要好心在也。就是遷《史》之文所以獨稱高品者，似亦無意要好，只是血脈未分明耳。乃班固以下，便却要好，浸淫至於六朝極矣。六朝之文，其實自班本也。妄臆如此，兄以爲何如？念此可以證學，非特與兄論文也。學難以言語商，就文一商證。余服兄文世無及者，固以有血脈故。且又見世人模擬《左》，人即知爲學《左》；模擬馬、班，人即知爲學馬、班。如嬰兒那笑，似大淺露矣。兄文固自有法度，而淺淺者尚不知爲學某家，此尤過世人遠也。但所謂血脈者，似須是横説竪説，深説淺説，不露血脈而血脈自貫，尤爲妙耳。蓋嘗聞談詩，理學家誚詞人家盡是月露之形、風雲之狀云云。辭人家誚理學語爲頭巾。是兩相誚者，似皆是亦皆非也。夫「仁者，人也」，合而言之，道也。又曰：「知微知彰，萬夫之望。」近日講學者只是摸索要眇處，譬之作頭巾詩者耳。至如滯形氣，帮格式者，又似作詩者只在聲調語句上求工，未解神韻也。深於詩者風雲月露，孰非道體哉？然此等處不容思議，見解不容言説，須人靈識，故曰「厥彰厥微，匪靈勿瑩」。兄深於詩者，故弟又借詩商學，如此云云，幸兄教之。

又

比來都下同志更離索，無甚好懷，歸志更切。弟以相公勉留意懃懇，不忍恝然亟圖耳。家累已悉遣還，日按部，不復住邸舍，踪跡已如一行脚老僧。想山中光景也只如此，第兩親常念我如兒時，恨不得時時繞膝下。三舍弟又爲一種迂論，謂作官久且漸大，定是俗了人也。時時催促我割截。夫世之君子每爲父兄子弟阻撓，不得遂己志，乃弟顧自爲一種人情牽纏，殊可自嘲耳。兄何以爲我謀之？校事良勞苦，祝漸次將調閲卷，眼勿過高，須少俯就。即南中素號文盛，本藝亦無甚可意者。小江在敝省，其品藻甚精，又德器温醇，從無一疾言遽色，士心甚歸依。今驟遷，殊失楚人士情也。不知何時履任，此件職業秘訣，會間可密扣之，當有資助處，此亦是一種工課。幸毋易視足已也。

又

前在宜興得與龍溪會，相與再宿，細叩其所得，本末大徹，其不能光顯此學無怪也。然細觀渠受用處，亦從微處窺些止的光景，故時覺有一種輕脱，此亦足取益者。何如？何如？

（《耿天臺先生文集》卷三，萬曆二十六年刻本）

與楚學憲胡廬山

張居正

敝省文宗，借重高賢。命下之日，輿論稱允。惟公遵養已久，亦宜及時效用。幸早戒行，以慰羣望。昔也倦翼知還，今也無心出岫。時行時止，無意必焉可也。

（《張太岳集》卷二十一，萬曆壬子刻本）

答楚學道胡廬山論學

張居正

承教虛寂之説大而無當，誠爲可厭。然僕以爲近時學者皆不務實得於己，而獨於言語名色中求之，故其説屢變而愈淆。夫虛故能應，寂故能感。《易》曰「君子以虛受人」，「寂然不動，感而遂通天下之故」。誠虛誠寂，何不可者。惟不務實得於己，不知事理之如一，同出之異名，而徒兀然嗒然以求所謂虛寂者，宜其大而無當，窒而不通矣。審如此，豈惟虛寂之爲病，苟不務實得於己，而獨於言語名色中求之，則曰致曲，曰求仁，亦豈得爲無弊哉？願與同志共勗之也。

（《張太岳集》卷二十二，萬曆壬子刻本）

簡胡正甫

鄒守益

水西之約，計可奉教，聞途中有梗，因與水洲、魯江、克齋徘徊西山茫湖之間，三月乃歸。擇乎中庸，服膺勿失，正是博文約禮實功。文便是《中庸》之川流，禮便是《中庸》之敦化，非二物也。若得高明披露之，正快事快事！善兒幸托驥尾，實望教督之，即親受賜矣。揮汗布啓，不盡所懷，珍愛珍愛。

（《鄒守益集》卷一二，鳳凰出版社）

與胡盧山先生論心性書

許孚遠

閑中披誦明公與李見羅所論心性兩書，見我公誠心直道，無少迂曲，而見羅丈雄才卓見，確有主張，此皆斯文之所倚賴。書中大意：公則謂靈覺即是恒性，不可殄滅；見羅則謂靈覺是心，性非靈覺。從古以來，知性者少，識心者多，二公論旨不合，只在於此。夫心性之難言久矣，混而一之，則其義不明；離而二之，則其體難析。譬諸燈然，心猶火也，性則是火之光明；又譬諸江河然，心猶水也，性則是水之濕潤。然火有體，而光明無體；水有質，而濕潤無質。火有體，故有柔猛，而光明無柔猛；水有質，故有清濁，而濕潤無清濁。火之明，水之濕，非一非二，此心性之喻也。大率性之爲名，自天之降衷，不雜乎形氣者而言；而心之爲名，合靈與氣而言之者也。性只是一箇天命之本體，故爲帝則，爲明命，爲明德，爲至善，爲中，爲仁，種種皆性之別名也。此未嘗有外於心之靈覺，而靈覺似不足以盡之。心者至虛而靈，天性存焉，然而不免有形氣之雜，故虞廷別之曰人心、道心。後儒亦每稱曰真心妄心、公心私心。其曰道心、真心、公心，則順性而動者也，心即性也；其曰人心、妄心、私心，則雜乎形氣而出者也，心不可謂之性也。君子之學能存其心，便能復其性。蓋心而歸道，是人而還天也。即靈覺即天則，豈有二耶？夫性之在人，原來是不識不知，亦原來是常明常覺，即寂而照，即照而寂，初非有内外先後之可言。若以虛寂爲性體，而明覺爲心用，是判心性爲二物，斷知其有不然也。見羅兄又謂虞廷之相傳者在中，道心、人心總皆屬用。《大學》之歸宗者在善，心意與知，總非指體。此等立言，俱不免主張太過。中固是性之至德，舍道心之微，更從何處覓中？善固是道之止宿，離心意與知，却從何處明善？性無内外，心亦無内外，體用何從而分乎？尊教有云：「指體而言，則不識不知；指用而言，則常明常覺。」此語猶似未瑩。蓋常明常覺即是不識不知，本然明覺，不落識知，一有識知，即非明覺。有明覺之體，斯有明覺之用，恐又不得以不識不知爲體，而以常明常覺爲用也。萬古此心，萬古此性，理有固然，不可增減。經傳之中，或言性而不言心，或言心而不言性，或心與性竝舉而言，究其旨歸，各有攸當。混之則兩字不立，析之則本體不二，要在學者善自反求，知所用力，能存其心，能復其性而已矣。斯道無人我，無先後，輒因二公所論，一究言之，惟願高明更賜裁正。若尊刻《衡齊》所辯宋儒物理之説，其説頗長，姑俟他日面教，盡所欲請也。

（《敬和堂集》卷五，萬曆甲午葉向高序刻本）

六經堂記

趙貞吉

六經堂者，泰和胡廬山之居也。其遠祖字昭叔者，宋慶曆丙戌進士，宦至屯田員外郎，階朝奉大夫，所治以循良稱。晚多藏書，友名士，同時分寧黄文節公特與公善，嘗贈詩有云：「遠縣白頭坐朝省，乞身歸來猶好書。手抄萬卷未閣筆，心醉《六經》還荷鋤。」胡氏子孫蓋世寶之，其後多明經發科者，至于廬山先生學經聞道，名益著於今時。遡追前德，楔堂訓後，以示不忘，殆回生氣於千載矣。嘉靖癸亥，先生參莅蜀政，過内江，敘契闊之外，即命予記之，豈予于《六經》之義稍亦有聞入矣乎？遂作記曰：士誠不可不自愛哉！胡、黄二公在當時，皆士之徬徨而不達者，然其自顧則皆有可以待來世者。若以告當世之士恣睢得意者之前，曰是二人者皆當不朽，有百代之名者也，則必羣笑之矣。今竟何如哉？嘗見士欲有聞於後者，競致力於術藝之美、膚華之末，而不知培其本根以待食其實也。夫《六經》者，士之所以培根本之具也。然治經而不聞道，則亦膚華之末已耳，是士之負經也。嗟乎！後之治經者，愚竊惑焉，訓詁已耳，疏義已耳，傳註已耳。謂不尊夫經，則不可；謂之知經大義，則於培其本根何與耶？子思、孟子之後知經大義者，予求之得數人焉。然今世之論皆以爲不合孔氏而棄之矣，此予之所以益惑也。夫莊生之治經也，達其智圓矣；荀卿之治經也，約其履端矣；子雲之治經也，奥其機深矣；仲淹之治經也，辨其才周矣；堯夫之治經也，貫其用宜矣。此五子者卓爾如此，皆以爲不合孔子而棄之矣，則後來者欲以明道將安所歸哉？此予之所以益惑而莫與之辨耶。且五子者以爲盡合孔氏，則猶有餘説，至於大義未乖，微言不泯，則數先生者誠學海之巨筏矣。士之欲培其本根以不朽於百代者，可不務乎。噫！予安得起帶經而鋤者以問之耶？聊爲記，以諗胡氏之後人，因以博子胡子之教我也。

（《趙文肅公文集》卷十七，萬曆十三年趙德仲刻本）

答胡廬山督學書

趙貞吉

相思甚苦，不數奉書問者，以公關防之地且煩於酬答耳。向陳蒙山取道内江，已聞公有欲去之意，及接讀翰教，始知二公皆爲伊人所動，欲録諸生講後劄記頗近似者以奉覽，久而未就，故令答遲遲也。頃孫淮海見教，公去意已聞兩臺，則志已決矣。奈何，奈何？深恨援留苦勸之不早不力也。抱歉，抱歉！如何！來諭云道通天地萬物，無古今人我，誠然，誠然！但云欲卷而藏之，以己立處未充，不能了天地萬物也。斯言似有未瑩徹處耳。愚意謂當云己力未充，故時有滯執處，時有礙塞處，於此但假漸習薰修，久之不息，徐徐當徹去矣。即徹處謂之先天而天弗違，即未徹謂之後天而奉天時也。作如是功者，日用間種種色色刹刹塵塵，皆在此大圓鏡智中，卷舒自在，不見有出入往來之相、陵奪換轉之境矣。故曰「不離日用常行内，直造先天未畫前」也。豈可以爲沾滯，難於解脱耶？又渠云欲于後天中幹先天事，此妄作分别語，以駭人聽耳。且此大圓鏡智即不落有無之竅也，更欲求何竅耶？《中庸》曰「天命之謂性」，言其不假人，爲無善無不善也。喜怒哀樂之未發謂之中也，發而中節謂之和也，指其率性而不假人爲之處也。周子曰：「和也者，中也，中節也，天下之達道也。」指其已發即未發之體也。老子觀竅與觀妙同出同玄之旨，與此同也。佛氏不思善不思惡，見本來面目之義，與此同也。豈可以《中庸》之言謂墮于情緣難免生死耶？公所引情順萬事而無情者，即《圓覺經》隨順覺性之謂也。於此了了，則世法與出世法一齊徹去無餘矣，豈可非之，謂于有無中取辨耶？吾觀渠書中覬望有待之多，自負張皇之甚，輕侮前訓，以表己能，墮于業罪而不自覺。嗟嗟！雲水瓢笠之中，何爲作乞墦登壠之態耶？宜見笑於大方之家矣。姑置勿論，鄙見再爲公誦之。且公謂之了天地、萬物、古今、人我者，愚意度之，當如李異人合論，謂自他不隔一毫端，始終不離於當念云爾。如公云責任之重，有不容已，欲爲己任，又立處未充，則不免於攬厭之病矣。何則？天地萬物古今與我一體也，而欲取爲己任，則二之矣，是攬之累也，謂迎之也。我與天地萬物古今一用也，而患己立未充，則二之矣，是厭之累也，謂將之也。均之，非謂隨順覺性也。且隨順覺性之句有三焉：其一函蓋乾坤句，周容徧攝之謂也；其二截斷衆流句，獨一無侶之謂也；其三隨波逐浪句，即隨順覺性之謂也。三句一義也，一義三句也。夫能周容徧攝，則一體矣。能獨一無侶，則一用矣。能隨順覺性，則即體即用，即用即體，體用一如矣。夫學至于體用一如，則達乎大覺圓頓之門矣。古人不貴踐履，只貴眼明，若能于此具眼歷落分明，雖於日用之中，官私之事，情有滯執處，念有礙塞處，一歸于習氣之累，漸資薰脩，方便而徹之耳。如是則青城、峨眉之中即衡山、廬阜之境也；衣冠師表之地即御風雲遊之處也。逸莫逸于與衆同知也，勞莫勞于違衆獨棲也。古歌云：「如今休去便休去。」非謂休官、休世、休事也，謂休其不了之心也。又云：「若覓了時無了時。」不了之心在官、去官，任事、謝事，俱不了也。惟智者當下了，即當下休矣。當下休，即當下徹矣。雖然，其至爾力也，其中爾巧也。聞公昔學射於唐荆川矣，自今觀之，巧其可學乎？然荆川之講射法皆巧也。當其初巧不在我，而在荆川之言，故曰不可學。至其久而力充矣，力充則巧至矣，然後荆川之巧始在我，雖謂荆川教我巧亦可矣。聊以發公笑，惟撥冗賜答，望望。

（同上卷二十二，萬曆十三年趙德仲刻本）

與胡廬山少參書

趙貞吉

僕欲以逝秋尋名山，因以訪公，爲傾倒之談，取訂證之益。而人事錯迕，有乖本願，今歲暮矣，徒有懷人之嘆耳。私計公即當有遷轉之報，恐無晤語之期。偶一生心，便覺熱發毛孔，欲倚杖決去，又不能遽行，心期春月遇公於霧山之中。忽領教指，即如面承，喜慰無量。兼公所稱任道君子伋伋求能奉而行之於上，領而傳之于下者，此正古之人爲萬世開太平者之量也，公勉之哉！非公誰與歸哉？若不肖者，雖無與於當世之責，然天既以使之有知，則必有以處之矣。

而今者徒有垂老之嗟，抱大事未明之嘆，則所謂領而傳之於下者何如哉？寧無有負於天之生我之意哉？眼前與論此者，未值其人，故望公思公不能置也。惟懼其一旦公以陟官去，則脱履之願爲終身之憾耳。惟公思有以終教之也。

（同上卷二十二，萬曆十三年趙德仲刻本）

寄廣西憲長胡廬山書

趙貞吉

昨冬，桂公使者置一遠書于予卧疾室中而去，亟視，乃公玉音也。當時似記公寓浙也，故高太湖去，未曾具札謝。後始知二賢同居粵西，爲此不敏悵悵。前札欲僕作東坡像詩，讀之哽咽。夫公之念僕勤矣。僕宿希往哲，獨於此老若臭味近之，不謂其形亦相肖如公所云也。夫形生於業，業緣於心。僕自謂心近高賢不愧矣。至形有相肖，亦偶然耳。大造鑪錘，出於心匠，孰能究之。然臨老猶爲此拘拘，如處暗室，則可愧也。奈何，奈何！可發一笑。當時失口吟哦，已成二絶，今又忘去，俟再補作。頃遇高君，稱説公心期高遠，及念僕之篤甚備。士大夫中如斯人，亦希覯者，真可定爲同志也。僕近得李長者《華嚴合論》善本，擬以衰殘身命，供奉法界總持，不自計其根莖之大小矣。凡遇同好，即以此妙義告之，乃性命之極談也，況公乃同好之極選乎？

板在平湖陸五台家。嗟乎，今古悠悠，莠言讕語，當如庖丁視牛，方皋相馬，不當刮目劌心，作鬬雞聯句也。如何？何時合并，以終此言？

（《赵文肅公文集》卷二十二，萬曆十三年趙德仲刻本）

與胡廬山

李材

每以救偏補弊爲陽明先生不得已之情，而直據知脩身爲本，斯謂知本，斯謂知至。以爲陽明先生蓋已洞見孔、曾之心，而特無奈訓詁詞章之弊，不知知識固知，良知亦知。弟敢斷以後儒非但不曾識知，亦且不曾識意，不知《大學》之書蓋自天下之遠，反之家國而統於身。是由遠以及近，而性分之體量全矣。却自心曲之微，析之意知，而通於物。是由裏以及表，而性術之精微盡矣。《西銘》善言仁，謂其以家喻也。以予觀之，僅只道得《大學》一半。從古言仁之備，蓋莫有過於《大學》者矣。故僭嘗以脩身爲本一句爲求仁之方法者，正爲此也。此非老丈處亦未敢率易道也。若以知爲體，意爲用，體用顛倒，孔、曾次第稱量不應如是。曾有以此質弟者，僭答之曰：「此處見得實與先輩不同。竊謂身之主宰爲心，心之運用爲意，意之分別爲知，知之感觸爲物。分别爲知，良知亦是分别。」其人躍然如有得也。今謂陽明先生之學自有所悟，自是得力，則可；謂致良知之旨直契《大學》之旨，則斷斷乎其不可也。《大學》先知止，知止者，知至善之所在而止之也，豈止知乎？《大學》要知本，知本者，知脩身爲本而本之也，豈本知乎？且本之一字，亦未易識也。曾舉以問友人，友人曰：「心爲本。」予曰：「非也。身、心、意、知、物、家、國、天下，八者俱非本。」其人爲之茫然，復請問。予曰：「身、心、意、知、物、家、國、天下，八者俱是本。翁如肯信身、心、意、知、物、家、國、天下，八者俱是本，而又有以知八者之俱非本也，則知之不可爲體也斷可見，而孔、曾之所謂止與本者，其意旨亦端可識矣。」脩身爲本之揭，夫豈無見而云，乃以誤天下與來世耶？

（《見羅先生書》卷十二，顧憲成序刻本）

答胡廬山

李材

每謂虞廷之相傳者在中。道心、人心總皆屬用。《大學》之歸宗者在善。心、意與知總非指體。良知者，正所謂道心也，中節之和也。後世心性之辨不明原本，差殊大畧起此。舊答友書有謂：從古以來，大率知性者少，識心者多，往往只認着一箇昭昭靈靈、能識能知者，便以爲生天生地之主本矣。此其所以不知性也，蓋直以心爲性也。又答友書有謂：虛與氣合而靈從生焉，則竅之所爲發也。從此宰天宰地，宰人宰物，皆靠此靈，此心之所以爲主也。然從此或作善，或作不善，亦是此靈，此心之所以又須正也。性自能知，然知不可以名性。猶文公所云：「仁自能覺，然覺不可以名仁。」用者知止，止者善。離善者誰？即知爲之也。此攝知歸止，鄙人之所以敢力提撕也。

（同上卷十四，顧憲成序刻本）

答廬山胡督學

李春芳

自道輿入蜀，不通紹介者餘十年矣。揆之人情，似爲踈逖，然人之相知貴相知心，寧以寒暄爲厚薄哉？昔人以別久聞流言不信爲相知，吾曹相知寧後昔賢耶？督學再煩，寔出太岳公推轂之意。僕雖無此力，而心則不殊也。僕才不逮中人，而躐處非據，日抱集木之懷。去春屢疏乞歸，竟未得遂。庸庸苟禄，無補明時，有負四海同心之望多矣。來教以三聖爲喻，致望於僕者誠厚，顧僕學愧實踐，道阻望洋，何敢以此自誣？第辱知己教督，又安敢不仰體盛念也。使還，附復未涯瞻晤，南望馳仰而已。

（《貽安堂集》卷十，萬曆十七年李戴刻本）

寄胡廬山論學職

姜寶

弟自前歲去洛入閩後，未能繼通一書，甚用繫念。近得即報，知兄榮轉西川督學，喜不能定。非爲兄得轉一官喜，蓋督學教行，道亦行。又弟所嘗薄遊之地，兄必能爲弟一脩所未逮，故不獨爲兄喜，亦爲弟自喜之也。西川士子近朴，若於公道中稍存厚道，一時即能感孚，雖去後亦尚有憶念未忘之思。在弟且然，況以兄之純然道義作用，其不尤易易乎？夫督學以道義法紀二者並行，而自守則尤貴定；取文竭吾目力而主之以無私，尚行則尤宜加意，於此而行之以信，必不論文之優劣。既行賞責後，一以誠意薰蒸，其與人爲善一念，當使時時流通物我間，即至難化誨，當亦無不感應也。此是兄之餘事，弟輒喋喋，恃舊愛敢效芹曝之愚如此爾。八閩士風稍不及西川，士子因積習後苦約束稍嚴，初似不能相安，今漸定矣。弟昨援兄例，告於廟堂，請久任自弟始。蓋遵奉部行而又請之於未遷轉之前，得請似稍易。此非爲名，誠見此官非久任不可爾。此中恐有可商量處，惟兄久懷此念，故亦惟兄可與共道及此事也。然否，然否。敝同年何鳳野兄人行，附此，一道鄙私。前歲曾寄一書，達之楚侗公，意亦同此，不謂其以鄉士夫例不蒙答書，殊可發一笑。兄今得無亦類之乎？揮汗極草草，

（《姜鳳阿文集》卷之八，明萬曆刻本）

伏惟尊亮。

寄胡廬山 論學政

姜寶

一別之後，遂間濶數年，彼此相望，乃各在萬里外，天之限人，一何至是也！雖然，前者弟叨轉時煩兄作陪，兄以當事者知兩人心同道合，故聯其名以相表，今以弟舊遊地舊所督理事而煩兄相繼爲之，又安知非聯名相表意耶？弟未久彼中，所行多未周浹，仗兄以道義更一振舉之。三川之地，兄之教化大行，而弟亦因兄以盡所未盡，尤一適意事也。川生近朴而易於嚮風。曩在川北歲考，稍示以意旨所歸重，即蒸蒸然起，如保寧劉生存、廣元倪生壄德、王生之臣、劍州張生中燦，皆卓然焠然，可與共學適道者。中燦與潼川生詹弘道、白士偉、士佶等欲相從至洛以卒業，弟以道遠難之，皆悵然形諸簡札。士偉至引僧有渡海求正法眼者，曾不憚驚波之險，而彼欲萬里來學，不蒙賜允，要是積誠未至，用以自責。士佶初自潼川隨過錦城，授章句，至染時疾，且亟輿舁以歸，猶感念不少置。偉係前學使停廩生，佶降青生，弟皆迂執不能爲之一處，至今尚有餘愧。又巴州一新進生王與瓊亦銳然有志於聖賢之學，皆可與進者。成都府學生蔣三畏、趙元柱等及資縣冷逢震，皆文行不群，而元柱則大洲先生子也。初弟出川時，諸生扳挽不能已，其送行有遠而後歸者，則近歸者彼此輒相拜問弟別後起居，至昏夜猶叩扃造請，如是累日。川人之厚，至今猶令人懷之，乃聞三畏續考下等，初許中燦、逢震及新科陳生維直、古生之賢可發解，今陳古二生聯第矣，他諸生尚留滯可念也。士風川北川西爲上，川東南稍次，士大夫家居如資縣周松巖、遂寧黄梓谷、閬中劉亦齋、南充任中齋、富順謝左溪、右溪、熊南沙、夾江毛青城、巴縣曹山、合州文少江及大洲公，皆一時之表表者。春元如閬中傅泰、内江趙蒙吉、雲陽朱好謙、省城劉大昌諸君，亦居今而行古道者也。督學關世風，敢附以聞於執事者，巡歷考校之暇，幸留神垂訪，隆禮加意，以求轉移世風，千萬。近已作書，附敝同年何鳳野家人，兹送陳獅岡吏還，又便附此，亦知萬里寓書之難，故不嫌喋喋乃爾，揮汗極草率，伏惟尊亮，不宣。

（同上卷之十二，明萬曆刻本）

寄胡廬山 論學職尚行

姜寶

春初承寄手書，弟作一書奉答，後茂州家兄處人於夏間來，復通一書，達否？弟與兄一别數年，相去每數千里，然所恃惟此心同爾。邇接蜀人，知兄道義足以振作一方人士，一方人士聞亦欣欣向風，足不負所期矣。但聞考文發落後，復查行檢次第之，若信有此，此則恐似未妥也。蓋尚行誠是師教所先，然須另作一款行，倘文案因稽行而改，則士心恐不誠服。要使文自文，行自行，各有優劣，而默然寓重行之意於其間，且行必慎於所訪，賞一人而千百人皆悦乃可，彼縣令學職之言可盡信耶？弟昨在閩中，有一學黜行劣十餘人，降青十餘人，而不自以爲過，有一學無一人□罰，而不自以爲寬。閩中士大夫最善苛責人，而亦不以此見非。至於考貢遵近行勘合，每名用六人，考選不獨取其年壯文通者，兼寓古人鄉舉里選法，似亦可人，閩中士大夫亦似以爲可也。兩年廷部試，皆閩生居首，亦畧有微驗可睹矣。望兄亦試一行之，如何？昨求久任不得，今恐兄亦不得久於此任也。恃愛，輒附一言，幸勿罪狂僭，萬萬。

（同上卷之十四，明萬曆刻本）

寄胡廬山

姜寶

弟違兄教者年餘矣。承寄到魏峴山主政及陽岡近山二寅丈凡二書，而弟所寄則梁叙州一書爾，弟心事兄能諒之，故不以音問疎數爲計，所計别後業不加脩，徒碌碌俯仰，殊不快，此則不敢告於他人，而爲兄聊一言之相知故也。丈夫生世，既不能特立獨行以卓然表著於時，又不能即引身而退，杜門窮鄉，發抒其所自得以成一家之言，而徒爾傴僂其形，低下其聲氣，違其心之所欲而戕賊其天性，非大惑歟？ 湖北頗聞無事，自往來應接之外，歲猶得自由者強半。弟近處省城兩三月以來，耳目鼻口俱非己用，即有時作爲文章，亦多是隨世低昂之詞，少有自見，人便指以爲狂，目以爲過。豈此官與此情雖暫相遭，而終不相得歟？ 可笑！ 近山丈來，能道兄之詳，知兄頗無不快於此。又近因長沙汪理問來任，知會沙兄疾遇良醫已全愈。此二事頗用爲適，馳神緬想，猶一似長安對月時意興，此外非世俗態，則盡是世俗語言爾。近寄一書奉念翁，言不知何日不爲微名所縛，得訪翁於匡廬衡嶽之間，出其平生所聞以相印證。蓋直木不可使之曲，遇相知者不覺一發其狂，而吐露其真性如此也。幸勿哂，更一教之。近山丈在此甚承相愛，渠亦甚敬兄，故托之寄候動履。兄以履菴丈遷去，弟亦以此丈去，均有離索之感，奈何？ 冗次草草未盡所欲吐，伏惟尊亮。

（同上卷之八，明萬曆刻本）

寄胡廬山

姜寶

正初由滎澤渡河而北，適逢端學諭自楚中來，接得手書，承教示滿紙，且知兄動定爲詳，而近山回吏及巴東差吏雖不相值，書雖亦不及寄到，然知兄注念懸切，且慰且感久之，又行路正困頓時得此，良足爲一爽矣。榮轉稍速以前，此爲炎熱人所踈，久已增望，當超處，而石鹿、鎮山二公相知，又石鹿公知弟與兄氣合心同，故聯其名以相表。如來教所云亦容有之，此亦一時可人意事也。兄昨疏辭，則於事體稍欠妥矣。然此亦豈非所謂賢者之過歟？會沙家事，伏承兄與霽寰公處分，可謂不愧生死交矣。如弟尚未及作一字以寄我哀悼之思，則殊歉歉也。去冬貴省學憲缺，聞欲以此見處，後竟不果，蓋當事者相體諒耳。今又作黔中陪點，聞即有轉動機，不知弟意擬稍遲以代朋石，正爲會沙欲往，冀少盡區區一念之私，而未知得如所願否也。然聞已生有腹子，則可爲此兄不大飲恨矣。墓銘弟當如諭作之，而以表待兄，弟尚未得即成稿也。蓋吾輩所知，更當與其宗黨所稱家世所流傳者一相印證乃可。正初郵中，曾寄茶陵家兄及長沙林太守程別駕二兄書，托及此，此時尚未知會沙生有腹子也。邛雅地僻俗淳，正兄可肆力之所，又瘴鄉離此尚遠，不必過疑，在彼想不久當亦有學憲轉矣。弟駐洛中，適當艱大之會，憂勞計畫，未有寧已時。爲地方事，則仰望朝廷早賜斷決，爲身家，則緣同處一城，猶冀稍從容，可圖日前之安，然身家非所敢顧也。兄言在楚中日事奔走，雖有禹稷之心，亦無日力以給，弟則以爲每存得禹稷之心在，則利害安危皆當聽其自至，而又何憂於日力之不給耶？愚見如此，不識兄以爲然否。令叔在汴，與許司馬尚未暇相通，少待可也。《唐詩律選序》絶佳，中所採及諸律即兄文可並傳矣。此間適當出川孔道，時附京差人寄書頗便，楚中地圖倘已取得，併煩寄及之。正相念，斷事楊先生過洛，云與兄舊窗友也。燈下漫草，付家僮代書之，時緣漏下二鼓，當出巡視防緝員役，遂不及親書，千萬照亮。

（同上卷十，明萬曆刻本）

與胡廬山

姜寶

楊春宇、余曉山兩郡伯來，各煩寄聲，以兩君來舍即去，故不及作書，而但口道如此，然兩君未有一言相報，豈臭味不相似，不知所信向故爾耶？此外又有茅心淵節推與廬陵之尹子，皆嘗於答書中道及高雅契厚，亦杳然未有以覆也。以此知交遊中可託者絶似少，爲發慨嘆良久。别來十餘年，想自有山中課程，便風可見教否？弟日惟蒲團爲道人，頗有得於吐故納新之一説，卻疾延年，或亦可以自許，而於稍暇日，亦嘗探討《六經》之遺旨，於《易》於《春秋》，僅亦有一班或可自見於身後，此則弟可道於丈前者也。丈所造所自得，千萬有以示之。往聞以故交直己爲江陵所嗔，幾致大忤。楚侗丈緣此亦幾致大相左，而弟於此公承其史館時頗相知，非不在念，第因奪情以後事多不如人意，失於相通，亦遂不蒙起用。吾兩人誠丈囊所云心同道合者歟。弟今年當休致之期矣，世緣已斷。丈則尚有三五年可爲世道留念，且晚間必有求丈者，幸勿耽考槃，遂忘却人間世，如何？貴鄉堪輿何兄號東泉者，弟近所交契，託致陽山公奠儀之便，附此一道，仰私冗次草草，諸未悉統需續布。念菴先生令器聞甚克肖，便間煩轉道意，并以其道號垂示，庶可通問後來也。不宣。

（同上卷廿六，明萬曆刻本）

與胡廬山

姜寶

去夏東昌道中一書，托潁泉轉致，想徹尊覽矣。昨秋劉生效程來從歐奉常所，接手書開緘，若睹顔面，至謂兩番見夢，兄於弟可謂念之獨深矣。感謝，感謝。承教以仁爲己任，敬而無失相勉，以此爲真脩，而謂文詞功烈不足爲，欲弟於此究心，此甚盛意，顧迂陋何足以承此？雖然，其敢不敬承來教以求之乎？弟惟聖賢論學種種，各有門户，而隨人所自入。如孔門言仁，即有許多様工夫，蓋亦隨人性之所近而語之。要之，所謂不忍苟己而慢物，有惟日不足之憂者，則固隨時隨所語而在也。兄云懲末世之無真脩，棄仁而不任，緩堯舜孔子之事而亟與後賢兢文詞功烈之雄，恐弟落此窠臼，而思有以振拔之，此更盛意不敢當。第所謂任仁之説，未知從何處下手。昔儒謂愛不足以盡仁，公亦未便爲仁，則仁何若是其難？孔門以訒言爲仁，以學問思辯而仁亦即在其中，則求仁又何若是其易！弟以爲仁道雖大，要之不外乎此心。心存即仁存，心亡即仁亡，故苟能謹言，心即存於謹言之中；能學問思辯，心即存於學問思辯之中。於此求仁，庶幾易而可入。若泛云愛不足以盡之，公亦未能爲之，而欲别求所以爲仁，恐遂涉難境無可下手處矣。弟性資鈍朴，每不欲爲高遠之空談，兄將引而高之，弟固抑而自卑，蓋猶然故吾也。然否，然否？潁泉在齊魯間，亦專與生徒講求仁之説，弟勸之與諸生言，且言求放心以求仁爲近，蓋此乃孟子所嘗言。若求其最近易者，則正容謹節、家庭唯諾之常，自是求放心處，亦自是學者求仁處。然則兄所云敬而無失，非即所謂仁以爲己任乎？舍此則恐亦不免侵淫爲空談而無忌憚之説爾。然否，然否。文詞功烈，離仁而爲之，乃是一技一能，若從此心中流出做出，則古人所謂立言立功者在焉。蓋從立德中來，即三者可並傳不朽也，其又何害乎？兄向時專用心於文，今似刊落浮華、直露靈根矣。觀《念菴集序》，酷似念菴文，此是兄學有進處。雖然，縱而放之，有心於文而文也；抑而歛之，有心於不文而文也。兄於此尚似着心，着心即似着意矣。近溪去冬在此時，聞其論，極有省發處。渠論仁即是人，以爲仁與人乃是合而言之之道，亦最有理。渠言兄初然只讀書作文，不講性命，今又講性命太過，不知其何所指，恐大畧是着意否？前寄會沙傳中言兄與近溪一段，初謂得其似，今似未然，風便并兄真脩有得處，幸不惜詳示之。奉常君以失意而去，猶來顧，其進當未可量。據案草草，直吐胸臆，自知不足當於尊聽也。簡召在即矣，勿固執，固執亦不免着意矣。不宣。

（同上卷十六，明萬曆刻本）

寄廬山胡侍御書

王　襞

近入留都，得侍同志諸公教，頗覺有訂證處。見尊諭中正之旨，知門下憂道之心，必固有此發明也。良知即乾之體，剛健中正，純粹至精，本無聲臭，攙搭些子不上，更萬古無有或變者也，不容人分毫作見加意其間，自有本分天然之用，神觸神應，原無壅滯，與鳶飛魚躍同一活潑潑地，蓋天命之性，原自具足故也。此《中庸》之旨，至易至簡，雖愚夫愚婦可以與知與能，而天地聖人有不能盡者，所謂先天無爲之學也。纔有纖毫作見與些子力於其間，便非天道，便有窒礙處，故愈平常則愈本色，省力處便是得力處也。日用間有多少快活在，故《易》曰：「變動不居，周流六虛，上下無常，剛柔相易，不可爲典要，惟變所適。」原是活活潑潑的，此中正不中正，毫釐之辨耳。賢知者之過，只在這裏蹉過了，正要吾人不惜口唇倡明之，使人人易入，不沮後進，則庶乎聖學源頭本可以開萬世太平者也。何待務爲高論，翻作繁難，自生歧徑？高明以爲何如？

（《王東厓先生遺集》卷一，《明儒王心齋先生全集》，中華民國元年袁承業編纂）

傳記等

明福建提刑按察司按察使胡公墓誌銘

耿定向

公諱直，字正甫，學者宗之，稱爲廬山先生。胡之先衛國公瓚，繇金陵徙吉。子三，長霸，居廬陵；次貞；季陽，居泰和之南岡，至屯田員外郎衍始著，衍幾傳至大，始徙今義和田。幾傳至子忠，忠子三，長雅，登明永樂丙戌進士；季和，和子四，仲哲，實坻司訓，有儒行，是爲公高祖，生爾極。爾極生行恭，號謙齋，事行具宗伯歐陽文莊所爲誌。子三，伯即公父，諱天鳳，號晴岡，以公貴，贈刑部員外郎。晴岡公故志學，晚益篤信文成致知之旨，語在公自撰《世叙》中。配周氏，封太安人，以正德丁丑八月十六日生公。公生而穎慧不羣，謙齋公心奇之。齔齡即嫺古文詞。年十六，補邑庠弟子員。嗣晴岡公即世，家窘甚，周安人抗節孀居，公煢煢茹苦以養，故負才不羈，慕古孔文舉、文信國之爲人。詩文則欲與何信陽、李北地方駕，而著論駁文成之學。歐陽文莊公傳文成之學者，倡道里中，知公爲任道器，屢招之，不往。嘉靖壬寅，始因友人固要往謁，文莊一見喜曰：「子來何晚？」維時文莊與同志講《論語》「惟仁人能好人，能惡人」，謂「惟仁者有生生之心，見人善，若己有之，未嘗有作好意，故能好人；見人惡，若瘝在躬，未嘗有作惡意，故能惡人」云。公素性嫉惡嚴，聆之惕然有省，始執弟子禮。顧任放習未格也，文莊語以立志曰：「明明德於天下，是古人爲學之志，而其功在致良知。」又曰：「惟志真，良知自無虧蔽處。」心契其語。又一日，文莊歌「欸乃聲中萬古心」之句，豁然若覺，而嚮往志益鋭。癸卯，舉於鄉。甲辰下第，時自省多忿多慾，好文詞之癖，勉自克制而不能恒也，飄然有遐舉離世興。丁未，因友人往訪羅文恭於石蓮洞，居月餘，時聞其歸寂旨，不甚契，而日炙其精神，日履其平坦〔一〕，衷有感發，乃北面稟學焉。戊申，寓韶州，因病問禪於鄧仲質，爲休心息念之學。久之有見，喟然嘆曰：「宇宙實即吾心，天地萬物原非外也。」病由是愈，益究心出世之旨，日有所悟而疑儒學有未盡。時晤越錢緒山，以所見就參之，無當也。既歸，念其父大事未襄，母太安人仰事不慊，意怏怏，無以自遣，始隱隱有儒釋旨歸之辨，而未決。己酉，與計偕浮彭蠡，值風濤，舟幾覆，不動，自謂得禪定力。以質於文莊，文莊曰：「可以爲難，仁體未也。」臨危不動，而又能措畫相援拯，乃可爲仁。」公頷之，時亦未深契。庚戌，館興化，盡聞心齋先生之學，服其傑出，而獨恨

〔一〕「日履其平坦」，「其平坦」三字據民國本《耿天臺先生全書》補。

其徒傳失真。癸丑，又下第。同志從臾仰禄爲養計，乃勉謁選，得教句曲。公時席出世見，而又負高氣，處上下多窒，每自疚，已因課「博文約禮」義，舍然思曰：「此孔、顔授受旨也。」日夜默求，忽恍然有悟，遂著《博約説》，意謂儒先以窮物理爲博文，固非是。近儒致知之説，承學者以知之變化圓融者當之，而不復知良知之有天則，亦誤已。約禮云者，約諸吾心之天則也。且即告顔子爲仁而曰：「非禮勿視聽言動。」蓋視聽言動皆文也，而禮即在其中，無内外，無先後也。自是用功益密，酬世應感，咸得其理，而上下亦相安。始契前聞文莊仁體之説爲確論，嗣以正之荆川唐公、大洲趙公，益自信。公之學，至此蓋三變云。乙卯，聘校河南鄉試。丙辰，成進士，初授比部主事。時時聯余暨盱江羅惟德、安成鄒繼甫輩，昕夕切劘，分誼即昆弟不啻也。越己未，以秩滿得贈父晴岡公爲員外郎，母周爲太安人。時分宜柄政，慕公名，欲羅致之。屢招之飲，公胥以疾辭，因銜之。會予以職事疏彈銓部事，語侵分宜，分宜疑出公謀，因出爲楚臬僉事，領湖北道。公過家，以博約旨質之羅文恭，文恭初未深領。既在楚，文恭貽書曰：「吾於子博約説洞然無疑，斯道其有興乎，所貴足目俱耳。」辛酉秋，余被命巡西夏，偕仲弟子庸晤於漢江之滸，時公學以無念爲宗，舉以叩余。弟子庸曰：「吾學以不容己爲宗。」公數頷之，語在余著《漢滸訂宗紀》。公治湖北，一以學爲政，興教章賢，省賦懲墨。有苗内訌薄城，公伏奇襲之，俘獲甚衆。分宜子銜公不置，嗾楚兩臺百計擠公，卒不可得。分宜敗，晉四川參議，擬疏辭新命，祈久任，秉政者格未上，乃如蜀。公治蜀如治楚，創水利，復流民，授計討逆苗，此其勛之鉅者。是時，蜀白蓮教煽起，孽黨幾遍三川，而上川一路獨寧，以其化教章而約法飭也。丙寅，晉本省督學副使，緝《正學心法》以倡多士，要旨歸於求仁，蜀人士因有興起者。無何，念周太安人甚，遂疏病乞歸。歸，侍太安人晨昏，暇則以樹人善俗爲己任，四方來學者益衆。隆慶己巳，與友人相期習靜山中，作《閉關録》以自警，略曰：「近壯聞學，今踰艾矣。生平忿慾矜名諸病，今反觀尚未盡瘳。所以然者，猶是依違在形骸上取滋味，而不信有不依形之天味也；向世界上爭勝負，而不信有不着世之天勝也。自今決志濯江、漢，暴秋陽，無暫頃不與天游，庶幾實見性命，可以全歸。」蓋自盟其獨如此。時興化李公柄政，而江陵張公、内江趙公俱在政府，雅重公，而臺省薦剡且日至，于是詔起督楚學。至則寓書三公相規勉，大意李則進以任，張則進以仁，而趙則進以用《易》〔一〕，三公俱報書謝，而趙公時以戇直去國，特書咨嗟感嘆〔二〕，謂蚤得公書，必不至悻悻如是云。公教楚士猶教蜀，著《志訓》，伈伈偲偲，期偕之道，不屑屑校藝間也。庚午夏，期余晤於赤壁，因與連榻，其商證語在《知命說》中。維時已擬内召，而新鄭秉銓，入奸倓譖，竟以常調，晉廣

〔一〕「用《易》」，民國本《耿天臺先生全書》作「《周易》」。
〔二〕「特」，民國本《耿天臺先生全書》作「持」。

西參政。府江之役，公實畫之，萌連跡疑者悉力爲白，所全活甚夥。萬曆癸酉，晉廣東按察使，監鄉試，録多出其手。其年冬入覲，過家，省太安人，病足在第。公勉就道，至臨江，憂思成病，遂懇疏乞養。時江陵柄政，因寓書規之：一曰正聖功，二曰豫人才，三曰培元氣。念雖決退，不忍忘國恩云。既得俞旨歸，侍太安人，晨昏不離側。丁丑，太安人病，公侍藥視溲溺，拊摩抑搔，不以假女奴。居喪始終，情極哀，禮極易。既禫，建舍覺山下，群弟子紹脩孔業，相羊槎溪、武姥之間，將終焉已矣。遇今上更弦，嚮意耆碩，而臺省薦剡又日至。甲申冬，特詔起福建按察使，蓋以原官爲重用之階也。其時，余亦起官內臺，從臾於中，而同志友羅惟德、鄒繼甫俱以大義督趣於外。公不得已，勉入閩還檄，意明進退義耳。牒數上兩臺，兩臺知上有嚮用意，不允。公日坐私署，猶披積牘檢中法不應死者數獄，手署平反之。越月，夜夢至人引以至道中，有「無欲濯濯，秋風回首」之語。曰：「余於人間世盡矣。」翊日，神色微變，門人在侍者問師何言，不答。家人請後命，不答。良久，顧曰：「文公云，一片若常存也。」頃之，僚貳錢、劉兩公至，猶正襟端坐，張目舉手揖二公，已翛然而逝，已酉五月二十九日也。公性孝友，撫弟姪愛加於子，於師友無間，存歿隱顯，恩義篤至，加於天親，其至性天植而學宗盡性故然與？公自有聞來，有《鞭後録》，有《補過日録》。辛未歲，著《困學日記》。晝一念，夕一夢，少盩於道，即訟爲己過，密籍記以自箴，癸酉申之，甲戌又申之，歲壬午，又有《翊全録》，其要以盡性至命爲宗旨，以存神過化爲工夫，而以絶慮忘言爲補翊，故曰「翊全」。甲申歲，又爲文，自矢告天，志益憤，詞益懇矣。其文與諸籍皆藏之巾笥，即子弟門人鮮有窺者，逝後發笥乃始得見，門人天官郎鄒元標、京兆理蕭元岡叙傳之。所著詩若文凡十數卷，門人學憲郭子章彙曰《衡廬藏稿》，業已梓傳於世。晚著《太虚軒稿》、《求仁志》，而《衡齊》八篇，則專明學的，以待後學者。瑯琊王元美氏、洪都張明成氏叙述之矣。配蕭安人，生子一，即順，邑庠生，娶張氏。孫男四：長士統，聘符丞陳昌積孫女；次士紀，聘督府參軍尹重女，俱妾王出。次士經，聘蕭永業女，妾敖出；次士綸，聘鄉進士曠驥女。孫女二，長聘陳進士秉浩冢男，次聘庠生蕭九韶冢男，俱妾張出。順將以戊子某月某日葬公於預所營吉水之龍家原。先是，郭學憲自蜀以狀來徵銘，時順復走使趣之。余因檢公生平而涕泗横下不能禁已，蓋曰：天地之所以不毁，而世之所以乂安寧平者，以斯道也；人參三才，而爲天下萬世立心立命者，以躬斯道也。世固於道而不知者衆，然藉聖賢之教以範圍之，於道固無恙也。彼以知道自命而故決裂播蕩焉者，是以道爲玩，而視天地民物爲不相涉，其自待亦薄矣。予取友海内，獨欽公之於道也，斤斤焉，廩廩焉，如護拱璧，如肩鉅負，辨析於毫芒，而競競於屋漏。聞吾黨一言一行之不軌於道者，輒攢眉捧心，若朿蒙刺，若天方墜已。彼哆譚上乘法者見以爲未達，或姍以爲鈍也。由余觀之，彼所自負而侈然謂有得者，公蚤已能及之，顧恒懷靡及而不自以爲得也。乃公之日省時勅所謂忿欲、矜名云者，故彼所時有，彼悍然安之，而公不肯自安也。至其敦倫盡分，是不可已矣。彼以爲情緣塵迹而已之，公則以是爲性真，不容已，不肯自已也。是故勇媲子厚之逃禪，而尤廑莊周之鞭後，悟埒敬仲之見大，而不忘閲道之告天。蓋誠見大道通天地民物，而所以立心立命者，若有所受而不容諉，若有所督責而不容一息懈已。於乎！斯其自待者爲何如哉？余惟公終生屹屹，畢志任道，其宦業文章乃其餘也。故不具論，直據公所自述《困學記》與《全歸録》者，稍省徑之爲誌而系以銘。

銘曰：困而學兮成功一，全以歸兮能事畢，力肩斯道今始息。予掇所述銘厥室，一言無慙幽可質，後世有考焉其在是。

（《耿天臺先生文集》卷十二，萬曆二十六年刻本）

先師胡廬山先生行狀

郭子章

德、靖間，餘姚王陽明先生倡道虔臺，一時擔簦受學者雲集，而吾吉郵甚。吾吉競講良知之學，而歐、鄒二文莊公郵著。陽明先生殁，吉水羅文恭公始私淑其教，晚益尊信，乃吾師胡廬山先生實師歐、羅二公，繇餘姚遡元公、明道，語以上契孔、孟、堯、舜之傳，於是斯道大明，若有所歸。子章自弱冠從先生游，及今十有八年，於道未涉其藩，方將捐跡返，一侍先生長洲槎水上，以求指歸，而先生赴自閩至矣。嗚呼痛哉！當江陵柄國日，先生上書觸其忌，尋疏病歸。歸十餘年，而江陵敗，上録舊臣，起先生八閩按察使。時子章刻《衡廬全集》甫竣，上之先生。先生以書報曰：「不穀初學文，止欲與時好爭雁鶩行，後浸知學問發明竟不越是，而古人文必根諸道，始爲正法眼。漫欲融漢宋爲一治，通古今爲一轍，以爲斯道傳神，然力終不逮。雖然，亦取其畧，窺古人緒餘，少澤於道而已。」又曰：「不穀灰心世涂，吾子所悉。謬荷當宁再録畎畝，自顧朽劣，執難復越越簿書期會間。即日赴江閩界投檄而返，遂爲從姑之遊。」無何，閩兩臺趣之急，先生至建昌，上書辭曰：「某晚際清時，再出山林，誼當圖効涓滴，少報恩遇。第以望七之齡，值此沉痾，恐先狗馬填溝壑，則既難盡職於生前，徒貽重玷於身後。」書入，兩臺不允，復三四上，竟不允。先生不得已，肩輿入閩，涂中猶有「閩臺誤擬老爲華，頃別麻池處處花。但得海仙傳具眼，擬從龍虎覓歸槎」之句。葢先生意重入閩，即入閩，亦欲遵龍虎而還。無何，未浹月，而疾彌留不可爲矣。厥孤順以某月某日自閩扶櫬歸殯之淺土，子章九月入覲還里，同友人王篤菴一命哭先生於張渡江干。追惟子章守官海嶼，不得啓手足，視含易簀，方馳驅世路，又不得築室居場以近江陽，而先生平日淵蘊清軌，又非蹇淺所能發抒。擬入長安，匄銘海内長者，而狀未具，謀以屬之同門鄒爾瞻，爾瞻曰：「某方計吏，計畢即欲乞身侍老母。君南還，舟輿稍隙，裁悲結思，爲師圖不朽。」因以師《太虚軒稿》授子章，子章敬諾，乃投淚而狀之。按：先生姓胡氏，諱直，字正甫，初字宜舉，號廬山，晚以所居據衡廬二山之交，稱衡廬耕雲老農，一號補菴。胡之先衛國公贇，繇金陵徙吉，子三，長公霸，居廬陵，至忠簡公銓始著；次公貞；季公陽，居泰和南岡，至朝奉大夫屯田員外郎衍始著。幾傳至太，始徙今義禾田。幾傳至子忠，子三，長雅，登永樂丙戌進士；季和，和子四，仲哲，實坻訓導，有儒行，是爲先生高祖，生曾祖爾極。爾極子二，仲行恭，自稱謙謙子，扁其居曰謙齋。弱冠作《運甕論》以見志，詩文豪邁，書法勁逸，懿行穆穆，具歐陽文莊公《志銘》中。配蔡孺人，生子三，伯即贈刑部員外郎晴岡公。公諱天鳳，爲邑諸生，睹流輩險膚，著《蛙說》以自廣。始於良知之説不甚券合，已觸麗譙聲有悟，乃著《自信篇》，又駁宋儒在物爲理之説，著《理論》，皆根極性靈，而先生家學庭詒有自來矣。配漆田周某公女，封太安人，以正德丁丑八月十六日子時生先生。先生生而徇齊，貌頎長凝重，望之若嵩嶽松柏。自幼穎異，不競群兒戲。稍長，謙齋公口授典故，不更語而識，間屬對句，大奇，公異之。幾歲出試有司，題主人屋壁間「馬并歐陽御史家，秋風詞落筆飛動」，宿儒聞而退舍。某年，補弟子員，與今曾中丞魯原公于拱、王廷尉茶泉公渤名鼎起，邑令陳公魁爲冠于横宫，爲娶城西蕭某公女，即安人也。癸巳，刑部公卒，先生斬然在疚，哀毁。周安人曰：「兒痛何斯甚？」乃強起讀書邑城。雅志慕孔文舉、郭元振、李太白、蘇子瞻、文信國爲人，慕李北地、何信陽爲詩文，各得其似。著《格物論》駁王先生説，尋覺其非。年十九，始自奮於學，與歐陽文朝昌爲友。壬寅，卜居邑白鶴觀傍，會歐陽文莊公講學普覺寺，文朝強之往謁。公曰：「宜舉來何晚？」問齒，即命坐某下。客有問《惟仁者能好人惡人》章。公曰：「惟仁者有生生之心，故見人爲善，若己有之，而未嘗有作好意，故能好人；見人有惡，若瘝厥躬，而未嘗有作惡意，故能惡人。世之作好作惡多爲好惡累，未可謂能好惡也。」先生聞言憮然，遂北面焉。公又語先生以立志，曰：「明明德於天下，是吾人立志處，而其功在致吾之良知。」又曰：「惟志真，則吾良知自無蔽虧。」先生若有契於中。一日，聞公歌「欸乃聲中萬古心」之句，遂豁然覺。癸卯秋，舉于鄉。甲辰，會試下第。乙巳，丁祖母蔡孺人憂，在廬。丙午，復同文朝及羅日表鵬讀書龍洲，因與康東沔公恕唱和，今所刻《龍洲集》是也。丁未，歐陽公起大宗伯，先生送至豫章。既歸，飄飄然欲離世遐舉，友人王有訓託諷之，曰：「遐舉不如力學。」因偕訪羅文恭公於石蓮洞，日聞主靜無欲語，先生感奮，復北面焉。戊申春，韶州太守陳公大倫闢明經書院，延先生其中，教六邑諸生。學正鄧公魯者，樂昌人，躭於禪，而陳邃於玄。先生病，問玄於陳，藥之，未有入。問禪於鄧，鄧始教以靜坐。先生坐，見諸異相。鄧曰：「此魔也，久當自息。」百日息，而先生胸亡俗思，洞見天地萬物皆吾心體，遂喟然嘆曰：「吾今乃知宇宙我也。」自是勃志謬心頓覺鮮盪，手足邕適，肺火不爇，百累不以入其舍矣。鄧曰：「子勉進之，可以通晝夜，出生死。」先生因洞究其說，日有所悟，遂遊曹溪，感異夢，忽有忘世意。臘月，圖南還，寢失初悟。偶餘姚錢緒山公德洪至，先生以其故質之，錢公反復開辟，終未當先生心。一日，遊九成臺，坐起，復悟如初，印諸子思子「上下察」、孟子「萬物皆備」、明道「渾然與物同體」、陸子「宇宙即是吾心」，皆是物也。因自念曰：「吾幸滅宿障，從此畢願，又何可牽纏世纓，日贍吾欲以汩吾真邪。」蓋先生至是凡三悟，隱然有儒釋旨歸之辨矣。己酉，先生家居，與友人曾思健于乾、羅東之潮、蕭天寵隆及有訓、文朝講學於邑城。冬，與王教諭翥赴會試，遇風彭蠡，舟幾沒。先生命酒浩歌，熟寢不動。庚戌下第，講學於歐陽公所。一日，以舟顛事質公，公曰：「可爲難，然非仁體。必臨危不動，而動能措畫救援，乃仁體也。」先生聆服。是年，學士李公春芳延之興化，訓諸子，因盡聞王心齋公艮之學。心齋爲王門高弟，起布衣，力學有得，作《學樂歌》。其徒傳失真，往往以放達恣睢爲樂。興化士訾之不信，先生爲之辨析，久乃信，始偕來問學。冬，先生歸自興化，絕揚子，遇劇盜，同舟有泣下者，先生不爲動。辛亥，先生自邑挈家返義禾滄洲故居。壬子，館於虔州。冬，同歐陽曰穉紹慶赴會試。曰穉，歐陽公仲子也。癸丑，下第，欲謁選，不果。友人周公賢宣及曰穉力勸之，時思健爲歐陽公諸孫師寓燕，作色奮曰：「子母老，不及時禄養，非孝。」先生乃就選，得教諭句容，日課舉業，訓諸生，而時時疑昔悟未融。一日操觚，作《博文約禮》目，遂舍而思曰：「孔顔授受，莫此爲切，而訓詁紛員，莫適南北。」其疑於先儒不能強合者四，疑於後儒不能盡合者三。大都謂先儒以窮理訓博文，其說要推極吾心之知窮至事物之理，某謂理不在事物在吾心，必通古今達事變而後爲博文，則專以多見聞爲事。多見多聞，知之次也。孔子乃獨舉其次者誘顔子，而一貫之旨所語參、賜者，顔不得與，何其厚二子而薄顔也？況其稱顔子好學，惟曰：「不遷怒，不貳過。」而未嘗侈其聞見之多，則顔之學可知，而博文亦必有在，此其疑於先儒者。近儒訓致吾心良知於事事物物之間，此千古正脉，但曰：「物者，意之物。格者，正也。正其不正以歸于正。」似與正心義微相繳繞。又云致其良知，而未言良知之有天則，以故求良知者惟事變化圓融，而不復知有至當至善處。甚之恣其猖狂，妨人病物，竊意顔子之約禮必約諸此心之天則，而非止變化圓融已耳。又語良知未免重内輕外，而不知舍吾心無天地萬物，舍天地萬物無吾心，正不可以内外言。此其疑於近儒者。因日夜默求孔顔宗旨，恍然有悟，遂自著《博約説》。自是先生用功益密，日用應酬俱得其理，浸悟歐陽公仁體之旨。嘗出赴南都會友，與德安何吉陽公遷、宜黄譚二華公綸、武進唐荆川公順之、内江趙大洲公貞吉劇論博約之旨，多有異同，而先生益自信。乙卯秋，河南聘主試事，令甲主試者得出題，而近例制於監臨。先生曰：「吾職不可曠。」竟揭書出題，監臨不懌，先生屹不動。丙辰，登進士第，觀兵部政，拜刑部主事。邀同年耿楚侗公定向、鄒穎泉公善、姜鳳阿公寶衆諸同志講學於靈濟宫會，大振。庚申，秩滿，詔贈晴岡公刑部雲南司員外郎，封母周氏太安人，封元配蕭氏安人。先生故有文名，是時禔身譚道，名益起。分宜雅重之，以桑梓故，欲羅之門下。婁爲莫邀元生〔二〕，先生謝病不能臨。分宜曰：「胡生何多疾耶！」一日，同鄉強之，先生爲不得已而強往。席中論海内財賦贏縮，先生曰：「財不在民，則在官。」分宜氣沮，一座錯愕，識者韙之，分宜子以是銜先生。會耿公疏論銓部事，語侵分宜，分宜子疑先生與姜俱其事，同日出爲按察僉事。先生得湖北去，後謗益騰，分宜子必欲中先生。先生初計解綬去，諸同志有謂世事短長未可知，太安人方就養，不可，先生乃已。辛酉春，歸迎太安人入楚，遂之石蓮洞，以學質文恭公。公詰之曰：「滿眼是事則，滿眼是天則，可乎？」先生未有應。明年在楚，文恭公貽書曰：「吾於執事博約之說洞然無疑，斯道其有興乎！第所貴足目俱耳。」先生聞，益自信。其治湖北，一以學爲政，整身式屬，繩墨吏，省額外供，創鄉約，嚴保甲，覈民間節孝旌之。王陽明先生及冀公某、蔣公某，俱有功在楚，並祀以風楚人。麻陽苗内訌，猝薄城。先生詳若無備，夜出奇兵襲之，俘獲無算。時分宜子嗾楚兩臺擠先生，而卒不可得。未幾，分宜敗，先生參議四川。甲子，入蜀，治蜀如治楚。其鉅者引黄沱泉灌邛州七里堰，溉數十萬畝旱原爲沃壤。復流民數千家，到今賴之。雅州招討楊酋以爭襲逆命，先生授石畫屬吏黄清將兵，竟擣其穴。蜀故有白蓮教緝黨，煽孽幾遍三川，而上川民無一從逆被辜者，教化明而約故飭也。丙寅，遷本

〔二〕「元生」，疑當爲「先生」。

省督學副使，加意教化，黜陟先行義，淑慝後文秇，作《正學心法》，爲多士倡。蜀人士爭自滌垔。無幾何，先生念周安人甚，疏病乞身。有旨，令致仕東還，日侍安人，亡須摇去膝下。會鄉寇夜獗，先生屬鄉耆訂鄉約，以行于楚蜀者增潤爲册，請于有司行之。歲爲社祭二、學會五，要以成人才、厚風俗、弭盜賊爲務，以故亡賢不肖胥就約束，四遠來學者日衆，每大會，至數十百人，小會亦不下數十人。先生劉削縫緣，收實芟華，人在重陰，士蒙覆露。兩都兩臺交薦，先生不可一日林坳。己巳五月，同友人習靜，作《閉關録》，其自序曰：「吾近壯聞學，兹五十又三矣。生平忿慾，今反觀，尚未盡瘳。所以然者，猶是依違在形骸上取滋味，而不信有不依形之天味也；向世界上爭勝負，而不信有不著世之天勝也。自今日始敢決志，江、漢以濯，秋陽以暴，無頃暫不與天遊，庶幾實見性命，不浪所生。」又曰：「此等事實與世間利害毁譽成敗，一無千□〔一〕，故亦不必示人。」是時，先生洞徹性神，質直皓白，未有雜揉，亦不欲俛仰世人。無幾何，詔起督楚學，先生應詔入楚，講學校士，諸所注厝，悉如蜀，又著《志訓》以勵士，士翕然宗之。與脩《肅皇帝實録》，録成，受上賞。時銓部婁疏陪太僕卿矣，江陵以子弟關說不行。明年庚午，參政西粤，府江之役，出先生機畫，頑猺畢殲，萌連猺藪，跡疑於盜者數千人，先生力白其事而生之，疏軍而去。

〔一〕「千□」，疑爲「干礙」。

癸酉，遷廣東按察使，總持憲體，振肅屬吏。秋，入場監試，録多出先生手。冬，入覲，便過家，省太安人病足在第，先生即不欲就道，至臨江，憂思成疾，遂力疏乞養。因爲書上張江陵，其畧曰：主少國疑，劑量乂安〔二〕，相公才度遊刃有餘，第以天下大計有三，某今病，不獲面展，猶不忍不爲相公盡也。其一正聖功：某聞主上沖齡，聖明殊絶，然三代而下亦有沖靈異資，第以大臣無格心之學，不能引君當道以志于仁，遂致苟且相狥，終成雜伯，爲可嗟耳。今者惟在信臣，日誘以唐虞成周帝王誠心之韙，日辨以漢唐宋諸君雜伯之卑，以日興主上之志，夫是乃爲養正之聖功。某不喜相公昔年試策中「法後王」之説。夫我神祖，六官八度，孰非法先王者？而奚顓顓以後王語也？其二豫人才：某觀近日人才多以事功進，然黠者激作粉飾，未有爲民長利、爲國遠猶之心。又議論嚄唶，罔睹大體，如陽明從祀一節，浮議合沓，説者謂今日人心未回，由多智識者鼓動致然。自非相公一以重大體、正人心、明學術爲上務，其能使迴心嚮往哉？且館閣，儲相地也，即如相公，亦由前哲以斯學淬磨成之，故今天下食福不鮮。今相公豈不欲爲後日地乎？此仁體先事也。故云爲天下得人謂之仁，不然，則相公之仁窮矣。其三培元氣：夫民，家國元氣也。自分宜秉政，聚歛成風，倭胡相仍，征輸無藝，南北交困久矣。乃當宁猶以催科爲

〔二〕「劑量」，《衡廬精舍藏稿》卷二十《啓江陵張相公》作「劑調」。

上課，稽之《唐書》，其中葉猶以催科爲下。考今盛世乃如此，不知民何所終也。相公燮調，群賢贊佐，所爲計安元元，必有得其大者。相公慎毋以汰一幕官員、省一傳廚爲足務也。書入，江陵大怒，遂不報。先生自是懸車林巖，跧伏草壄，絶意仕進，縮武城郭，日侍太安人側，一飯飲必親供，且偕諸弟孫爲壽，于于娓娓，曲意承歡。隙則講學會友，然不敢遠去，以藝太安人念。丙子，先生年六十，以親在，不稱老，豫辭戚知毋舉觴。丁丑，太安人病，先生侍藥視溺，拊摩抑搔，不以假女奴。卒，哭痛絶，倚廬不塗，慤遵禮制，已卜葬於邑東之牛丘。墓所距家四十餘里，徒跣泥淖中，扶櫬以往，一仰視，瀾然而涕下。自太安人即世襄事畢，先生漸延四方士，士踵至，講壇亡所，鄉耆士始建舍於覺山下，扁曰「求仁書社」。先生坐卧其中，同志來問難者循循懇懇，因才訓迪，冀祛塵惑以歸大道。時與二三子浩歌行樂，徘徊覺山、槎水、武姥之間，鳶魚上下，六通四辟，不矯於繩墨，不瘁於度數，不靡於萬物，不硋於宇宙，徜焉佯焉，恍在舞雩洙泗上。常語二三子曰：「學大患無志。志真而學已過半。」又曰：「我今老矣，看來無欲一路還是穩當。」曰：「學須以靜入。」乃著《靜坐說》。又講「聖人以此洗心」句，曰：「此是孔子說盡天機處。」遊息之暇，考圖觀史，大若天文地志，細若堪輿醫卜，與夫百家九流、佛藏、道藏諸書，靡不精覈考訂。末年，又著《衡齊》八篇，以示學的，四方學者亦輸心尊信，語一時大儒，必曰胡先生云。辛巳，年六十有五，自營壽藏於吉水龍家邊。八月，蕭安人卒，先生自爲志，以其右厝安人，虚左自厝。

客有問曰：「先生胡亟亟營是也？」先生曰：「有生必有死，予自信惟朝聞夕可，日有孶孶，兀然不知死生之將代乎前，而又況世之榮辱毀讚乎哉？」噫！味斯言也，先生非獨知貴不如賤，富不如貧，彼生死之故，亦洞然矣。壬午，江陵敗，兩臺交薦先生，上意方嚮舊臣。甲申冬，起閩中按察使，徵書且至，先生猶堅卧舍中。已同年鄒穎泉公善、羅近溪公汝芳交書，至責先生以曾子仁爲己任、元公仕不苟止之義，先生始勉就道，顧非其意也。野服别諸同志及二三子，因歌《年年長山木》章，且曰：「吾姑之閩界繳憑，諸君别斯須耳。」三月，至建昌，主羅公家，移書閩兩臺繳憑，即乞歸再四，不允。先生不得已，以四月莅任。是日繳憑，復乞歸，不允。三日再乞，不允。先生曰：「吾有坐衙舍而已。」精力如故，猶能著《太虚軒稿》一集。月杪，力稍衰，一夕偶感異夢，遂自記曰：「是夜夢一至人，引予至道，其事大奇。姑不能盡書，畧書于後以志，蓋道三極之真、百聖之宗也。忽荷解示：塵學目醒，無欲濯濯，秋風迴首，天君泰然。予於人間世盡矣。」翌日，封印，遣内帑鑰於僚貳，未幾，神色若變。時門生某在側，問曰：「師何言？」不答。已而家人請後命，不答。良久，顧曰：「文公云：一片善長存。」語不及他，少選僚貳錢公某、劉公某至，先生正襟端坐，無異常時，忽汗溢神離，復張目舉手，微揖二公。二公連聲疾呼，而先生長逝矣，是爲五月廿九日也。嗚呼，痛矣！訃聞，四方學士靡不痛悼。柩自閩還，二三子涕泣几筵，尋平生於響像，乃迎主祀於求仁書社。無幾何，督學使者沈公某至，即下檄郡縣，曰：「福建按察使胡公某，蚤歲多奇，以文章爲盛事，中年反約，得性命之真詮。望重朝端，行乎里閈。兹者老成凋謝，空令緬想高風。其令有司即擉吉製主，崇祀鄉賢，以風勵後學。」故事，鄉賢始從諸生議，呈督學使者駁議，議久後定，未有自上徑行郡縣者，非沈公深信先生，平日胡以得此？嗟乎！先生已矣，豈第一家一鄉一世之戚已哉？子章竊謂堯、舜、禹、湯、文、武、周、孔、顔、曾之學，傳之孟子，昌黎謂「孟之死，不得其傳焉」。漢繁於箋注，唐溺於佛老，至周元公、程明道二公，直接孟氏。然陸象山當時已云：「二公初創，未甚光顯。」其後工訓詁者指摘漢儒，而益侈其說；排佛老者力於韓昌黎，而卒莫得其要領。明興百餘年，陽明先生崛起東越，大有憂焉，直揭「致良知」一語爲斯文赤志。其後語知者遺良，語良知者遺致，而其流遂有玩弄馳逐之弊，甚之猖狂恣肆，自潰其藩籬，以爲吾道蠹。念菴先生繼起吉水，又大有憂焉，嘗曰：「良知與物無對，陽明先生之爲聖學無疑。惜也速亡，未至究竟。」蓋亦象山之於周、程未甚光顯意也，故復爲收攝保聚之説，以救其徒玩弄猖恣之弊，其後知者謂之默成，不知者疑於空靜。先生親承教旨，悟透博約，又復有隱憂焉，故有先儒、近儒之疑，發天則之旨，無内外、無先後，辨儒釋之界，在盡與不盡已。又發明念菴先生「上下四方、往古來今，渾成一片」之語，而後收攝保聚之功，不疑於靜；玩弄恣狂之徒，不倚於動。至於周元公之無欲，程伯子之一體，終日語人，口之不厭。若先生者，近之有功於王、羅，遠之有功於周、程，上之有功於堯、舜、禹、湯、文、武、周、孔、顔、曾、思、孟，章故曰：斯道大明，若有所歸，非意之也。堯舜精一，孔顔博約，曾之格物一貫，孟之性善情善，皆聖賢授受心法、正學宗旨。彼二氏溷吾儒者，誠無足與議，即吾儒傳註甲可乙否，茫無定謂。先生獨抒自得，發千古未發。論人心道心，則曰：「心之宰性也，而形氣宅焉。是故心之動也，宰于性，不役于形氣，是爲道心；役于形氣，不宰于性，是爲人心。道心者，以其無爲爲之者也，不睹不聞、不學不慮，何其微也！人心者，以其有爲爲之者也，行不慊心，愧于屋漏，何其危也！微哉道心！弗以人心襍曰精，弗以人心二曰一，弗襍弗二，則内無偏倚，外無過不及，故曰中。」論博約曰：「文者，學之事也，至不一者也，故稱博。莫非文也，莫不有吾心不可損益之天則，以行乎其間者，禮是已。禮，至一者也，故稱約。不約以禮，則文失其則，雖博而非學矣。故散之視聽言動者，博文也；存之勿非禮視聽言動者，約禮也。」論格物曰：「《經》上文曰『物有本末』，而下文即以格物應，是寧有二物哉？格有通之義，『致知在格物』，言古人之致其良知，雖曰循吾覺性，無感不應，而猶懼其泛也，則恒在於通物之本末，而無以末先本。夫是則知本即格物，而致知之功不襍施矣。故其下文曰：『一是皆以脩身爲本，其本亂而末治者，否矣。』其卒語曰：『此謂知之致也。』」論一貫曰：「一理孰在？即所謂不貳心是也。以是不貳心，事君則止於敬，事親則止於孝。以是不貳心，應天下則無不止於至善。故古人云：『一哉王心！』又曰：『貞夫一』。惟一則無不貫。是一也，惟曾子獨知之，故答門人曰『忠恕而已矣』。忠，中心；恕，如心。夫人心至中而自如，則可謂不貳心矣。其曰『而已矣』云者，言忠恕之外無一也，一之外無貫也。」論情性曰：「心猶之火，性猶之明，有一星之火，即有一星之明，明不在火之表；性猶火之明，情猶明之光，有一星之明，即有一星之光，光不在明之後。故謂火與明與光異號則可，謂爲異物則不可；謂心與性與情異文則可，謂爲異體則不可。」至其剖儒釋之辨，則曰：「釋氏學主出世，故其學止乎明心，明心則雖照乎天地萬物而終歸於無有；吾儒主在經世，故其學貴盡心，盡心則能察乎天地萬物而常處之有。」則其說具在《衡齊》。《衡齊》八篇，先生末年刳心張口，爲斯學主盟。子章在潮，嘗兩質其義，先生始書報曰：「《衡齊》之作，大非可已。此學今日幸謂明矣，然言者猶欲調停其間，蓋初見本心者，如夜睹海日之升，詫以爲異，而習氣未脫，或至於狂，安識日中之天則也？其未見本心者，不免仍依違晚宋疏義，終成兩可，又不知真儒知本之學與二氏家只在盡與不盡，即毫釐千里之辨，乃反摻戈内指，阻善害道益甚，故不得已收拾舊文，勒爲《衡齊》一書，意在八字打開，兩口說破，不必復含糊調停。知我罪我，其在兹乎？」後書報曰：「《衡齊》專爲斯學，蓋亦實見此理非自外鑠，由本達末，先貴知本。夫崇本，非遺末也，乃正所謂本末一致也。大要《明中》、《徵孔》二篇，則宗旨工夫證據不杜撰明矣。孔子曰：『言之無文，行之不遠。』故又不得已而文之，非欲爲文以表見也。其間頗有苦心，有聖者作，或取焉。」嗟乎！先生是書發明堯、舜、孔、顔、曾、孟之統，若紘宇宙，若章三光，排之而不闢，翕之而不闔，崇之而不高，濬之而不下，裒之而不少，累之而不多，填之而不有，空之而不無，約漢唐宋諸儒紛紛之議以歸於一，剖曇瞿禪那之路以别於儒，其言辨，其所以言不辨；其語異，其所以語不異，不恤後世之罪我，而以俟諸後聖於不惑。大哉《衡齊》！可以翼經而緯聖矣。太倉王先生世貞讀之，曰：「《衡齊》之意在明道，其明道，將以淑人而軌世也。是故辨若儀、秦而非強，工若丘、非而非刻，逞若蒙莊而非縱，博若安、向而非淫。其旨遠，其詞文，其言曲而中，其事肆而隱，胡子庶幾焉。」豫章張先生位曰：「初讀之，洋洋乎，纚纚乎，何其工而則，辨而不肆也。富哉言乎！再讀之，雍雍乎，井井乎，又何其平中不偏，極於變而不離乎宗也。至哉言矣！」嗟乎！二公真知言哉。子章在燕，從爾瞻所讀先生《困學記》，自叙甚情，獨悟最真，然猶二三子所共聞者。歸，與孤順及門人陳秉浩、歐陽宗翰等檢先生遺文，有一笥甚祕，啓之，册不盈尺，皆手書，名曰《日録》。每歲一帙，日有書，時有紀，自卯至寢，自幾微念慮以至應對交接，工夫純疵，毛髪必書，即夢寐中有一念盭道者亦書。又有《翊全録》，序曰：「是録也，有纖惡必記而誅絶之，庶幾還其本體，與天者遊，始可以至命而全歸。」又有《自矢告天文》，畧曰：「願以餘生，傾心大道，盡性至命，期得本宗。絶慮忘言，用爲補助，痛損需待之迷，勉策衰遲之步，以濯江暴漢爲功，以皜皜空空爲至，純超假我，直趨聖塗，庶可以快此生平，一笑全歸。不者自作焦穀，終沉淵海，莊生所謂『不可復陽』是已。」孤順與章等讀之，攬涕如屑，先生慎獨之功真□其子不及知，其門弟子不及知，而獨求與天知者。先生文成一家，自陽明公以及唐荆川、羅念菴二公，格宗蘇、曾，先生自謂鎔古今爲一治，剖漢宋之藩垣，其自任重矣。詩詠性情，而漢、晉、魏、唐諸體無不融洽。謝公東山稱其「上薄《風》《雅》」。孫公應鰲謂其天趣最深，非追琢可及。字追章宋，其論書法，要令鋒行畫内，積久而神凝天放，自臻其妙，則先生自謂也。詩文全集共《衡齊》凡若干卷，付子章刻之行於世。《衡齊》八篇，門人曾鳳儀另刻之姑蘇。近著《太虚軒稿》、《求仁志》若干卷，俱未刻。《日録》《翊全》等録，孤順謂宜從先生，不必示人，意可無刻。娶蕭安人，伉儷四十餘年，婉懿柔淑，雅善持家，故先生得脱然四方，無内顧，詳先生志銘中。子一，即順，邑庠生，娶張氏，妾敖氏、黄氏。孫男四：長士統，聘江口尚寶司丞陳兩湖公昌積仲子庠生文振女；次士紀，聘永新大宗伯尹洞山公臺冢子都督府都事重民女：俱黄出。次仕經，聘羅步田蕭永業女，敖出。次仕綸，聘敖城鄉進士曠驥女。孫女二，長聘柳溪陳進士秉浩冢男，次聘禄岡庠生蕭九韶冢男，俱張出。

（《蠙衣生粵草》卷六，周應鰲序明刻本）

憲使廬山胡公傳

姜寶

國朝理學名公，以王陽明先生爲第一。歐文莊公及其門，見而知；羅文恭公不及及其門，聞而知。遊兩公之門得其傳，稱入室弟子者，則廬山胡公其人也。公名直，字正甫，號廬山，晚以所居據衡、廬二山之交，自號衡廬耕雲老農，學者則稱廬山先生云。其先世來自金陵，詳在御史大夫楚侗耿公定向所作墓誌中。由衛國公贇至公之父南岡公封刑部郎天鳳〔一〕，凡十幾世，由金陵來吉後，徙於廬陵，於太和，於今義禾田白鶴觀下，凡幾遷。母蕭太安人。公生而徇齊，童時即無童心。稍長，即能通書史，善題咏，落筆驚人，宿儒聞而退舍。年十九，補邑弟子員，與今曾中丞于拱、王廷尉渤名鼎起。邑令君陳公魁愛其才，爲冠於學舍，爲娶城西蕭氏女，即封安人者也。生子順，順娶張氏，妾敖氏、王氏，生孫男士統、士紀、士經、士綸凡四人，孫女二人。歲癸巳，丁刑部公艱，哀過幾於毀，以奉母命，始強起讀書邑城。癸卯，舉於鄉，偕計不第再且三，爲母老需禄養，就職教諭，得句容。越丙辰，成進士，授刑部某司主事，轉員外郎，尋陞湖廣僉事。

〔一〕「衛國公贇」，原作「衛國斌」，據耿定向作墓誌銘、郭子章作行狀補改。

時耿公在御史臺疏論吳冢宰鵬，連及分宜相父子，予鄉里人謗予嗾之也，累及公，公故有此轉，而予亦從史館出僉四川之學憲。予自四川轉河南參議也，公陪推，而轉參議於四川。既而予自河南轉八閩學使也，公又陪推，尋亦轉憲使之副，繼予後視學於四川。公寓書謂分宜去位後，後來者知吾兩人心同道合，每聯其名以相表，故又如此也。未幾，因念母，疏請告，得准，致仕歸養。未幾，詔起督視楚學。庚午，陞廣西參政。癸酉，又陞廣東按察使。是年冬，以入覲，便道過家省母。念母病，堅不欲行。既又因母命不敢違，勉強就道。至臨江，則又因念母甚，病不能行，疏乞養病兼養母，得致仕。公歸，日侍母側如曩時。丁丑，母病增劇，公躬親湯藥，拊摩扶侍，一不假之女奴。既失恃，則哀又過幾於毀。墓在邑東牛欄丘，離家四十里而餘，徒跣泥淖中，執紼往。每一仰視，輒瀾然涕橫流。既終喪，以餘哀杜門，若終焉，無復外慕矣。歲甲申，臺臣交薦，詔又以原官起公於八閩。公又堅卧不欲出。因友人鄒公善、羅公汝芳貽公書，相勸諭再且三，始至建昌，即主羅公家，貽書閩兩臺乞歸者又再三，不可，則強一至焉。竟卒於閩任，是年五月二十九日也，距其生正德丁丑，得年六十有幾。公少時頗豪而好奇，尤好爲古詩文。嘗喜談孔文舉、郭元振、李太白、蘇子瞻、文信國之爲人。既而又慕效李北地、何信陽兩公作，各得其似。繼以多忿慾躁態，動不知檢，輒著《格物論》，駁陽明子之說爲未然，既而又自覺其非。於是始欲就正於文莊。初猶輩行相見，見文莊詞禮和平簡當，一無有時俗套，心服之。聞其講《惟仁者能好惡人》，謂：「仁者有生生心，有若瘝厥躬心，未嘗有作好惡心，故能好惡人如此。」公又服其論。於是，始歸心，北面稟學焉。後訪文恭於石蓮洞，聞文恭語心，亦有感發，於是亦北面稟學焉。公於文莊領其立志訓言，謂：「古人欲明明德於天下，乃吾人立志處，而其功則在於致良知。惟志真，則於良知無蔽虧。」於是泠然悟，始從事良知之所以致，如登陽明之堂而親聞其謦欬也。於文恭領其主靜無欲之說，又領所貴足目俱之說，遂從事精神收攝、知行竝進之實功。公初與文恭不甚喜言良知，不盡信陽明學，後亦竝欲登其堂，誦其言，亦若親聞其謦欬也。公既得兩公者賢師儒相啓發，不自滿足，又求友於其鄉，於四方。鄉里人，如歐君昌、歐君紹慶、羅君鵬及潮、康君恕、曾君于乾、蕭君隆、王君有訓等，相友善，共切磨。在京師，則同部即羅君汝芳、鄒君善與光祚、工部周君賢宣、給舍胡君應嘉、翰編王君學顔、予賓與耿公共若干人，結同志之會，吐心發難，昕夕無間者兩三年。客路遭逢，如趙文肅公貞吉、何中丞遷、譚司馬綸及予師唐荆川先生順之，相與論學，即稍或有異同，其意氣竝雅相愛重。後在維揚，主師相石鹿李公家，盡聞王心齋艮所授受陽明者，又不一而足。公謂取諸人，貴有以脩諸己，自其爲諸生舉子時，則已能遵所聞，力求進。遵文莊言，從事於體仁；遵文恭言，從事於主靜，從事於一介之不苟取，稍稍有所得。或又求之韶守陳君大倫之玄、求之學正鄧君魯之禪，始迷於異相而爲魔，後悟矣，則又以欲離世，有欲忘世意，迷而失□再，末後凡三悟，始不復迷而失。然公志則猶未已也。向學之勤，其功蓋愈進而愈篤，於寢室則粘壁有警語，謂時時要合天心，時時要志凝神王，先當有事於孔子之發憤。《閉關》有録，其自序以形骸上取滋味爲非，欲求有不依形之天味；以世界上爭勝負爲非，欲求有不着世之天勝。補過軒困學有日記，則日書己過以自箴而自驗，知過在忿、慾、喜名三者之未忘。《翊全》有録，以去心中之滯，絶慮忘言爲翊補。又著所當戒先後各六事，又二事説在《全歸稿》，務求不愧此心，不忝於暗室屋漏，時時有真志實修。其出而仕也，在京師，則與予等講學於靈濟宫，於細瓦廠之東門，務求有實得實益，而不爲泛常徵逐。僉楚憲於湖北，與同官今宗伯萬公士和稱莫逆，能以學爲政，謹身飭屬，惠愛及其民，旌節孝，奉祀陽明先生及冀公某、蔣公某，所嘗有功於楚者。至於麻陽苗内訌，卒薄城，能夜出奇兵襲敗之，以文人能有此，尤稱偉略奇特事。轉參蜀藩，能引黄沱泉灌邛州七里堰，溉民田十數萬畝，能坐使旱瘠地爲沃壤。雅州楊酋某以爭襲方朝命，指授屬吏黄清者擣破其巢穴。白蓮教煽搆起，民無從者，公有以約束而化導之也。轉督學，則先行後文，作《正學心法》，爲多士倡。疏乞養病兼養母歸也，日侍太安人左右，無須臾離。比鄉寇有竊發，則以鄉約所嘗行兩省者屬鄉耆訂以行。又請行於所司，歲爲社祭二、學會五，要以成人才、厚風俗、彌盜賊爲先。學者聞風，多遠來及其門。無何，起視楚學也，校文講學，所注措悉如蜀。又著《志訓》以勵士，士翕然依歸焉。參西粤之藩政，則能出劈畫，殲頑猺，猺有疑似如盜者數千人，力白之督府，悉生之。憲長廣東時，大比而監試，試録文盡出公之手。冬，入覲，而以病又請告也。有所陳論於執政者江陵張公，謂天下大計有三：一曰正聖功。在信臣日誘進沖主唐虞盛德，不當顓顓以後王語。二曰豫人才。謂今日人心未回，多由有智識者鼓動致然，在政府，當一以重大體、正人心、明學術爲首務。三曰培元氣。謂不當以催科居上課，不當以汰一官、省一廚傳爲得策也。書上，意與張公左，竟得請告去。有道施爲其不求苟合，類如此。公讀書講授之所，在本鄉則海智寺龍洲覺山下之求仁書社，在韶則明經書院。所至青衿子輻輳及門，皆虚往而實歸，其表表著者如鄒子元標、鄒子觀光，周子弘綸、郭子子章、蕭子元岡、王子繼明、曾子鳳儀等若干人，皆高行雅志，得於公所啓迪而造就力居多。所著述《格物論》、《龍洲集》之外，如《正學心法》、如《志訓》及前所著《自箴》、《補過》等録，後所著《太虚軒稿》、《求仁》等志及《衡廬藏稿》若干卷，稿乃公詩文集之全，中所載《博約説》與《衡齊》一書，乃其著作之大。今取其尤精者列於篇。《博約説》有疑於先儒之言，謂顔子之好學，在不遷怒、貳過，而未嘗侈聞見之多。竊意博文不以多聞見爲事。又有疑於近儒之言，謂其求良知者惟事變化圓融，不復知有至當至善處。竊意顔子之約禮必約諸此心之天則，而未嘗以變化圓融爲事也。《衡齊》八篇，如《言末》謂言爲末也，《理問》謂理不在物而在心也，《六錮》謂吾儒言虚實本一，而非有二也，心與天非二本也，覺即爲性，爲道心也；謂循序非先儀節而後心性也；謂格物爲通物，通物之本末，而末不可先本也，知本即爲格物也。所謂以經訓經，而非若宋儒之移經以就己也。《博辨》謂博物未可爲博學也。《明中》謂堯舜以惟精惟一求中，而不當以不精不一求中也；文王以不識不知順帝則，而不當以多聞多識求中也。《徵孔》謂譜孔者當肖其真，而不當但得其形似也。《談言》引證不一，中可採多有之。如謂嗜尚之癖爲乖性，猶枝見之能賊道也。學經而專求訓詁，謂爲求聖人似之似者，而非其真也。謂大人視天下爲鼃市，不以欲熾眇；富貴爲蜃閣，不以身迷也。此則種種皆妙理精論。謂漢唐有女禍，有宦寺之禍，宋幸無此，然不免有夷狄之禍也。女禍二，一内嬖，二外戚。宦寺之禍專在授以政權，而夷狄之禍所以致之則有三：一懦敗，在銷兵，其失策由趙普。二議敗，在論多而不斷，卒釀成秦檜之奸。三恩敗，在歲幣增，郊恩太濫，卒至於財匱而國弱也。此則種種皆深識遠猷。至謂禦戎，上策在得賢相，修内治，如周公之相成王，休休之大臣無一技，然後能用天下之技。有坐而論道者之道，而下兼乎技，則未始不可以作事；有起而作事者之技，而上學乎道，則未始不可以論道也。末著《續問》《申言》，大都不外前旨，續爲問申言之，謂「性相近」、「性善」非二語也，謂《易》占不盡在蓍策間也，謂聖人之前知以本然無爲之體而洗心藏密，至於知識不作，聲臭俱無，受則自靈，自靈而自能知來也。謂《中庸》之修道專當屬人，而亦以屬之物者，非也。謂致中和者不能離中爲和，亦不能離和以爲中也。謂天地以不二而生，即聖人之以一而貫也。謂曾子臨終而憂，憂性不全爾，命門人啓手足以便興居，乃常事，不爲異，而非以全其支體爲得免也。謂佛氏以山河大地爲妙明心中物，知心之通天地萬物，而不肯盡心於天地萬物也。則其出死生之爲痺，是其學之偏，非其心之本然也。謂佛氏之學止於明心，而未逮盡心；止於見性，而未逮盡性。是知有覺而未能爲德行也。若以詩人「有覺德行」語責佛氏，固可坐而詘也。謂文王陟降，在帝左右，則固有不存存、不亡亡者焉，死生不得而囿之，以此知聖人未嘗言出離生死，然卒亦未嘗不出離生死也。謂靈萬物心天地者，固不在七尺軀，而以宰七尺軀者，即以宰天地萬物。謂楊慈湖《己易》之不可廢也。此則又種種皆名言也。人謂公凖王充氏論之衡、莊周氏物論之齊，而作《衡齊》。予按：《論衡》謂世無孔子，則七十子今之儒生爾。又謂劉子政父子、揚子雲、桓君山，猶文、武、周公併出於一時，則衡固未可爲衡也。物論之不齊，乃物之情。莊子者，因是因非、因非因是一切論，欲強而齊之，徒逞雄心，恣高論而漫無要約於其間，殆亦非也。殆非公所以命名之意也。近時王司馬世貞作《衡齊序》，謂「衡者，平也，將以平不平也；齊者，和也，將以和不和也」。其說爲得之。蓋公嘗由性命談經濟，今經濟不大顯，言則由性命而發也。公此書其可傳身後無疑矣。予昔與公爲友也，公方求工於時文，即談道未有徹，亦未有當於予心也。别去十數年，文益進，道亦日益徹。每得公手書，即書法能擅，有鍾、王筆意，知公之技且日亦進乎道矣。故嘗統論公前所著《閉關録》、《困學記》等書，公學道之書也。晚所著《博約説》、《衡齊》等書，公明道之書也。公文士，以《史》《漢》古格調發明宋儒之理，可謂能因文以見道，其後固論道，然所著輒能發儒先所未發，其爲文，又能鎔漢宋於一冶，又未嘗不蔚然文。於乎！若公者，其文士而有□□道，論道而又能文者歟？公即不大用於世，其有可以傳世如此。聞督學使不待勘，推爲鄉先賢，直行下祠公於學宮，公自有不亡而存者，則吾黨於公均可無憾於公之亡矣。書此，貽公之子順，刻以行於世，或藏諸家，庶可爲公不朽云。

（《留部稿》卷八，《姜鳳阿文集》，明刻本）

胡直傳

刘元卿

先生名直，字正甫，泰和人。生而穎慧不群，齓齡媚古文詞，負才不羈。慕古孔文舉、文信國之爲人，而著論駁文成之學。歐陽文莊公傳文成之學者，倡道里中。公因友人固要，往謁，一見，喜曰：「子來何晚？」維時，文莊與同志講《論語》「惟仁者能好人，能惡人」，謂「惟仁者有生生之心，見人善，若己有之，未嘗有作好意，故能好人；見人惡，若瘝在躬，未嘗有作惡意，故能惡人」云。公素性嫉惡嚴，聆之惕然有省，始執弟子禮。顧任放習未格也，文莊語以立志，曰：「『明明德於天下』是古人爲學之志，而其功在致良知。」又曰：「惟致真，良知自無虧蔽處。」心契其語，嚮往志益鋭。時自省多忿多欲，好文詞之癖，勉自克制而不能恒也，飄然有遐舉離世興。因友人往訪羅文恭，聞其歸寂旨，不甚契，而日炙其精神日履，衷有感發，乃北面稟學焉。寓韶州，因病問禪於鄧仲質，爲休心息念之學。久之有見，益究心出世之旨，而疑儒學有未盡。既歸，念其父大事未襄，母太安人仰事不慊，意怏怏，無以自遣，始隱隱有儒釋旨歸之辨，而未決。計偕浮彭蠡，值風濤，舟幾覆不動，自謂得禪定力，以質於文莊。文莊曰：「可以爲難，仁體未也。臨危不動，而又能措畫相援拯，乃可爲仁。」公頷之，時亦未深契。下第謁選，得教句曲。公時席出世見，而又負高氣，處上下多窒，每自疚，已因課博文約禮義，舍然思曰：「此孔顔授受旨也。」日夜默求，忽恍然有悟，遂著《博約説》。自是酬世應感咸得其理，而上下亦相安，始契前聞文莊仁體之説爲確論。公之學，至此蓋三變云。丙辰進士，初授比部主事，時分宜柄政，慕公名，欲羅致之，屢招之飲，公胥以疾辭。因銜之，出爲楚臬僉事，領湖北道。公治湖北，令學爲政，興教章賢，省賦懲墨。有苗内訌薄城，公伏奇襲之，俘獲甚衆。晉四川參議，治蜀如治楚，創水利，復流民，授計討逆苗。此其勛之鉅者。晉本省督學副使，緝《正學心法》，以倡多士，要旨歸於求仁。蜀人士因有興起者。無何，疏病乞歸。已用臺省薦，起督楚學。晉廣西參政，府江之役，公實畫之，萌連跡疑者，悉力爲白，所全活甚夥。晉廣東按察使，懇疏乞養。時江陵柄政，因寓書規之，一曰正聖功，二曰豫人才，三曰培元氣。念雖决退，不忍忘國恩云。既得俞旨歸，侍太安人，晨昏不離側。太安人病，公侍藥，視溲溺，拊摩抑搔，不以假女奴。已而，臺省薦剡又日至，特起福建按察使。公日坐私署，猶披積牘，檢中法不應死者數獄，手署平反之。越月卒。公性孝友，撫弟姪愛加于子，於師友無間，存歿隱顯，恩義篤至，加于天親，其至性天植而學宗盡性故然與！公自有聞來，有《鞭後録》，有《補過日録》、《困學日記》，又有《翊全録》，所著詩若文凡十數卷，又有《太虛軒稿》、《求仁志》，而《衡齊》八篇則專明學的，以待後學者。耿氏曰：「天地之所以不毁，而世之所以乂安寧平者，以斯道也。人參三才而爲天下萬世立心立命者，以躬斯道也。世囿於道而不知者衆，然藉聖賢之教以範圍之於道，固無恙也。彼以知道自命，而故決裂播蕩焉者，是以道爲玩而視天地民物爲不相涉，其自待亦薄矣。余取友海内，獨欽公之於道也，斤斤焉，廪廪焉，如護拱璧，如肩鉅負，辨析於毫芒，而兢兢於屋漏。聞吾黨一言一行之不軌於道者，輒攢眉捧心，若衷蒙刺，若天方墜已。彼哆譚上乘法者見以爲未達，或姗以爲鈍也。由余觀之，彼所自負而侈然謂有得者，公蚤已能及之，顧恒懷靡及而不自以爲得也。乃公之所日省時敕所謂忿慾、矜名云者，故彼所時有，彼悍然安之，而公不肯自安也。至其敦倫盡分，是不可已矣。彼以爲情緣塵跡而已之，公則以是爲性真，不容已，不肯自已也。是故勇媲子厚之逃禪，而尤厪莊周之鞭後，悟埒敬仲之見大，而不忘閲道之告天。蓋誠見大道通天地民物，而所以立心立命者，若有所受而不容諉，若有所督責而不容一息懈已。於乎！斯其自待者爲如何哉？」

（《廬山胡先生要語》，《諸儒學案》，明劉元卿自序刻本）

祭胡廬山

耿定向

於乎！公之逝也三更寒暑矣。今胤子順暨門弟蕭元岡、周應鰲以墓誌請予，因檢公生平，而涕泗横下不自禁已。蓋睹世學喧豗，斯道靡宗，憾無能起公九原，而相與扼腕浩嘆也。兹其悰口悛悛不能道詞，誌末畧具已，蓋以質之幽而俟之後也。惟公生平即隱念纖慝不肯自瞞，予安忍以一不情語累公於冥冥中耶？惟公蚤歲負才不羈，乃揖心於文莊、文恭之門也，以聆其語，炙其行，有所感省而後定交，非若世之汎汎然係籍以就聲也。中變而爲休心息念之學，浸入禪那也，蓋藉筏以登彼岸，非眩志於因果，没溺于出離之説也。已復逃禪，卒歸之正也，以行有不得，心有不安，始解博約之旨，而信天則之不可踰，非聲聞見解，又避禪之譏而艷儒之名也。晚而盟心矢志，期於全歸，謝世味，忘人勝，而直欲與天游，是則公學之大較如是。公其首頷於冥冥中否耶？乃若公之筮仕於朝也，譽望隆起，疇不以立躋華膴期之，乃至擠之外服，終身翱翔於藩臬中者，則以余之踈狂累之也。逮晚而歸休於里也，孔業是營，灰心於世路稔矣。乃東山方起而泰山告頹，則余及二三君子實趣之也。公之門人子弟或以此出爲公憾者，惟公所學原非獨善，余儕祗見行可，便爲天下計，不知爲公計也。昔富鄭公之出，堯夫亦勸之；楊龜山之起，張覊實趣之。天下後世不聞以是議富、楊，亦不聞以是咎邵、張者。維今明盛，視兩公所遭何如也。君臣之義原無所逃，簡命既臨，何忍坐逆？公擬蒞任投劾，乃其本情，而天不憖遺，俾道未得大行，則斯世之無幸，非吾儕之所能逆睹者也。公之出處，故自皭然，公亦首頷於冥冥中否耶？所可憾者惟是余學不力，無以副公之望；余文不馴，無以發公之蘊。是則所自疚、自訟而不容已者。公靈在天，自應不昧，其尚有以啓余振余也耶！嗚呼！余紲塵網，公反夜臺，執紼末由，絶絃長嘆，臨風遥奠，有涕如傾，公其鑒之。

（《耿天臺先生文集》卷十二，萬曆二十六年刻本）

祭胡廬山

姜寶

於乎！兄爲詩文，始效何、李，班、馬、歐、曾，鑄爲一軌。務求成家，庶稱專美。嘔出心肝，不文不止。繼欲聞道，肆力於學。文莊文公，寔惟先覺。近推陽明，遠宗濂洛。天則在心，見聞非博。孰能兼有，道學文章？惟兄似之，能總其長。世路間關，身名顯揚。用不大究，傳世則光。憶昔與兄，以暨少潛，我三人者，曰惟比肩。臺中彈文，何與知焉？乃竝外補，爲憲之僉。王粵予川，兄在楚中。辰參隔絶，河梁難逢。即有心曲，何因吐衷？即有竿牘，何因常通？誰則爲此，由我譖人，交肆螫毒，致劘虎唇。王竟長逝于廣，兄亦溘殞在閩，作兩傳以寫臆，爲二兄而傳神。兹幸予在，孑然此身。何能終辭，不爲一申。於乎！兄始起家，予也馳詞。爲兄勸駕，勿違明時。兄命已矣，如何不悲？微處遠將，兄其鑒之。尚享。

（《姜鳳阿文集》留部稿卷十六，明萬曆刻本）

祭胡廬山師文

鄒元標

真元氣散，大化綿邈。天挺吾師，爲世先覺。蚤躭柔翰，詞場磊犖。既謝雕蟲，潛心正學。文莊文恭，歸依切磋。奮翮雲霄，青天鶖鷟。昭代山斗，曠世濂洛。陳情歸養，倏然一壑。棲心於無，全真于樸。《衡齊》纚纚，諸儒剽剝。聖闕淵詣，心印獨握。見者心醉，聞者沃若。詔起八閩，式瞻喬岳。胡然一疾，遽乘雙舄。夜堂帳冷，真人不作。深山窮谷，心恫神愕。元某樗櫟小材，師謂可斵。詔我慇懃，期我恩渥。頃賦歸田，懼辱且數。閉門内省，漸歸于約。師友凋殘，曷勝離索。敬陳些詞，潸然淚落。嗚呼！英風不再，玄咳猶昨。溟涬不死，神遊廣莫。生耶亡耶，德行有覺。師其啓我，見孔于卓。

（《願學集》卷七）

書晴岡手澤卷

羅洪先

右晴岡胡君《貽子姪帖》凡幾通，其子正甫彙爲卷。與正甫者甚多，爲人盜去，故不可見，然其大端可想矣。當陽明先生發明良知之説于虔，聞者如獲寶于通衢，而返室於千里。蓋平時讀濂、洛之書所畏慕而難至者，不下帶而得之，何其快也！故聞者莫不動其勇往必爲之志，如晴岡君所書是矣。於乎！孰知數十年來，有取足於口耳，而藐然不知反之身，又何遠耶。豈驟見者悦，習聞者厭歟？亦其人之志固不齊也。余與正甫方切嗟于是，意正甫于是卷宜倍有感矣。故書以進之。

（《石蓮洞羅先生文集》卷十四，萬曆丁巳鄒元標序本）

胡祖母蔡氏孺人墓誌銘

歐陽德

孺人姓蔡，諱俛秀。予門人胡直，其孫也。胡世居義禾里，宋朝奉大夫衍之後。直高祖王父寶坻訓導曰哲，生子爾極，娶桃源彭鋏女弟，而生行恭，未晬而孤。彭君憐之，曰吾女吾甥。而女故里中蔡吉女也。母蕭氏，繼室彭君，故其長育行嫁，皆自彭君。

蔡故世族，宋末有登文文山榜進士，累官湖南安撫使者曰源。國朝與劉槎翁齊文名者曰敏則，則吉所自出也。至吉而蔡微，又夭折，鮮戚屬，故女既歸胡，生三子一女，咸莫知黨蔡，竟以彭爲外家。伯子曰天鳳，直考也，治《毛詩》，補邑博士弟子；仲天驥，季天鵬，皆早卒。於是女夫南溪蕭胤，仲與伯子相表裏，依附以立。無何，伯子卒，直二弟諒、問皆幼，獨直罄竭爲養。孺人時年六十餘，獨與家婦居，日以所聞古今孝義慈和事，爲諸孫若孫婦誦之。嘗敕直曰：「自吾入門，惟聞乃先世行義。及見乃祖乃父，業儒績學，動尋矩矱，恬澹謙沖，罔淫於凶德，乃今連蹇不震，身世單薄，天其或者自爾昌之。」勉繩令緒，毋遏降祥。

後十餘歲爲嘉靖癸卯，直舉於鄉，孺人大悦。又二年，乙巳秋九月念九日，疾卒。其生成化辛卯十月初四日，享年七十有五。

孺人之初歸也，年纔十八。遭家中替，舅没姑老，夫强學外遊，獨以少婦當室，乃躬執炊爨，字牧紡織，勤生縮用，外資遊學，内供膳饈，賓祭問贈，罔不潔齊。姑卧病三年，與夫相扶抱。夫出，即屏息竊侍，急呼未嘗不在側，所需即未能卒致，未嘗稱乏。竟後，無有倦容慄色矣。伯兄名行恕，鰥且獨，養如翁，即匱歉，寧内自忍饑，不使失一飽也。處妯娌睦，若同産。下逮僕婢，與同苦樂，淳實不疑。人欺族屬，從責負，或詭增其數，輒如言償之，既覺亦不復言。以故，戚疏洽比，久約而無怨。丈夫得免内顧，以篤於義，輔相有力焉。直天性刻厲，揭揭自樹，好工古詩文，既從予問學，自悔曰：「大人天下爲度，故盛德若愚。途人我師，而淺中莫容。標己自賢，烏能成其大者？且藝達於道，故遊焉而不溺志；役於藝，故局焉而胥喪。」蓋發憤刊落，慨焉有志。予於是期直甚遠。而直嘗誦孺人事甚習，其友王省元渤亦爲言孺人訓飭直者如此，心竊賢之。會直來報訃，將以某月日奉葬於某處，負某面某之原，且以狀來乞銘，乃爲題其碑曰：胡祖母蔡氏孺人之墓，而爲之銘。直承重故稱祖母。又母能訓子，以及其孫。直能祗訓繼孝，成其爲孫大之，故稱祖母。是時，直有子一人曰某，女一人曰某，是爲曾孫。身及見者三世，福亦備矣。銘曰：

求富無厭，孰謂之非貧；處歉靡戚，孰謂其弗贏。順以有恒安，牝馬之可貞。慈而能訓，匪禽犢之爲恩。嗚呼，曷嗣於徽音，曷不延於孫曾。

（《歐陽德集》卷二十四，鳳凰出版社）

明故贈刑部雲南清吏司署員外郎晴岡胡君墓誌銘

羅洪先

贈署員外郎晴岡胡君，泰和義禾田人也。名天鳳，字時鳴。父諱行恭，號謙齋，篤學慕古，行誼嚴振。嘗感時事，有所論著，識者謂可裨政議。羣居平恕，每歲里中弟子爭迎師，莫能舍，以是終身不去其鄉。君自少稟家學，不更他師，性行方介，酷類父。既補縣學生，授經虔之雩都。是時，王陽明先生去虔未久，高第弟子雩人何公廷仁、黃公弘綱，傳先生學，主於求心而緩窮索。居聞之，未即信，退而沉思。會冬夜從友人所宵分歸，已熟寢，覺聞漏下不及三十刻，心訝之，已而數覺，漏不加促，則疑守者怠謬，披衣起立，候天曙〔一〕，比四問，雞未鳴也。憮然悟曰：「漏非有永不永，由吾心動，聽聞亂耳。夫聽聞亂，故逆億起而愛憎移，不自知其妄也。不求諸心，吾之妄可勝計哉？」於是積疑頓釋，乃著《自信篇》以明己志。時時就何、黃究所傳，且曰：「始吾未信先生之學，謂與宋儒異耳。夫『性即理』與『在物爲理』，皆宋儒語也。理在物，猶可言外；謂性爲外，可乎？性非在外，理非在外，吾之窮索宜何從？」於是，復爲《理論》申

〔一〕「曙」，原書作「睹」，據文意改。

之。然君不獨能信其言，反諸己，自處獨至接衆，務與心應以爲快。嘗遇病攣者，旁有人云：「孰予一金，當出奇藥起之。」君即倒囊。從者疑曰：「驗否安知？」君曰：「吾心誠不自已，豈俟其驗哉！」門人問：「見色不動，有道否？」曰：「人之自視子女，未嘗有動，視人猶子女，固其道矣。」雩士雖以舉業從君，君所語多在舉業外，以是出其門者即有聞，御史袁淳、訓導周文其最也。在雩三年，所學視昔大異。方以稱力澤物爲己責，而竟卒於瘵，年纔三十有八，不及其成。里中嗟曰：「謙齋阨矣，復阨君耶？」後卒三十年，君之子直，登進士，爲刑部，致有今贈。未幾，出爲湖廣按察僉事，念君待吉淺土，亟歸卜地於某山之原，面乙辰，負辛戌，將以辛酉正月五日下窆，前期自撰世叙來請銘。僉事故與余遊，嘗疑有啓之者，其私淑先生也，志甚厲而位漸進，將所謂稱力以澤物者，終有在乎？於是諾其銘，以告諸幽。胡之先，徙自金陵，宋慶曆進士衍，官至尚書屯田員外郎。幾傳爲伯雅，登永樂丙戌進士。進士之弟季和，生寶坻訓導哲。哲生尒極，君之高曾祖也。君生某年月日，卒某年月日。配周氏，生子三人：長按察，次某某。孫男四人，孫女三人。世叙云。銘曰：

學晦識礙，如夜方寐。孰寐有聞，羣酣未悔。匪辭是修，自踐抑抑。命或格之，極詣未即。皇錫有赫，貴豈在名？惟古好德，乃福之榮。又何考祥，不曰有子？遺者方長，雖夭弗死。

（《羅洪先集》卷二十，鳳凰出版社）

書胡氏先訓卷

張居正

吉胡正甫氏出其高曾祖遺訓。余觀之，稱慕古昔，率中規矩。以守道居約箴誡子姓，而歸本於質厚。蓋兩翁生先朝全盛時，道化汪濊，故皆知節誼敦實，而無夸毗市利之習。夫人處世，譬之尺蠖矣，食蒼而蒼，食黄而黄，故啜醇者之不能爲漓，與處華者之不可返質，即賢者猶將移之，況漸漬於繇俗者乎？正甫行修，而文復恬於世好，最爲卓越矣。然未知真純簡素，便可比蹤先世否？璞不能不散而爲器，玉不能磨琢爲圭璋瑚璉，彼其爲圭璋瑚璉也，則亦遠於璞矣。余從正甫觀遺訓，蓋累歎焉。又别出其父晴崗翁手澤一卷，言質直率，類其二祖，而于聖賢之學尤惓惓焉。胡氏世有儒宗矣。昔陽明先生昌學於東南，學士大夫或頗有棄而不信，而閭巷之儒油然宗焉。如是者何哉？蓋膏雨之洽潤，非有所擇也，物則有受弗受矣。受則芊茸猶華實，弗受則芘乘之財日就槁矣。余與正甫論學最契，謂其出于羅念菴先生，余素所傾向者，然不知正甫更承其家學如此也。駒本渥洼，而良、樂又從而拂拭之，欲不千里得乎？

（《張太岳集》卷十七，萬曆壬子刻本）

跋胡廬山所藏唐師奉使詩卷

萬士和

荆川先師閲兵幽薊，有奉使詩紀關隘阨塞及設險校武事，自有盧龍鎮山川以來，纔有此作。其詩既刊行於世，廬山胡君復出抄本一卷示予，乃先師在時以貽君者。中有自書七言三絶，刻本所無。其餘間有旁註，一二小楷，亦師筆跡。當先師出使時，且病腫，形骸索然。今觀諸詩，雄壯奇偉，勢蓋萬夫。其字畫硬健，寫意渾是一團靈氣。蓋捐血肉、鍊精神，實先師平生得力處，故神通妙用，雖於詩字餘技，亦有垂殁光彩如是，彼形骸之衰歇，可以爲世人病，未可爲至人病也。胡君篤志好古，携此卷自隨，常若在師左右。余忝爲師老門生，一别萬里，奄忽永訣，及見此卷，則又如睹顔面。兩人相對感慨，胡君因命余綴數語於卷末。嗚呼！先師不可作矣。其文章可見者，要以寄其光彩耳。乃所以致此者，則實始於捐血肉、鍊精神之功。余雖從游日久，質魯無聞。胡君好古有得，深達性命，其索於形骸之外，使光彩射來世者，必有所在。願以告我焉可也。

（《履菴文集》卷十）

跋胡晴岡手跡

萬士和

古云：父沒而不忍讀父之書，手澤存焉耳。余謂此孝子不死其親之一端，而非其至也。孝之至者，必求其精神命脈之所在，其所欲爲者必爲，其所不欲爲者必不爲，常若親在，而視於無形，聽於無聲然者。故曰：善繼人之志。彼求之手澤者，跡耳，未必其能繼志也。苟父之志非可繼，而人子觀其志跡，如見其人，以寄其哀慕之思者，乃不死其親之一端也。嗟夫！父有可繼之志，而子不能繼；父無可繼之志，而子追其跡，二者皆非至也。廬山胡君拾其父晴岡翁手書，彙成一卷，皆翁平日以貽姪姓者。廬山從事學問，以道自任。今觀翁之數書，皆言及時進學、反求身心之事，末乃有味於良知之說。是固翁精神命脈之所在，非徒以跡爲也。在翁爲可繼之父，在廬山爲能繼之子，而存其手澤傳寶之，以訓于家，是心與跡併者也。觀者尚知源遠而流長哉。

（同上）

跋胡氏先跡

萬士和

謹身力學，俛焉惟恐不及，孝友著于家庭，行誼孚于鄉曲，比如未雕之璞瓏，而琢焉可以成器。是所謂忠信進德者，則亦何遠於道。有務高遠者指之曰：此拘拘謭謭，從事於粗跡者，非道也。於是究性於玄微，求心於知解，其說寖長，而其流至於不可憑據。欲反之於躬行，則璞散爲已久；欲收功於一源，則空闊而無歸，由其務高遠而忽近易也。夫孝友敦行之士，謂之知道，固不可；謂之非道，亦不可。由是而充之，可近道者也。廬山胡君大父謙齋翁嘗手録其先闇齋翁《勉學》諸稿，又自書其訓子諸作，皆謹身力學、孝友行誼之尤著者。二翁世澤之長如此。廬山集成一帙，出以示余。余謂君家含英咀華，君能鍾其世美，因而充之，以進于道，高明光大，日新不已，向之藏璞於玉者，今則雕琢之以成器矣。雖然，不有璞焉，奚從而琢之？然則余所謂忠信進德於道不遠者，觀此益信。

（同上）

傳心堂約述

方以智

胡廬山公師歐文莊、羅文恭，嘗聞文莊歌「欸乃聲中萬古心」，遂豁然覺。曾問禪於鄧魯，教以靜坐。公坐，見諸異相，鄧曰：「魔也，久當自息。」百日息，而胸無俗思，洞見天地萬物皆吾心體，喟然曰：「吾今乃知宇宙我也。」錢緒山至，反復開辟，終未當意。一日遊九成臺，坐起，復悟如初。印諸子思「上下察」，孟子「萬物備」，明道「渾然與物同體」，陸子「宇宙即是吾心」，皆是物也。公車遇風，舟幾没，公命酒浩歌，熟寢不動。質之歐公，公曰：「可爲難，然非仁體。必臨危不動而動能措畫救援，乃仁體也。」公服之。其疑近儒曰：「物者意之物，格者正也，正不正以歸于正，似與正心之義繳繞。」又言：「致其良知，而未言良知之有天則，以故求良知者，惟事變化圓融，而不復知有至當至善之處，甚乃恣其猖狂，妨人病物。竊意顏子約禮，約諸此心之天則也。」又言：「良知未免重内輕外，而不知捨吾心無天地萬物，捨天地萬物無吾心，正不可以内外言也。」曰求孔、顔旨，著《博約說》，走石蓮洞，質諸羅公。公曰：「滿眼是事，滿眼是天則，可乎？所貴足目俱耳。」公嘗語學者曰：「志真而學已過半。」又曰：「無欲穩當，須以靜入，孔子說盡天機。」遊息之暇，考圖觀史，大若天文地志，細若堪輿醫卜，與夫百家九流，道佛諸《藏》，靡不考核。末年著《衡齊》八篇。回首時曰：「濯濯秋風，天君泰然。」正襟端坐而逝。大概陽明而後，語知者遺良，語良知者遺致，流爲玩弄，甚至猖恣自潰，以蠹吾道。故羅文恭復爲收攝保聚之説以救，知者謂之默成，不知者疑于空靜。正甫有隱憂焉，故發天則之旨，無内外，無先後，而統儒釋以直下自盡分處辨之。又曰：「心之宰，性也，而形氣宅焉。是故心知動也，宰于性不役於形氣，是爲道心；役於形氣不宰於性，是爲人心。」論博約曰：「文者學之事也，至不一者也，故稱博。莫非文也，莫不有吾心不可損益之天則，以行乎其間者，禮是也。禮乃至一者也。」論格物曰：「格有通之義。致知在格物者，言古人之致其良知，雖曰循吾覺性，無感不應，而猶懼其泛也，則恒在於通物之本末，而格致即知大本矣。一理孰在？不貳心是也，一則無不貫，人心至中而自如，則可謂不貳心矣。」論性情曰：「心猶之火，性猶之明。有一星之火，即有一星之明。明不在火之表，性則猶火之明，情則猶明之光也。」辨儒釋曰：「釋主出世，故其學止乎明心。明心則雖照乎天地萬物，而終歸于虛。吾儒學主經世，故其學貴盡心。盡心則能察乎天地萬物，而常務其實。」其説具在《衡齊》中。郭青螺子章師之，嘗曰：「師言也辯，而其所以言也不辯；其語異，而其所以語也不異。俟聖不惑，一笑全歸。否則，自作焦芽，不可復陽已矣」。

（《青原志畧》卷三，清刻本）〔二〕

〔二〕《傳心堂約述》，題名「吉州後學劉洞雪林、王愈擴若先編」。

憲使胡廬山先生直

黄宗羲

胡直，字正甫，號廬山，吉之泰和人。嘉靖丙辰進士。初授比部主事，出爲湖廣僉事，領湖北道。晉四川參議，尋以副使督其學政。請告歸。詔起湖廣督學，移廣西參政、廣東按察使。疏乞終養。起福建按察使。萬曆乙酉五月卒官，年六十九。先生少駘蕩，好攻古文詞。年二十六，始從歐陽文莊問學，即語以道藝之辨。先生疾惡甚嚴，文莊曰：「人孰不好惡人？何以能好能惡歸之仁者？蓋不得其本心，則好惡反爲所累，一切忿忿不平，是先已失仁體而墮于惡矣。」先生聞之，憮然汗背。年三十，復從學羅文恭，文恭教以靜坐。及其入蜀，文恭謂之曰：「正甫所言者見也，非實也。自朝至暮，不漫不執，無一刻之暇，而時時覿體，是之謂實。知有餘而行不足，常若有歉于中，而絲毫不盡，是之謂見。」歸蜀以後，先生之淺深，文恭不及見矣。先生著書，專明學的大意，以理在心，不在天地萬物，疏通文成之旨。夫所謂理者，氣之流行而不失其則者也，太虛中無處非氣，則亦無處非理。孟子言萬物皆備于我，言我與天地萬物一氣流通，無有礙隔。故人心之理，即天地萬物之理，非二也。若有我之私未去，墮落形骸，則不能備萬物矣。不能備萬物，而徒向萬物求理，與我了無干涉，故曰理在心，不在天地萬物，非謂天地萬物竟無理也。先生謂：「吾心者，所以造天地萬物者也，匪是，則黝沒荒忽，而天地萬物熄矣。故鳶之飛，魚之躍，雖曰無心，然不過爲形氣驅之使然，非鳶魚能一一循乎道也。」此與文成一氣相通之旨，不能相似矣。先生之旨，既與釋氏所稱「三界惟心，山河大地爲妙明心中物」不遠。其言與釋氏異者，釋氏雖知天地萬物不外乎心，而主在出世，故其學止于明心，明則雖照乎天地萬物，而終歸於無有；吾儒主在經世，故其學盡心，盡心則能察乎天地萬物，而常處於有。只在盡心與不盡心之分。羲則以爲不然。釋氏正認理在天地萬物，非吾之所得有，故以理爲障而去之。其謂山河大地爲心者，不見有山河大地，山河大地無礙于其所爲空，則山河大地爲妙明心中物矣。故世儒之求理，與釋氏之不求理，學術雖殊，其視理在天地萬物則一也。

（《明儒學案》卷二十二）

胡直傳

《江西通志》

胡直，字正甫，泰和人。嘉靖進士，初授比部主事，出爲湖廣僉事，晉四川參議，尋以副使督學政，請告歸。詔起湖廣督學，移廣西參政、廣東按察使，疏乞終養。起福建按察使，卒於官，年六十九。直少駘蕩，好攻古文詞。年二十六，始從歐陽文莊問學。年三十，復從學羅文恭，及其入蜀，文恭謂之曰：「正甫所言者見也，非實也。自朝至暮，不漫不執，無一刻之暇，而時時覿體，是之謂實。知有餘而行不足，常若有歉於中，而絲毫不盡，是之謂見。」歸蜀以後，文恭不及見矣。《學案》。按：正甫所著有：《閉關録》、《翊全録》、《求仁志》、《困學日記》、《龍洲藁》、《華陽藁》、《白雲藁》、《滄洲藁》、《衡廬精舍藏藁》，凡九種。傳者惟《藏藁》十一卷。

（《江西通志》卷七十九《吉安府五·人物十四》，《四庫全書》本）

胡直傳

《吉安府志》

胡直，泰和人。嘉靖進士，歷主事。嚴嵩以鄉人故，欲引之，謝不往。官至福建按察使。直少從同邑歐陽德學。年三十，復從羅洪先得王守仁之傳。鄒元標師事之。

（《吉安府（三）嘉慶重修一統志》，《大清一統志》第二三四三册）

胡直傳

《西昌縣志》

胡直，字正甫，號廬山，義禾人。信實鄉義禾人。自少好讀古書，師事於歐陽文莊、羅文恭，契姚江之旨，採孔孟之奥。嘗曰：「自捉髮時好攻文辭。既壯，有子雲悔少之嗟。」直指慎獨二字爲入德慎修之地，其見性如此。嘉靖丙辰成進士，授刑部主事。時分宜秉政，以同鄉欲引爲重，不應。出僉湖北，爲參議，督學四川，得聖賢心法，倡明正學。尋乞歸。著《閉關録》、《翊全録》、《太虚軒稿》、《求仁志》、《鞭後録》、《困學日記》、《補過日録》、《衡廬精舍詩文》。司馬郭子章、郡丞廖同春、御史鄒元標皆出其門。卒祀鄉賢。《田志》。

（《西昌志》卷二十，（清）楊國瓚修，（清）郭經等纂，乾隆十五年刻本）

江西三子

王樵

泰和胡正甫、安福鄒繼甫同司，日以講學爲事，朝暮升散，行坐必耦，時稱江西三子。三子謂羅惟德、胡、鄒也。羅子提調獄事，予以巡風詣之。故事携酒肴夜坐，羅先使止予勿設，但邀予蚤過清話，相見甚歡。

（《西曹記》，《明文海》卷三百四十五，《四庫全書》）

宇内五賢人

郭子章

余師胡正甫先生嘗語章曰：「宇内講明正學，楚有黄安耿公、蜀有内江趙公、黔有清平孫公、吾豫章有南城羅公，皆賢人也。」已余入蜀，余師與趙、孫二公皆捐舘舍，乃合祀三公於大儒祠。及余入黔，别鄒爾瞻江上，爾瞻曰：「黔中孫淮海、李同野、馬心菴皆致力斯學，君此行惜不及見三君耳。」余平播後，輯《黔記》，乃合三公類傳於理學，已復爲公請謚而得恭，乃知正甫先生與爾瞻言不我欺也。

（《孫文恭祠碑記》，《貴州通志》卷四十一，《四庫全書》）

致書王父台議胡廬山先生謚典

郭子章

敝邑胡廬山先生，某與鄒南皋、蕭崑陽、陳望洲、蕭觀我，皆其弟子也。近日議謚，敝邑四人，而廬師居首。頃藩司李公祖下詢，某曾爲一《傳》上之。兹聞仁父下之學校，採之輿論，敬以

《廬師傳》呈覽。此翁之學宗歐陽文莊公、羅文莊公、羅文恭公，此翁之友則耿天臺公、羅近溪公。獨門墻士如某，無能發歘師懿，光大師説。若易名之典，不獨敝邑，即江右諸賢莫能出師之右者。敢借仁父椽筆一揄揚之，不惟斯文之幸，且爲里邑之榮。

（《青螺公遺書》卷三十一，清刻本）

懷胡廬山

孫應鰲

春月何皎皎，春風何嗇嗇。我正有所思，我正有所憶。故人美意氣，故人美顔色。遠緘千里書，遠寄千絲織。慰我長相思，增我常嘆息。君處粤之西，我處黔之北。所欣同肝膽，所嗟異邦國。我懷轉綢繆，我情轉淒惻。願作雙樹枝，願作雙飛翼。言語不可竭，襟抱不可即。努力加餐飯，努力崇明德。

（《學孔精舍詩鈔》卷六，清光緒六年獨山莫氏刻《孫文恭公遺書》本）

懷胡廬山

孫應鰲

松喬賓友神仙宅，今我龍蟠復鳳棲。賦就遊仙三百首，故憑秋雁寄江西。

（《學孔精舍詩鈔》卷六，清光緒六年獨山莫氏刻《孫文恭公遺書》本）

泰和南岡族譜胡直傳

正甫，諱朝直，榜名直，號廬山，一號華陽後隱。以詩補邑庠生，嘉靖癸卯舉江西鄉試，癸丑署句容教諭，乙卯主河南考試。丙辰登諸大綬榜進士，授刑部主事，轉歷本部員外郎、湖廣按察司僉事，分巡湖北道。以平苗功，蒙欽獎，賜花銀十兩、綵幣四色。尋陞四川布政使司參議，奉敕督理建昌粮儲，兼分守上川南道。詳諸名公詩文。嘗倡族續修通譜，並編訂有記。楚蜀提督學政，閩粵按察使司，著有《衡廬精舍藏稿》、《胡子衡齊》、《登遊稿》、《太虚軒稿》、《求仁志》、《全歸録》、《困學記》、《世叙録》、《世訓録》，刊傳於世。以理學舉，入吉安府、泰和縣兩學鄉賢祠，忌祭求仁書院，事詳載省府縣志。府志有儒行傳，縣志有理學傳。生正德丁丑八月十六子，萬曆乙酉五月十九申歿於官署。戊子十一月十二辰葬本府吉水縣四十九都張家渡下龍家邊，伏地獅形。配本邑茅園聯科里蕭氏，封安人，生正德丁丑閏十二月初九寅，歿萬曆辛巳九月初八寅。合葬墳右有墓誌銘。子一。

（《南岡義禾胡氏季祥公族譜》，民國三十二年）

圖書在版編目(CIP)數據

胡直集／（明）胡直撰;張昭煒編校. —上海:
上海古籍出版社, 2020.5
（陽明後學文獻叢書）
ISBN 978-7-5325-9626-3

Ⅰ.①胡… Ⅱ.①胡… ②張… Ⅲ.①胡直—哲學思
想—文集 Ⅳ.①B248.25-53

中國版本圖書館CIP數據核字(2020)第074995號

陽明後學文獻叢書
胡直集
（全二册）
［明］胡直 撰
張昭煒 編校
上海古籍出版社出版發行
（上海瑞金二路272號 郵政編碼200020）
(1) 網址: www.guji.com.cn
(2) E-mail: guji1@guji.com.cn
(3) 易文網網址: www.ewen.co
浙江臨安曙光印務有限公司印刷
開本890×1240 1/32 印張35.125 插頁6 字數672,000
2020年5月第1版 2020年5月第1次印刷
印數: 1—1,100
ISBN 978-7-5325-9626-3

B·1151 定價: 138.00元
如有質量問題,請與承印公司聯繫